GROSS: DAS LETZTE JAHR

Martin Gross

Das letzte Jahr

Aufzeichnungen aus einem ungültigen Land

Spector Books

Für Doris Ullrich

DAS LETZTE JAHR

Inhaltsübersicht

MARTIN GROSS

Vorwort zur Neuauflage

Ich muss zugeben, ziemlich überrascht gewesen zu sein, als vor kurzem ein Journalist anfragte, ob ich das Buch *Das Letzte Jahr* geschrieben habe (»ja«) und ob ich den Band *Das Jahr 1990 freilegen* kenne (»nein«). Dessen Herausgeber sei schon lange auf der Suche nach mir, weil er einige meiner Aufzeichnungen in sein Buch aufgenommen habe (»aha«).

Das klang ein wenig wie der Traum von der Flaschenpost: Da hatte ich vor ewigen Zeiten ein Buch in das Meer der Neuerscheinungen geworfen, und tatsächlich, nach dreißig Jahren klingelte mein Telefon. Ein Blick ins Internet und ein Kontakt mit dem Verleger Jan Wenzel bestätigten: Ja, er habe bei seinen Recherchen über das Jahr 1990 mein Buch entdeckt – und ja, der Verlag würde gerne eine Neuauflage planen.

Mit der Überraschung des Anrufs ergab sich dann aber sehr schnell die Frage: Ach Gott, was habe ich damals denn genau geschrieben? Das Buch war zwar nicht vergessen, lag aber doch längst im hintersten Keller meiner Erinnerungen. Natürlich wusste ich noch: Das waren Alltagsbeobachtungen aus dem Jahr der Wende, Porträts von so unterschiedlichen Personen wie dem Bewacher eines ehemaligen Stasi-Gefängnisses, dem Filialleiter eines der neuen Supermärkte, den Personenschützern eines Ministers und den Reinigungskräften eines Regierungsgebäudes.

Ich erinnere auch, etwas ziellos in dieses Buchprojekt hineingestolpert zu sein. In den 1980er Jahren schrieb ich an meiner Promotion (die ich später abbrach), an literarischen Texten und an kleinen Beiträgen, die ich in verschiedenen Feuilletons unterbrachte. Im Januar 1990 ergab sich für *Lettre International* eine Reportage über Alltagsszenen der Wende. Dabei entstand dann die Idee – oder eher die Lust – alle anderen Arbeiten liegenzulassen und das Jahr 1990 von Anfang bis Ende festzuhalten. Unklar war, ob in Reportagen (dazu fehlte der Auftraggeber) oder als Buch. Ich entschied mich recht spontan, ohne Konzept, war auf Zufälle angewiesen und vor allem auf Menschen, die bereit waren, mit mir zu reden.

Beim Durchblättern der ersten Kapitel bin ich jetzt immer wieder erstaunt, wie offen die Leute damals waren, wie gesprächsbereit. Ich kam da einfach dahergelaufen, behauptete, ich sei Journalist (West-Journalist) und schon gewährten sie mir Einblicke bis in den hintersten Winkel ihres Alltags. Nein, das war nicht nur Gesprächsbereitschaft, das war Gesprächsbedarf – etwa so, wie man unter dem Schock eines Unfalls unbedingt reden muss, reden, reden, reden und sei es mit einem Fremden, der zufällig vorbeikommt.

Was ich aus nächster Nähe hören und sehen konnte, war, wie es im Detail vor sich geht, wenn ein Staat sich aufgibt, wenn Gesetze umgeschrieben, Hierarchien umgewälzt, Lehrbücher umgewertet und ganze Lebensläufe umgepflügt werden. Weder vorher noch nachher wären solche Einblicke möglich gewesen.

Das war übrigens einer der Gründe dafür, warum ich Personen und Orte anonym gehalten habe. Damals (1990) war nicht absehbar, welches Risiko jemand eingeht, der mir so offen vieles erzählt und manches zeigt. Zu befürchten war allerdings, dass mein Gesprächspartner vielleicht bald manches lieber doch nicht so genau gesagt oder gezeigt hätte.

Personen und Orte zu anonymisieren, bot mir außerdem ein paar Freiheiten: Handlungsstränge konnten gestrafft, die Zahl der Personen reduziert, verschiedene Orte zusammengeführt werden – und das alles ohne lange Erklärungen oder Überleitungen. Ich konnte mich auf die Essentials konzentrieren; frei nach Aristoteles' Devise von der Einheit von Ort, Zeit und Handlung. So gesehen ist *Das Letzte Jahr* also literarisch; das heißt: wahr ist es nicht im Sinne justiziabler Aussagen (die reine Wahrheit und nichts als die Wahrheit), sondern wahrhaftig, wie Literatur eben sein kann.

Allerdings: Wenn ich heute in diesem alten Buch lese, kommt mir der damalige Martin Gross ungefähr so fremd vor, wie die Menschen, die er damals beschrieben hat. Oh je, denke ich manchmal: Klingt diese Ironie (obwohl damals mit Sympathie notiert) nicht doch ein wenig hochnäsig? Und diese Gedankenflüge, driften sie nicht manchmal etwas waghalsig durch die Sphären? Manche meiner damaligen Notizen würde ich in einer Neuausgabe gerne streichen oder relativieren. Aber das wäre dann ein ganz anderes Buch, also in gewisser Weise eine Verfälschung, denn *Das Letzte Jahr* ist ja nicht nur ein Bericht über das Jahr der Wende, sondern auch über einen Mann mittleren Alters, der da aus einem westdeutschen Wohlstandsgebiet herüberkommt und in ganz bestimmten Kategorien denkt und in gewissen Schablonen wahrnimmt.

Also belassen wir es bei diesem Autor, so wie er damals seine Notizen gemacht hat, manchmal etwas ungerecht oder selbstgerecht – und übrigens auch etwas reichlich selbstbezogen: Da gibt es zum Beispiel die wiederholten Klagen, er habe eigentlich keinen Auftrag, keine Anerkennung, kein klares Ziel. Gut, ja, das war so. Aber diese Depression und dieser Schwebezustand waren ja wohl auch der Seelenzustand vieler Menschen, denen er damals begegnete: Wo ist mein Platz in der neuen Gesellschaft? Und was hat es für einen Sinn, was ich hier mache oder gemacht habe?

Und was der damalige Martin Gross verschweigt: Es war so ganz seine Lebensart, sich treiben zu lassen, in den Tag hineinzuleben, eine graue Maus zu spielen und sich umzusehen. Das war ja auch die Voraussetzung für sein Schreiben. Und insofern ist *Das Letzte Jahr* eben auch die Geschichte eines Autors, der etwas orientierungslos durch das Jahr 1990 stolpert, um Reportagen zu schreiben und wenn möglich irgendwie auch gleich ein ganzes Buch.

Martin Gross, 10. August 2020

1990

1

TEIL 1

Aufzeichnungen aus einem ungültigen Land

[5. JANUAR 1990]

Ich gehe in diesem Land herum wie in einem stillgelegten Bahnhof. Unter dem Glasgewölbe hindurch, an den Fahrplänen und Schaltern vorbei, viel Staub, viel Licht und viel Stille. Dort hinten noch ein paar Leute, die auf den Bus warten. Das unbeschwerte Gehen durch ein Land, das sich aufgegeben hat. Was ich jetzt sehe, ist nicht mehr gültig – oder höchstens noch eine Weile. Unangefochten geht man umher, das Geld, das man ausgibt, die Gebote, die man übertritt, das alles hat nichts mehr zu sagen, es geschieht nur scheinbar. Nur man selbst gehört zur Wirklichkeit und zur Zukunft. Aber ich weiß, auch das ist nur Schein.

[6. JANUAR]

Noch immer gehe ich umher und denke, mein Gott, das müsstest du sehen. Was nützen die Briefe und die Fotos? Was nützt es, wenn du in vier oder fünf Wochen kommst, und alles ist mir schon alltäglich geworden. Jetzt, in den ersten Tagen, im allerersten Staunen, müsstest du hier sein. Also, beeil dich! Ich stelle mir vor, wie wir herumgehen und stehenbleiben und auf alles deuten. Vielleicht sieht dieses Land dann noch einmal ganz anders aus, vielleicht werde ich mich aber auch zum Fremdenführer aufspielen, und plötzlich kommt mir das meiste schon bekannt vor. Bisher ist davon allerdings noch nichts zu spüren, bisher reise ich noch herum und versuche, alles zu notieren, jede Beobachtung festzuhalten. Und weil wir nicht telefonieren können, werde ich dir noch einmal Briefe schreiben; kurze und lange, hastige und ausführliche Briefe: als ob es mich hinter alle Meere verschlagen hätte. Tag für Tag noch einmal diese altmodische Form. Ich schicke dir also Notizen aus einem ungültigen Land.

[8. JANUAR]

Wenn du, solange es noch Zeit ist, durch dieses Land fährst, nach Magdeburg, Halle oder Dresden zum Beispiel, und wenn du unterwegs durch Dörfer oder Landstriche gelangst: Du wirst nicht ankommen. Jedenfalls nicht heute. Es wird gestern gewesen sein – oder vorgestern. Aber du hast ja gewusst, was dich erwartet. Überall hast du es lesen können: Dies ist das Land mit den vorwärtsgerichteten Parolen und der zurückgebliebenen Entwicklung. Du bist also auf Erinnerungen eingestellt, du bist darauf vorbereitet, noch einmal den allerersten Ausflug zu machen, mit dem Bus fuhr man damals, und den Kopf konnte man, bevor es endlich losging, nicht an die Scheibe lehnen, denn der ganze Bus hat immer so vibriert. Und jetzt erkennst du alles wieder: die leeren Chausseen, die geteerten Stämme der Telegrafenmasten und die Dörfer, in denen sich abends das Licht auf den Umkreis einiger Straßenlampen zurückzieht und Gebäude und Menschen von sich abstreift. Auch diese Straßenlampe stammt noch aus einer anderen Zeit, und fast möchte man sie fragen, was hast du denn gemacht, all die Jahre?

Wer in dieses Land fährt, reist nicht allein. Beinahe hält ihn sein Vater noch an der Hand. Er trägt die alten Schuhe, und im Gepäck, zwischen den Pullovern, liegt das Familienalbum der Mutter. Aber ich weiß, dass auch andere herüberkommen werden. Zuerst einmal werden sie klarstellen, in welcher Zeit wir uns eigentlich befinden, denn sie wollen Geschäfte machen, und Geschäfte macht man nur auf der Spitze der Zeit. Sonst könnte man ja den ganzen Osten für die Erinnerung reservieren, für Psychotherapien aller Art, und für die Suche nach der verlorenen Zeit. Man wird also die Uhren stellen und die Schreibtische ausräumen. Aber später erst, jetzt noch nicht. Heute, für den kurzen Augenblick vor dem Einmarsch der Baukolonnen, fährst du durch ein Land ohne Gegenwart.

Was sich gestern, als ich durch die Stadt ging, in meine Erinnerung schob, (es war Sonntag – immer die Sonntage mit ihren leeren Straßen, und nachmittags durfte man zu Hartmanns hinüber, zum Fernsehen, einmal in der Woche; aber das fällt mir erst jetzt wieder ein) – was sich gestern in meine Erinnerung schob, waren diese Modellhäuschen für Spielzeug-Eisenbahnen: Bürgerhäuser mit Erker und Vestibül, Gebäude mit Dachreitern, Mauervorsprüngen, geschweiftem Giebel und mehrfach gegliederten Fassaden. Hier standen sie nun also auch: etwas beschädigt, vielleicht sogar unbewohnt, auf keinen Fall aber zeitgerecht. Du ahnst, dass ich nicht widerstehen konnte. Wohl hundertfach habe ich sie fotografiert, weil doch das späte Licht so weich auf ihnen lag. Ich bin also noch einmal durchs Kinderzimmer gegangen, in die Eisenbahnanlage hinein, die Hauptstraße mit den winzigen Geschäften hinunter, »Kaufläden« haben wir sie damals genannt und standen vor dem Ladentisch und streckten die Hand mit dem Einkaufszettel hinauf; gestern aber ging ich draußen vorbei und sah den Leuten ins Fenster. Und die Lust stellte sich ein, diese Spielzeughäuschen von ihrer Stelle zu nehmen, nach Gutdünken umzugruppieren, eine Lust, die ich bis in die Fingerkuppen spürte. Da stand ich also und begann, Häuser und Läden zu verschieben. Auch Straßenbahnen und ein paar versprengte Passanten blieben nicht verschont. Wie leicht sich alles bewegen ließ! In einer Mischung aus Willkür und Spiellaune habe ich die Dinge neu geordnet.

Das war gestern. Seit heute wohne ich nun also hier im Gästehaus. Heute mache ich meine Pläne. Ich habe also vor, die Einzelheiten dieses »historischen Augenblicks« zu studieren. Aber wie soll das gehen? Im Grunde genommen müsste ich nur zugreifen. Man braucht sich nicht länger zu beschränken, niemand mehr. Im Osten der Zusammenbruch, im Westen der Aufbruch. Das gilt nicht nur für Bauunternehmer und Bankiers, es gilt auch für Journalisten und Fotoreporter. Hier in diesen Städten findet man, was man bisher notdürftig hat erfinden müssen: Informationen, Proklamationen, Sensationen. Überall liegen sie herum, man muss sie nur zusammentragen. Folglich hält man die Kamera bereit, das Mikrofon ist gerichtet. Denn was wird noch alles geschehen, während die alte Ordnung zusammenbricht? Was wird zu sehen sein, wenn die Bevölkerung ihre Arbeitsplätze verlässt und die streng bewachten Gebäude zum ersten Mal betritt? Was wird zu berichten sein, wenn mehr denn je auf den Straßen gefeiert und in den Geschäften gestohlen wird und wenn der Minister zur Hintertür hinausstürzt, den aufgebrachten Menschen aber trotzdem nicht entgeht? Es könnte ja fast eine Revolution sein, über die man berichten darf. Und glücklicherweise spricht man hier auch noch deutsch.

Das gilt für Journalisten, aber gilt es auch für mich? Bisher sitze ich nur in diesem Gästehaus (in »meinem« Appartement) und halte das Notizheft bereit. Es könnte losgehen. Der Koffer ist ausgepackt, der Stadtplan besorgt. Ich bin bereit. Ich bin gewappnet, das vielleicht letzte Abenteuer zu registrieren, das letzte Zucken vor der endgültigen Zivilisation. Aber es geht nicht, ich komme nicht in Fahrt. Das neue Jahr und die ganze unbekannte Stadt sehen mich so erwartungsvoll an, und auf einmal habe ich keine Fragen mehr. Den Gang dieser Revolution will ich beobachten? Schön und gut. Aber womit soll ich beginnen? Mit einem Besuch beim Bürger-Komitee? Mit einer Recherche bei der Polizei? Oder soll ich ein Interview vereinbaren – mit dem Bürgermeister zum Beispiel?

Vielleicht liegt das alles auch nur an diesem nüchternen, geschmacklosen und völlig überheizten Zimmer. Die Heizkörper abzudrehen, nutzt nichts. Es sind die Wohnungen nebenan, über und unter mir, von allen Seiten Hitze, Trägheit, Lähmung. Dem kann man sich nicht entziehen.

Und hier soll ich wohnen? Das ist nicht zu glauben. Hier in diesem Zimmer? Seit ich gestern zum ersten Mal hereingekommen bin, hält es Abstand, es ist auf Distanz gegangen, und aus der Entfernung starrt es mich jetzt an. Ich muss es erst einmal mit mir vertraut machen. Mit einem so verstörten Zimmer im Rücken kann ich nicht hinunter auf die Straße. Vorerst werde ich also nur dasitzen. Es bleibt mir gar nichts anderes übrig; denn wer das Unglaubliche beobachten will, braucht zuerst einmal einen stabilen Platz. Ich starre also auf die Tapeten. Es sind trockene, spröde Tapeten; sie scheinen auch sehr dünn, fast transparent zu sein, ich kann mich anstrengen wie ich will, immer habe ich den Eindruck, unmittelbar einer Wand ausgesetzt zu sein.

Gerade habe ich die Balkontür, zu der es eisig hereinzog, mit einiger Mühe geschlossen. In der Wand steckt nämlich ein Nagel, an dem man die Klinke offensichtlich festzurren soll. So wird das hier gemacht. Im Prinzip wäre gegen ein wenig Kaltluft nichts einzuwenden, wenn sich nur die Balkontür nicht direkt neben dem Tisch befände. Es ist übrigens ein schmaler Tisch; mit Kunststoff ist er beschichtet, ein Feierabend-Tisch, an dem sich bei Bedarf ein Brot oder eine Bockwurst essen lässt. An diesem Tisch werde ich also schreiben, in den nächsten Tagen, den nächsten Wochen, wer weiß?

[9. JANUAR]

Wenn man die Abdeckplatte vom Herd nimmt, sieht man auf der Innenseite ein Hinweisschild, ein erstes Fundstück. Mit ihm werde ich meine Sammlung eröffnen: »In unserer Republik gibt es ca. 6. Mio. Haushalte. Wenn an einem Wochenende in allen Haushalten gekocht wird, ergibt sich ein theoretischer Mehrverbrauch von 0,09 × 6,0 Mio. = 720 000 Kubikmetern. Daraus ersehen Sie, dass es sich lohnt, auch die kleinste Menge an Energie zu sparen, weil die Masse der Gasanwendungsanlagen eine enorme Menge ergibt.«

Ein so aufwendiger Begriff (Gasanwendungsanlagen) und eine so simple Logik: die Masse ergibt die Menge! Außerdem scheint man vorauszusetzen, dass die Leute hier mit abstrakten Dingen umzugehen wissen. Siebenhunderttausend Kubikmeter sind eine Zahl, aus der sie offensichtlich etwas »ersehen« können. Wenn überhaupt, dann würde ich aus diesen Zahlen das Gegenteil ersehen: dass es sich nicht lohnt zu sparen. Was sind 0,09 Kubikmeter gegen 700 000?! Die Nullen, die das Allgemeine hinter sich weiß, hast du als Einzelner vor dem Komma. Das lohnt sich nun wirklich nicht. Es ist zu unausgewogen. Und vielleicht ist dieses Land genau an dieser Unausgewogenheit zugrunde gegangen. Offensichtlich konnten seine Bürger doch nicht mit so abstrakten Dingen umgehen.

Wie wichtig der Titel ist: Dr. Friedrich Fährmann! Lange habe ich auf dem Stadtplan nach der Friedrich-Fährmann-Allee gesucht. Aber im Straßenverzeichnis war sie weder unter »Fährmann« noch unter »Friedrich« zu finden. Wärst du auf die Idee gekommen, unter »Dr.« zu suchen?

Die Straßen hier in der Gegend sind abends so dunkel, so wenig beleuchtet, dass von den Gesichtern der Passanten nichts zu sehen ist. Man trägt sie als schwarze Scheibe zwischen Mantel und Mütze. So dunkel sind die meisten Straßen in der Stadt. Stattdessen sieht man Sterne; mitten in der Stadt: Sterne!

[10. JANUAR]

Ich habe mit der Arbeit begonnen (mit einer Recherche über die politischen Ereignisse der letzten Wochen). Falls sie als »Revolution« zu bezeichnen sind, dann fragt es sich zum Beispiel, was denn die Polizei dazu sagt. Als ich die Pressestelle betrete, möchte ich gleich das Fenster aufreißen, so dumpf und so ermüdend ist es hier. Der Pressesprecher ist allerdings ein lebhafter Mann: Natürlich, die Ereignisse der letzten Monate, das war eine Revolution, das Volk hat sich erhoben, das ist ganz klar (so klar sieht das offensichtlich nur die Polizei). Mit genaueren Auskünften kann er mir aber leider nicht dienen, denn die Ermittlungsarbeit läuft ja noch.

Und was ist aus den Polizisten geworden, die für die Übergriffe auf Demonstranten verantwortlich sind? – Nun, die leitenden Offiziere wurden vom Dienst suspendiert, ein solches Fehlverhalten muss geahndet werden, wie gesagt: die Ermittlungen sind im Gange. Aber man darf diese Dinge nicht verallgemeinern. Der Polizei als ganzer darf man so etwas nicht anlasten, jeder Staat braucht ja eine Polizei. Und welche Entgleisungen sich die Staats- und Parteiführung erlaubt hat, das wird ja erst allmählich bekannt. Wir sind doch alle betrogen worden. Da darf man gar nicht dran denken. Aber jetzt ist man dabei, eine völlig neue Polizei zu schaffen, sie soll bürgernah sein, keinen militärischen Charakter haben und vor allem, wie gesagt: Bürgernähe, darauf kommt es an, denn jetzt wird sich zeigen, was in einem wirklichen, einem demokratischen Sozialismus möglich ist. Der Pressesprecher lächelt so hoffnungsfroh, dass ich ein freundliches Nicken nicht unterdrücken kann. Gleich wird er mir erklären, die zukünftige Hauptaufgabe der Polizei bestehe darin, alte Menschen über die Straße zu begleiten.

(Und aus diesem Gespräch soll eine Reportage werden?) Dennoch: ich habe mich mit Gruß und Handschlag verabschiedet, schließlich ist dieser Polizist doch ein liebenswerter Mann. Schon allein, dass es ihm gelingt, in einem so müden Büro wach zu bleiben, wäre eine Auszeichnung wert. Und dass er mir nichts Genaues berichtet hat? Ja was kann denn er dafür?

[11. JANUAR]

Dein erster Brief: Es hatte geklopft (dass die Klingel defekt ist, weiß ich erst jetzt) – es klopft also, und ein Postbeamter hält mir den Brief entgegen. Im ersten Augenblick bin ich etwas alarmiert: Ein Eilbrief, und dieser Mann ist extra deswegen hierher gefahren. Das sieht nach schlechten Nachrichten aus. Aber ein erstes Überfliegen zeigt: alles in Ordnung.

Ich bin die Brunnenstraße hinaufgegangen, an den winzigen Geschäften vorbei, »Leb--smitte-« stand in verwaschenen Buchstaben über einem Schaufenster, in dem sich ein rostiger Käfig mit Kartoffeln befand. Und dann diese ruinierten Häuser: Angenagt sind sie alle, von einem Geschwür befallen, von einer grassierenden Seuche infiziert.

Einmal sah ich eine Schlange von Leuten, und es war gar nicht abzusehen, wo sie begann. Ich habe ein Foto gemacht, und man hat mir zugelächelt. Diese geduldigen Menschen haben sich mir zugewandt; sie haben sich aufgerichtet, das Gesicht geradeaus und die Hände vor dem Unterleib gefaltet, als sei ich ein Werbefotograf. Später kam ein Polizist und hat zum Megafon gegriffen; in den freundlichsten Worten hat er versucht, die Leute zu zerstreuen. Was ich allmählich verstand, war, dass dort vorne ein westdeutscher Buchclub eröffnet werden sollte. Allerdings konnte man noch gar nichts kaufen, denn es handelte sich lediglich um ein Informationsbüro. Aber Mitglied durfte man schon einmal werden, für die Zeit danach. All diese Leute wollten also Mitglieder werden: eine mehrere hundert Meter lange Schlange! Und der Polizist rief dazu auf, in den nächsten Tagen wiederzukommen, das Büro würde ja schließlich den ganzen Monat über geöffnet bleiben. Aber niemand ging, keiner verließ die Schlange. Man hat offenbar so seine Zeichen, und auch wenn alles Lüge ist, den Warteschlangen vertraut man, sie sind ein sicheres Indiz: Hier ist etwas zu holen.

Das Opernrestaurant: Als ich ankam, standen zwei ratlose Afrikaner und eine resolute Kellnerin im Foyer. Offensichtlich gab es keine freien Plätze mehr. Dabei sah man bereits von der Tür aus, dass höchstens ein Drittel der Tische besetzt war. Die Kellnerin erklärte allerdings, dass für die nächsten Stunden alles reserviert sei, und tatsächlich sah ich auf vielen Tischen entsprechende Schilder. Ich habe trotzdem gezögert und mir die Speisekarte angesehen. Kaum waren die beiden Afrikaner außer Sicht, da kam auch schon die Kellnerin zurück, bat mich, ihr zu folgen, wies mir einen Tisch zu (einen ganzen Tisch für mich allein!) und stellte ohne jede Verlegenheit das Reservierungs-Schildchen beiseite. So geht das also. Man hat mir ja oft genug von solchen Szenen berichtet, und ich habe immer eine gereizte Atmosphäre damit verbunden: abfällige Bemerkungen auf der einen, lautes Gezänk auf der anderen Seite. Aber hier im Opernrestaurant verlief alles so diskret und reibungslos, dass ich die oft beschriebene Szene fast nicht erkannt hätte. Was mir in den Berichten anderer schon nach wenigen Worten klar vor Augen stand, wollte sich hier zu keinem Begriff zusammenfügen. Was war denn schon geschehen? Ich habe es doch im Grunde gar nicht genau gehört. So saß ich also in einem fast leeren Restaurant, um mich herum viel Platz, viel Ruhe und ein gelangweiltes Personal. Weil ich das Gefühl hatte, beobachtet zu werden, habe ich mich beeilt.

[12. JANUAR]

Ein zweites Interview: Der Staatsanwalt. Du kannst einfach aufs Gericht gehen und deine Fragen stellen, zumindest, wenn du aus dem Westen kommst und scheinbar mit der Presse zu tun hast. Am Eingang steht zwar ein Polizist, aber wenn er dich kommen sieht, mit hellem Mantel und dunkler Tasche, lässt er dich passieren. Er nickt dir sogar zu. Vielleicht ist das überhaupt das Entscheidende: Während du die Eingangsstufen hinaufgehst, lächelst du gönnerhaft, du wirst also wohl eine Persönlichkeit sein, und so ein Polizist ist froh, dass du ihn überhaupt wahrnimmst.

Im Prinzip kann man sich überall erkundigen. Ich habe es gleich an der ersten Tür versucht; und man rief nicht einfach nur »Ja« oder »Herein«. Nein, eine Sekretärin kam selbst an die Tür und hat mir geöffnet. Ausgesprochen freundliche Sekretärinnen arbeiten hier, sie begegnen einem mit diesem reizvoll gesenkten Blick, die einen Mann erst zum »Mann« machen. Und wenn man sich dann auch noch nach einem Staatsanwalt erkundigt, stellen sie keine weiteren Fragen. Stattdessen wird man ins Besucherzimmer geführt und mit Kaffee versorgt. Milch allerdings, nein, Milch hat man hier keine. Aber dann, nachdem Kaffee und Zucker auf dem Tisch stehen, könnte die Sekretärin – oder vielleicht ist sie auch eine Sachbearbeiterin oder eine Referentin – was auch immer, sie könnte jetzt eigentlich gehen. Warten, das kann ich doch alleine. Aber sie bleibt. Sie steht mit all ihren so entgegenkommenden Blicken im Zimmer; und es ist durchaus nicht so, dass sie nun etwas tut oder sagt, darauf wäre ich ja noch gefasst, nein, sie steht einfach nur an der Tür und zeigt mir ihr dienstbereites Gesicht. Ja, wenn ich genau hinsehe, spricht ihre ganze weibliche Figur von diesem Entgegenkommen, und schon beginne ich selbst zu glauben, dass ich sie brauchen werde. (Ich weiß: das geht zu weit. »Typisch!« höre ich dich sagen. Halten wir also fest, dass diese typische Konstellation einen historischen Augenblick lang in ihr ursprüngliches Klischee zurückfindet: der fremde, vielleicht sogar weltgewandte Mann und das einheimische, süße Mädchen. Ja, natürlich.) Dabei geht eigentlich nichts Verführerisches von ihr aus, nur diese stille Bereitwilligkeit. Selbst als ich mich im Besucherzimmer umsehe, will sie mir behilflich sein. »Ja, so sieht das noch immer aus«, sagt sie, und was sie damit meint, ist ein kleines, aber etwa sechs Meter hohes Zimmer, vielleicht ist es einmal Teil eines Ganges gewesen. Ich befinde mich in einer Streichholzschachtel, die man ausgerechnet auf die kleinste ihrer Flächen gestellt und dazu noch gelb gestrichen hat. Eine Ecke ist allerdings weiß gekachelt. Dort hat man ein Waschbecken angebracht. An seiner Unterseite ziehen sich die Streifen gelblicher Ablagerungen entlang, und auf dem Beckenrand liegt alt und vertrocknet ein Stück Kernseife. Niemand hat sie benutzt, niemand hat sie weggeworfen.

Und der Staatsanwalt? Was soll ich sagen; er ist ein ruhiger Mann, der eine Strickjacke trägt. Vielleicht wirkt er deshalb wie ein Handwerksmeister. Man hat ihn aus seiner Werkstatt gerufen, und er hat sich nur flüchtig umziehen können. Aber immerhin: dieser Mann ermittelt gegen die ehemaligen politischen Größen des Bezirks und zwar wegen Amtsmissbrauch und Korruption. Am liebsten würde er gegen alle auch noch ein Verfahren wegen Hochverrats einleiten. »Hochverrat?« frage ich erstaunt, und er nickt gelassen. Aber man hat ja keine Beweise in der Hand. Die Angeklagten schweigen, ihre Komplizen auch, die Unterlagen haben sie beseitigen lassen, und jetzt halten sie alle zusammen. Da braucht man gar nicht nachzufragen. Die geben einem immer nur die gleiche Antwort. Da ist nichts zu machen. Absolut nichts.

Und er selbst? Hat er denn als Staatsanwalt nicht auch das alte System gestützt? Nein, so kann man das nicht sagen, er hat Kriminalfälle bearbeitet, Erpressung zum Beispiel oder Vergewaltigung. Und so was muss doch in jedem Staat bestraft werden; auch die Kollegen im Westen haben ja eigentlich keine andere Aufgabe. Mit denen wird man sich also wohl verstehen. Nein, »das System gestützt«, das wäre nun wirklich übertrieben. Da brauche ich gar nicht weiterzufragen. Er kann mir da immer nur die gleiche Antwort geben. Da ist nichts zu machen, absolut nichts.

[13. JANUAR]

Gruber (der Hausmeister) erwähnt, dass er für ein paar Tage in Kassel war, bei seiner Schwester. Früher war das immer ein Problem, bis die Schwester zu Besuch kommen durfte. Und dann kam sie jedes Mal mit einem Kofferraum voll Kleider, Kaffee, auch mal ein Toaster und solche Sachen. Mensch, hat man sich da vielleicht doof gefühlt, als Bittsteller fast, richtig geschämt. Und wir, was hätten wir denn schon schenken können? Einmal hab ich eignes Briefpapier für sie drucken lassen, mit einen Wasserzeichen, und sie hat es nicht einmal gemerkt. Das ist ihr gar nicht aufgefallen.

[15. JANUAR]

Warum ich nichts über die Verwandten schreibe? Ganz einfach: Ich habe sie noch gar nicht besucht. Mich für eine Stadt zu entscheiden, in der ich einen »persönlichen« Kontakt hätte, war ja eine schöne Idee; aber jetzt bin ich hier, und aus der Nähe betrachtet, klingt das Wort »Verwandtschaft« ziemlich unglaublich. Allmählich muss ich mich mit dem Gedanken befassen, dass es diese Leute tatsächlich gibt. Und nicht nur das. Sie sitzen in ihren Wohnungen und warten auf meinen Besuch (als würde sich jetzt eine Tür öffnen, und man wäre wieder eine große Familie). Ich werde also hingehen müssen. Aber sie werden Fragen stellen. Sie werden vielleicht sogar diskutieren wollen, in jedem Falle werden sie mir Erinnerungen abverlangen, ja, die Tante Hedi, die kenne ich noch, sonntags kam sie immer in ihrem blauen Kleid. Das muss man erst einmal begreifen: dass meine Verwandtschaft nicht einfach nur dazugehört, zu diesem Land. Sie ist ja nicht nur das Inventar, über das ich mich wundern darf. Sie selbst hat womöglich noch viel mehr zu staunen und zu fragen.

Heute war ich im Archiv der *Rundschau*, der Regionalzeitung der CDU. (Daran muss ich mich erst einmal gewöhnen, dass jede Tageszeitung einer Partei gehört. Es ist so übersichtlich eingerichtet, dieses System von Parteien, die Jahrzehnte lang darum bemüht waren, das gleiche zu tun und zu denken.) Es schien mir allerdings fraglich, ob ich so einfach und ohne weiteres ins Archiv einer Zeitung gelangen würde. Welche Regeln hatte ich zu beachten und welches Losungswort zu flüstern? Ich war auf Schwierigkeiten gefasst, aber offensichtlich existieren augenblicklich weder Regeln noch Losungsworte. Niemand weiß so recht, wie er mir begegnen soll. Ich lasse mich also geradewegs und ohne weitere Erklärung in eine winzige Kammer führen, einen dämmrigen Raum, der durch zwei Regalreihen rechts und links noch dunkler und schmaler geworden ist: das Archiv.

Am Fenster sitzt ein älterer Mann, der, als er mich eintreten sieht, ein winziges Radio ausschaltet. Wie sich herausstellt, kann man das Archiv einsehen, selbstverständlich. Aber so selbstverständlich kann das gar nicht sein, denn dieser Raum ist nicht auf Besucher vorbereitet, es gibt ja nicht einmal Platz für einen einzigen. Und die Zeitungen? Jeweils mehrere Nummern sind zwischen Pappdeckel geklemmt und mit blauen Kordeln verschnürt. Und keine Ausgabe umfasst mehr als acht Seiten. Die Distanz zu den Ereignissen des vergangenen Oktober reduziert sich folglich auf einen Zeitungsstapel von wenigen Zentimetern. In einer Randnotiz ist zunächst von den Aktionen »einiger Rowdies und Krimineller« die Rede, obwohl doch zu dieser Zeit schon die halbe Stadt auf den Beinen gewesen sein muss. Wie lässt sich eine so spärliche Berichterstattung erklären? – Ja, was soll man da sagen? Noch scheint der Archivar über keine Sprachregelung zu verfügen. Er spricht lediglich von »Vorgängen« und »Zwischenfällen«, und die ganze Antwort wird zu einer rhetorischen Irrfahrt. Damals gab es einige vielleicht unverständliche Bedingungen. »Von heute aus betrachtet, sieht das wieder ganz anders aus«, erklärt der Mann, dann schweigt er unvermittelt und nachhaltig. Ich muss offenbar hartnäckig bleiben. »Sie sprechen von Zensur?«, frage ich schließlich.

Nun ja, das ist so ein Wort…, der Mann setzt sich zurecht, schlägt die Beine übereinander, wendet den Kopf zur Seite und greift, vermutlich ohne es zu registrieren, nach einem Bleistift. Sich Zeit zu lassen, vorsichtig gegenzusteuern, das hat er offenbar gelernt. Und außerdem, was gibt es über die Zensur zu sagen? Der Archivar hebt nun wieder den Kopf, ja, so kann man sich vielleicht am ehesten aus der Affäre ziehen: Man tut ganz harmlos, was soll man viel darüber reden? Die allgemeinen Nachrichten übernahm man doch ohnehin, darauf hatte man keinen Einfluss. Eine Zeitung wie die *Rundschau* war doch nur für den Lokalteil verantwortlich, alles andere kam von ADN. Und schließlich gab es auch einen Chefredakteur. Der hat wohl hin und wieder gebremst: Tragen Sie nicht so dick auf, bereiten Sie uns keine Schwierigkeiten. Dass dies ein unglücklicher Mann war, scheint der Archivar andeuten zu wollen; aber hier, dieser Artikel vom 9. Oktober, der stand ganz am Anfang der Wende. Da hat eine Redakteurin gesagt, wie es ist. »Schluss mit den Lügen«, das ist der Titel, hier sehen Sie. Der Archivar versucht mir die Zeitungsmappe auf den Schoß zu legen, beginnt dann aber, Beistelltisch, Stuhl und einen Hocker so umzugruppieren, dass wir etwas mehr Platz haben. Er bewegt sich so bedächtig, so langsam, dass ich versucht bin, selbst mit Hand anzulegen. Aber ich weiß ja nicht, in welche Ordnung er das alles bringen will. Immer darauf bedacht, beim Umräumen keinen der Zeitungsstapel von den Regalen zu streifen, berichtet er, dass bisweilen auch ein Mann, den man »Lockenkopf« nannte, in die Redaktion kam. Er war, wie sich herausstellte, ein Mann von der Staatssicherheit, ein geduldiger Mann. Vor allem schien ihn zu interessieren, was der eine oder andere Redakteur mit einer bestimmten Andeutung gemeint hatte; und über die Jahre hat man sich richtig an ihn gewöhnt. Es hieß dann immer nur: »Der Lockenkopf ist wieder da«, aber es ist niemandem je etwas geschehen.

Inzwischen ist der Tisch freigeräumt, wir können ihn also an die Wand rücken. Der Archivar spricht unterdessen immer langsamer und leiser; ist dies noch immer die alte Rücksicht? Es scheint eher, als ob ihm der neue Wortlaut noch nicht von den Lippen wolle, als ob er zwischen den Eisbarrieren der alten Sprache erst mühsam eine Fahrrinne bahnen müsse. Und noch etwas fällt auf: Dieser Mann hat Zeit. Erst allmählich begreife ich, dass seine bedächtige Art, das Zimmer umzuräumen, nicht darauf zielt, meine Neugier zu zermürben. Er scheint sich im Gegenteil darauf einzustellen, noch stundenlang mit mir zu reden. Dabei habe ich doch in einer halben Stunde meinen nächsten Termin.

[16. JANUAR]

Jedes Mal, wenn ich den Blick über den Bildschirm hebe, sehe ich auf dieses abrissreife Haus. Das heißt: ich sehe zu meinem Fenster hinaus und zu den gegenüberliegenden Fenstern wieder hinein, so als wäre der Blick gar nicht im Freien gewesen. Es sind staubige, zersprungene, zerschlagene Scheiben, hinter denen sich zwei Kartons, ein letzter Stuhl, ein paar Stangen oder Bretter abzeichnen. Wenn ich wenigstens auf die Straße hinuntersehen könnte, auf ein paar Autos, ein paar Menschen, ein paar Bewegungen! Aber das alles gleitet unter meinem Blickfeld hindurch und will mir vortäuschen, ich sei allein und verlassen. Natürlich könnte ich auf den Balkon hinaustreten und mich vom Gegenteil überzeugen.

Die Zeichen stimmen nicht überein! Ich bin ein wenig durch die Stadt gefahren, mit der Straßenbahn nach Mühlheim hinaus (15 Pfennig kostet das!). Unterwegs sah ich Leute, die vor einer Villa standen, und ich konnte mir nicht erklären, warum sie dort so zahlreich warteten. Die Schlange zog sich durch den Garten bis auf die Straße hinaus, ruhig, geduldig, farblos. Wie immer.

Aber warum standen so viele Leute dort? Schließlich erkannte ich ein kleines Schild am Gartentor: »Staatsbank«. Das »West-Geld« also! Hier durften 100 Ost-Mark zum Kurs von 1:1 getauscht werden (auf dem Schwarzmarkt bezahlt man gegenwärtig 1:12!). Man nutzt massenhaft die Gelegenheit, das ist nichts Neues. Allerdings hätte ich im Bedarfsfalle diese Bank niemals gefunden. Nach breiten Glasflächen und einer Leuchtreklame hätte ich Ausschau gehalten, aber doch nicht nach einer zerfallenen Villa …

Noch immer komme ich nicht voran. Meist gehe ich durch die Stadt und könnte nicht sagen, was ich eigentlich unternehme. Zur Post bin ich schon zweimal gegangen, um einen Brief aufzugeben, (Eilbriefe, damit sie dich überhaupt in absehbarer Zeit erreichen). Ansonsten noch immer diese Benommenheit. Das stumme Beobachten einer stummen Entwicklung. Und überall diese Menschen, die mich so müde machen. Sie scheinen auf meine Aktivität zu warten, dabei will ich doch nur zusehen. Ich müsste sie alle ankurbeln, bevor ich mich als Betrachter zurückziehe. Jedes Interview gleicht einem hinterlistigen Kampf um die passive Position. Außerdem gibt es weiß Gott nichts Revolutionäres zu berichten: keine Straßenschlachten, kein Militäreinsatz, kein Widerstand, keine Eruption, kein Drama. Alles gleitet dahin, zerläuft sich, lächelt ein wenig. Und hier soll ich recherchieren, fotografieren, dokumentieren, diese ganzen Dinge, für die man wach sein muss? Aber es geht nicht. Absolut nicht. Ich glaube, jetzt stellt sich heraus, was wir die ganze Zeit über nicht wahrhaben wollten: dass diese Reportagen nur ein Vorwand sind (oder bestenfalls eine Vorarbeit). Im Grunde genommen habe ich doch nur ein paar romantische Fragen, so als könnte ich hier endlich erfahren, wie es zugeht, wenn ein Staat zusammenbricht; als könnte ich dabei sein, wenn sich die Haltlosigkeit zeigt, über der das Gesetz errichtet ist; als könnte ich mit etwas Glück sogar erleben, wie die Macht nach Atem ringt und dabei die Augen schließt und wie sich alles im Leben ändert. So ungefähr lauten doch meine Erwartungen, und das Problem ist, dass ich das niemandem erklären kann. Andererseits kann ich es ja auch nicht vertuschen. Mit solchen Vorstellungen lässt sich überhaupt nichts anfangen, sie stehen mir nur schattenhaft im Weg und machen mir die Arbeit schwer. Einfacher wäre es, ich wäre Journalist. Schon von Berufs wegen hätte ich dann alles ernst zu nehmen, (auch mich selbst). Ich wüsste genau, warum ich hier bin. Ich hätte meine Aufträge, meine Termine und mein Honorar.

Aber ich kann dieses Land nun einmal nicht ernst nehmen, es hat sich ja selbst den Bankrott erklärt. Verschwunden ist das gelähmte, vorsichtige Verhalten, mit dem man sonst durch den Osten gereist ist. Verschwunden ist aber auch die Neugier, mit der man fremde Länder erkundet. Hier ist man irgendwie zu Hause und erinnert sich. Man läuft zwischen diesen abgelegten Dingen herum wie ein Schatten, ein Geist, ein Toter. Das ist es, was mich zugleich so benommen und so leicht macht: kein Körpergewicht.

Wie soll ich dir das erklären? Ich kann es nur umschreiben: Es ist ungefähr so, als sei deine Wohnung über Nacht um ein paar Zimmer größer geworden. Da stehst du betroffen im ersten Morgenlicht und musst dich zurechtfinden. Zwischen Küche und Schlafzimmer befindet sich ja nun eine Tür und dahinter ein Flur mit ein paar verstaubten Räumen. Dort, im Dunkeln liegen sie, und du wagst noch gar nicht hineinzugehen. Möglicherweise gibt es diese Zimmer schon lange, nur hast du sie noch nicht bemerkt. Jetzt sind sie jedenfalls da, und du solltest sie endlich erkunden, denn das alles gehört offenbar zu dir.

Ungefähr so kann man sich das vorstellen. Und so ist es auch. Andererseits hat hier alles seine eigene Banalität, seine Alltäglichkeit, und jeder nimmt sie ernst. Ich kann den Leuten doch nicht ins Gesicht sagen, dass sie nur in einem Zauber existieren. Solange man sich eine solche Absurdität ausmalt, ist das vielleicht ganz kreativ, sobald man ihr allerdings näherkommt, befällt sie einen selbst. Plötzlich ist es dann umgekehrt: Die Anderen, die sind dann alle völlig normal, nur man selbst ist hier ganz fehl am Platz. Was treibe ich denn bloß das ganze Jahr? Ich schreibe ein Buch – ach du liebe Zeit!

[18. JANUAR]

Jedes Mal, wenn ich in meine »Wohnung« komme, staune ich über die leichten Türen. Nicht nur, dass sie sich leicht bewegen lassen, nein, sie scheinen aus Pappe zu sein. Fast gehen sie von alleine auf, sobald das Schloss geöffnet ist.

Diese Kaufhallen: Nicht, dass sie mir sonderlich fremd vorkämen. Im Gegenteil: Verglichen mit den Märkten und Basaren, wie man sie aus Südeuropa kennt, ist mir hier alles ziemlich vertraut: Einkaufswagen, Regalreihen, Preisschilder, Wurstständе, Kassenbons – kein Problem. Dann beginne ich allerdings zu zweifeln. Ich kenne alles, aber es stimmt jedes Mal nicht ganz: die Beleuchtung, der Fußboden, die Akustik, die Verpackung, der Geruch. Selbst die Warteschlange draußen vor dem Eingang ist nicht dieselbe. Ich stelle mich hinten an und frage mich, ob ich wohl jemals einen Einkaufswagen werde ergattern können: da stehen mindestens fünfzig Leute vor mir. Aber dann ruckt die Schlange in wenigen Minuten hopplahopp zur Tür hinein; und ich habe gerade noch Zeit, über die grünen Schaufenster zu staunen.

Als ich später noch einmal ins Schaufenster sehe, begreife ich noch immer nicht, woher diese Farbe kommt. Alles ist in meergrünes Licht getaucht: Dosen, Gläser und eine lange Reihe von Aluminiumgefäßen, deren Zweck ich nicht erraten kann. Dass dieses Schaufenster mir so fremd erscheint, liegt aber nicht allein an diesem grünen Licht und an den merkwürdigen Gefäßen mit hölzernem Griff; es liegt auch daran, dass man nirgends die einzelne Ware sieht, immer nur eine eng gedrängte Menge. Massenszenen wie in den proletarischen Filmen: Karottendosen und Krautgläser in endlosen Doppelreihen. Es scheint viel zu geben, aber von allem immer dasselbe.

[20. JANUAR]

Mittags wieder im Opernrestaurant. Wie groß man sich fühlt, mit dem richtigen Geld! Wo gibt es denn sonst etwas für 34 Pfennig? (Und die sind noch 3:1 getauscht – also: ein Mineralwasser für 11 Pfennig!) Wenn du hier sitzt, isst, bestellst, bezahlst, kannst du dir vorstellen, wer du sein wirst, wenn endlich einmal etwas aus dir geworden ist.

Die Kellnerin: stumm, streng, eilig. Sie kommt herüber und bleibt an meinem Tisch stehen, was offenbar das Zeichen dafür ist, dass ich bestellen kann.

Die Oper ist übrigens eine flache Schachtel auf ein paar dünnen, aber regelmäßigen Betonbeinen. Als sei das Rechteck das einzig proletarische Prinzip, wiederholt es sich in alle Endlosigkeit. Rechteckig sind: das Foyer, die Garderobe, das Restaurant, womöglich sogar der Opernsaal selbst; rechteckig sind aber in jedem Falle: Deckenverkleidung, Lampen, Entlüftungsschächte, die Spiegel, die Theke, die Tische sowieso, alles schön in einer Linie. Und der Fußboden! Ich sitze auf rechteckigem Dielenparkett; allerdings nur auf dessen Kunststoff-Imitation.

Die Kellnerin bleibt weiterhin stumm. Sie bringt das Essen und wendet sich wieder ab. Dabei hat sie es jetzt nicht einmal eilig. Erst als ich mich auf mein Ragout konzentrieren will, mich also endlich dem Tisch zuwende, registriere ich das für mich bereitete Arrangement: eine halbvertrocknete Pflanze, daneben ein Glas mit Zahnstochern und ein Salzstreuer, gelb und weiß, und alles auf einem braun karierten Deckchen. Und da soll man nicht überheblich werden? Ich mache ein Foto, und eine Frau kichert. Jetzt, im Nachhinein, kann ich mich gar nicht mehr entsinnen, ob ich mich umgesehen habe. Aber ich bin mir sicher: Da hat eine Frau gekichert.

»Kommt bei Ihnen noch was?«, fragte die Kellnerin nach dem Essen. Was für eine Frage! Ich brauchte einen Augenblick, bevor ich antworten konnte. Immerhin, zuletzt hat sie doch noch etwas gesagt.

Es ist tatsächlich eine »verworrene Sache«: Ich schreibe dir und schreibe immer auch knapp an dir vorbei. Du hast recht: Ich füttere meinen Computer, das steht im Vordergrund. Und falls ich das alles wirklich einmal in einem Buch zusammenfasse, müssen wir zuerst einmal Privates und Politisches entwirren. Natürlich wird das Persönliche gestrichen, was allerdings eine Verfälschung ist, denn darin liegt ja mein Rückhalt. Die anderen Passagen dagegen, die brauchen meist selbst eine Stütze. Oft wissen sie gar nicht, an wen sie sich halten sollen; ich versuche dann, die Augen zu schließen und ihnen nur zuzuhören, das geht. Aber manchmal, wenn es schlimm wird, öffnet man doch die Augen und sieht sich von künftigen Lesern beobachtet. Und auf einmal sind diese Briefe wie ein Gespräch in der überfüllten U-Bahn: Ich erzähle dir, während alles vor sich hinstarrt und trotzdem lauscht. Dann hilft es nichts, und ich muss abbrechen. So will ich nicht mit dir leben, das ganze Jahr.

[21. JANUAR]

Heute bin ich bei den Verwandten gewesen, und es ist alles gut gegangen. Keine groben Missverständnisse. Ein wenig Beklemmung, aber man kam miteinander ins

Gespräch. Man hat sich betastet, und hinterher hat man sich verstohlen auf die Handflächen gesehen, weil man der unbekannten Empfindung noch nicht trauen wollte. Ja, wenn du dabei gewesen wärst! Das hätte gleich alles verändert.

Also, wie ist es gewesen? Etwa um acht habe ich die Vorstadt erreicht: einige Hauptstraßen, an denen sich der aufgehäufte Schnee entlangzieht, dann Grünflächen (aber eigentlich sind sie jetzt schwarz) und ein paar Hochhäuser. Ich sehe keine Menschen und wenig Licht. Offensichtlich schläft die Stadt bereits (es ist wieder Sonntag). Das Haus in der Michelsburger Straße erweist sich als ein schmales Reihenhaus. Als ich geklingelt habe, beschleunigen sich die Dinge vorübergehend: Lichter gehen an, Türen schlagen, Stimmen kommen näher. Es ist kalt im Flur. Beim Händeschütteln sehe ich die beschlagenen Scheiben, und ich weiß wieder, wie mühsam es ist, den Frost draußen zu halten, wenn Fenster und Türen undicht sind. Onkel Paul wirkt steifer, als man ihn mir immer beschrieben hat: Knapp ist seine Begrüßung, und schon hält er die Hausschuhe für mich bereit. Außerdem spricht er mich versehentlich immer wieder mit »Sie« an. Es fällt nicht schwer, in ihm den Soldaten zu erkennen, den Major a.D. Dennoch: Ich bin »herzlich willkommen«; das ist gar keine Frage. Es ist auch keine Frage, dass sich bereits die halbe Verwandtschaft hier versammelt hat: Menschen, die ich eigentlich kennen müsste, schließlich hat man mir seit jeher von ihnen erzählt. Das ist nun also Tante Elke, und das ist Onkel Theo, der damals bei Carolas Hochzeit illegal zwei Schweine besorgt und eigenhändig geschlachtet haben soll. Was seit Jahrzehnten eine bekannte Anekdote war, wird plötzlich unwahrscheinlich. Auf einmal verblassen die bekannten Familienlegenden hinter diesen unbekannten Menschen. Nicht einmal mit den zuhause so oft herumgereichten Fotos wollen sich diese Gesichter in Übereinstimmung bringen lassen. Aber auch die Verwandten wirken erstaunt: Nach all den Jahren ist nun doch einer von »denen« herübergekommen. Und als müssten sie sich selbst noch einmal bestätigen, dass ich unmöglich völlig fremd sein kann, rekonstruieren sie die Familienbeziehungen: Ich bin also der Sohn der Nichte von Richards Mutter. Einen Begriff für diese Art von Verwandtschaft gibt es nicht, und so taucht dieser verschlungene Genitiv heute Abend noch häufiger auf. Und mit jedem Mal wird es deutlicher: Hier lebt und denkt man tatsächlich noch in Familien.

Wer hereinkommt, reibt sich die Hände am Kachelofen. Man erklärt, alles sei ein Chaos geworden. Aber man spricht nur allgemein davon, und so genau ich auch nachfrage: Bisher hat niemand das Chaos persönlich erfahren. In Barbaras Betrieb läuft die Arbeit schleppend und lustlos wie immer, und in der Schule gibt es ein paar harmlose Reibereien. Aber man kennt das Chaos bereits von weitem, aus der Firma des Nachbarn zum Beispiel und aus den Nachrichten. Es ist ein stockendes Gespräch, und ich spüre, dass man mehr über mich wissen will: Was habe ich denn eigentlich genau vor? Für wen schreibe ich? Und was verdient man dabei? Noch mag sich niemand danach erkundigen, man muss sich erst näherkommen und will eine direkte Frage noch nicht riskieren. Für einen Moment bin ich mir wieder unsicher, ob ich versuchen soll, alles zu erklären. Soll ich wirklich erklären, ich sei gekommen, um den Zerfall eines Staates zu beobachten, die Absurditäten seines Niederganges? Es würde doch auch niemand einem Sterbenden erklären, er sei gekommen, um den Tod zu sehen. So etwas behält man für sich. Außerdem erwartet die Verwandtschaft eine konkrete Auskunft, dabei geht ja diesmal die Verführung von etwas Abstraktem aus (von dem, was man einen »historischen Augenblick« nennt). Aber hier scheint niemand etwas von einem historischen Augenblick zu spüren. Hier, am vermeintlichen Ort des Geschehens, bleibt ein solcher Begriff stumpf. Zu fern ist er für diejenigen, die dicht an den Ereignissen sitzen. Sie sagen nur eilig »ja ja« und nicken dazu. Um den Augenblick der Leere zu überbrücken, beginnen sie noch einmal von vorn: Du wirst Hunger haben, sagen sie und werden geschäftig. Ich bin gewarnt: Wir sprechen alle deutsch, aber nicht dieselbe Sprache.

Während man am Tisch sitzt, neben dem Gurkenglas und dem Tee, fällt, eher ironisch als besorgt, die Bemerkung, dass man eigentlich gar keinen Tee mehr trinken könne (wegen des verseuchten Grundwassers). In der Stadt kursieren die spektakulärsten Gerüchte: Bisher geheimgehaltene Untersuchungen belegen angeblich, dass die Zahl der Krebstoten um etwa zehn Prozent höher liegt als in anderen Gegenden. Und nun? Was soll man jetzt machen? Also, dass die nicht einfach mal sagen, was Sache ist! Nach allem, was in den letzten Monaten geschehen ist, fände es wohl niemand besonders erstaunlich, wenn auch noch das Leitungswasser gesperrt würde; nur dass überhaupt irgendwer irgendwas beschließt, das erwartet man. Fast möchte ich erwähnen, dass von nun an bestimmte Leute davon leben, alarmierende Nachrichten zu verkaufen, während andere davon leben, nicht zu sagen, was »wirklich Sache« ist. Und ich möchte hinzufügen, dass es ab sofort ohnehin keine einfache, »wirkliche Sache« mehr gibt. Das alles könnte man erklären, und schon hätte man sich als Sieger aufgeführt.

Unterdessen hat ein paar Mal leicht der Boden gezittert, die Vitrinen haben geklirrt, und das Ofentürchen hat sich bewegt. Schuld daran ist die Kälte, sagt Tante Barbara. Wenn die Erde gefroren ist, überträgt sich das Vibrieren der Straßenbahn bis hierher. Die Gleise führen in etwa fünfzig Metern Abstand am Haus vorbei. Auch Barbara erschrickt dann immer, es ist als ob sich etwas unter dem Haus bewegt, aber was soll man machen? Außerdem dauert das ja nur ein paar Wochen im Jahr.

Diese Verwandten sind für mich übrigens noch immer eine ziemlich unbestimmte Ansammlung von Menschen. Ich kann mir nur ein paar Einzelheiten merken – zum Beispiel, dass Barbara die Schwester von Onkel Paul ist. Die beiden scheinen sich aber nicht besonders zu verstehen. Immer wieder bringt sie spitze Bemerkungen an. »Frag doch deinen Kumpel von der Stasi«, sagt sie zum Beispiel, als ich von der Suche nach Interviewpartnern erzähle. Onkel Paul wehrt sich lautstark gegen den Begriff »Kumpel«, also ein Kumpel ist das nun wirklich nicht. Aber immerhin: dieser »Bekannte« oder vielmehr »Schulfreund«

ist Stasi-Offizier gewesen. Man könnte ja mal versuchen, mit ihm ins Gespräch zu kommen. Onkel Paul verspricht, ihn morgen anzurufen. Natürlich, das wird er probieren, plötzlich ist er mit seinem Stasi-Kumpel doch noch zu etwas nütze. Und er kann jetzt laut und triumphal darüber reden, wie man mit diesem Mann umgehen muss, denn das ist gar nicht so einfach, und dass er dann viel erzählt, das soll ich lieber nicht erwarten. Denn diese Leute sind jetzt vorsichtig geworden.

[22. JANUAR]

Heute Abend die Montagsdemonstration. Ich sehe eigentlich nur Fahnen, zehntausend Mal schwarz-rot-gold, Stangen und Tücher hin- und hergeschwenkt, Deutschland, Deutschland über alles. Es erstaunt mich, welche Wucht diese Fahne entfalten kann. Bisher hing sie doch immer nur schlaff und still am Rande von Trauerfeierlichkeiten oder Staatsbesuchen, hier aber schlägt und tobt sie und ist nicht wiederzuerkennen; meist sieht man ohnehin nur das Schwarz und das Rot, denn das Gold ist von der nächsten Fahne immer schon verdeckt, also: zehntausend schwarze und rote Fahnen. Wie auf der schönsten, anarchistischen Demonstration!

Dann, am Dimitroffplatz, es muss schon spät in der Nacht sein (aber im Januar ist es ja immer schon Nacht), am Dimitroffplatz also die Abschlusskundgebung: Menschentrauben, die sich zusammenschieben, wieder still und fast versöhnlich, und vorne bei den Lautsprechern ein paar noch unbekannte Vertreter basisdemokratischer Gruppen. Ihre Reden wirken ungeübt. Oft versteigen sie sich zu Sätzen, die kein Ende finden und dann fast gewaltsam abgebrochen werden müssen, was manchen Redner ziemlich zu erschöpfen scheint. Geduldig hört man ihnen zu, spendet auch etwas Beifall: für die eine oder andere Forderung, für den Ruf nach Demokratie und Umweltschutz, aber erst wenn das Stichwort »Deutschland« fällt, entsteht ein wahrer Tumult. Dann kann sich kein Redner mehr Gehör verschaffen, »Deutschland« heißt das Wort, das den Leuten auf der Seele liegt, herausgebrüllt will es sein, und die Fahnen gehören in die Nacht gereckt; nur so kann man den fremden Redner zwingen, bei diesem Wort zu bleiben, und nur bei diesem. Jetzt will man sich Deutschland nicht mehr nehmen lassen, von keiner Reform und von keiner sozialen Forderung. So gleicht es einem groben Missverständnis, dass Redner und Demonstranten auf derselben Kundgebung erschienen sind.

Neben mir ein paar Jugendliche. Auch sie halten die Fahne in die Höhe (trotz der Kälte) und wiegen ihr enttäuschtes Gesicht hin und her. Alles in diesem Land halten sie für gescheitert. Und Deutschland? Ja, das bedeutet, dass es besser wird, weil die D-Mark kommt und zwar schnell, das ist die Hauptsache, sonst ist bald niemand mehr hier, und die Städte sind leer, weil alles in den Westen gegangen ist. So stehen sie herum und wissen mit ihrer ganzen Revolution nichts anzufangen, als mit der Ausreise zu drohen. Und falls dies überhaupt eine Revolution war, im Oktober, dann hat wohl keine andere jemals so viel Kleinmut ausgelöst, so viel Minderwertigkeitsgefühl. Hier gibt es keine Euphorie, weil man es »denen« mal endlich gezeigt hat, hier gibt es nichts als die Offenbarung eines allgemeinen, gründlichen Versagens.

Und nachts, wenn ich wieder über den Bildschirm hinweg auf die gegenüberliegende Hauswand sehe, diese unbewohnte Fassade, diese leeren Zimmer, in die von der Straße her ein diffuses Licht fällt, dann stelle ich mir wieder die Wohnung vor, die sich über Nacht um ein paar Zimmer vergrößert hat, und ich beginne, die Szene zu variieren. Was ist denn geschehen, als sich herumsprach, unser Land habe sich überraschend um ein paar Städte und Landstriche vergrößert? Man hat nach Reiseführern und Prospekten verlangt, und als man sich schließlich über die ersten Landkarten gebeugt hat, wie hat man gestaunt! Die Namen all der neuen Städte, selbst die der kleineren Orte, kamen einem so bekannt vor. Nicht dass man jemals über sie geredet hätte, nein, das nicht, aber wenn man bisher in der Torgauer Straße gelebt oder einen Freund in der Pasewalker Allee besucht hat, musste man jetzt feststellen, dass Torgau und Pasewalk ja auch die Namen zweier plötzlich aufgetauchter Städte waren. Folglich muss es die ganze Zeit über verborgene Korrespondenzen gegeben haben, Entsprechungen, von denen kaum jemand etwas geahnt hat, ein zweites Leben, eine stille Schattenexistenz. Bisweilen geschieht es einem ja auch, dass man sich fortwährend verspricht. Da nennt man Herrn Wolfram zum Beispiel den ganzen Tag über »Herr Wolfgang«, bis einem einfällt, dass man vergangene Nacht von Ausgrabungen und Ruinen geträumt hat und auch von Gassen und Gängen. Und jetzt, wo die nächtlichen Städte so überraschend aufgetaucht sind, kann man diese Gänge bei helllichtem Tage besichtigen.

Allerdings muss man davon ausgehen, dass diese Städte, so verstaubt und verschlafen wie sie jetzt an unseren Grenzen stehen, nicht mehr lange zu besichtigen sein werden. Ihre schattenhafte Ordnung ist ja zusammengebrochen; deshalb sind sie doch aufgetaucht und verstricken sich jetzt in Chaos und Illusion. Von außen wird man das Spektakel noch eine Weile mit Interesse beobachten, aber dann wird die große Renovierung beginnen. Es würde ja auch niemand auf Dauer einen Menschen ertragen, der sich ständig verspricht. Irrtümer dieser Art fordern eine Korrektur. Folglich wird man diese verstaubten Städte erst einmal ausgiebig an die frische Luft stellen.

[23. JANUAR]

Was ich den ganzen Tag mache? Na hör mal, ich schreibe. Offenbar stellst du dir vor, dass ich immer nur in der Stadt herumlaufe und recherchiere. Nein, wenn ich maßstabsgetreu berichten wollte, müsste ich vor allem übers Schreiben schreiben. Und über diese Wohnung: denn der Tisch ist zu schmal, und der Stuhl ist eine Qual (obwohl es sich reimt). Und vielleicht sollte ich auch sagen, dass ich anders lebe, völlig anders, öffentlicher in ganz bestimmtem Sinne. Im Moment gibt es keine Trennung zwischen Alltag und Arbeit, Brief und Literatur, alles vermischt sich. Eigentlich wäre das doch ein Ideal? Aber es ist eher so, dass es mich auslaugt. Es gibt kein Abschalten, keinen Feierabend, kein Entkommen. Was ich auch anfasse: das Notizheft liegt bereit, auch wenn ich nur einen Löffel in die Hand nehme und mich frage, was denn nun der Unterschied zu einem West-Löffel ist. Ich könnte mir nicht einmal die Nase putzen, ohne auf einen aktuellen Bezug zu achten.

[25. JANUAR]

Gruber (der Hausmeister) hat gefragt, was denn meine Frau dazu sagt, dass ich so lange weg bin. Na, was sagt sie denn mittlerweile dazu, »meine Frau«? Und wer fragt, was ich dazu sage? Offensichtlich gilt eine zeitweilige Trennung hier als ein Problem von Frauen. Auch nach Bad Ifflingen hat sich Gruber erkundigt: Was, im Schwarzwald liegt das? Ach! Grubers Entzücken ist mein Verdruss. Mit meinen anonymen Beobachtungen wird es wohl bald vorbei sein; man hat mich identifiziert und erzählt es mit verklärtem Blick herum: »der Schriftsteller aus dem Schwarzwald«. Plötzlich umgibt mich die Idylle, und ich fürchte, ich werde sie so leicht nicht wieder los.

Ich habe es ja schon gesagt: am Zusammenbruch dieses Staates ist nicht viel zu beobachten. Der politische Aufbruch ist bereits Erinnerung geworden, während ich mich noch zu Hause auf ihn vorbereitet habe. Mit spektakulären Ereignissen habe ich ja nicht wirklich gerechnet, aber dass der Zerfall einer Ordnung so ungeheuer ordentlich vor sich geht, das hätte ich nicht erwartet. Der eigentliche Bruch geschah im vergangenen Herbst, das war schon alles. Was danach kam, war keine Umwälzung, es war das Warten auf den Westen. Der alte Staat, den es ja noch gibt, ist eigentlich nur damit beschäftigt, sich auf den Westen vorzubereiten. Das mag noch ein paar Jahre dauern, aber in dieser Vorbereitung sitzt bereits die neue Macht, nicht persönlich und konkret, (noch nicht einmal abstrakt), sondern lediglich hypothetisch. »Im Westen würde man es soundso machen«, heißt es jetzt überall. Man hat der Macht, die noch gar nicht eingezogen ist, schon einmal den Thron bereitet. Und darauf sitzt nun einstweilen diese Hypothese. Aber so etwas funktioniert! Man gehorcht in allen Städten und Bezirken. Was ich hier erfahre, ist nicht die Lücke zwischen zwei Gesetzen und nicht die Anarchie, es ist die Wirksamkeit eines imaginär besetzten Throns.

Dass dieser Zusammenbruch so unauffällig verläuft, schafft allerdings ein Problem: Ich suche den roten Faden, den großen Bogen, die klare Linie. Es zerfällt mir ja alles in Einzelaspekte: Opernrestaurant, Archivar, Kaufhalle.

[26. JANUAR]

Elke ist ganz aufgebracht! Als ich sie gestern Abend besuchen kam, lief gerade eine Fernsehreportage über Immobilien-Schiebereien. Wie man hört, haben verschiedene Städte ihre besten Grundstücke bereits an West-Interessenten vergeben. Offiziell ist der Verkauf von volkseigenen Grundstücken und Gebäuden noch immer verboten; aber angeblich sind die Vorverträge längst ausgehandelt. Es handelt sich um die billigste Form von Bestechung: Wir, die Altkommunisten in der Stadtverwaltung, sichern euch, den West-Firmen, die besten Grundstücke; ihr sichert uns dafür eine Zukunft in euren Chefetagen. Angeblich ist das ein offenes Geheimnis, aber natürlich lässt sich ohne ein versiertes Team von Journalisten nichts Genaues erfahren. Das ist nun wirklich zu dumm: Da bin ich eigens angereist, um die Entwicklung hautnah mitzuerleben und muss mich doch wieder vom Fernsehen informieren lassen.

Auch die Altbesitzer kommen inzwischen aus dem Westen und taxieren ihre ehemaligen Immobilien. Das Fernsehen zeigte eine Frau, die im Garten stand und beschrieb, wie ein Fremder über den Rasen gestapft kam, mit einer Video-Kamera, gesagt hat er nichts, nur dass er sein Eigentum einklagen werde, das hat er gesagt, und gefilmt hat er die ganze Zeit. Ich habe Elke (»Tante Elke« müsste ich ja wohl sagen) gefragt, wem das Haus, in dem sie wohnt, eigentlich gehört. Der Kommunalen Wohnungsverwaltung gehört es, aber womöglich ist auch das juristisch nicht eindeutig. Elke, die in ihrer blauen Schürze das Abendessen vom Tisch räumt – die Wurstplatte hält sie in der einen Hand und in der anderen das eingelegte Gemüse (Sellerie, Bohnen und so weiter) – und dann bleibt sie in der schon halb geöffneten Tür stehen: Ja meinst du denn, die könnten mich irgendwann hier rausschmeißen? Sie hat sich noch einmal umgedreht, und die Kälte strömt jetzt zur Tür herein, denn der Flur ist nicht beheizt, und ich habe keine Ahnung, ob man ihr wird kündigen können, aber es reicht ja, wenn man die Miete kräftig erhöht.

Für einen Schluck Wein ist Elke abends immer zu haben, nur trocken darf er nicht sein; auf keinen Fall so ein herbes Zeug, aber heute schmeckt jeder Wein ziemlich herb. Denn das wäre ja nun wirklich das Letzte, wenn einer käme, dem das Haus gehört, in dem sie seit siebzehn Jahren wohnt. Bald steht die Rente an, und in dem Alter zieht doch niemand mehr um, vor allem, wenn er kein Geld hat und an alles gewöhnt ist: an das Haus und den Garten und die Leute in der Gegend. Elke ist ja sonst ein fideler Mensch, aber heute müssen wir uns doch eine ernste halbe Stunde lang hinsetzen und überlegen, was das denn nun alles bedeuten kann.

[27. JANUAR]

Die Leute aus dem Westen: Wenn man sie ein paar Tage nicht gesehen hat, beginnt man schon fast, sich zu wundern. Da stehen sie vor dem »Centrum« und sind an der Lautstärke und der Kleidung leicht zu erkennen. Oder was weiß ich woran, an den dezent aufeinander abgestimmten Farben vielleicht? Ich kann es nicht genau sagen. Sie scheinen sich auch anders zu bewegen als die Leute hier, sagen wir mal »expressiver« (dabei sind die Westdeutschen doch weiß Gott keine Italiener). An den Einheimischen sind jedenfalls weniger Gesten zu erkennen, keine abrupten Bewegungen, alles gedämpft, gebremst, vielleicht müde. Und sofort denke ich: Das alte System ist schuld. Zu offensichtlich ist der Zusammenhang von Unterdrückung und Körpersprache. Dann denke ich: Wie einfallslos. In allem sehe ich ein Exemplar. Wenn eine Frau verhalten lächelt, dann nur, weil sie zeitlebens gelernt hat, sich zu kontrollieren. Immer vermute ich, was ich jetzt sehe, liegt an der politischen Situation, ist also bezeichnend und muss notiert werden. Da gibt es zum Beispiel die vielen Todeserklärungen im Amtsgericht. Zwanzig oder dreißig dieser kleinen, gelben Formulare hängen in einer Vitrine am Eingang. Per Schreibmaschine und mit schwachem Anschlag eingesetzt sind die Namen derer, die man für tot erklärt (teilweise sind sie schon seit Jahrzehnten vermisst). Ich vermute sofort: Jetzt, wo es sich wieder zu erben lohnt, lässt man eilig ein paar Familienmitglieder für tot erklären. Aber nein, erfahre ich, es waren schon immer so viele.

Nicht nur im Opernrestaurant, auch im Kulturpalast dominiert die klare Linie (Leuchtröhren, Spiegel, Fußbodenbelag usw.). Ich befinde mich in einem Land, in dem alles auf die richtige Linie ankam, und gehe geradlinig durchs Foyer. Die Garderobenfrau fällt allerdings aus dieser strammen Ordnung heraus. Sie steht gelangweilt am Tresen, richtet sich allmählich auf und legt, während ich mich nähere, die Arme zurecht: ich werde erwartet. Als ich meinen Mantel abgegeben habe, weiß ich schon nicht mehr, wieviel dafür zu bezahlen war: 20 Pfennige oder 40 Pfennige, oder einen dieser unerfindlich umständlichen Preise: 33 Pfennige. (Zudem noch drei zu eins entwertet. Man möchte zum Verschwender werden!) Heute spielt man Edison Denisov, etwas Avantgardistisches also. Das Publikum scheint überwiegend in den Betrieben rekrutiert worden zu sein (Kultur unter die Leute zu bringen, gehört hier zu den Aufgaben der Wirtschaft!). Das Ergebnis lässt sich riechen: ich sitze angespannt zwischen zitronensaurem Rasierwasser und rosenschwerem Parfüm. Nach dem Stück geht man nach Hause, rasch und ordentlich. Zuvor hat man, während die Dissonanzen anschwollen, zuerst geatmet, schwer und schwerer, hat im Sessel geruckt, gehustet, und schließlich, als man sich der allgemeinen Unruhe bewusst wurde, hat man gelächelt, mild, nachgiebig, verzeihend: Ein bisschen etwas Klassischeres hätten sie schon spielen dürfen.

Unten im Restaurant sitzen noch ein paar Zuhörer. Sie gleichen den Hochzeitsgästen in unseren alten Dorfgaststätten: Es ist so feierlich alles, nur passen diese Leute nicht in einen Anzug: Männer mit Furchen im Gesicht und mit breiten Arbeitshänden. Dabei könnte man das auch als Errungenschaft feiern: Die Arbeiterklasse geht ins Konzert! Aber nur weil das Fernsehprogramm so miserabel ist.

Onkel Paul ist ganz ungehalten: Schon zwanzigmal ist er zur Telefonzelle hinübergegangen und hat den Stasi-Offizier trotzdem nicht erreicht. Wo der Mann bloß steckt? Zum Glück kennt Onkel Paul auch einen Mann, der im Oktober tagelang in Untersuchungshaft gesessen hat, wegen angeblicher Rädelsführerschaft. Diesen Mann wollten wir heute besuchen. Allerdings kennt Onkel Paul ihn nur von weitem. Er weiß lediglich, dass dessen Schwester in einem Friseursalon am Naumann-Platz arbeitet.

Was geschieht also, wenn man jemanden sucht, den man nicht genau kennt? Nun, zuerst wird ein Taxi organisiert. Wir könnten auch mit meinem Wagen fahren. Aber einer der Nachbarn besitzt ein Taxi; und ich bin heute der Gast. Nun gut. Zuerst einmal fahren wir zum Friseursalon, es ist ja nicht weit. Unterwegs ärgert sich Onkel Paul über eine Anzeige in der heutigen *Rundschau*, hast du sie auch gesehen? Eine ganze Seite, wo gibt es denn so was, eine ganze Seite für eine einzige Werbung. Die war von der Deutschen Bank, also die spielen sich jetzt vielleicht auf. Der Taxifahrer hat nichts davon bemerkt, man kommt ja gar nicht mehr zum Zeitunglesen, in diesem Chaos.

Am Friseursalon stellen wir fest: Er hat geschlossen. Natürlich, heute ist ja Montag. Onkel Paul sieht darin allerdings kein Problem; er kennt nämlich auch die Freundin der Schwester des gesuchten Mannes. Sie wohnt im Ringweg. Also fahren wir die Leonhardtstraße hinauf, dann durch die Thälmannstraße. Für einen Augenblick sind wir zwischen zwei Lastwagen eingekeilt, der eine kommt an einem abgestellten Lieferwagen nicht vorbei, der andere lauert in unserem Rücken, beide pusten Unmengen von Ruß und Qualm gegen die Häuser, und man möchte die Leute warnen, damit sie eilig die Fenster schließen. Dann wieder diese wunderbar unberührten Straßen, zwei oder drei Autos nur, die dort stehen, und die Sonne, die selbst jetzt um die Mittagszeit lange Schatten wirft. Schließlich ein alter, blassgrüner Gartenzaun an der Einfahrt zum Ringweg und schließlich der winzige Vorgarten, den wir betreten. Aber die gesuchte Frau ist nicht zu Hause. Nichts rührt sich. Ich stehe zwischen zwei

Reihen brauner, von Asche überzogener Mülltonnen. Ein Schleier von Ruß senkt sich von verschiedenen Schornsteinen auch auf uns herab, während Onkel Paul sich nach Frau Bechter erkundigt. Nun, sie ist einkaufen gegangen, aber das macht nichts, denn man kann noch eine Weile mit ihrem Nachbarn plaudern, über den Elektroladen dort drüben, in dem doch mal der Schirrmann gearbeitet hat, wo ist der denn eigentlich zur Zeit beschäftigt? Inzwischen habe ich kalte Füße und gehe hin und her und sehe im ganzen Vorgarten keine einzige Stelle, kein winziges Fleckchen Schnee, das nicht von Asche braun verfärbt wäre.

Wenn Frau Bechter einkaufen gegangen ist, dann fahren wir doch einfach in die Kaufhalle, sie ist die einzige Einkaufsmöglichkeit weit und breit. Immerhin: Man weiß, wo man suchen muss. Onkel Paul verschwindet im Eingang, und ich bin neugierig, ob dieses System, einen Menschen aufzuspüren, wirklich funktioniert. »Im Westen hätte man sich für eine halbe Stunde ans Telefon gesetzt«, sage ich. Aber was ich nicht bedenke, ist, dass der Taxifahrer eine solche Feststellung wohl als Kritik empfindet, als Überheblichkeit. »Ach, das Telefonieren!«, erwidert er nur, während er ans Steuer fasst, als ginge es gleich weiter. Für einen Augenblick überlege ich, ob ich versuchen soll, dieses Thema noch einmal etwas weniger missverständlich aufzugreifen. Mehr Glück habe ich mit einem anderen Thema: mit der Frage nach den illegalen Taxis. Wie man eines von ihnen bekommt? Ganz einfach: Man ist da zum Beispiel am Bahnhof, geht zu einem der vielen Autos, in denen ein meist junger Mann wartet, und fragt: »Sagen Sie mal, wo geht's denn hier zur Soundso-Straße?« – »Ach wissen Sie«, muss der Fahrer dann antworten, »ach wissen Sie, ich will sowieso gerade dort in die Nähe ...«. Das Trinkgeld orientiert sich dann an den offiziellen Taxipreisen.

Als Onkel Paul zurückkommt, hält er eine gewaltige Portion Lauch im Arm und wird von einer Frau begleitet, die mit zwei Einkaufstaschen zu uns in den Wagen steigt. Sie begrüßt mich mit Handschlag (immer und überall gibt man sich hier die Hand) und erklärt, dass sie den Mann, den wir suchen, zwar kenne, aber keine Ahnung habe, wo er wohne. »Mein Mann allerdings ...«, fährt sie fort, und ich ahne sofort, was sie vorschlagen wird. Wir fahren also nach Geritz hinüber, in eine Autowerkstatt, in der der Mann einer Frau arbeitet, die die Schwester eines Mannes kennt, der einst angeblich ein Rädelsführer war. Und erstaunlicherweise bleiben alle Beteiligten völlig ernst. Während wir durch Straßen holpern, wieder an schwarzblauen Straßenbahnen vorbei und an Häuserfronten, die kein Bild hinterlassen, breitet sich Lauchgeruch im Taxi aus.

Am Bahnhof lässt Onkel Paul anhalten. Plötzlich ist er in die Rolle des Fremdenführers hineingerutscht. Stolz und laut, als sei er eigens zu meiner Erbauung abkommandiert, führt er mich im Bahnhof herum. Hier hat nämlich alles begonnen, der eigentliche Umbruch. Wenn man sich das vorstellt: die Ausschreitungen im Oktober, das war ja fast ein Bürgerkrieg. Heute, nach einem Vierteljahr, ist am Bahnhof von der Zerstörungswut allerdings nur noch wenig zu sehen. Die zerschlagenen Scheiben sind ausgetauscht, die demolierten Automaten ersetzt. Aber die Deckenverkleidung, sieh dir das mal an; und überall die Baugerüste. Onkel Paul winkt mich zum Bahnsteig herüber, damals hat er die Ausreisewilligen hier sitzen sehen, Hunderte, die glaubten, sie könnten das Land endlich verlassen, auf Umwegen, über Prag. Dann hatte es allerdings wieder geheißen, die Grenzen seien geschlossen worden; und die aus der ganzen Gegend zusammengeströmten Leute mit ihrem letzten Gepäck konnten nur noch warten. Wer damals hier ankam, war zu allem entschlossen, er hatte ja schon alles aufgegeben. »So etwas verändert die Leute«; sagt Onkel Paul und beginnt sich zu erregen: »Kein Anstand, keine Selbstachtung, wie verdreckt sie waren, und wie besoffen.« Da saßen sie herum und beleidigten die Polizisten, die die Fernbahnsteige abriegeln mussten. Unter dem Jubel der Menge stellte sich dann auch noch einer der Betrunkenen neben die Polizeikette an eine Wand und öffnete die Hose. Aber selbst als der Urin an allen Stiefeln vorbeirann, geschah nichts. »Also so etwas muss man doch verhindern«. Onkel Paul jedenfalls verstand die Geduld der Polizisten nicht. Und ich verstehe Onkel Paul nicht. Es ist mir vor allem peinlich,

Adressat dieser so überraschend abfälligen Äußerungen zu sein. Aber andererseits: Er ist ja Major a.D. Und genau das scheint er mir jetzt beweisen zu wollen. Damals, erklärt er, habe er sofort bemerkt, dass die Polizei ihrer Aufgabe nicht gewachsen war. Da hatte irgendein Vorgesetzter die Situation völlig unterschätzt. Das muss man sich ausmalen: Onkel Paul, aufrecht, männlich, einfallsreich, hatte sich als Major vorgestellt und den verantwortlichen Leutnant rufen lassen. Es war ihm nämlich die Idee gekommen, man könnte doch ein paar leere Züge in den Bahnhof schieben; das Gerücht, sie seien nach Prag bestimmt, würde nicht lange auf sich warten lassen. Und während all diese Leute noch ihren vermeintlichen Erfolg bejubelten, waren sie schon unterwegs zu den verschiedensten und entlegensten Bahnhöfen der Umgebung. So hätte man diese gefährliche Menge zerstreuen können. Aber der Leutnant erwies sich als ein fantasieloser Mensch. »Sie haben mir keine zweifelhaften Ratschläge zu geben«, hatte er erklärt und meinen verwegenen Onkel auf dem kalten Bahnhof stehen lassen.

In Geritz treffen wir Lothar, den Mann, der unsere endgültige Verbindung zu jenem Rädelsführer sein soll, nicht an. Er musste »mal kurz in die Stadt«. Ob es sich lohnen würde, auf ihn zu warten, kann uns niemand sagen. Unschlüssig gehen wir zunächst einmal auf den Innenhof hinaus, wo wir einen vorübergehend ruhigen Stehplatz finden, um unsere Lage zu überdenken. Der ganze, recht weitläufige Platz ist mit defekten Wagen verstopft; so ineinander gekeilt stehen sie und teilweise so beschädigt, dass ich den Eindruck habe, auf einem Autofriedhof zu sein. Neben mir ist ein Mann damit beschäftigt, einen demolierten Kofferraum abzudecken, er scheint dies täglich zu tun, denn die Arbeit geht ihm automatisch von der Hand. Schon sieht er neugierig herüber und wird uns womöglich auch gleich ein paar Ratschläge geben (vermutlich kennt auch er jemanden, der weiß, wo wir den Rädelsführer finden können). Seiner anschwellenden Hilfsbereitschaft komme ich mit der Frage zuvor, ob sich die Reparatur eines so demolierten Wagens überhaupt lohne.

»Das ist alles eine Frage der Zeit«, antwortet er und erklärt, seit einem halben Jahr stehe sein Wagen nun bereits hier in der Werkstatt. Sein Wagen? Also ist er gar kein Mechaniker, sondern der Besitzer dieses Unfallwagens? Ja, das ist er. Er hat dieses Auto, so kaputt wie es hier steht, vor einem halben Jahr gekauft – und zwar für 25 000 Mark. Dabei kostet der Wagen neu nur 20 000. Aber das ist keineswegs seltsam, im Gegenteil, der Mann hat sogar Glück gehabt. Andere Leute müssen nämlich erst umständlich versuchen, irgendwelche Ansprüche zu kaufen. Was für Ansprüche das sind? Nun, für ein paar tausend Mark kann man jemandem, der bereits einige Jahre auf ein neues Auto gewartet hat, die Position auf der Warteliste abkaufen. Verglichen mit solchen Zuständen ist man mit diesem Wagen doch noch ganz gut weggekommen. Der glückliche Autobesitzer kommt also mehrmals wöchentlich hierher, denn der Wagen muss ja trotz allem gepflegt werden, und nach den Ersatzteilen sollte man auch immer mal wieder fragen. Bei alledem wirkt dieser Mann erstaunlich unverzagt; nur ich stehe skeptisch neben ihm und zupfe inzwischen selbst an der Abdeckplane.

Es handelt sich übrigens um lauter gleiche Autos. Wie klein sie sind, brauche ich nicht eigens zu sagen, aber dass ihre Farben so genau aufeinander abgestimmt sind, das kommt erst jetzt zur Geltung; es ist eine einzige, stumpfe Farbpalette. Da gibt es tatsächlich kein klares Rot oder Blau. Alle Wagen haben denselben bläulich, gräulich, gelblichen Schleier, bleich und blass. Als hätte es einen Parteibeschluss gegeben, der den gesellschaftlich notwendigen Grad an Farbintensität regelt.

Inzwischen ist auch der Taxifahrer zu der Meinung gekommen, dass es sich nicht lohne, länger zu warten. Dennoch bleiben wir hier. Schließlich ergibt sich an einer solchen Stelle immer die Möglichkeit, jemanden kennenzulernen, der einen Freund hat, der wiederum jemanden kennt, der genau die Reifen, die man schon lange sucht, irgendwie aus der regulären Verteilung abzweigen kann. Man steht hier in anderen Verhältnissen zueinander: Jemanden zu kennen, bedeutet vor allem zu wissen, wen er kennt. So scheint jede Beziehung über sich selbst hinauszuwachsen und zum Bestandteil einer Clique zu werden. Streng genommen gibt es wohl weder Intimes noch Öffentliches. Nirgends die in sich ruhende Zweisamkeit, nirgends aber auch eine sich selbst überlassene Gemeinschaft: keine unbespitzelte Kneipe, kein Markt. Stattdessen die Winkel: die Nischen in den Kaufhallen und Werkstätten, ein halb subversives Geflecht von Geschäften. Überall wird geredet und geschoben. Und bei alledem beugt man die Köpfe zueinander, als stehe die Stasi noch immer mit versteckten Funkgeräten an der Ecke. Dabei sieht ein solches Geflüster doch schon von weitem höchst staatsgefährdend aus.

Als wir schließlich in die Michelsburger Straße zurückgekommen waren, begann Onkel Paul noch einmal die ganze Geschichte aufzurollen. Was ihn so in Rage brachte, war (von einem kräftigen Schluck Bier abgesehen) die Inkompetenz der leitenden Offiziere. Sie hatten damals erst nach Stunden versucht, den Bahnhof räumen zu lassen. Aber da war, wie Onkel Paul sich ausdrückte, der Krieg schon verloren. Zu den Hunderten, die ausreisen wollten, waren Tausende gekommen, die so etwas unbedingt gesehen haben mussten. Das war ja auch nicht zu glauben: wegfahren, ausreisen. Wie nah die Grenze liegt, das begreift man ja normalerweise nicht. Aber jetzt, wo man all die Leute vor den Bahnsteigen sieht, da begreift man es doch. Man sieht die Züge und weiß: Was sonst ein ganzes Leben dauert, kann jetzt in zwei oder drei Stunden ganz anders sein. Und wenn einen dann ein paar Polizisten zurückhalten wollen, wenn sie zu schubsen und zu drängen beginnen, dann ist die Geduld zu Ende. Dann reißt man Steine aus dem Pflaster. Man stemmt Papierkörbe in die Höhe und drängt mit Latten und Pfosten in den Bahnhof, aus dem bereits die ersten Verletzten taumeln, blutverschmiert, kreischend, lamentierend, scheinbar der Ohnmacht nahe. Onkel Paul allerdings war eisern entschlossen, auf ein solches Getue nicht hereinzufallen.

Der Wasserwerfer, der da auf den Platz gerollt war, beeindruckte ihn schon eher, einen Wasserwerfer hatte doch noch niemand gesehen. Wie diese Maschine wohl funktionierte, und wie gefährlich sie war? Niemand konnte das abschätzen; man wich zurück, während sich der Wasserwerfer bis an die Absperrung heranschob und sein Rohr auf die Massen richtete. Ich kann mir Onkel Pauls Aufregung vorstellen. Wieviele Demonstranten würde dieses Monster wohl von der Straße fegen? Und wie würden sie durcheinanderpurzeln, die nassen Menschen? Aber das Ganze war eine einzige Enttäuschung! Was da aus den Rohren kam, war ja kaum mehr als ein flauer Frühlingsregen, ein schwacher Strahl, wie peinlich! Die Demonstranten begriffen sofort. »Alles antreten zum Händewaschen« riefen die ersten, übersprangen die Absperrung und hielten tatsächlich die Hände in den Wasserstrahl. Es war wie überall: Da hatte man ein teures Gerät beschafft, und im entscheidenden Moment war das Rohr verstopft.

Die Menge hatte den Bahnhofsvorplatz sofort zurückerobert; für einen Moment sah es so aus, als würde nun endgültig und mit letztem Elan der Bahnhof gestürmt. Und Onkel Paul, mitten unter den Leuten, hat sich seine Gedanken gemacht. In einer solchen Situation hätte ein fähiger Kommandeur gegengehalten. Da hätte man sofort dazwischenschlagen müssen! Ein Triumphgefühl durfte man gar nicht erst aufkommen lassen. Aber die Polizei hatte sich in die Eingänge zurückgezogen und sich hinter ihren Schildern verschanzt. Über Lautsprecher forderte ein Offizier die »Bürger« auf, nach Hause zu gehen. »Das war ja in dieser Situation das Lächerlichste, was einem einfallen konnte!«, ereiferte sich Onkel Paul. Natürlich ist niemand gegangen. So etwas hatte man ja noch nicht erlebt. Eine in die Enge getriebene Polizei und ein zertrümmerter Bahnhof: Scheiben, Automaten, Türen, Anzeigetafeln – alles zerstört! Und Onkel Paul hatte das Gefühl, es sei gut so. Er war ja ein Mann der Ordnung, aber wenn unfähige Leute das Sagen haben, dann haben sie es nicht besser verdient.

Es fällt mir schwer, etwas Großes in diesem Ereignis zu erkennen: Da waren einige hundert Menschen gekommen, um auszureisen; und auch einige Tausend waren gekommen, um zuzusehen; und das war plötzlich die Wende.

Vermutlich werde ich mich von den großen Begriffen verabschieden müssen: Bastille, Winterpalais und so weiter. Offensichtlich weiß im entscheidenden Moment keiner, was er da eigentlich tut. Ja, man weiß nicht einmal, dass dies die Entscheidung ist; das liest man dann hinterher in der Presse. Oder noch später in den Geschichtsbüchern.

[30. JANUAR]

Onkel Paul hat übrigens auch gestern Abend noch einmal versucht, »seinen Schulfreund«, den Stasi-Offizier, anzurufen, wie immer ohne Erfolg. Später ist Onkel Theo gekommen (der Fleischermeister). Ein bisschen Fleisch und Wurst bringt er gelegentlich vorbei, obwohl man sich sonst eher aus dem Weg geht. Aber es soll ihm keiner nachsagen, er wäre knausrig. Da steht er nun also mit ein paar Räucherwürsten, und schon geht die Stichelei wieder los. Onkel Paul kommt nämlich noch einmal auf die *Rundschau* zu sprechen: Ist dir denn nichts aufgefallen? Nein, Onkel Theo ist nichts aufgefallen. Inzwischen besteht die halbe Zeitung aus Werbung, und er merkt nichts davon. »Na und?«, sagt Onkel Theo und ist noch ganz vergnügt. Er lässt sich weder durch Onkel Paul noch durch irgendwelche Banken beeindrucken; die sollen sich erst einmal ausspinnen. Es wird jetzt alles anders, aber macht nichts, wenn sich die Erde dreht, dann muss man sich eben mitdrehen, sonst gibt es Risse in der Decke. Ja, so redet Onkel Theo, aber das hämische Grinsen wird ihm noch vergehen, denn Onkel Paul ist nun erst recht verärgert: Da hat ihn sein Schwager mit einem flotten Spruch auch noch lächerlich gemacht. Und das verträgt er gar nicht.

Das ist also meine Verwandtschaft. Leute, die ihre militärischen Kenntnisse pflegen oder Räucherwürste herstellen, Leute, die in uralten Möbelfabriken Spanplatten zusammenleimen oder in Schulen internationale Freundschaft beschwören. Auch sie haben sich die ganzen Jahre abgerackert, eines dieser winzigen Autos zu bekommen oder wenigstens ein paar Hemden aus dem Westen. Es drängen sich mir immer dieselben Metaphern auf: Zimmer, Länder, Türen, Grenzen. Da gibt es Menschen und Städte in der

Gegenwart, und es gibt (hinter einer Grenze) wieder Menschen und Städte. Aber dort plagt man sich und schindet sich und kommt nicht weiter. Und bisweilen fragt man sich, was man da eigentlich tut, die ganze Zeit. Einem Fremden, wenn er herüberkommt, fällt es allerdings sofort auf: Diese ziellosen Bewegungen, diese bedeutungsschweren Gesten, das kann nur daran liegen, dass man hier dazu bestimmt ist, die unzweckmäßigen Erinnerungen und die falschen Visionen der Gegenwart nachzustellen. Man leistet die Traumarbeit. Und das soll hier einer begreifen.

Wir aber kommen herüber und zeigen uns in unserer Pracht. Die Einheimischen sollen nämlich erfahren, zu welcher tatsächlichen Gestalt ihre Schattenexistenz schon immer gehörte. Und wie erstaunt werden sie sein, nun plötzlich das eigene Original vor sich zu sehen. Das ist ja, als widerfahre einem unversehens das Leben selbst. Ja, jetzt wird sich alles ändern. Jetzt erhält man Anschluss ans Tageslicht und an die richtige Zeit. Die Kostüme können abgelegt werden. Ab sofort wird man man-selbst sein. Allerdings: Wer kennt sich damit schon aus? Und dann fragt sich natürlich auch: Wenn man bisher nur einen falschen Traum bewohnt hat, was ist denn dann zum Beispiel die Wirklichkeit? So ungefähr könnten sie fragen, die frisch Erwachten. Aber nein, den Gefallen tun sie uns nicht, sie stellen keine Fragen. Stattdessen zeigen sie uns ein unerschütterliches Gesicht und besorgen sich ihre Bettwäsche im Westen.

Vom *International* aus habe ich versucht, dich anzurufen. Genauer gesagt: Ich habe an der Rezeption um die Vermittlung eines Gesprächs gebeten. Nun ja; es wäre eine Überraschung gewesen. Und außerdem: mal wieder ein paar Worte!

Eine halbe Stunde lang habe ich im Foyer gewartet (abends nach zehn Uhr!). Auch einige Geschäftsleute saßen dort; da findet man sie nun also bereits, diese Typen, die über ihren Aktenkoffer gebeugt noch einmal ihre Unterlagen durchkalkulierten. Man spürte es sofort: die

Blasiertheit, die Geruchlosigkeit, die Leistungsfähigkeit. Und sie registrierten sich gegenseitig nicht im Geringsten. Neben den Sesseln standen schmale Schirmlampen, von denen ein puppenstubenhaftes, weiches, altmodisches Licht ausging. Es ließ die Geschäftsleute ganz deplatziert erscheinen – aber war nicht vielleicht eher dieses Licht deplatziert? Die Geschäftsleute sind doch die Vorboten der Zukunft, das Morgenrot.

Von der Zukunft war augenblicklich noch wenig zu spüren. Das Hotelpersonal hatte sich zurückgezogen. Nur in einem Zimmer hinter der Rezeption war ein Angestellter damit beschäftigt, die Telefonverbindungen herzustellen. Die Tür stand einen Spalt weit offen, und auch von dort drang ein weiches Licht ins Foyer, wo es auf den abgedunkelten Tresen fiel. Ab und zu wurde ein Geschäftsmann über Lautsprecher in eine der drei Telefonzellen gerufen, seine Verbindung war also hergestellt. Und genaugenommen hätte ich mir gar nicht vorstellen können, dass unter diesen Namen auch mein Name aufgerufen würde.

Wenn ich nicht von alleine gegangen wäre, hätte ich es wohl noch erfahren müssen, dass ich nicht dazugehöre. Natürlich hätte mich niemand belästigt; unbehelligt wäre ich sitzen geblieben, und der letzte Geschäftsmann hätte leise die Telefonzelle geschlossen. Vielleicht hätte man weiterhin die Tür hinter der Rezeption einen Spalt weit offen gelassen, und das Licht wäre die ganze Nacht über auf den Tresen gefallen. Ich hätte also glauben können, dass dort drinnen noch immer jemand versucht, für mich eine Verbindung herzustellen. So wäre ich wohl allmählich ein Bündnis mit diesem Puppen-Licht eingegangen, und es hätte für mich die ganze Nacht geleuchtet.

Wenn ich jetzt noch einmal darüber nachdenke, dann wäre doch das Unvorstellbare, dass mit der Möglichkeit zu telefonieren mein ganzes Eremiten-Dasein zerplatzen würde. Es wäre nur noch eine alberne Täuschung. Die Anspannung wäre zu Ende. Jeden zweiten Abend ein kurzes Gespräch, und ich würde völlig andere Texte schreiben: leichter, präsenter, zupackender, souveräner und so weiter. Man macht sich das ja gar nicht klar.

[1. FEBRUAR]

Auf der Post ist es uns endlich gelungen, den Stasi-Offizier zu erreichen. Das heißt, ich habe eigentlich nur gesehen, wie Onkel Paul sich in der Telefonzelle zu bewegen begann, wie er den Arm hob und den Kopf. Ob er überhaupt sprach, konnte ich nicht erkennen. Unterdessen habe ich mit der Kamera die Schalterhalle abgesucht. Sie war leer und weit und ohne Dekoration. Wer sie durchquerte, verschwand im Raum, im Nichts zwischen den Schaltern, den Vorposten der Behörde.

Es handelte sich um ein älteres Gebäude, um einen Prunkbau der Jahrhundertwende, aber nach dem Krieg hat der neue Staat das imperiale Bauwerk nicht wirklich besetzen können. Die hohen Portale sind mit einfacher Holzverschalung tiefer gezogen und begradigt worden; die weitläufigen Ornamente hat man durch Anschlagtafeln und die Leuchter durch Neonröhren ersetzt. Keine Frage: Die wilhelminische Repräsentation ist einer architektonischen Verkniffenheit gewichen. Der sozialistische Staat hat sich in den Räumen der Macht nur provisorisch eingerichtet, und im nachhinein scheint es, als habe er notgedrungen stürzen müssen.

Durch ein vergittertes Fenster sehe ich hinaus auf einen Innenhof; Lastwagen stehen dort, beruhigend kleine Fahrzeuge. Dann fällt mein Blick auf ein Holzgestell mit vergilbten Vordrucken, einen Ständer mit Überweisungsformularen. Das Ganze wirkt arrangiert: das matte Papier, das brüchige Gestell, dahinter das vergitterte Fenster und die gelben Postautos. Ich hebe die Kamera, versuche alles in einem Bild zu fassen, ich drehe mich hin und her, bücke mich umständlich, sehe dabei immer durchs Objektiv, bis mich eine Stimme fragt: »Was fotografieren Sie denn da?«. Es ist die Stimme einer Frau, die sich, wie ich jetzt sehe, mit amtsvorsteherischer Würde neben mir aufgebaut hat; also: was fotografiere ich da eigentlich? Ja, wenn ich nur selbst schon darüber nachgedacht hätte. Zum Glück identifiziere ich das Überweisungsformular als »Solidaritätsscheck« und erkläre, diesen Scheck fotografieren zu wollen. »Aber den können Sie doch mitnehmen!« – »Ach so!« Am besten ich erkundigte mich gleich, wofür denn der Solidaritätsbeitrag verwendet wird; sich interessiert zeigen und ablenken, heißt die Devise. Und so erfahre ich, dass die Spenden für Nicaragua bestimmt sind. Oder für Mozambique. Weil das doch etwas ungewiss klingt, frage ich weiter und höre, dass der jeweilige Verwendungszweck erst nachträglich festgelegt wird. »Aber wie kann das denn sein?«, frage ich und erfahre, wie es aussieht, wenn das strenge Gesetz zu lächeln versucht.

Natürlich lässt sich eine Amtsvorsteherin durch solche Fragen nicht dauerhaft ablenken. Vielmehr hat sie ihre Pflicht die ganze Zeit über im Auge behalten und erklärt nun, das Fotografieren sei verboten. Es will ihr jedoch einfach nicht gelingen, das Verbot einigermaßen freundlich zu formulieren; was ihr über die Lippen kommt, ist eher ein krächzender Hilferuf. Es fällt mir folglich leicht, das Ganze für eine alberne Maßnahme zu erklären. Und während die Amtsvorsteherin nun ihre grundsätzlich gleiche Meinung zu bekunden sucht, während sie dabei stockt und arbeitet, bis ich ihr mit einigen Wendungen aus dem Vokabular der Demokratie aushelfe und sie dankbar die Augen aufschlägt, überkommt mich die Hochstapelei. Für einen Augenblick habe ich den Eindruck, der Besitzer der zukünftigen Sprache zu sein. Es geht ja nicht nur um das Geld und die Gewissheit, dass man alles haben kann, mit links und nebenbei – auch Häuser und Frauen. Selbst für eine legere Handbewegung, einen irgendwie lockeren Schritt, kann man erwarten, bewundert zu werden. Man hat ja so viel zu bieten (falls man aus dem Westen kommt). Dieses bankrotte Land scheint einen tatsächlich größer und vollkommener zu machen; und fast möchte man glauben, man brauche die Frauen nur anzusprechen – warum folgen sie einem denn sonst so lange mit dem Blick, gerade auch nachts? Die Zeit der kleinen Gefühle ist jedenfalls vorbei. Hier kann man sie gründlich und massenhaft verdrängen, hier, wo selbst der ärmlichste West-Spießer zum feinen Max wird.

Inzwischen hat Onkel Paul sein Gespräch mit dem Stasi-Offizier beendet. Eigentlich war es gar kein richtiges

Gespräch, denn der Mann, den wir seit Wochen suchen, ist nur einiger Erledigungen wegen in seine Wohnung gekommen. Ansonsten lebt er in seiner Gartenlaube, jetzt im Februar! Und als Onkel Paul behutsam versuchte, auf mein Anliegen überzuleiten, hat der Mann den Hörer aufgelegt. Der ist nämlich noch ein bisschen komisch, der will von nichts mehr etwas wissen. Aber vielleicht fahren wir einfach mal zu ihm hinaus? Wir fahren also in die Laubenkolonie, vorbei an den Neubaublöcken einer Trabantenstadt; vorbei an einem weitläufigen Gelände voller Wohnwürfel, die in die bloße Erde gerammt sind, einer neben dem anderen. Das Ganze scheint ein gigantisches Versuchsfeld für den Anbau von Betonblöcken zu sein. Als ich die Kamera hebe, bemerke ich eine Frau, die sich eilig aus meiner Blickrichtung dreht, und ich weiß wieder, welche Zeit eben erst vergangen ist.

Der Offizier ist bereits in seine Gartenlaube zurückgekehrt. Als er Onkel Paul vor dem Fenster erkennt, öffnet er und sagt: »Bei mir anzurufen, wie kommst du denn auf die Idee! Du musst doch wissen, dass das Neue Forum das Telefon abhört! Die sitzen jetzt … « Dann bemerkt er mich im Hintergrund und schließt eilig das Fenster. Einen Augenblick lang bewegen sich noch die Gardinen.

[2. FEBRUAR]

Du kommst also nicht? Gut, dann werde ich kommen, sagen wir Ende nächster Woche. Was den roten Faden der bisherigen Notizen betrifft, hast du wahrscheinlich recht, und wenn du so weitermachst, werde ich dich eines Tages noch als meine Kommentatorin engagieren. Dann kannst du es jedem erklären, dass der Mangel an einem roten Faden auf die aktuelle Entwicklung zurückverweist. (Dabei empfinde ich augenblicklich diesen Mangel schon gar nicht mehr so sehr). Aber es stimmt: Die kommende Ordnung ist kein monopolistisches System mehr. Da hätten wir also, bevor die Marktwirtschaft überhaupt eingeführt ist, ihre Strukturen bereits zu spüren begonnen: Alles zerläuft, zergliedert, vervielfältigt sich. Das Erste, was ankommt, ist der Eindruck, orientierungslos zwischen Hunderten von Möglichkeiten und Anforderungen hin und her zu hetzen. In dieser Hinsicht geht es mir mit meinen Recherchen nicht anders als den Einheimischen mit ihren Zukunftsplänen.

Aber warum bin ich dann noch hier? Es glaubt mir natürlich keiner, dass ich es selbst nicht mehr weiß. Ich habe ja schließlich an verschiedene Verlage und Redaktionen mein Exposé geschickt. Ich habe angekündigt, die »friedliche Revolution« beobachten zu wollen. Stattdessen … Ich glaube, was mich viel mehr interessiert, ist dieses altmodische, umständliche Leben, überhaupt die Idee, in ein anderes Leben verstrickt zu sein: die Erfahrung, dass alles ganz anders sein könnte. Dass mein Leben ganz anders sein könnte, (das ist doch ein verrücktes Experiment!). Und in diesem Zusammenhang interessiert mich dann doch wieder die Haltlosigkeit der Ordnung und der Macht. Aber das bisher gesammelte Material eignet sich für einzelne Reportagen kaum. Was ich erfahren habe (Stasi-Offizier, Rädelsführer), unterläuft jede Zuspitzung, jede Pointe. Ich müsste in dieser Stadt tatsächlich ganz anders auftreten: massiv, informiert, unnachgiebig. So könnte man diesem Land ein paar Reportagen auspressen. Vor allem darf man sich von den Leuten nicht anstecken lassen. Aber im Prinzip ist es genau das, was mir überall passiert: Ich infiziere mich. (Auch eine Art, das Befinden der Leute zu studieren; und hinterher ärgere ich mich über jeden, der mich angesteckt hat.) Aber soll ich die Reportagen vergessen und einfach ganz selbstgenügsam hier herumgehen und den Leuten zusehen? Das wäre nun doch etwas für Leute mit einer anderen psychischen und finanziellen Ausstattung. Ich bin doch kein Flaneur.

[3. FEBRUAR]

Carola, die ich eigentlich sehr mag, schon allein, weil sie lachen kann, ohne jemanden dabei auszulachen, Carola war inzwischen schon ein paar Mal im Westen. Sie versteht nun aber gar nicht, warum ich immer so viel am Westen herumkritisiere: Arbeit, Wohnung, Verdienst, Mitsprache, Warenangebot: alles stimmt. Und die Leute sind so freundlich, und alles ist so gepflegt, und Asphaltstraßen überall, bis in jedes Dorf. Ja, vor so jemandem stehst du seltsam da, mit deiner Unzufriedenheit, bist ein richtiger Miesepeter.

[5. FEBRUAR]

Heute wollte ich versuchen, mit der Redakteurin zu sprechen, deren Appell (»Schluss mit den Lügen«) ganz am Anfang der Wende stand. Als ich aber im Treppenhaus einen Redakteur nach ihr fragte, wurde er merkwürdig verlegen. Seltsamerweise begann er seine Antwort mit der Feststellung, die *Rundschau* habe einen neuen Chefredakteur (einen Herrn Dahlmann). Von der Parteispitze sei er der Redaktion aufgezwungen worden, vermutlich unter dem Druck der Bonner Schwesterpartei. Schwesterparteien gibt es nämlich inzwischen auch schon, was mich nicht überrascht. Natürlich: während die westlichen Brauereien den neuen Getränkemarkt umkämpfen, sichern sich die Parteien das politische Geschäft. Die zukünftigen gesamtdeutschen Biertrinker und Wähler wollen rechtzeitig erobert sein, denn irgendwann ist all dies ein einheitliches Land.

Die Einsetzung des neuen Chefs scheint in der *Rundschau* auf breite Kritik zu stoßen. So beschrieb es jedenfalls der Redakteur, der allmählich doch noch auf mein Anliegen zurückkam und erklärte, Dahlmann sei auch von Frau Ziegler (der Redakteurin, mit der ich reden wollte) lanciert worden. Ausgerechnet! Seit ihrem riskanten Artikel vom 9. Oktober scheint sie an einem Heldenmythos zu arbeiten und stillschweigend vorauszusetzen, sie allein habe mit Bonn und Ostberlin zu verhandeln. So schroff hat der Redakteur das natürlich nicht gesagt, aber ich sehe schon: Es ist mir wieder eine Freiheitsstatue zersprungen. Ich muss wohl recht enttäuscht ausgesehen haben, denn der Redakteur schlug mir vor, in sein Zimmer zu kommen, wo er mir einen Offenen Brief an die Parteileitung heraussuchen wollte. Als wir dann vor seinem Schreibtisch saßen, begann er auch gleich in den Zeitungen der letzten Tage zu blättern. Sorgfältig und mit stets befeuchtetem Finger wandte er eine Seite nach der anderen um (offenbar gehört auch er zu denen, die Zeit haben).

Bisweilen vertiefte er sich in eine Nachricht, als komme sie ihm erst jetzt zu Bewusstsein – ach, die Diskussion am Runden Tisch, das war erst letzte Woche! Da sprach man noch von einer demokratischen Erneuerung des Landes. Der Redakteur hob sein mageres, jedoch keineswegs strenges Gesicht, bis sich das Licht auf den Brillenrändern reflektierte und schien über den schnellen Wandel der Worte ziemlich erstaunt zu sein. Aber eigentlich hatten sich in den letzten Monaten die Worte überall so rasend schnell verändert, nicht nur in den Zeitungen, nein, auch wenn man Brot kaufte oder einen Ausweis beantragte, sprachen sie sich anders und waren nicht mehr dieselben: »Haben Sie vielleicht…« oder: »Kann man denn nicht einmal…«, selbst »ja« und »nein« klingen heute schon ganz neu. Und dann spricht auch zum Beispiel auch niemand mehr über Massenorganisationen, dafür aber über Massenmedien, und bald wird es keine »Konsumgüterindustrie« mehr geben, sondern nur noch den Westen.

Und das Schreiben selbst, wie hat es sich in den letzten Monaten verändert? Der Redakteur hob erschrocken den Kopf: »Aber ich will doch mein Schreiben gar nicht ändern!«, sagte er, jetzt plötzlich laut und entschieden. Für einen Augenblick sahen wir uns an. Plötzlich wirkte er ganz versteinert hinter seiner Brille. »Es ist doch unheimlich, wie sich die Leute ändern, was soll man denn überhaupt noch glauben?« fragte er und sprach dann von denen, die auf einmal behaupten, bisher sei alles nur Tarnung gewesen: die proletarische Meinung und die Zensur, die sie über andere ausüben mussten. Da dreht sich plötzlich alles andersherum, und tatsächlich: es funktioniert. Ziemlich reibungslos sogar. Der Kopf müsste einem auseinanderfallen, bevor man das versteht. Während die langsameren Seelen erst einmal Atem schöpfen, erklärt die grinsende Mehrheit, alles sei bisher in falscher Münze verrechnet worden; und das Erstaunlichste ist, dass sie alle die neue Währung bereits in der Tasche haben.

Der Redakteur unterbrach die Suche nach dem Offenen Brief und holte einen Ordner mit abgelegten Artikeln aus dem Schrank. Es handelte sich um Texte, in die er einst vorsichtig ein paar Anspielungen geschmuggelt hatte. Im Bericht über eine agrarwissenschaftliche Tagung hatte er zum Beispiel darauf verwiesen, wie unnatürlich Monokulturen sind, schon allein, weil sie so leicht das Opfer von Parasiten werden. So einen Hinweis, ein bisschen auffällig platziert, den hat jeder verstanden. Aber diese Art zu schreiben, ist über Nacht verschwunden, man braucht keine Andeutungen mehr, und außerdem würde sie jetzt auch niemand bemerken. Dies ist eine plötzlich abhandengekommene Sprache. Es tun einem ja die Ohren weh, so sehr ist inzwischen jeder damit beschäftigt, nur noch die Wahrheit auszuposaunen. Der Redakteur hatte sich die Zeitungen der letzten Woche wieder auf den Schoß gelegt und begann noch einmal, den Offenen Brief zu suchen. Das hatte einen enormen Vorteil: Man ist dem Gespräch nicht so ausgeliefert, während man in Zeitungen blättert, vor allem, wenn gelegentlich eine aus dem Stapel gleitet und wieder aufgehoben werden muss. Der Redakteur kann sich wohl auch besser konzentrieren, wenn er mir nicht ins Gesicht sieht. Denn was er zu berichten hat, das lässt sich nur schwer mit mir (dem Mann aus dem Westen) verbinden. Ich habe doch keine Ahnung von diesem kleinen Widerstand, ich habe niemals die unwichtigen Meldungen absichtlich in den Vordergrund gerückt und ausführlich kommentiert. Niemals habe ich zum Ärger irgendwelcher Funktionäre einen ausführlichen Bericht über die Parlamentswahlen in Spanien oder die neue Pressefreiheit in Togo geschrieben oder im Gegenteil die offizielle Hauptmeldung ganz in den Vordergrund gerückt, aber so grell, so übertrieben, so dogmatisch, dass sie um so abstoßender wirken musste. Ich kann mich nicht erinnern, jemals eine Lücke zwischen den Agenturmeldungen gesucht, und im Erfolgsfalle eine »unendliche Befriedigung« empfunden zu haben.

Inzwischen hatte der Redakteur aufgehört zu blättern. Nur mit einer Hand hielt er den Stapel noch auf den Knien, mit der anderen begann er zu gestikulieren. Er sprach jetzt davon, dass er früher jeden Artikel hatte vorlegen müssen; das war natürlich Repression und Einschüchterung. Aber es bedeutete auch Sicherheit, denn der Chef musste ja alles verantworten. Und dann war es auch teilweise eher komisch, denn viele Artikel wollte der Chef gar nicht lesen, weil sie ihm zu langweilig waren. Andere Artikel hatte er gelesen und gebilligt und dennoch eine Rüge erhalten. Heute dagegen kann man über alles schreiben. Zum Beispiel einen Artikel über Gentechnologie, eine halbe Seite. Aber davon hat man doch keine Ahnung! Ja, man kann jetzt deutlich sprechen und hat nur Undeutliches im Kopf. Jetzt plötzlich kann man globale Artikel schreiben, schnell recherchiert, von überall zusammengetragen. Geliehene Meinungen. Die Zensur ist verschwunden, aber die fremde Meinung ist geblieben. Man muss sie jetzt freiwillig wiederkäuen, einfach damit es schneller geht. Über eine solche Pressefreiheit kann der Redakteur eigentlich nur noch lachen. Und außerdem: Eine wirklich durchdachte Meinung hatte doch früher niemand. Die einen haben mitgemacht, die Anderen waren irgendwie dagegen. Und trotzdem haben jetzt plötzlich alle eine eigene Meinung. Das ist doch unglaublich. Wo kommen denn auf einmal all diese eigenen Meinungen her?

Dabei hat die eigene Meinung heute doch nun wirklich keine größere Wirkung als früher. Was der Redakteur sagt oder schreibt, ist jetzt seine Sache allein, da gibt es keine Repression mehr, aber auch keine Resonanz. Es ist ins Leere gesprochen. Früher ist man von den Leuten für einen zweideutigen Halbsatz beglückwünscht worden. Jetzt erhält man selbst auf einen halbseitigen Artikel keine Reaktion mehr. Nachdem man so lange in engen, kahlen Räumen gesprochen hat, scheint sich jetzt alles, was man sagt, zu verlieren. Kein Echo mehr, nichts, was zurückkommt. Das Telefon begann zu klingeln, was den Redakteur aber nicht unterbrechen konnte. Zwar streckte er sich langsam nach dem Hörer hinüber, verfolgte seinen Gedankengang aber zu Ende. »So merkwürdig sich das vielleicht anhört«, sagte er, »aber mit meinen Artikeln war ich meist zufrieden. Da war nicht viel möglich, aber das war ich. Heute ist alles möglich, und nichts mehr bin so recht ich.« Jetzt hatte er fürs Erste alles gesagt, jetzt konnte er den Hörer abheben. Mehrmals sagte er »hallo«, dann begann er lauter zu werden: »Können Sie wiederholen!« rief er, »ich kann nichts verstehen!« Er drückte auf ein Knöpfchen, aber es nutzte nicht viel. Endlich schien der Kontakt hergestellt zu sein. »Ja, schicken Sie mir Ihre Adresse«, schrie er in den Hörer, »ja, ich schreibe Ihnen dann!« Die Zeitungen, in denen er so lange geblättert hatte, waren ihm nun endgültig aus der Hand gerutscht.

Wie wenig mir nach diesem Gespräch daran lag, zu Onkel Paul hinauszufahren, kannst du dir denken. Wir waren mit Lothar (dem Automechaniker) verabredet, und die Vorstellung, noch einmal die Suche nach dem Rädelsführer aufzunehmen, machte mich müde. Es war genug für heute. Das Gespräch mit dem Redakteur war bereits genug. Immer habe ich den Eindruck, dass mir alles zwischen den Fingern zerrinnt, wenn ich es nicht sofort notiere. Alles muss ich festhalten, weil ich seine Bedeutung noch nicht durchschaue. Denn die Bedeutung, die kommt erst nächstes Jahr. Ich renne also herum und sammle die Ereignisse wie Glückslose; auf einem werden die richtigen Worte vielleicht stehen. Aber ich komme gar nicht dazu, all diese Lose zu öffnen und zu lesen. Und am Ende habe ich das entscheidende Wort übersehen, verlegt, verpasst.

Wie gesagt, bei Onkel Paul erwartet mich Lothar. Schnell stellt sich heraus, dass auch er im Oktober festgenommen worden war, und wir verabreden, dass er mich morgen besuchen wird. Morgen wird er mir darüber berichten. Aber schon jetzt spricht er von diesen Ereignissen. Unaufdringlich, aber doch ohne den geringsten Einspruch aufkommen zu lassen, berichtet er von seiner Festnahme (»ich war doch bloß ein Passant«), von den Greiftrupps, von einem Armeelastwagen auf dessen Ladefläche er sich legen musste wie alle anderen auch. Auf den Sitzen saßen Polizisten oder vielleicht sogar Soldaten und schlugen auf jeden, der sich dort zu ihren Füßen bewegte. Als wolle er nicht bis morgen warten, spricht Lothar immer weiter. Er spricht von der Kaserne, in die er mit dreißig anderen gebracht worden war, von der Garage, in die man ihn unter Knüppelschlägen getrieben hatte, von der Mauer, an die er sich hatte stellen müssen, die Beine gespreizt, das Gesicht zur Wand, die Hände im

Nacken. Lothar hatte versucht, möglichst unauffällig mal das eine, mal das andere Bein zu entlasten. Aber die Arme, die im Nacken verschränkten Arme! Man weiß nicht, wie man das durchhalten soll, all die Stunden, und immer regungslos stehen. Wer sich auch nur ein wenig bewegte, wurde geschlagen. Und dann, nur ein paar Schritte entfernt, war ein Mann, der den Kopf drehte, vielleicht um zu sehen, wer hinter ihm stand und ihm drohte, aber dann hörte er gar nicht mehr auf, den Kopf zu verdrehen, immer hin und her, und ganz taumelnd, und auf einmal hatte er ein blutiges Gesicht.

Ich kann mir das nicht vorstellen. Das heißt, ich kann mir diese Szene vorstellen, aber Lothar, der ruhig, fast beiläufig davon spricht, bringe ich in diesem Bild nicht unter. Es ist unmöglich zu begreifen, wie wenig Zeit mich von dieser Szene trennt, wie greifbar nahe sie sein müsste, auch jetzt noch, in diesem Augenblick, in diesem Mann. Nach Möhndorf will ich inzwischen erst recht nicht mehr hinausfahren. Es ist wirklich genug für heute. Und wer weiß, ob der Mann zu Hause ist; womöglich beginnt wieder nur eine Irrfahrt durch die ganze Stadt. Allerdings kann ich jetzt nicht mehr zurück: Onkel Paul, Lothar und der Taxifahrer haben ja schon seit einer halben Stunde auf mich gewartet.

Wenigstens rüttelt und klappert das Auto auf den holprigen Straßen; so bleibt mir erspart, etwas zu reden. Das tut Onkel Paul unterdessen um so lauter, er sitzt ja hinten neben Lothar. Ich werde immer müder, trotz dieser Unmengen von Kaffee. Erst am Stadtrand bemerke ich den Regen über den Vorgärten. Später die Pfützen und die schwarzen Wiesen. Und dann die leeren Bäume, vor denen der Scheibenwischer auf- und absteigt. Ich würde gerne weiter hinausfahren, immer weiter. Einfach im Auto sitzen und zusehen, wie das flache Land mir entgegenläuft.

Ein sowjetischer Jeep blockiert die Fahrbahn, davor steht ganz unbeteiligt ein Offizier in langem, braunen Mantel. Warum steht er da herum, im Regen, und kann doch nichts tun? Wir halten an und lassen den Gegenverkehr passieren. »Der ist kaputt«, sagt Onkel Paul, und fast klingt es so, als meine er den sowjetischen Offizier.

Im Weiterfahren sehen wir alle zum Jeep hinüber, aber es ist nichts zu erkennen, kein platter Reifen, keine geöffnete Kühlerhaube, nichts, nur dieser Offizier, der sich von der Straße abgewandt hat und raucht.

Später ein paar verregnete Gärten, ein Reihenhaus, eine Tür (mit blauer Ölfarbe frisch gestrichen). Als wir geklingelt haben, öffnet uns ein Mann, in dessen Gesicht sich so schnell, so abrupt eine Bewegung vollzieht, dass ich zunächst gar nicht begreife, was sich da ereignet. Aber ich habe ja auch gar nicht genau hingesehen. Dass ernsthaft noch etwas geschehen würde, heute, war nicht zu erwarten; und dann dieses Gesicht. Allmählich verstehe ich: Der Mann, der zunächst selbstsicher in die Tür getreten ist, dieser Mann muss entsetzlich erschrocken sein, als er uns zu viert vor sich stehen sah. Aber das hat nur eine Sekunde gedauert, so etwas beruhigt sich wieder. Schnell gewinnt das Gesicht seine Kontur zurück, jetzt wird es lauernd, fast verschlagen, und mir selbst beginnt es wieder, gleichgültig zu werden. Es war ja nicht meine Idee, heute noch hierher zu fahren, alles hat man mir abgenommen, und jetzt ist es natürlich Onkel Paul, der »mein« Anliegen erklärt. Aber der Mann antwortet ihm nicht. Er wendet sich vielmehr an Lothar, und auf mich deutend fragt er: »Wer ist denn das, kennst du den?« Ich habe nichts dagegen, als fragwürdiges Objekt behandelt zu werden; so bleibt mir erspart, etwas zu erklären. Jetzt ist es Lothar, der spricht. Onkel Paul fällt ihm bisweilen ins Wort. Sie reden über mich, verhandeln darüber, ob ich mit diesem Mann reden werde. Aber das ist doch ganz unwahrscheinlich: Dieser Mann sollte mit mir sprechen? Nicht einmal ansehen wird er mich – mich, den Letzten in dieser Reihe, hinter Lothar, Onkel Paul und dem Taxifahrer. Noch eine Weile versuchen sie zu klären, wer wen kennt und sich für wen verbürgen kann. Und plötzlich, als könne er sich erst jetzt wieder an den Grund unseres Besuchs erinnern, ruft der Mann: »Die haben Internierungslager geplant. Das musst du dir mal vorstellen: Internierungslager!«

Draußen, beim Einsteigen, versucht Lothar, seinen Freund zu entschuldigen. »Das muss man verstehen«, sagt er. Ja, das muss man verstehen: Bis heute kann sich der Mann noch immer nicht konzentrieren, das ist noch immer der Schock, kein Buch kann er lesen. Da kommt er vielleicht fünf Seiten weit, und schon weiß er nicht mehr, was am Anfang stand. Er verliert einfach den Zusammenhang. Und außerdem ist ja noch lange nicht klar, wer am Ende die Macht behält. Vielleicht sind es wieder die alten Funktionäre. Die treten doch nicht einfach still und leise ab. Oder was passiert, wenn es einen Putsch gibt? Da muss man doch verstehen, dass jemand vorsichtig ist.

Als wir zurückfahren, steht noch immer der sowjetische Jeep am Straßenrand. Der Offizier ist jedoch nicht mehr zu sehen, stattdessen ein einfacher Soldat. Er trägt weder Mantel noch Militärjacke. Den Leib hat er mit den Armen umschlungen, und er sieht uns mit starren Augen an.

[12. FEBRUAR]

Noch zwei Wochen! Dann ist erst einmal Schluss. (Und vorher bist du ein paar Tage hier! Das macht alles erträglich.) Wichtig ist vor allem, dass ich dann gleich für ein paar Wochen zu Hause sein werde. Was sind so ein paar Tage wie jetzt, an diesem Wochenende? Man freut sich, dass man endlich wieder beieinander ist, geht spazieren und so weiter, aber schon am zweiten Tag beschäftigt man sich wieder mit der Abreise. Man ist ja gar nicht angekommen. Auch mit Rainer braucht man nicht zu reden, der Faden ist in zwei oder drei Stunden nicht wieder zu knüpfen. Es ist alles nur besuchsweise. Da war ich nun für ein paar Tage »zu Hause«, aber dieses Zuhause hat die Bestätigung verweigert, dass es mein Zuhause ist. Erst jetzt wird mir deutlich, dass ich wirklich woanders lebe (und nicht einfach bloß verreist bin), und dagegen sträubt sich dann doch alles. Inzwischen sind übrigens auch deine beiden Briefe hier angekommen; sie wären eine schöne Begrüßung gewesen, wenn ich nicht längst wüsste, was du geschrieben hast. Schade. So bleibt mir augenblicklich nur die Aussicht, dass du in zwei Wochen kommst.

Elke hat mir die Januar-Ausgabe ihrer Betriebszeitung gezeigt: Im Neujahrsgruß bedankt sich die Betriebsleitung für »die hohe Einsatzbereitschaft der Werktätigen bei der Realisierung erster Schritte zur Demokratisierung unseres Betriebes«. Fast möchte man hinterherrufen: »Vorwärts bei der plangerechten Auflösung des Sozialismus!«

[14. FEBRUAR]

Bonn und Ostberlin haben sich nun also gegenseitig eine »Wirtschafts- und Währungsunion« angeboten. Der Weg ins »einig Vaterland« läuft über Mercedes, Springer und die Deutsche Bank. Na bitte! An jeder Ecke Aldi. Auch Karstadt, Neckermann und Bilka sind des Glückes Unterpfand. Danach lasst uns alle streben, brüderlich und so weiter.

Heute war ich in der Wagnerstraße. Dort hat sich die Stasi-Zentrale des Bezirks befunden, bis sie im Dezember von Demonstranten gestürmt worden war. Angeblich bewacht jetzt ein Bürgerkomitee die leeren Gebäude und die letzten, noch nicht vernichteten Unterlagen. Das muss ich doch gesehen haben! Im Näherkommen erkenne ich zunächst einen Wachturm, dann eine lange, von Parolen und Hasstiraden übersäte Mauer (»Feige Hunde«, »Volksverräter«). Erst allmählich verstehe ich, wie sensationell dies für die Passanten sein muss, die aus gehörigem Abstand herübersehen. Wo hat es denn bisher eine beschmierte Mauer gegeben? In diesem Land hatte man Parolen fein säuberlich auf Tuch oder Holz geschrieben. Und jetzt werden plötzlich Wände beschmiert – und auch noch bei der Stasi!

Die Gebäude hinter der Mauer wirken ziemlich nüchtern. Mit ihren Flachdächern, ihren glatten Fassaden und ihren monotonen Fensterreihen sehen sie recht harmlos aus. Der Eindruck von Staatsgewalt entsteht nicht: keine Macht, keine patriarchale Geste, nichts als bleiche, blasse Verkniffenheit. In einiger Entfernung ist ein Mann damit beschäftigt, Parolen zu übermalen. Beim Näherkommen erkenne ich, dass er sorgfältig daran arbeitet, die Forderung »Spitzel ins Arbeitslager« zu beseitigen. Neben ihm stehen zwei Kinder: zwei Kleinkinder, die sich gegenseitig an der Hand halten und mich mit reglosen Gesichtern anstarren. Als ich den Mann frage, warum er diese Parole übermale, ist er keineswegs verlegen, eher scheint er davon auszugehen, es sei eine ehrwürdige Aufgabe, falsche Parolen zu tilgen; denn dass es jemals wieder Arbeitslager gibt, das will doch gewiss niemand. Nein, das will keiner der Passanten, die sich allmählich um diesen Mann scharen. Sie wären wohl gerne schon vorher stehen geblieben, aber erst jetzt, nachdem ich den Mann angesprochen habe, kommen sie näher. Und der Mann nutzt die Ansammlung, um sich unauffällig aus dem Gespräch mit mir davonzustehlen: Lauter und öffentlicher spricht er jetzt, also an niemanden mehr direkt gerichtet. Er verwandelt uns in Zuhörer, die um ihn herumstehen, zurückhaltend und neugierig, wie um einen Straßenhändler oder Pastor oder sonst einen dieser Leute, die ja immer, egal wo, die richtigen, vernünftigen, einleuchtenden Worte finden. Und es leuchtet doch wohl ein, dass man Gewalt und Selbstjustiz verhindern muss. Deshalb hat der offenbar streng pazifistische Mann (also doch eher ein Pastor) damit begonnen, die Parolen zu übermalen.

Der Mann kann mit der Wirkung seiner Erklärung zufrieden sein. Niemand widerspricht ihm, alle haben sich auf einen gewissen Abstand zurückgezogen. Auch die beiden Kinder haben sich unauffällig etwas weiter entfernt, noch immer Hand in Hand, aber so, als hätten sie die gegenseitige Berührung längst vergessen, im Grunde also allein. Noch einmal versuche ich ein direktes Gespräch und frage den Mann, ob er nicht mit dem Gedanken spiele, selbst eine Parole zu malen, statt der gehässigen eine friedfertige, zukunftsweisende Losung zu schreiben? Nun, der Mann lächelt verständnisvoll: Für sich selbst hat er durchaus eine richtige Parole gefunden: »BRD ist keine Alternative« zum Beispiel. Aber das Problem mit dieser Parole ist, dass es nur wenige Minuten dauert, bis jemand das »k« übermalt und die Losung damit in ihr Gegenteil verkehrt. Ja, so ist das. Und der Mann beginnt, einen letzten Buchstaben zu überstreichen. Niemand hindert ihn, niemand fragt noch etwas. Aber es geht auch keiner. Man steht und staunt.

Als der Mann sich schließlich mit seinen Kindern die Straße hinauf entfernt hat, wenden sich die Passanten überraschend an mich. »Das war doch auch einer von diesen Brüdern!«, sagen sie jetzt. »Der war doch garantiert von der Stasi. Den hätten Sie mal zur Rede stellen sollen!« – Ich? Wieso ich? Da war ich also wieder einmal der Einzige, der nichts begriffen hat; und auch die Erwartungen der Leute habe ich enttäuscht. Als einer von »drüben« hätte ich den Mann doch rhetorisch erledigen müssen und zwar nach allen Regeln der Kunst.

Während ich weitergehe, zum Haupttor hinüber, sehe ich ein Kamerasystem, das über die Mauerkrone späht – eine graue Röhre mit einem inzwischen reichlich verdreckten Objektiv. Ein Hinweisschild besagt, sämtliche »Kontroll- und Sicherungseinrichtungen« seien unter Aufsicht des Bürgerforums gestellt worden. Das klingt nun doch fast revolutionär: Da kontrolliert das Volk seinen Geheimdienst. Aber der revolutionäre Elan trägt mich nicht weit, er reicht kaum bis zum Haupteingang, denn das Tor ist verschlossen, und auf mein Klopfen hin rührt sich nichts. Schließlich entdecke ich eine unscheinbare Gegensprechanlage. Als ich meinen Namen und mein Anliegen genannt habe (hineinbrüllen musste ich, es handelte sich nämlich um ein VEB-Produkt), öffnen zwei Polizeioffiziere eine Seitentür und verlangen einen Presseausweis.

»Das lass mal meine Sorge sein«, sagt Onkel Paul, als ich ihm abends davon berichte. Er wird mir in den nächsten Tagen einen Presseausweis beschaffen können. Oder eine Akkreditierung. Das war offenbar schon immer seine Rolle. Als Major (und natürlich auch als Parteimitglied) stand er der ganzen Verwandtschaft und der ganzen Nachbarschaft bei: Dem einen verhalf er augenzwinkernd zu einem Führerschein, ein anderer konnte nach Onkel Pauls Intervention seinen Wehrdienst in Heimatnähe ableisten. Wenigstens einer in der Verwandtschaft musste ein möglichst hoher Genosse sein! Mit dieser Devise hatte sich offenbar ein ganzes Volk durchgeschlagen. Oder fast ein ganzes Volk. Ich kenne den Betrug, aber ich spüre auch die Verführung: Da ist jemand, auf den man sich verlassen kann. Oder anders: Man weiß, wer etwas für einen tut. So sehr dieser Staat auch von der Zukunft sprach, gerade in seinem inneren Zusammenhang scheint er ziemlich anachronistisch gewesen zu sein: Noch war das Verhältnis persönlicher Abhängigkeit durch institutionelle Routine und Funktionalität nicht vollständig ersetzt. Fast so, als gäbe es noch Clans und Häuptlinge.

»Und die Staatssicherheit«, sagt Onkel Paul, »bei mir waren die auch ein paarmal!« Man hat ihn bisweilen über den einen oder anderen Offizier oder Nachbarn auszuhorchen versucht. Dem kann man sich ja nicht entziehen, bei der Armee schon gar nicht, und da hat man eben immer irgendwas erzählt. Banales Zeug meist, Ernstes sowieso nie. Unter der Anspannung, sich zu entlasten, beginnt Onkel Paul zu gestikulieren und zu schwitzen. Er scheint eine Schuld zu spüren, entfernt nur, undeutlich, und schon unternimmt er alles, sie loszuwerden. Er wird mir sogar einen Presseausweis besorgen; und vielleicht ist es dieses halbe, dieses undeutliche Schuldgefühl, das ihn jahrelang für »seine Leute« hatte ackern lassen. Womöglich hatte schon längst keine sozialistische Idee mehr, sondern das Gefühl, unrechtmäßig zu den Privilegierten zu gehören, die mittleren und höheren Etagen dieses Systems zusammengehalten. Das Problem ist nur (findet Onkel Paul) »jetzt, wo alles kaputtgeht, zeigt man auf ihn; und scheinbar haben alle anderen vierzig Jahre lang nur gelitten«.

»Dabei war es eigentlich unwichtig, was jemand der Stasi erzählt hat«, sagt Onkel Paul, und mir ist es unangenehm, ihn so an seiner Entlastung arbeiten zu sehen. Als hätte ich Anspruch auf eine Erklärung. »Entscheidend war nur, dass jeder wusste, über mich wird gesprochen, das prägt die Leute.« Offensichtlich kam es darauf an, Nachrichten zu sammeln, auch wenn sie falsch waren – es kam darauf an, jeden Staatsbürger zum Staatsinformanten zu machen. Und am Ende war es vielleicht das, woran alles zerbrach: Man hatte den Sicherheitsapparat über die ganze Gesellschaft ausgedehnt, aber damit die gesellschaftlichen Widersprüche in ihn hereingeholt, die Gleichgültigkeit, die Verlogenheit, die Kumpanei und den

Opportunismus. Die Immunität des Apparates war zerstört, er war anfällig geworden, und wer etwas berichten musste, machte harmlose Angaben oder haltlose Denunziationen, ganz nach Belieben; und während allmählich der Aufwand zur Verwaltung von Informationen ins Unendliche stieg, tendierte die Zahl der tatsächlichen Informationen gegen Null. Am Ende verwaltete ein riesiger Apparat seine eigenen Fiktionen. Zweihunderttausend Stasi-Autoren, die an einem einzigen großen Text woben – die größte Erzählmaschine der Welt! »Und als es zum ersten Mal darauf angekommen wäre, diesen Staat tatsächlich zu schützen«, sagt Onkel Paul, »da wollte jeder nur noch nach Hause.«

[16. FEBRUAR]

Eine merkwürdige Umkehrung: Der Christ, der für die Montagsdemonstration wirbt, entdeckt die Wahrheit der proletarischen Losung: Einheit und Solidarität. Der Polizist dagegen entdeckt das Lob der Gewaltlosigkeit: »Gewalt löst doch keine Probleme«, sagt er und meint damit auch die Polizei. Entrüstet lehnt er es nämlich ab, für diesen Staat, den er nun plötzlich durchschaut haben will, den Kopf hinzuhalten.

Das Tempo stimmt nicht überein. Ich habe es offenbar noch immer nicht begriffen. Da gehe ich geradewegs zum Wagen, halte die geöffnete Tür schon in der Hand, aber Onkel Theo, der ja eigentlich in Eile ist, weil er noch schnell in die Genossenschaft muss, sieht an der Ecke einen Freund, einen Nachbarn, einen Kunden. Ja, wie geht es ihm denn? Was treibt er in letzter Zeit? Allmählich kommen die beiden auf die Volkskammerwahl zu sprechen; die SPD wird das Rennen machen, so viel ist klar. Die Anderen haben doch alle Dreck am Stecken. Das gibt der SPD einen riesigen Vorsprung, für Onkel Theo ist das keine Frage. Aber wählen wird er sie nicht, nein, die sind ihm zu halbherzig, die wissen nicht recht, was sie wollen. Wenn man nur zum Beispiel …

Die eilige Fahrt zur Genossenschaft rückt unterdessen in weite Ferne. Nicht, dass man hier langsam wäre, das will ich nicht sagen; was man anpackt, ist zügig getan, aber dazwischen liegt so viel Raum. Die Zeit ist ein Meer, in dem man treibt; man scheint sich noch mit ihr, nicht gegen sie zu bewegen. »Zeit – tid – tide – Flut« heißt es (glaube ich) in den Wörterbüchern. Bei mir verbindet sich Zeit allerdings eher mit Ebbe: sie zerrinnt. Aber Onkel Theo sagt: »Warte mal ab. Bei uns liegt alles nur daran, dass die Zeit nicht bezahlt wird. Ob du viel oder wenig machst, war bisher egal, das wird sich ändern!« Für Onkel Theo ergibt sich daraus die Vorstellung, endlich mal ordentlich bezahlt zu werden, endlich mal zu verdienen, Mensch, wenn ich mir die Fleischer drüben bei euch ansehe.

Und die Zeit? Man sollte sie wohl unter Naturschutz stellen, solange es sie noch gibt.

[17. FEBRUAR]

Gestern Abend tagte das »Kultur-Komitee«, etwa dreißig Leute, Vertreter unterschiedlicher Initiativen, Künstlergruppen und der Stadtverwaltung. Eine Art Runder Tisch. Man trifft sich im »Depot«, einem älteren, weitläufigen Gebäude, dessen ursprüngliche Funktion ich nicht erkennen kann. Als Sitzgelegenheit dienen Klappstühle und Kisten, die um einen Tisch gruppiert sind. In der Ecke, auf einer zusammengebrochenen Kommode, liegen Anoraks. Man raucht, trotzig oder nachlässig – zwei Gesten, auf die ich bislang nicht gestoßen bin. Ein Hauch von Revolution: Das Komitee trifft sich, um die zukünftige Kulturpolitik der Stadt zu beraten.

Eine der Wände ist schwarz gestrichen, und mitten in diese Finsternis hat jemand die Umrisse eines Monsters gemalt, eine Figur halb Dracula, halb Frankenstein. Mit morbiden Augen sieht sie in einen morbiden Raum. Erstaunlich pünktlich wird die Sitzung eröffnet, ein Mann begrüßt die Anwesenden und beginnt, ein Zeitungsprojekt vorzustellen: »Also das ist jetzt vielleicht schon einen Monat her, dass wir beschlossen haben, die Zeitung zu gründen. Aber vor Mai können wir dem Anspruch nicht gerecht werden. Das kann sich wahrscheinlich jeder denken, deshalb möchte ich jetzt bloß darum bitten, weil wir ja unter riesigem Zeitdruck stehen bis zur Wahl, ich möchte die Gruppen und Künstler bitten, ihre Ideen, also ihre Projekte bei uns abzugeben, dass all das einfließt, was die Szene dieser Stadt ausmacht.«

Ich muss es mir noch einmal klarmachen: Dies hier soll das Zentrum der neuen Kulturpolitik sein; von hier sollen Impulse, Mut, Fantasie, Begeisterung ausgehen. Und dann bereits am Anfang dieser verzagte Ton! Der Mann versucht inzwischen, einen Abschluss zu finden, einen Absprung aus der Verantwortung als Redner. Schon resigniert, weil er wohl spürt, dass seinen Plänen bereits jetzt der Atem fehlt, sagt er lediglich: »Eines hab ich noch vergessen: Unsere Adresse: Rügener Straße 14. Telefonisch ist ja im Moment noch nichts zu machen. Vielleicht wäre es ja ganz schön, wenn wir dann in den nächsten Tagen was im Briefkasten finden würden.«

Ich sehe mich im Zimmer um. An der Tür, neben der ich sitze, haftet ein Formular aus der alten Zeit, ein »Zimmer-Grundmittel und Inventarnachweis«. In die einzelnen Spalten hatte man wohl schon vor Jahren eingetragen, was sich in diesem Raum befinden sollte: Eine Tafel, eine Garderobenleiste, ein Handfeger, ein Bügeleisen (?), 16 Stühle, 1 Tisch, div. Vorhänge.« Ein merkwürdig gekrümmtes Gestell, an das ich mich die ganze Zeit über gelehnt habe, entpuppt sich bei genauerer Betrachtung als »Kartenhalter der Medizinischen Schule – Krankenhaus Ruhlau«. Das ist es also! Sofort und so rigoros wie möglich untersage ich mir den Gedanken, diese Versammlung sei nichts als ein Spektakel von Irren, eine Freistunde unbeaufsichtigter, abgeschobener Patienten.

Inzwischen hat jemand ein Fenster geöffnet. Selbst diesen abgehärteten Rauchern ist der Qualm auf die Nerven gegangen. In den Scheiben, die sich nun als geöffnete Flügel gegenüberstehen, spiegeln sich die Neonröhren. Ein Teil der Verkleidung ist abgebrochen, und so entstehen auf den Scheiben merkwürdige Lichtkonturen. Die Leute sprechen bedächtig, kaum jemals von einem anderen unterbrochen; man streitet nicht, sondern informiert sich gegenseitig. Dass die einzelnen Projekte etwas miteinander zu tun haben, ist nicht zu erkennen. Eher scheint jeder von seinen eigenen Plänen (und Illusionen) zu berichten. Und darüber muss man sich natürlich auch nicht streiten. Bisweilen spricht man sich mit »Du« an, bisweilen aber auch mit »Sie«. Dabei sehen für mich all diese Leute in gleicher Weise nach »Alternativszene« aus: unauffällige Kleidung, Tabaksbeutel, Bart und so weiter. Aber es gibt eine Scheidelinie, die ich nicht erkenne, eine Linie, die »Sie« und »Du«, Künstler und städtische Angestellte voneinander trennt.

Hier sitzt also die linke Opposition? Ich weiß es nicht, aber ich sehe ein, wie unmöglich es ist, einen ruinierten Staat aus seinen ehemaligen Nischen heraus zu erneuern. Nicht die geringste Chance! Bevor hier zum ersten Mal in freudig-ängstlicher Erwartung der Briefkasten geöffnet wird, haben die importierten Direktoren längst ihre ersten tausend Briefe diktiert. Hier versucht man noch in aller Arglosigkeit, sich neue Entwicklungsmöglichkeiten vorzustellen, aber offensichtlich ist die Zukunft bereits ein sozialer Randbereich geworden.

Und die Anderen? Die wursteln sich durch. Die Bevölkerung hält den Atem an und wartet die Wahlen ab – oder das Kapital. Keine Emotionen mehr. Selbst die Angst, die alten Funktionäre könnten noch einmal die Macht an sich reißen, ist inzwischen gewichen. Jetzt, kurz vor der Übernahme durch den Westen, läuft alles automatisch. Man tut, was man immer getan hat, vollzieht dieselben Handgriffe, schreibt dieselben Behördenbriefe, spricht in Kriminalfällen dieselben Urteile; aber es ist, als ob alles auf das endgültige Signal warte. Irgendwer wird das Spiel, das bereits verlorene Spiel, endlich abpfeifen, jetzt gleich. Vorerst bewegt man sich weiter wie bisher und legt Reserven an – ein paar Immobilien, wenn möglich.

Selbst auf der Montagsdemonstration sammelt sich eine kleiner und schweigsamer gewordene Schar. Keine einzige Parole mehr. Die Leute wirken allein gelassen. Ich sehe niemanden, der Flugblätter verteilt oder Losungen ausgibt. Die Demonstration verläuft sich in Kleingruppen. Selbst die Deutschlandfahne hängt müde über die Schultern herunter. Diesmal bleibe ich stehen und lasse alle an mir vorbeiziehen.

[18. FEBRUAR]

Carola, die Schwiegertochter von Onkel Theo, ist Lehrerin. Die jetzigen Zeiten empfindet sie als ein einziges Chaos. Worauf sollen wir die Schüler vorbereiten? Woher sollen wir den Unterrichtsstoff nehmen. Was sollen wir denn prüfen? Es ist furchtbar, ihr könnt euch das nicht vorstellen. Ich kann es mir tatsächlich nicht vorstellen. Es kommen doch alle Schüler zum Unterricht und zwar pünktlich und lernbereit. Nicht einmal aufmüpfiger sind sie geworden. Nur, was sie in Zukunft lernen sollen, das würden sie gerne allmählich mal wissen. »Und die Prüfungsvorbereitung?« fragt Carola, »und die Lehrpläne? Und der Unterrichtsstoff?«

Ja, da hätte man einmal die Gelegenheit, zu lesen und zu lernen, wonach einem der Sinn steht. Aber es ist entsetzlich, weil es ein Chaos ist und weil niemand weiß, was in Zukunft von Lehrern und Schülern erwartet wird. Das ist nun also die »demokratische Erneuerung«: kein Versuch, selbst etwas in die Hände zu nehmen, sondern lediglich eine elende Warterei auf die nächsten Vorschriften.

Eine Ampel: Fußgänger, die die Straße überqueren, viele im Gegenlicht schemenhafte Figuren, das Pflaster teilweise aufgerissen, teilweise asphaltiert, und die Sonne, die durch die Trümmer einer Fassade blitzt, eine brüchige Tombolabude überstrahlt, sich an den Radspeichen einiger Fahrräder reflektiert, und ich, der ich wieder das Glück habe, um Jahrzehnte zurückzufallen, hier, am Katharinen-Kloster. Hier, wo noch die Ruinen stehen wie in den ersten Wochen nach den Bombennächten. Alles unverändert: rußgeschwärzte Fassaden, mit Bauzäunen eilig abgesperrt, noch lange nicht als Denkmal zur Ruhe gekommen. Nach fünfundvierzig Jahren noch immer provisorisch. Eine schmale Verbindung zu den unvorstellbaren Tagen so kurz vor meiner Geburt und doch in so hoffnungsloser Ferne. All die ehemals bombardierten Städte, ich habe sie gesehen, Stuttgart, Köln, Berlin, und fand die Spuren getilgt. Aber hier, hier stehen die Ruinen: ausgebrannt, zerbrochen, eingestürzt, ohne die Kraft zur Kontemplation. Hier warten sie und sind noch kein Zeichen geworden.

Während die Fußgänger jetzt stehenbleiben, während sie die Straße freigeben, diese Arbeiter mit ihren zerknautschten Aktentaschen (sie und diese Ruinen scheinen in dieselbe Zeit zu gehören) während sie also stehenbleiben und die Autos sich wieder in Bewegung setzen, ist es ziemlich unwahrscheinlich, dass jetzt, dieser Augenblick, dass ausgerechnet dies meine Gegenwart sein soll.

Das habe ich inzwischen verstanden: Russen sind Leute, die keine Gardinen vor den Fenstern haben; und wenn es Südfrüchte gibt, kommen zu Tausenden die Polen über die Grenze, um alles wegzukaufen.

[19. FEBRUAR]

Pit (eigentlich heißt sie Petra) berichtet über ihre Arbeit in der Kreisbildstelle. Sie klagt über das ungeheure Ausmaß an Bürokratie. Für jedes Kino gab es bislang drei bis vier Planstellen. Lauter Leute, die nichts anderes zu tun hatten, als darüber zu wachen, dass die neuen Filme in der richtigen Reihenfolge an die richtigen Kinos weitergeleitet wurden. Das muss man sich mal vorstellen, drei bis vier Leute pro Kino: das bedeutet bei 80 Kinos im Bezirk insgesamt fast 300 Angestellte. Und was soll nun aus diesen Leuten werden? Die sind ja nicht freiwillig Bürokraten geworden! Nebenbei stoße ich wieder auf eines dieser wunderbaren Worte: »Besucherplangröße«. Pit, die mir in schwarzer Lederjacke und Militärstiefeln gegenübersitzt, die Haare rot gefärbt und zentimeterkurz geschnitten (offensichtlich will sie alles Feminine weit von sich weisen) – Pit erklärt mir den Begriff »Besucherplangröße«: Da gibt es zum Beispiel ein Kino mit einem Plansoll von monatlich 900 Besuchern. Der Besitzer behauptet nun einfach, die Kinokarten, die eigentlich 1,50 kosten, für fünfzig Pfennig verkauft zu haben. Das klingt volksverbunden, und damit kann er bereits nach dem dreihundertsten Besucher freudig und stolz erklären, seine Plangröße sei erfüllt. Für den Rest des Monats ist das Kino dann allerdings geschlossen: Mehrarbeit lohnt sich ja nicht.

Ich blättere in einigen Zeitungen vom letzten Jahr: Auf den Annoncenseiten finde ich Einladungen zu Serenadenkonzerten, Ankündigungen von Gleisbauarbeiten im Straßenbahnnetz, einige Todesanzeigen und massenhaft »Kaufgesuche«: »Suche Hänge- und Unterschrank, keine Schieber, Name, Adresse«. »Suche für Anbauwand Nußbaum furn. Oberfläche NC Lack, seidenmatt, Anbaumöbel Pet., Name, Adresse«. (Was sucht er denn nun eigentlich genau?)

Wie gesagt, das war vor rund einem Jahr. Damals war die Republik noch heil: Serenadenkonzerte, Gleisbauarbeiten, Möblierungswünsche. Heute gibt es keine Annonceseite mehr; heute gibt es seitenweise Annoncen. Zuerst die ganz- und halbseitigen Annoncen, dann die öffentlichen Bekanntmachungen und schließlich die Inserate. Dort sucht man inzwischen nicht nur, dort bietet man vor allem etwas an, »einmalige Chancen« zum Beispiel. Aber auch Sprachkurse (»denn jetzt lohnt es sich Englisch zu lernen!«) und zweitägige Busreisen nach Lübeck oder in den Schwarzwald (»mit Mittagessen!«). Geschlafen wird wohl im Bus, und bezahlt wird in gemischter Währung; so kostet die Fahrt in den Schwarzwald »65 DM plus 60 M«. Da wirst du also womöglich schon in den nächsten Tagen die ersten Ost-Busse durch unser fachwerkverträumtes Bad Ifflingen manövrieren sehen. Ich kann mir schon vorstellen, wie sie sich gegenseitig bestaunen werden, unsere Kuchenbäcker und diese neue Sorte von Touristen, denen sich selbst mit den nettesten Sprüchen kaum eine (West-) Mark aus der Tasche locken lässt. Das könnte leicht als Beleidigung des schwäbischen Fleißes verstanden werden. Die Zeit euphorischer Umarmungen, die Berlin, Helmstedt oder Hof nach dem Fall der Mauer so erschütterten, kennen wir ja ohnehin nur vom Fernsehen. Wir sind erst in der geschäftlichen Phase der deutsch-deutschen Annäherung zugestiegen.

[21. FEBRUAR]

Onkel Paul hat mir tatsächlich eine zeitweilige Akkreditierung besorgt. Wie er das geschafft hat, erklärt er nicht; er zuckt mit den Schultern, das ist alles. Ich habe sowieso nicht daran gezweifelt, dass er es schaffen würde.

Onkel Paul ist ein fester Faktor in meinen Überlegungen geworden, mein Vertrauensmann. Im Grunde sogar mehr. Aber in die Stasi-Zentrale wollte er nicht mitkommen. »Von denen habe ich genug gesehen«, sagte er, und es klang etwas zu demonstrativ.

Ich fuhr also wieder in die Wagnerstraße hinaus und meldete mich am Tor. Man verwies mich an einen Polizisten, einen jungen Offiziersanwärter, der mich herumführen sollte. Ziemlich schlank war er und groß: ein schmales Gesicht, eine schmale Nase, schmale Lippen. Ein Zug von Strenge. Von so einem Gesicht fühlt man sich immer schon ertappt. Allerdings eher im moralischen Sinne, weshalb man ein solches Gesicht auch eher in kirchlichen Organisationen vermuten würde als bei der Polizei. Der Mann schloss mehrere hintereinander gelegene Gittertüren auf und führte mich zuerst in den Gefängnistrakt. Schon nach wenigen Türen und Ecken wusste ich nicht mehr, wie alles zusammenhing. Wir schienen uns unter der Erde zu befinden, aber der Polizist erklärte in einer erstaunlichen Emotionslosigkeit – ganz leise war er und sprach immer mit leicht im Nacken verspannten Kopf und erklärte, man habe diese Gänge und Räume so angelegt, dass die Gefangenen glauben mussten, unter der Erde zu leben. Das war offenbar ein psychologisches Kalkül: Immer unter der Erde. So entstanden die Gerüchte von unterirdischen Zellen und Gängen, die überflutet werden konnten. Der See lag ja fast auf derselben Höhe. »Aber solche Gerüchte sind Unsinn«, sagte der Offiziersanwärter. Mir leuchtete ohne weiteres ein, dass es solcher Zellen nicht bedurfte. Was ich sah, war trostlos genug. Es war kalt und feucht. »Und hier, diese Drähte«, der Offiziersanwärter deutete auf eine dünne Elektroleitung, die an der Wand entlangführte, und erklärte, dies sei eine Alarmanlage gewesen. Wenn einer der Gefangenen versucht hätte, einen Polizisten zu überfallen, hätte nur dieser Draht berührt werden müssen; schon die geringste Erschütterung, die bei einem Handgemenge unweigerlich entstehen musste, hätte den Alarm ausgelöst. »Hier unten lagen auch die Werkstätten«, fuhr der Offiziersanwärter fort. Weil man keine Handwerker von draußen beschäftigen wollte, hatte man bereits verurteilte Strafgefangene nach ihrer Eignung ausgesucht und in diesen Werkstätten eingesetzt. Eine begehrte Arbeit für Leute mit langjährigen Haftstrafen.

Noch immer ging der Polizist vor mir her, um Türen zu öffnen. Überall die weißen Gitter. Und an den Decken die Heizungsrohre, die in endlosen Linien die Gänge entlangliefen, ein Geflecht von Abzweigungen bildeten und stumpfe Schatten an die Decke warfen. Alles im Halbdunkel. Dann öffnete er eine Zelle, in der ein paar demolierte Betten standen (verbogene Metallrahmen, zertretene Bretter) und überall lagen oder hingen zerrissene Tücher. Ich kann mich jetzt nicht mehr erinnern, was für Tücher das waren (»Vorhänge« hätte ich beinahe geschrieben, aber das kann ja nicht stimmen). Der Polizist ging langsam im Zimmer umher, schob ein paar Stühle aus dem Weg, oder vielmehr: die Trümmer einiger Stühle. »Alles zerschlagen«, sagte er tonlos. Er sah sich in der Zelle um, suchte nach einem Aschenbecher, fand aber nur ein Stück Papier, das er sich zurechtfaltete.

Seit der Stürmung im Dezember war in der Zelle nichts verändert worden. Als wäre dieses Gebäudes in jenem Augenblick erstarrt, als sich ein paar tausend Demonstranten Einlass verschafften und niemand mehr wagte, ihnen entgegen zu treten. »Aber im Oktober war es noch schlimmer«, sagte der Polizist. Ich setzte mich auf ein Bettgestell und machte Fotos (von den herausgerissenen Schrankteilen und dem zerfetzten Vorhang vor der Toiletten-Nische). »Was war noch schlimmer im Oktober?« fragte ich dann. »Die Leute und der Hass.« Der Offiziersanwärter zog an seiner Zigarette, sah mich an und erklärte, dass er damals keine Ahnung gehabt habe – keine Ahnung, was ihn am Bahnhof erwarten würde. »Konterrevolution« hatte man ihm gesagt, das war alles. Aber vor den Gleisen saßen nur ein paar hundert Betrunkene herum. Und die sollten aus dem Bahnhof gedrängt werden. Wie hat er das gemacht, dieser so selbstbeherrschte Mann? Ich kann es mir auch jetzt noch nicht vorstellen. Hat er geschrien? Hat er auf die Betrunkenen eingeschlagen und sie vulgär beschimpft? Vielleicht stand er blass und bleich mitten im Gedränge, den Mund fest geschlossen und den dünnen Hals wieder nach hinten verspannt (etwa so wie in der Straßenbahn die Leute, die dem Atem der Umherstehenden zu entgehen versuchen). Es muss eine alte Haltung sein, als hätte er sich in frühesten Jahren schon angewidert von etwas zurückgezogen und wäre dann in dieser Haltung versteift.

Der Offiziersanwärter beschrieb nun, wie die Betrunkenen allmählich den Bahnhof verließen, widerwillig zwar und mit Geschrei, aber doch vor allem resigniert. In der Passage zwischen der Halle und dem Bahnhofsvorplatz geriet die Räumung allerdings ins Stocken, nicht weil der Unmut der Leute gewachsen wäre, sondern weil man in dem Gedränge einfach nicht schneller vorankam; draußen vor dem Bahnhof standen ja auch schon Hunderte. Einige Polizisten hielten das Stocken offensichtlich für unterschwelligen Widerstand. Beleidigungen und Beschimpfungen flogen hin und her, und dann begannen die Polizisten um sich zu schlagen: auf Leute, Köpfe, Schultern, Arme. Auch der Offiziersanwärter. Er sprach darüber so verhalten, als handle es sich um einen beliebigen Augenblick in seinem Leben und nicht um den eigentlichen Moment der Wende. Aber das war der Funke. Die Menge, die sich zunächst wie ein duldsames Tier hatte abdrängen lassen, war in Wut und Panik geraten. Sie bäumte sich auf, und während die ersten blutbeschmiert auf den Vorplatz drängten, wo sie eine Woge von Empörung auslösten, wurden Pflastersteine herausgerissen, Papierkörbe hochgestemmt, und alles flog den Polizisten entgegen. Über einen zweiten Eingang und den kleinen Wartesaal versuchten die Demonstranten, die Polizisten einzukesseln. Diese, entsetzt über den unerwarteten Umschlag, verschanzten sich: in aller Eile schoben sie einen Getränkewagen in die Passage, lösten die Feuerwehrschläuche und versuchten hinter dem Wagen hervor, die Heranstürmenden mit einem Schwall von Wasser zurückzuhalten. Jetzt hatte der Offiziersanwärter die Gewalt, die ihm da entgegenschlug, begriffen. Sie war nicht das, was man immer als Konterrevolution beschrieben hatte. Da gab es keine

Absicht, keinen Plan, keine Organisation, es war als hätten sich Gebäude und Menschen plötzlich umgestülpt und offenbarten mit einem Schlag ihre dreckigen, blutigen Organe. Und es war unmöglich, wenigstens ihren Blick, ihr Gehör zu erreichen.

Der Offiziersanwärter schwieg eine Weile. Er hob eine beiseite geworfene Tischdecke auf, ein grob kariertes Tuch, legte es auf den Tisch und strich es glatt. Dann bat er darum, seinen Namen nicht zu nennen, falls ich je über diese Dinge schreiben sollte. Ich erklärte, dass ich Menschen und Dinge ohnehin nie beim richtigen Namen nenne. Er stutzte kurz, schien dann aber mit meiner Antwort zufrieden zu sein und stand auf. Am Waschbecken hielt er die Zigarette unter den Wasserstrahl und legte den erloschenen Stummel aufs Papier zurück.

»Drüben in der Untersuchungshaft ist es noch schlimmer«, sagte er dann. Die Zellen für Strafgefangene fand er also noch ganz erträglich. Beim Hinausgehen wies er auf die roten und grünen Lampen, die über den Türen der Werkstätten angebracht waren (später entdeckte ich sie auch in den Gängen). »Das sind Warnleuchten«, sagte er. Niemand hatte die Werkstätten verlassen dürfen, sobald das rote Licht aufleuchtete. Wer sich gerade auf dem Gang befand, musste sich mit dem Gesicht zur Wand drehen. Meist wurde dann ein Häftling vorbeigebracht; und die Gefangenen durften einander nicht sehen. Manchmal kam wohl auch ein hoher Offizier, den niemand erkennen sollte. Während ich dem Offiziersanwärter folgte, immer noch durch die halbdunklen Gänge, versuchte ich mir wieder auszureden, dass ich mich in einem Keller befand. Und doch schien alles darauf hinzudeuten. (Aber was denn eigentlich? Die Kälte? Dabei war es doch teilweise erdrückend warm. Oder die Heizungsrohre, die über mir entlangliefen? Oder die winzigen Milchglasscheiben? In weiten Abständen waren sie so dicht unter der Decke angebracht, dass man diese Stelle für die Erdlinie halten musste).

»Und hier«, sagte der Offiziersanwärter, »hatte ein großes Aquarium gestanden.« Als das Gebäude im Dezember gestürmt worden war, hatten sich die Gefangenen davor gestellt; sie haben es gegen die hereinstürmenden Demonstranten geschützt. Das Aquarium durfte ihnen niemand zerschlagen, alles andere, das war egal, aber diese stummen Fische und diese dunklen Wasserpflanzen, die nicht. Daran hatte man sich doch so gewöhnt; an das bisschen Leben hier unten. Die Gefangenen hätten ja fliehen können. Im allgemeinen Chaos wäre das weder bemerkt noch verhindert worden. »Aber alle sind geblieben«, sagte der Offiziersanwärter. »Die sind tatsächlich alle geblieben«, wiederholte er, und er musste sein ganzes Ordnungsbewusstsein aufbieten, um hinzuzufügen: »Aber die wussten ja auch, warum sie hier saßen.« Der Gang war bis in Schulterhöhe gekachelt. Darüber blätterte der Kalk von den Wänden, die Decke entlang zog sich eine Elektroleitung, ein dickes Kabel, in weiten Abständen an der Wand befestigt. Es war still und taub. Trotz der Gitter und der massiven Türbeschläge wirkte alles kraftlos. Ich sah keine Möglichkeit, wenigstens in meiner Vorstellung diese Räume mit Menschen oder gar mit Gefangenen zu beleben.

»Das da war die Gummizelle«, sagte der Offiziersanwärter und wies in einen völlig kahlen Raum. Er trat an eine der weißen Wände heran und zeigte auf eine Reihe unscheinbarer Haken; bis vor kurzem waren ausgeleierte Riemenbänder daran befestigt gewesen, alte, massive Transportbänder aus Kohleförderanlagen, mehrere Riemen übereinander. »Wer durchdrehte, wurde hierhergebracht«, sagte der Offiziersanwärter, und weil ich wohl ziemlich ungläubig vor diesem nichtssagenden Raum stand, versuchte er, mir den Zweck dieser Zelle zu demonstrieren: Überraschend begann er zu taumeln und wie ein angeschlagener Boxer zu torkeln, von einer Ecke in die nächste. Er reckte die Arme, holte Atem, als wolle er zu brüllen beginnen, aber die Stimme blieb weiterhin ganz nüchtern. Nicht die geringste Anteilnahme war ihr zu entnehmen; als hätte man sie für diese Vorführung zweckmäßigerweise aus dem Mann herausgeschnitten und an die Wand gehängt, wie einen Lautsprecher, der jetzt dort oben den Kommentar sprach, die Erläuterung, von einem ungeheuren Hall verzerrt und doch in höhnischer Gleichgültigkeit. Dort oben war also die Stimme, die erklärte, wie wenig sich die Gefangenen hier verletzen konnten, wie wenig sie auch draußen zu hören waren; und hier unten in der Ecke der Mann, der mit dem Körper zuckte, die Arme um sich warf, die Orientierung verlor, bis das Knie gegen die Wand prallte und ihn zur Besinnung brachte. Als er in seine Rolle zurückgefunden hatte, trat er aus der Ecke heraus und klopfte sich den Kalk von den Ärmeln. Dann ging er wieder still vor mir her; und fast glich er den Gefangenen, die schließlich doch gebeugt und verzagt aus dieser Zelle geschlichen waren. Ich habe mich hinterher die ganze Zeit bemüht, ihn nicht an diese Szene zu erinnern. Ich habe so getan, als sei nichts gewesen.

Später eine Tür, über der »Zutritt verboten!« stand. Ich sah einen bis unter die Decke gekachelten Raum und einen unebenen, von feuchten Flecken und Abflussrinnen durchzogenen Fußboden. »So etwas musste doch jeder für einen Folterkeller halten«, sagte der Offiziersanwärter. Er deutete auf ein Gestänge mit Fleischerhaken und auf einige Metalltische. Überall hingen zerschlissene Handtücher. »Hier war die Hundeküche«, sagte er schließlich. »Es gab fünfzehn Wachhunde auf dem Gelände, große Tiere.« Während ich mit Blitzlicht fotografierte, war zum ersten Mal für einen Augenblick die Farbe der Kacheln zu erkennen: ein stumpfes Blau.

Dann das Gebäude, in dem die Akten lagern. Der Offiziersanwärter ließ mich durch das Guckloch einer versiegelten Zellentür hineinsehen: lauter Säcke, vollgestopft mit zerrissenem Papier, zerfledderten Ordnern, verstreuten Karteikarten. Und was sollte das bedeuten? Diese Papierberge, diese Müllberge, diese vollgestopften Zellen, dieses vollgestopfte Gebäude? Das war das Stasi-Archiv des Bezirks. Oder vielmehr das, was von ihm übriggeblieben war. Und irgendwann würde jemand damit beginnen, all diese Akten zu rekonstruieren und zu ordnen. Eines Morgens wird ganz oben in der neunten Etage eine Frau in einem blauen Arbeitskittel den ersten Fetzen Papier aufheben und versuchen, die dazugehörigen Teile zu finden. Und damit wird die Vergangenheitsbewältigung beginnen.

Sooft ich mich jetzt erinnere: Immer sehe ich den Offiziersanwärter endlos durch die Gänge gehen, immer einen winzigen Schritt voraus. Wohl kein einziges Mal hat er mir den Kopf zugewandt; was er berichtete, war nach vorne gesprochen, es holperte ein Stück den Gang voraus, bis es matt in der Luft hängenblieb und darauf wartete, dass ich vorbeikäme, es mit den Ohren aufzunehmen. Natürlich hätte ich es auch unbeachtet dort hängenlassen können, für den Polizisten hätte das keinen Unterschied gemacht. Anfangs schien mir, es sei ihm lästig, mich herumzuführen, vielleicht wäre er jetzt lieber in einem Mannschaftsraum gesessen. Aber im Nachhinein muss ich diesen Eindruck wohl korrigieren: Es war ihm nicht lästig, sonst hätte er nicht so viel erzählt. Es war ja keineswegs schwierig, ihn zum Sprechen zu ermutigen, das kam ganz von alleine, alles in einem langen, gleichförmigen Strom: die Erklärungen über das Gebäude, die Hinweise auf die Verwüstung im Dezember, und vor allem die Erinnerung an den Oktober, an den Bahnhof und an die Leute, die Steine aus dem Trottoir rissen, Scheiben zerschlugen, einen Mannschaftswagen anzündeten. Nur noch Schutt und Scherben! Es hätte Tote geben können.

Allmählich begann ich, die baulichen Zusammenhänge zu verstehen. So schwierig war das gar nicht. Wenn man durch alle Gänge geführt worden war, setzte sich allmählich ein Plan zusammen. Ich begriff, wie perfekt einzelne Bereiche gegeneinander abgeschirmt waren, obwohl sie unmittelbar nebeneinander lagen. Mit allem Aufwand hatte man versucht, die Gefangenen zu täuschen, ihnen ein monströses Labyrinth vorzuspiegeln. Aber jetzt wirkte dieser ganze Bau nur noch trostlos. Vor allem die Räume der Offiziere. Da stand zum Beispiel ein kunststoffbeschichteter Schreibtisch mit vier Telefonen – daneben ein paar rote Sessel. Sie klangen hohl und nach Pappe, wenn man gegen sie stieß. »Hier haben sie also gesessen«, sagte der Offiziersanwärter, und ich spürte, dass er die Armseligkeit dieser Zentrale noch weniger verstehen konnte als ich. Obwohl er schon mehrere Besucher hierhergeführt hatte, zerfiel die Vergangenheit erst allmählich, die Illusion von Ordnung, Macht und Karriere. Wohl erst allmählich begann er, sich selbst nicht mehr zu verstehen. Für ihn beherbergten diese kahlen Räume vor allem die Trümmer einer zerstörten Normalität. »Da gibt es eigentlich nichts zu erklären«, sagte er, »das war einfach normal so, das was man jetzt den Überwachungsstaat nennt – den Polizeistaat. Das war so normal, dass man erst einmal begreifen muss, dass es auch anders geht.«

Ich fragte ihn, ob er sich betrogen fühle. »Nein, warum?«, antwortete er kurz. An den Sozialismus hatte er nicht geglaubt, und dass die da oben besser lebten, hatte er immer gewusst. Jeder hatte das gewusst. Aber niemand hätte geglaubt, wie wenig dahinterstand, hinter dem Machtgehabe. Niemand hat gewusst, dass im Grunde keiner eine Ahnung hatte, von Politik, von Wirtschaft, vom Regieren, von der Macht. Alles schien der Offiziersanwärter verständlich zu finden, die Gewalt, die Gefängnisse; aber dass sie keine Macht hatten, die Mächtigen, das wollte ihm nicht in den Kopf.

Einige Schlüssel lagen auf dem Tisch, ein Bund sorgfältig nummerierter Schlüssel. Es stand mir fast alles offen. Unbehelligt ließ sich alles fotografieren: die leeren Räume, die Schreibtische, ein Müllsack, auf dem ein Wimpel lag und das zerrissene Porträt eines inzwischen wohl gestürzten Mannes. Und jetzt begriff ich, warum mich diese Männer faszinierten, und warum ich sie immer sehen wollte, im Fernsehen am liebsten. Da sitzen sie, die einst hochdekorierten Minister, und sollen sich erklären. Ich kenne ihre Verbrechen: den Wahlbetrug, den Schießbefehl, alles kenne ich, und ich weiß sogar, dass sie lügen, wenn sie jetzt darüber sprechen. Aber was mich an ihnen interessiert ist, dass sie eine Spur nicht mehr los werden, ein Mal, das andere so gut vertuschen: die Botschaft, dass, wer an die Macht kommt, überfordert ist, immer.

Ich verstehe nun auch, wie sehr die Oktober-Ereignisse den Offiziersanwärter zermürbt haben mussten. Tag für Tag hatte man seine Einheit in die Stadt gefahren, jedes Mal mit der Versicherung, es sei das letzte Mal. Alles war inzwischen mechanisch geworden. Das Schlagen, das Abdrängen, das Warten und der Schlaf, der fast schon im Stehen kam. Dann wurden Panzer aufmunitioniert und

Scharfschützen postiert. Halb erschrak der Offiziersanwärter bei der Feststellung, dass sich die Befehle offensichtlich verselbständigt hatten, halb war ihm auch das egal. Und an einem der unterschiedslosen Tage bemerkte er schließlich, dass die Demonstranten, denen er da gegenübergestellt wurde, »keine Gewalt« riefen und Kerzen aufstellten. Einige riefen auch »Wir bleiben hier«, was merkwürdig war, denn bislang hatte man ja den Bahnhof vor Leuten schützen müssen, die die Züge stürmen wollten. Es war alles sinnlos. Einmal rief ein Passant, einige Hundert Demonstranten seien eingekesselt worden und der Bürgermeister selbst habe sich bereiterklärt, mit ihnen zu sprechen. Denn jetzt müsse man miteinander ins Gespräch kommen, die Gewalt müsse beendet werden.

Ich versuche, mir den Offiziersanwärter in diesem Augenblick der Wende vorzustellen. Von den alten Machthabern in Aktion gesetzt und allein gelassen – in der Zukunft abgestellt, und zwar ohne das nötige Rüstzeug. Dort stand er noch hinter seinem Schild, lebte und atmete und war bereits ein historisches Objekt geworden. Während er dem einmal gegebenen Befehl noch zu folgen versuchte, waren die Befehlshaber bereits abgetreten. Mitten in der Aktion blieb das Kommando aus. Keine Befehle mehr. Den Demonstranten gegenübergestellt, bemerkte keiner dieser Polizisten und Soldaten, dass ihm kein Befehl mehr den Rücken stärkte, dass er hier stand, ahnungslos, allein. Trotz aller Stille war da ein leicht zu überhörender Ton: Etwas war wirklich zu Ende gegangen.

2

TEIL 2

In der großen Zeitverschiebung

[30. MÄRZ]

So, diesmal habe ich ein Zimmer im 6. Stock. Ich sehe über die ganze Vorstadt bis hinüber nach Eppenberg. Und die Züge, die ich ab und zu gehört habe, sehe ich jetzt auch. In einem längeren Segment zwischen dem Kraftwerk und einem Hochhaus tauchen sie auf, langsam, gedankenverloren, und entscheiden sich erst im letzten Moment, auf welchem Gleis sie in den Bahnhof einfahren wollen. Hier oben hätte es sich von Anfang an ganz anders schreiben lassen.

Zum Glück bin ich nicht länger zu Hause geblieben; es gibt doch viel Neues. Schon allein, dass es fast sommerlich geworden ist, das ändert gleich alles. Auf einmal sieht man Fahrräder und Sonnenschirme und überall Passanten in heller Kleidung. Und das Leben spielt sich jetzt auf der Straße ab, denn es gibt da ein großes Ereignis: Der Westen ist gekommen. Er hat seinen Einzug gehalten; auf hohen Wagen ist er erschienen und hat sich prächtig empfangen lassen. Dann hat er die Wagentüren geöffnet und seine Verkaufsstände aufgebaut, denn der erste Vortrupp ist mit bunten Hemden und Haarspangen gekommen – und mit Zeitschriften, auf denen die nackten Frauen lächeln. Jetzt sind sie also da. Es ist wirklich wahr geworden.

Die Innenstadt hat sich in einen Jahrmarkt verwandelt, vorneweg kam wie immer der Glitter und der Glimmer. Die Glasperlen für die Eingeborenen. Hier ist es nur eben zeitgemäßer. Aber noch will niemand etwas kaufen. Man möchte einfach nur sehen. Man möchte sehen, dass es all dies jetzt auch hier gibt. Also schiebt man sich langsam von einem Stand zum nächsten. Wer stehenbleibt, drängt sich dicht an den Freund und nimmt die Kinder fest bei der Hand. Es ist keine Hast zu spüren. Aber weil sich das ungewohnt grelle Licht an allem bricht, und an den neuen Waren besonders, hält man den Kopf gesenkt. Ja, diese Menschen haben die Augen beinahe geschlossen; und so gleichen sie alle jenen glücklichen Träumern, die sich noch einmal auf die andere Seite drehen.

Wie eng sie sich aneinander drängen. Immer gibt es eine Schulter, hinter der man sich ein wenig verbergen kann. Man ist dem Ereignis dann nicht unmittelbar ausgesetzt. Niemand wird einen ansprechen; keiner der Verkäufer wird versuchen, mit einem ins Gespräch zu kommen. So stehen sie, die stummen Leute, und bemerken nicht, wie viele sie geworden sind. Aber im Traum gibt es ja auch immer nur sie allein. Dann entschließt sich doch jemand, etwas zu kaufen, etwas Kleines nur, einen Armreif zum Beispiel. Man trägt ihn nach Hause, um ihn vorzuzeigen. Das erste Zeichen! Und es ist unterwegs nicht verschwunden.

Als ich ankam, saßen sie alle im Garten: Tante Elke, Norbert und Onkel Paul. Elke zeigte ein Stück Seife herum und man roch daran. Dann hielt man auch mir die Seife entgegen und wollte wissen, ob der Preis, den man dafür bezahlt hatte, wohl gerechtfertigt sei. Was kostet diese Seife denn im Westen? Vermutlich werde ich von nun an öfter solche Fragen beantworten müssen, denn die langen Gespräche über das Geld haben begonnen. Man hat die Arbeit unterbrochen und sich an den Tisch gesetzt, um Löhne, Preise und den voraussichtlichen Umtauschkurs durchzuspielen. Bald soll es die neue Währung geben, und schon in der ersten Runde fühlt man sich betrogen: Hat man ihnen nicht vor der Wahl eine Währungsunion zum Kurs von 1:1 versprochen, und jetzt ist plötzlich eine Umstellung von 1:4 im Gespräch. Da hätte man ja gerade mal 150 Mark Rente im Monat! Aber so schlimm wird es nicht kommen, das geht doch gar nicht.

Allerdings: Wer gespart hat, weiß nicht, ob er demnächst ein gemachter Mann ist oder ein armer Schlucker. In solchen Zeiten ist ja alles möglich. Die Dinge haben begonnen, recht zufällig zu werden. Und alles, was gewesen ist, verändert sein Gesicht. Der zukünftige Umtauschkurs wird nicht nur die Löhne und Sparkonten neu bewerten, sondern auch die eigene Vergangenheit. Sie wird in einer neuen Währung gemessen. Und was gilt dann ein Leben voller Arbeit? Man hätte genauso gut nichts tun können und stünde jetzt auch nicht schlechter da. Da hat man einen Staat gestürzt, aber dabei ist vor allem das eigene Selbstbild haltlos geworden; und plötzlich gibt es so viel Leere, wenn man zurücksieht. Schon allein deshalb muss man jetzt nach vorne sehen. Und außerdem ist man drüben in Bonn bereits dabei, die Karten für das neue Spiel zu mischen.

Die Verwandtschaft muss aber erst noch die Spielregeln zu studieren, und Norbert fragt mich, ob ich ihm helfen könne, sich bei einer Werbe-Agentur aus Göttingen zu bewerben. Sie sucht hier in der Stadt einige »aufgeschlossene, flexible, junge Männer«, und Norbert überlegt, ob er wohl ein solcher Mann sei.

[31. MÄRZ]

Ich muss dir diesen Ausblick beschreiben – nein, es ist Unsinn, es sagt dir ja nichts, dass rechts, schon außerhalb des Blickfeldes der Bahnhof liegt, und dass sich die Gleisanlagen nach links, bis hinauf an den Horizont erstrecken, gesäumt von einer schmalen Baumreihe. Was rechts und links liegt, ist unwichtig. Aber dass ich den ganzen Tag Züge sehe, dass sie vor mir hin- und herziehen und dass eine Beruhigung von ihnen ausgeht, das ist wichtig. Du ahnst das Thema: Diese leeren, weiten Schienenstränge, diese roten Lichter, in der Ferne schon, dieses Sich-Hinüberstrecken nach etwas Anderem, das verkörpert kein Auto und kein Flugzeug. Ein Zug, wie er da vorüberzieht, hat etwas zugleich Bedrücktes und Schwereloses, nicht diese brachiale Ignoranz eines Autos, aber auch nicht das beliebige Schweben eines Flugzeuges, dem jede Richtung und jede Höhe offensteht. Und dann sieht man vom Bahndamm aus die Welt ja auch ganz anders. Es ist, als ob einem die Rückseite aller Dinge zugewandt wäre: die Rückseite der Häuser, der Sparkassen, der Möbel-Center und selbst die Rückseite der Wälder. Und so, wenn ich den Zügen folge, vielleicht fahren sie weit in den Osten, wo die endlosen Felder liegen, die riesigen Flüsse, die Sümpfe, die geduckten Wälder und am Ende das Meer – wenn ich die Züge sich entfernen sehe, möchte ich mit dir dorthin fahren. Das ganze Leben lang fahren.

[2. APRIL]

Die *Rundschau* scheint bereits verkauft zu sein! Der Redakteur, mit dem ich im Januar gesprochen habe, ist schon nicht mehr da. Wie ich erfahre, hat er im März gekündigt. Ohne dass ich nachfrage, berichtet mir der Mann, der jetzt im selben Zimmer sitzt, sein Vorgänger habe das »vergiftete Klima« nicht mehr ertragen. Er spricht von Misstrauen und Intrigen und macht Frau Ziegler dafür verantwortlich. Insgeheim soll sie den Verkauf der *Rundschau* betrieben haben. Angeblich hat sie der Hamburger Regionalgruppe RENZ Tor und Tür geöffnet. Der große Ausverkauf hat also begonnen.

Im Gegensatz zu seinem Vorgänger scheint dieser Redakteur in Konflikten aufzublühen. Nicht dass er angriffslustig wäre, nein, das nicht, aber offensichtlich hat er mit seiner robusten Statur und seinem breiten Gesicht ein gewisses Maß an Ärger nötig, um überhaupt in Fahrt zu kommen. Er wird jedenfalls auffallend munter (vielleicht habe ich auch mit irgendeinem Gesichtsausdruck eine Zustimmung zu erkennen gegeben). Für ihn ist Frau Ziegler ein »autoritärer Besen«, autoritärer noch als der alte Chef, dabei ist sie nicht einmal Chefredakteurin, sie hat den neuen Chef nur völlig in der Hand. Wird der Redakteur also auch bald kündigen? – Falls sich eine günstige Alternative bietet: ja. Aber das ist eher unwahrscheinlich. Vorerst muss er »das hier« durchstehen, und er dürfte die nötige Standfestigkeit haben, noch ganz anderen Frauen zu trotzen.

Was mich allerdings erstaunt ist, dass Pit (die Frau aus der Kreisbildstelle) mir wenig später ein ganz anderes Bild entwirft. Sie würde drei Viertel der alten Belegschaft entlassen, und wenn sie noch so zetern, das wäre ihr ganz egal. Diese alten Tanten. Die tun jetzt so demokratisch, aber was glaubst du, was die in den letzten zwanzig Jahren geschrieben haben, kein einziges gerades Wort! Das ist doch eine ganz verbogene Sorte Mensch. Die SEDler, die haben ihren sozialistischen Anspruch verbogen, aber die hier, die haben auch noch ihren Glauben so verdreht, dass er zu diesem verbogenen Sozialismus gepasst hat. Je mehr Pit in Rage gerät, desto häufiger reibt sie sich die Nase.

Manchmal hämmert sie auch mit der geschlossenen Faust gegen ihre Zähne; nie lässt sie ihr Gesicht länger als zwei, drei Sätze in Ruhe. Aber Frau Ziegler, die findet sie noch am ehesten erträglich. Die war öfter mal für einen heiklen Artikel zu gewinnen. Eine merkwürdige Konstellation also: Ich hätte beide der basisdemokratischen Bewegung zugeordnet, Pit und diesen Redakteur (Stefan Griesau heißt er). Was aber die *Rundschau* betrifft, stehen sie in völlig konträren Lagern.

In der *Rundschau* hatte ich mich eigentlich nach den neuesten Gerüchten über den verdeckten Immobilienmarkt erkundigen wollen. Aber fast wäre ich mit all den Neuigkeiten nach Hause gegangen, ohne Griesau danach zu fragen. Als ich doch erwähne, dass ich eine Reportage über Immobilienschiebereien plane, ist er ganz Ohr. Etwas Genaues weiß er zwar auch nicht, aber während die Überlegungen hin und her gehen, haben wir plötzlich die Idee, gemeinsam als Interessenten aufzutreten: Ich als Westkunde, er als mein Strohmann.

Na, was sagst du dazu? Ein fingierter Hauskauf. Das wäre mal was Spektakuläres. Ich jedenfalls möchte doch zu gerne wissen, wie so ein illegaler Akt vor sich geht. Wie kommen die Westdeutschen an diese superbilligen Landhäuser im Osten, die doch noch gar nicht an »Ausländer« verkauft werden dürfen? Welche Losungsworte müssen sie sprechen? Wie gelingt es ihnen, die Bürokratie zu überlisten und die (westliche) Konkurrenz? Wie benimmt sie sich überhaupt, diese Konkurrenz, die in legeren Anzügen um die Landsitze streicht?

[3. APRIL]

Nun steht bereits ein zweiter Parteivorsitzender unter Stasi-Verdacht. Wenn das wahr ist! Da könnte man ja fast auf die Idee kommen, die halbe Volkskammer bestehe aus ehemaligen Spitzeln. Womöglich ist selbst die Regierung unbeschadet auferstanden aus den Ruinen (der Kollaboration).

Die ganze politische Umwälzung besteht offensichtlich nur in einer Stasi-internen Umschichtung: die Kleinen kommen nach oben, die Großen verschwinden aus dem

Rampenlicht. Das wiederum zerstört (ganz im Ernst) jede Vorstellung von einem politischen Antagonismus und einem fundamentalen Widerstand. Selbst die Opposition stammt ja aus der eigenen Firma. Eine bessere Metapher für die Illusion des Politischen gibt es doch gar nicht. Wo hat man denn jemals ein System gesehen, in dem sogar der Aufbau einer inneren Opposition planwirtschaftlich betrieben wurde? Das ist doch der Gipfel der Fiktion. Natürlich haben manche ihre oppositionelle Rolle nicht ganz freiwillig gespielt, andere nicht ohne eigene Überzeugung. Aber nun stehen sie da und reiben sich die Augen. Da haben sie nun völlig unplanmäßig den Sieg davongetragen. So als sei die Geschichte inzwischen ein wenig schwerhörig oder senil geworden und habe gar nicht begriffen, dass diese Opposition ja nur eine Finte war. Und ausgerechnet ihr hat sie zum Durchbruch verholfen.

Dabei hat sie sich allerdings noch einmal täuschen lassen, denn in Wirklichkeit ist ja nur der Westen gekommen, nichts weiter. Und dafür hat man nun jahrelang Regierung und Opposition gespielt? Aber wer sich tatsächlich widersetzt hat, und wenn er auch nur Agenturmeldungen verändert oder Fragebögen verschlampt hat, der steht doch heute als schrullige Figur da.

Ich muss mir das noch einmal vorstellen, diesen Wechsel: Plötzlich scheint man immer schon in einer verkehrten Welt gelebt zu haben. Mit einem Schlag steht das verheimlichte, das ersehnte, erahnte Andere unmittelbar vor der Tür. Die Realität, so verlässlich sie sich jahrzehntelang eingestellt hat, erscheint nur noch als Möglichkeit. Und weil auch die alten Maßstäbe ersetzt wurden, ist man selbst ein Anderer geworden.

Nachmittags das Vorgespräch mit Dr. Metschow. Er ist mit einer Reportage über die Klinik einverstanden, kein Problem. Metschow ist im Gegenteil »sehr erfreut, dass sich dafür auch mal jemand interessiert«. Immer geht er leicht vorgebeugt, den Kopf dabei scheinbar eingezogen, ein kleiner Mann mit breiten Bauernhänden, etwa fünfzig Jahre alt.

Wir unterhielten uns in seinem Sekretariat, wo es nach Klebstoff roch, weil ein neuer Teppich verlegt worden war. Obwohl sämtliche Fenster offenstanden, saßen wir uns mit leicht zusammengekniffenen Augen gegenüber. Fälschlicherweise hielt ich Metschow zunächst für eine etwas gedankenverlorene Person. Wenn er Krankheiten benannte und von Therapiemodellen sprach, schien er gar nicht ganz zu verstehen, was ihm da über die Lippen kam. Offenbar hat er aber meine Skepsis gespürt, denn er sagte überraschend, ich müsse nicht annehmen, dass man hier schlecht ausgebildet sei. Wir haben völlig veraltete Geräte, das ist wahr, aber wir leben deshalb doch nicht hinterm Mond.

Für einen Augenblick habe ich mich gefragt, ob damit ein gereizter Wortwechsel eröffnet sei, ob ich also zu einer Erwiderung (oder gar Entschuldigung) veranlasst war; aber dann schien Metschows Protest nur so dahingesagt zu sein, eine an niemanden gerichtete Bemerkung, und ich brauchte nur weiter zuzuhören. Dabei erfuhr ich, dass Metschow schon seit Jahren mit extrem differenzierten Temperaturmessungen experimentiert, um die Größe eines Tumors bestimmen zu können. Das hat man immer für Unsinn gehalten. Aber inzwischen macht man das überall im Westen, nur eben mit tausendmal teureren Geräten. (Schade, dass ich absolut nicht beurteilen kann, was von solchen Experimenten zu halten ist. Frag doch bitte gelegentlich mal deinen Bruder. Ich gebe zu: Wenn Metschow aus dem Westen wäre, hätte ich wohl nicht so schnell die Befürchtung, er könne mir eine Finte auftischen. Einem West-Mediziner glaube ich offenbar noch eher. Dabei erkläre ich doch überall, dass unsere Mediziner aufgeblasene, blinde Hühner sind.)

Metschow, inzwischen ganz unbefangen, begann dann, ein auf dem Tisch liegendes Buch vor mir aufzublättern. Es handelte sich um ein von ihm verfasstes Lehrbuch für Schnitttechniken. Da lag es vor mir, und ich konnte studieren, wie man Haut und Muskeln aufklappt oder beiseiteschiebt. Du kannst sie dir vorstellen, all diese geöffneten Menschen: Zuerst erkennt man nichts Bestimmtes, und man kann noch ein paar Seiten weiterblättern. Auch eine Bauchhöhle und notfalls auch ein offenes Gehirn sind noch erträglich. Aber dann kommt das Kapitel mit den Transplantationen, und man sieht Gesichter, denen die Haut fehlt, und Metschow deutet auf ihnen herum, damit ich die chirurgische Perfektion erkenne, sehen Sie mal hier…, und hätten Sie gedacht, dass…? Aber ich sehe nur diese Augen ohne Gesicht.

Seit kurzem ist Metschow »amtierender Chefarzt«. Eine Versammlung des Klinik-Personals hatte dem bisherigen Chefarzt Prof. Körner das Misstrauen ausgesprochen, worauf er sich krankgemeldet hat (also auch hier ein Hauch von Revolution, siehst du). Körner bemüht nun allerdings einige Juristen, um diesen Beschluss der Personalversammlung anfechten zu lassen. Er wartet auf bessere Tage. Und weil er der einzige Professor der Klinik ist, stehen seine Chancen nicht einmal schlecht. Metschow wurde nämlich nie zum Professor ernannt (»das haben die Kommunisten hintertrieben«). Zwar genießt er das Vertrauen fast des gesamten Personals, aber wenn erst einmal alles wieder seinen bürokratischen Lauf nimmt, dann zählt der Titel von Prof. Körner vermutlich doch wieder mehr.

[4. APRIL]

In einer Kaufhalle wollte ich mich heute nach West-Waren umsehen. Ritter-Schokolade, Marmelade aus Bad Schwartau und ein separates »Tschibo-Depot« tauchen nun auch im regulären Handel auf. Die Preise kannst du dir vorstellen! Oder nein, ich muss es mir selbst ab und zu klarmachen: 32 Ost-Mark für ein Pfund Kaffee, das entspricht einem Arbeitslohn von fünf Stunden! (Während du dir ein Pfund Kaffee ja fast schon in der Zigarettenpause verdienst.)

Aber nicht die West-Waren sind derzeit das große Thema, sondern wieder einmal der künftige Umtauschkurs. Seit die Bundesbank eine Währungsumstellung zum Kurs von 2:1 empfiehlt, ist die Aufregung spürbar gewachsen. Selbst die stummen Bürger in den Warteschlangen beginnen, lauthals zu klagen. Bisweilen mischt sich unter den Ärger allerdings auch schon die neueste

Variante der alten Resignation: Im Westen (heißt es dann) wisse man ja längst, dass die Parteien ein Wahlversprechen niemals halten. Nur man selbst ist wieder einmal reingefallen.

[5. APRIL]

Heute habe ich erlebt, wie eine Fabrik verschwindet. Ich war noch einmal in der Thälmann-Straße, um mich nach den Aufbauprogrammen zu erkundigen, aber wie es scheint, ist man derzeit vor allem mit dem Abbau beschäftigt. Man spricht über die Betriebe, die geschlossen werden müssen. Auf gut Glück hatte ich an einer Tür geklopft, und eine Sekretärin hat mir geöffnet, freundlich, zuvorkommend (du siehst: schon wieder dieses Thema, nein, diesmal lasse ich mich nicht darauf ein). Sie führte mich in ein Nebenzimmer, ins Büro eines Pressereferenten. Man hatte also auch einen Pressereferenten (»Herrn Bunge«).

Der Referent war ein kecker, junger Mann mit hellem Hemd und leger gebundener Krawatte. Er dankte der Sekretärin, was offenbar heißen sollte, sie möge uns alleine lassen, machte dann ein paar eilige Bemerkungen über den heutigen Kommentar einer Lokalzeitung und fragte, indem er sich unvermittelt nach mir umwandte, für wen ich eigentlich schreibe. Jetzt hatte er mich also wahrgenommen. Es war das erste Mal, dass ich über meine Arbeit genauere Auskunft geben sollte, und zunächst fühlte ich mich ertappt. Da hatte jemand sofort durchschaut, dass ich den Journalisten nur fingiere. Dann aber, als dieser Mann meine Antwort nicht weiter zu beachten schien, als er mich vielmehr durch seine blaue Brille fast belustigt ansah, hatte ich den Eindruck, auch er fingiere seine Rolle. Er war zu vergnügt, um in diesem Gebäude mit ernsten Aufgaben betraut zu sein. Und außerdem sprach er ein dialektfreies Deutsch.

Natürlich! Ich hätte es sofort bemerken müssen: Er war einer der Fachleute, die man inzwischen aus dem Westen geholt hatte. Deshalb wirkte er auch leichter ernährt als die meisten Beamten hier. Wie sich herausstellte, ist er promovierter Betriebswirt und stammt aus Braunschweig.

Zum Glück hatte er nicht das Bedürfnis, über Braunschweig zu sprechen. Stattdessen sprach er in den schwärzesten Begriffen von den wirtschaftlichen Verhältnissen, und er tat auch dies in einem gleichbleibend heiteren Ton.

Erst jetzt fiel mir auf, wie unangenehm es sein kann, wenn man ungefähr weiß, wer einem gegenübersitzt, besonders auf den Behörden. Denn so sehr ich mit den Auskünften des Referenten zufrieden war – und er beschrieb mir ziemlich anschaulich die allgemeine Lage am Beispiel einer Gardinenfabrik – so sehr ich also mit seinen Auskünften zufrieden war, so wenig war ich es mit dem Gespräch. Im Grunde genommen war es ja überflüssig. Es war der Dialog zweier Ortsfremder. Da saßen wir und führten ein Gespräch, in dem diese Stadt keine Stimme mehr besaß. Sie musste sich interpretieren lassen. Und das wird in Zukunft wohl so bleiben. Wo auch immer ich nachfragen werde, man wird mir in einem bekannten Vokabular antworten. Offensichtlich laufe nur noch ich hier herum, als ob es ein unbekanntes Territorium zu erkunden gäbe. Das ist also vorbei. Na gut.

Zu allem Überfluss bot mir der Referent im Laufe des Gesprächs auch noch an, ihn am besten einfach »Thomas« zu nennen. Allerdings konnte ich nicht so ohne Weiteres ins »Du« wechseln. Dabei bestehe ich sonst ja durchaus nicht auf einer distanzierten Anrede, aber ausgerechnet hier, in diesem Interview, musste das »Du« meine Enttäuschung zwangsläufig steigern. Immerhin scheint der Referent ein neugieriger Mensch zu sein; er erklärte, die Arbeit hier im Osten nicht zuletzt deshalb aufgenommen zu haben, weil in diesem Lande derzeit selbst die Fantasie von der Realität überholt werde – was ja bekanntlich selten geschieht. Er sprach dabei nicht nur vom Tempo des wirtschaftlichen Niedergangs, sondern auch von der Beschleunigung der deutschen Vereinigung. Hatte nicht selbst der Kanzler noch vor drei Wochen davon gesprochen, der Einheitsprozess sei voraussichtlich Ende 1992 abgeschlossen? Aber bereits jetzt war doch abzusehen, dass es höchstens noch ein Jahr dauern werde. Was war da zu tun? Als Pressereferent veralteten einem die Erklärungen ja bereits in der Schreibmaschine.

Er ging zum Fenster und drehte, wohl unbewusst, aber mit schnellem Griff, eine Topfpflanze ein wenig dem Licht zu. Dann kam er wieder auf die Gardinenfabrik zu sprechen. Sie würde vermutlich bald pleite gehen. Da stellte man Gardinen her – seit Jahr und Tag nur diese drei Muster, die man überall hinter den Fenstern sieht. Und jetzt wollte man schnell eine GmbH werden. Als ob das irgendein Problem lösen könnte! Jetzt kamen sie zu ihm, und er sollte sie beraten: den Direktor, aber auch die Belegschaft, die ihrem Direktor nicht traute und über Kündigungsschutz verhandeln wollte. Da konnte der Referent nur lachen: Eine Belegschaft, die auf einem sinkenden Schiff sitzt und nicht gekündigt werden will. Vorstellungen haben die Leute!

»Nehmen wir zum Beispiel diese Gardinenfabrik«, sagte er, während er nach Lineal und Bleistift griff und plötzlich ernst wurde. Er gliederte ein Blatt Papier in Linien und Querlinien, und schien sich völlig sicher zu sein. Nur deshalb konnte er so pedantisch langsam zu Werke gehen. Und tatsächlich: Unter seinen Händen verschwand die Gardinenfabrik. Zunächst hatte sie mit dreißig Millionen Ost-Mark noch recht dick ausgesehen, aber schon nach dem zu erwartenden Umtausch in D-Mark blieb davon bestenfalls die Hälfte übrig – vielleicht noch weniger. Da stand die Fabrik nun also und war nur noch fünfzehn Millionen Wert. Aber mit der neuen Währung würden auch die neuen Wirtschaftsprüfer kommen, und sie würden nach West-Norm bilanzieren. Und das wird dann ungefähr so aussehen: Der Referent nahm sich zunächst die Maschinen vor. Angeblich waren sie zwanzig Millionen wert. Aber sie waren alle älter als sieben Jahre und folglich schon längst abgeschrieben. Der Referent notierte über der ersten Linie eine Null. Den Außenständen ging es nicht besser. Zwar gab es gewisse Zahlungsforderungen an verschiedene Großhändler, aber die waren ja selbst dabei, bankrott zu gehen. Streng über sein Papier gebeugt notierte, genauer gesagt: malte der Referent die nächste Null. Und so ging es weiter. Am Ende gab es zwar noch ein Fabrikgebäude, das immerhin mit drei Millionen in den Geschäftsbüchern stand, aber der Referent sprach darüber mit so schnellen, abwehrenden Gesten, als wollte er sagen: Wer auch immer dieses Gebäude kaufen würde, er müsste noch ein paar Millionen investieren, um es möglichst unauffällig verschwinden zu lassen. Blieb einzig und allein das Grundstück. Und das war durchaus einiges wert, es würde seinen Wert sogar noch steigern. Das Problem lag allerdings in der Frage, wem es eigentlich gehörte. Wann war der frühere Besitzer enteignet worden? Welche Ansprüche hatte er folglich noch heute? Vorerst konnte man wieder nur eine Null notieren. Und damit war das Werk vollbracht: Der Referent sah von seinem Papier auf und hielt es mir entgegen. Er tat es stolz und fast geheimnisvoll; ein Artist, der ein Huhn oder einen ganzen Menschen hatte verschwinden lassen, hätte diese Geste nicht besser beherrscht. Hier siehst du, es ist nichts mehr da! Und jetzt war er erst recht so unergründlich heiter.

Für eine Weile musste ich mich stumm im Zimmer umsehen. Ich musste an ein paar einfachen Dingen wieder Halt gewinnen, an der Türklinke zum Beispiel oder am Waschbecken (wieder mal eines dieser winzigen Waschbecken!). Allmählich begann ich, Ökonomen und Wirtschaftsprüfer zu beneiden. Sie gehören also zu den Leuten, die das Nichts hinter den Dingen erkennen, die Hinfälligkeit. Sie wissen, wie imaginär der Reichtum ist, und wie willkürlich jede Zahl. Sie können wissenschaftlich erklären, was selbst die meisten Märchen nicht für möglich halten: dass nämlich Reichtum nur davon abhängt, dass man an ihn glaubt. Man braucht nur die entsprechende Berechnungsgrundlage. Eindrucksvoller als in jedem Roman vollzieht sich hier der Angriff auf den gesunden Menschenverstand. Und es ist ein Wunder, dass aus der ganzen Betriebswirtschaft am Ende noch etwas Handfestes herauskommt, auch wenn es nur altmodische Gardinen sind.

[6. APRIL]

So eine Enttäuschung! Und das schreibst du mir so einfach und nüchtern?! Goeben hat meine Februar-Reportage nun doch abgelehnt. Das ist alles. Und dass er damals angeblich so »begeistert« war? Und dass wir die Reportage fest vereinbart hatten – davon kein Wort?! Wenn ich mir seine Begründung noch einmal durchlese (zumindest wie du sie wiedergibst), dann habe ich den Eindruck, im Westen erzeugt das Thema »DDR« nur noch gelangweilte Gesichter. Offenbar will schon jetzt niemand mehr etwas davon hören. Und daran kommt dann natürlich auch ein Rundfunkredakteur nicht vorbei. Die deutsche Vereinigung, so sehr sie sich auch beeilen mag, Leser und Zuhörer haben sie bereits zu den Akten gelegt (man streitet sich höchstens noch ums Datum). Inzwischen überlässt man die historisch einmalige Entwicklung ihrem stillen Selbstlauf. »Ist das denn nicht bald vorbei?« wird man irgendwann rufen. Und wahrscheinlich interessiert man sich frühestens in zwanzig Jahren wieder dafür, was damals (also heute) eigentlich los war. Ich sollte also lieber gleich mit Konservierungsstoffen schreiben.

In diesem Zusammenhang bin ich übrigens ganz froh, dass mir die Post nicht nachgesandt wird. Dreißig Absagen, bevor mich etwas Erfreuliches erreicht, das wäre hier schlecht zu verkraften. In deinen Briefen verkleinern sich diese Absagen immerhin schon zu einem einzigen, summarischen Halbsatz: »… ansonsten nichts Neues«.

Das fällt mir erst jetzt wieder ein: Bunge (der Referent) war der Meinung, diese Gardinenfabrik hätte auch unter sozialistischen Bedingungen keine Chance gehabt. Oder anders ausgedrückt: Die sozialistische Ökonomie hat keine Chance gehabt. In den letzten zehn bis zwanzig Jahren ist sie international stark in die Defensive geraten. Sie hat den Anschluss verpasst und dementsprechend haben sich die Tauschkurse katastrophal verschlechtert. Das erinnert mich an deine Bemerkung über das Scheitern der sozialistischen Länder. Du hast wahrscheinlich recht: Dass diese Länder politisch am Ende waren, das kann schon sein. Ökonomisch waren sie aber in jedem Fall erledigt. Das ist heute so, man ist international vernetzt; und ein Land, das nicht so knallhart rationalisiert und effektiviert und modernisiert wie die Anderen, arbeitet bald nur noch, um die eigenen Importe (oder Schulden) zu bezahlen. Da kann man sich keine sozialistischen Flausen erlauben, auch keine stalinistischen Allüren. Und auch aus dieser Sicht wird der Begriff der Revolution noch einmal ein gutes Stück blasser. Was hier geschehen ist, war kein politisches Ereignis, die DDR wurde nur »umständehalber« verkauft. Das ist alles. Konsequenterweise hat die Entwicklung lediglich eine einzige bedeutende Institution hervorgebracht: Die Treuhandanstalt.

Aber dann wäre das ja ein gewaltiger Irrtum: Alle Welt glaubt, hier und heute erlebe man das Ende des Sozialismus. Offensichtlich erleben wir aber vor allem den ultimativen Beginn der Weltwirtschaft. Womöglich verdeckt das politische Drama einen viel weitreichenderen Skandal: dass es heute möglich ist, jedes Land über seinen Außenhandel aufzuknacken. Dass sich die DDR »sozialistisch« nannte, erleichtert den Konzernen lediglich die Polemik.

Elke findet, ich solle mir mal ein paar neue Schuhe leisten. Mit denen hier kann man doch nicht mehr herumlaufen. Sie sagt das glücklicherweise in einem belustigten Ton. Wenn schon mütterlich, dann so. Hier ist es nun also der Westdeutsche, der schäbig durch die Gegend läuft. Im übrigen sorgt sich Elke, ob die städtische Grabpflege nicht zu teuer werden wird. Bisher waren das ein paar Mark im Jahr. Was kostet das denn bei euch? Ich habe keine Ahnung.

Auf eine Veränderung der politischen Agitation scheint man hier am wenigsten vorbereitet zu sein. Irgendein Schelm hat an eine Litfaßsäule ein Plakat geklebt, das unter dem Kopf der *Bild*-Zeitung zwei Schlagzeilen präsentierte:

> Stoltenberg tritt zurück: Ich war Stasi-Informant!
> Schlesien proklamiert seine Autonomie!
> Wann wird es wieder deutsch?

Lautstark steht man um die Litfaßsäule herum, denn auf so eine Fälschung fällt man natürlich nicht herein. Das kann nur die Stasi getan haben. Da sieht man es wieder, mit welchen Mitteln die arbeiten! Und schwupp, schon ist das dubiose Plakat von einem ernsten Menschen heruntergerissen worden.

[9. APRIL]

Heute habe ich Leute gesehen, die bald sterben werden. Ich war in der Klinik, bei Metschow, und habe sie beobachtet: Keiner schien zu ahnen, was ihm bevorsteht. Dort sitzen sie im Bademantel auf den Fluren, spielen Skat und hadern mit ihren Karten. So stirbt es sich hier. Man streitet und man ärgert sich; und darin gleicht man ganz den Gesunden, die ja eigentlich nur etwas langsamer sterben.

Metschows Sekretärin: Als wir über die Patienten sprachen, verlor sie jede Steifheit und jede medizinische Routine. »Bei uns ist es ja zum Glück noch nicht so schlimm wie in der Chirurgie«, sagte sie, »dort sterben sie ja jeden Tag. Aber schrecklich ist es doch, wenn man einen Menschen allmählich verfallen sieht. Da kommt er her, sieht noch ganz gesund aus, nichts zu erkennen. Man möchte dann immer hoffen, dass sich wenigstens in diesem Fall die Mediziner täuschen. Aber bald beginnt das Leiden; und man muss sich immer an den ersten Eindruck von diesen Leuten erinnern.«

Später dann wieder Metschow: seine leicht vorgebeugte Haltung, seine bedächtige Stimme, sein unscheinbares Verhalten. Ohne einleitende Floskeln berichtet er, dass er heute noch seinen alten Lada aus der Werkstatt holen muss, seinen zwölf Jahre alten Lada. Und schon beginnt er abzuschweifen (wie hatte ich nur annehmen können, dass ein Arzt zuerst über medizinische Dinge sprechen würde!): Noch im Dezember hatte er den Lada generalüberholen lassen, das hat man früher immer so gemacht, aber mein Gott, wie blöd man doch ist, ich hab einfach nicht begriffen, dass eine andere Zeit gekommen ist. Im Februar war der Wagen schließlich fertig, für 8000 Mark! Wenn ich den heute verkaufe, bekomme ich, wenn's hoch kommt, noch 500 Mark. Und außerdem: Jetzt ist er ja schon wieder kaputt.

Der Geruch des Teppichklebers war übrigens verflogen, stattdessen roch es jetzt nach frischer Farbe, neuen Möbeln, neuem Teppich. Im Sekretariat standen zwei Kaffeemaschinen, und ein tiefschwarzer Kaffee wartete darauf, endlich getrunken zu werden. Obwohl schon über

50 Jahre alt, rechnet Metschow damit, dass er sich als Arzt wird niederlassen müssen. Falls es Körner gelingt, ihn wieder absetzen zu lassen, muss er wohl eine eigene Praxis eröffnen. Unten die Poliklinik, die würde er vielleicht noch übernehmen, das wäre noch eine Alternative. Aber die Polikliniken werden ja wohl alle geschlossen. Das ist auch so ein Irrsinn: Eines der wenigen Dinge, die bei uns wirklich funktioniert haben, wird abgeschafft. Und warum? Bloß weil es ja auch im Westen keine Polikliniken gibt. Und jetzt: Wenn Sie eine Praxis eröffnen, brauchen Sie mindestens 100 000 Mark, schon allein für die ganze Ausstattung, das ist doch absurd. Und das in meinem Alter. Aber falls der Körner wieder kommt, dann geh ich. Das steht fest.

Später die Kranken: Sie saßen im Nebenzimmer. Da gab es einen älteren Mann, der uns verschmitzt von seiner Liege herunter entgegenblinzelte. Er wirkte zuversichtlich, fast stolz zwischen all den Pflegern und Ärzten, die ihn umgaben. Metschow half selbst, ihn unter das Bestrahlungsgerät zu legen, dann ging er mit mir ein paar Schritte weiter und sagte schulterzuckend: »Noch ein bis zwei Monate.« Wusste der Mann davon? Nein, er wusste nichts. Erst nach wiederholtem Fragen war ihm erklärt worden, er habe eine Wucherung. Aber eine Wucherung, das hörte sich doch recht harmlos an, da war man froh, dass man keinen Krebs hatte.

Metschow ging weiter vor mir her und öffnete die Tür zum Treppenhaus – eine gardinenbespannte Glastür, die bei der leichtesten Berührung klirrte – dann ließ er mich vorgehen und sagte: »Es ist übrigens immer wieder bezeichnend, wann die einzelnen Patienten aufhören weiterzufragen.« Mit solchen Fragen war es wie mit den Klimmzügen. Jede einzelne kostete viel Kraft, und mehr als zehn Stück schaffte keiner. Niemand hielt das Fragen lange durch. Als Arzt musste man die Antworten lediglich so dosieren, dass die volle Wahrheit frühestens nach der zehnten Frage auftauchte. Metschow drehte sich um, sah wieder über den Rand seiner Brille zu mir herauf und erklärte, der Mann unter dem Bestrahlungsgerät habe sich nicht einmal mehr nach den Heilungschancen erkundigt.

Irgendwann hören die Fragen von selbst auf. In den letzten Wochen sowieso. Man scheint dann die Antwort zu kennen, obwohl man noch nicht einmal die Frage ahnt.

Der Zugang zur Station: wieder eine gardinenbespannte Glastür. Sie ließ sich von außen nur mit einem Schlüssel öffnen. Man wollte keine unangemeldeten Besucher. Außerdem sollten die Patienten wissen, dass sie nicht unbemerkt wieder hereinkämen, falls sie die Station verlassen wollten. »Unter Körner war das noch schlimmer«, sagte Metschow ohne weitere Erklärung.

Als er die Tür geöffnet hatte, schlug mir eine feuchte Hitze entgegen. Aus irgendeinem Grunde hatte man die Fenster verschlossen und die Heizung angeschaltet. Der ganze Flur, der sich vor mir auftat, schien unter der Schwüle zu dampfen. Alles war feucht: die Schränke im Bad, die Abflussrohre im Flur und die mit Ölfarbe gestrichenen Wände. Die Station schwitzte ihre Krankheiten aus. Auch Metschow begann zu schwitzen. »Heute ist es wieder mal besonders schlimm«, erklärte er. »Das liegt daran, dass im ganzen Haus noch die alten Rohre stecken, die sind seit achtzig Jahren drin und haben dicke Ablagerungen inzwischen. Von den Salben und Medikamenten. Deshalb verstopfen sie so schnell. Da haben wir jede Woche mindestens eine Überschwemmung, im Keller steht dann das Abwasser, und im ganzen Haus ist's feucht.«

Wie langsam hier alles war! Eine Gruppe von Kranken wandte sich uns müde zu, und aus einem Zimmer schlich ein Mann mit verbundenem Kopf. Obwohl wir noch ein gutes Stück entfernt waren, blieb er im Türrahmen stehen, verbeugte sich ein wenig und wartete, bis wir vorbeigegangen waren. Er schien froh zu sein, dass wir ihm wieder ein bisschen von seiner Zeit abgenommen hatten. Und dabei behauptet man immer, die letzten Wochen vergingen so schnell.

Metschow öffnete eines der Krankenzimmer, sagte laut »Guten Tag« und deutete eilig auf die wichtigsten Einrichtungen: ein Schrank, eine Waschschüssel, zwei Betten. Ob darin jemand lag, könnte ich jetzt gar nicht mehr sagen. Ich weiß nur, es war alles ziemlich eng.

Auf dem Flur standen vor jedem Zimmer ein kleiner Tisch und zwei Stühle. Wer nicht unbedingt im Bett liegen musste, setzte sich hier heraus. Im Zimmer selbst gab es ja keinen Platz für einen Stuhl. Vor achtzig Jahren war dies ein Altenheim mit Einzelzimmern gewesen, und damals mochte die Einrichtung ganz komfortabel gewesen sein. Jetzt aber war es, als ob man alle Zimmer nach außen hin verlängert hätte. Allerdings war dadurch der eigentliche Flur recht schmal geworden, und es bedurfte der höchsten Disziplin, um darin Ordnung zu halten. Denn wie leicht lässt man eine Zeitung oder eine Flasche auf dem Flur zurück, wo er doch gewissermaßen ins eigene Zimmer gehört.

Übrigens waren die Tische untereinander durch Topfpflanzen getrennt, sozusagen durch eine Wand zwischen den Zimmern. Mit all diesen Tischen und Pflanzen wirkte der Flur zwar geschmacklos, aber absolut nicht klinisch. Er wurde immerhin bewohnt. Man ging stumm hin und her: die Patienten mit gesenktem Blick, schlurfendem Schritt, in langen Bademänteln (Mönche im Kreuzgang, denke ich jetzt, und schon haben diese Menschen alles Zänkische verloren). Ich sah sie von der Küche aus, in der sich Metschow gerade über die Planwirtschaft beklagte: Sehen Sie sich die Schränke an. Man muss sie abstützen, so zerbrechlich wie sie sind. Aber es sind keine neuen Schränke zu bekommen, seit Jahren nicht. Nichts ist zu bekommen, selbst Einwegspritzen kaum. Vor ein paar Jahren hat man uns gefragt, wie viele homosexuelle Patienten wir im Durchschnitt betreuen. Wir haben geantwortet: zwanzig. Das hat natürlich nicht gestimmt. Aber seitdem haben wir wenigstens ein gewisses Kontingent an Einwegspritzen. Früher, wenn Sie was erreichen wollten, war es am besten, gleich eine Eingabe an Honecker persönlich zu machen. Auf diese Weise hatte Metschow zum Beispiel ein neues Röntgengerät erhalten; auf diese Weise hatte er aber auch erreicht, dass sein Sohn auf die EOS durfte. Dem Plansoll zufolge hätte ihm nur die 10. Klasse offen gestanden. Metschows Eingabe war dann von der Staatsspitze an die Bezirksbehörde zurückverwiesen worden, sie sollte den Fall »einvernehmlich« lösen. Das war eben auch ein Plansoll.

Es ist schwierig, Metschow zuzuhören, wenn sich draußen ein paar Männer über Kaffeefahrten unterhalten. Im Fichtelgebirge waren sie schon, und einmal auch in Köln, am Dom; das war wunderbar. Und am 20. fahren wir nach München. (Das glauben diese Leute tatsächlich).

Der Karren, auf dem man zur Operation geschoben wird: Es ist ein klappriges Gefährt, ein ziemlich hoher Wagen; das Pflegepersonal soll sich nicht bücken müssen, wenn es einen Patienten von der Bahre hebt. So aber gleiten die Kranken hoch über dem Boden durch den Flur. Ich hätte Angst zu fallen. Aber diesem Mann da scheint es auf dem Weg in die Operation nicht so zu gehen. Er zwinkert mir zu, und ich weiß nicht, wie ich antworten soll. Außerdem trägt er eine merkwürdige Mütze: eine Papierhaube, eine Zipfelmütze, und natürlich kommt niemand auf den Gedanken, dass ein Kranker auf dem Karren liegt. Weil eines der Räder schlackert, gerät der ganze Wagen wiederholt ins Trudeln. Bisweilen ist er völlig unberechenbar. Er driftet in wechselnde Richtungen, und die beiden Schwestern, die ihn schieben, bieten alle Kraft auf, ihn wieder geradeaus zu dirigieren. Dieses hektische Spiel (und die Zipfelmütze) könnten Bestandteil einer komischen Oper sein. Es spricht jedenfalls nichts dafür, dass dies hier ein existentielles Geschehen ist.

Vor dem OP-Bereich: Wie resigniert Metschow die OP-Liste für morgen unterzeichnet. Zwei aussichtslose Fälle sind darunter. Aber man versucht es eben noch einmal. Operiert wird in einer umgebauten Veranda. Metschow läßt mich durch eine Glastür in einen Saal sehen, in dem sich einige Ärzte und Schwestern über einen Operationstisch beugen. »Vor zwanzig Jahren«, sagt er, »da waren wir noch stolz, dass wir uns einen eigenen OP gebaut hatten, obwohl schon damals ... « Er bricht mitten im Satz ab und sieht in den blau gekachelten Raum. Die Frontseite der ehemaligen Veranda ist mit einer geschlossenen Reihe schmaler Fenster verglast worden. Helles Tageslicht dringt herein, und es erscheint mir wie ein Versehen, dass man dennoch eine Lampe über den OP-Tisch geschoben hat.

Heute jedenfalls ist das alles unvorschriftsmäßig. Wenn morgen aus dem Westen eine Aufsichtsbehörde käme, müsste man den Operationssaal wohl schließen. Die ganze Einrichtung ist unhaltbar. Schon allein, weil es keine Einbauschränke gibt und keine Abstellkammer. Jetzt liegt und steht eben alles herum, auch wenn es augenblicklich nicht gebraucht wird – diese Ständer zum Beispiel oder die Besteckkästen. »Wissen Sie«, sagt Metschow, »es ist ja doch erstaunlich, wieviel Geld man im Westen hat. Auch die Pharma-Industrie!« Da hat man die Chefärzte verschiedener Kliniken zu einer Informationsveranstaltung in den Askanischen Hof eingeladen und ein Büfett geordert, das tatsächlich 30 DM pro Person gekostet haben soll! »30 West-Mark!« wiederholt Metschow und kann es nicht fassen. (Hätte ich ihm sagen sollen, dass so ein 30-DM-Büfett im Westen selbst für einen Medizinstudenten schon eine Beleidigung wäre?)

Drinnen fällt das Tageslicht noch immer auf den Operationstisch, über den sich Ärzte und Schwestern beugen. So zuversichtlich und unverrückbar stehen sie um diesen Tisch, dass ich keinen Augenblick an die Gefahr denke, Blut zu sehen – oder ein dem unsichtbaren Körper entferntes Organ. Ich könnte mir ohne Weiteres vorstellen, dass eine der Schwestern gelangweilt ein Fenster öffnet, um etwas frische Luft hereinzulassen.

Als wir zur Poliklinik hinuntergehen, eine steile, schwach beleuchtete Hintertreppe, berichtet Metschow von Patienten, die offenbar Stasi-Mitarbeiter waren. Auf irgendwelchen Wegen haben sie sogar noch aus dem Krankenhaus Meldung erstattet, zum Beispiel davon, dass verschiedene Patienten West-Fernsehen sahen. So sind diese Leute: krebskrank, aber bis zum Schluss linientreu. Und dann sagt Metschow etwas, was mich so erstaunt, dass ich es wie ein Missverständnis übergehe (ich bin ja auch genug damit beschäftigt, auf die dunklen Stufen zu achten). »Das ist doch der eigentliche Krebs: diese Achtlosigkeit vor dem Tod!« sagt Metschow, als ob vor dem Tod noch immer alles andere unwichtig werden müsste.

Unten hält er eine Konsultation über ein paar »problematische Fälle« ab. Ich sitze im Flur, ein Wartezimmer gibt es nicht. Dass ich an der Konsultation teilnehme, möchte Metschow nicht: Wenn sich ohnehin schon so viele Ärzte über einen Patienten beugen und bedenklich dreinsehen, dann soll nicht auch ich noch ratlos danebenstehen.

Nebenan in der Poliklinik: Rohre, die an der Decke entlang laufen. Dann ein kleineres Rohr, das in ein größeres mündet, eine undichte Stelle befindet sich dort. Sie ist feucht, modrig, dunkelbraun verfärbt. Die Farbe blättert ab, und eine gelbliche Spur zieht sich von da aus die Wand hinunter. Am Ende des Ganges zerrt eine Schwester oder Ärztin schon seit einer Weile an ihren Gummihandschuhen herum. Sie wollen einfach nicht richtig sitzen. Immer entsteht irgendwo ein Zipfel oder eine Falte. Vor allem ganz innen zwischen den Fingern bildet sich immer wieder eine Blase.

Dann ist die Ärztin verschwunden. Für eine Weile geschieht gar nichts. Abgesehen von einer letzten Patientin, einer gebeugten Frau, die neben mir sitzt, ist es hier im Flur menschenleer. Und sehr hell. Ein mildes Licht, als ob sich die Regenwolken draußen verzogen hätten. In längeren Abständen höre ich jemanden rufen: »Wie war Ihr Name?« Jedes Mal dann eine leise (oder ängstliche?, schmerzverzerrte?) Antwort. An den gekachelten Wänden pflanzt sich ein klickendes Geräusch fort: von Scheren oder Spritzen, die irgendwo auf einer Glasplatte abgelegt werden. Im ganzen Flur nur ab und zu diese zwei wiederkehrenden Geräusche: das Klicken und die Frage nach dem Namen. Dann wieder Stillstand.

Später eine Schwester, die an die versunkene Frau neben mir herantritt, sich leise zu ihr herunterbeugt und sagt: »Frau Leonhardt, ich bin Schwester Gabi, ich bringe Sie jetzt auf Station 12.« Daraufhin das selbstverständliche Aufstehen dieser Frau, so fraglos wie ich es mir immer vorgestellt habe, wenn es hieß: »Und sie erhob sich und ging und starb als Fremde unter Fremden«.

Es gibt also Leute, die sich mit solchen letzten Dingen auskennen. Krankenschwestern zum Beispiel. Dass in diesen Regionen des Daseins noch jemand anzutreffen ist, kommt mir plötzlich ganz erstaunlich vor, ein seltenes Wesen so weit hinten in der Welt. Der Fährmann in den alten Mythen, wie ist er mit der Aufgabe fertiggeworden, die Seelen in die Unterwelt zu fahren? Ich stelle ihn mir steingrau und geduldig vor, und jedem erklärt er, dass nun wirklich nichts mehr zu ändern ist.

Während ich dort gewartet habe, wuchs das Bedürfnis, ganz neu anzufangen, auf alles zu verzichten, auch auf »meine« Freunde, selbst auf dich, alles zu ändern, eine andere Aufgabe, ein völlig neuer Ort, keine Verbindung, niemand mehr, der etwas davon erfährt. Die Vorstellung, dass ich diesem Land (und jetzt: dieser Situation) nur dann gerecht werde, wenn ich alle Brücken abbreche. Kein Rückhalt mehr. Keine Briefe wie diesen. Dass es einen »Ansprechpartner« gibt, verfälscht ja schon alles. Hier untertauchen und Pfleger werden, das wäre vielleicht eine Alternative.

[10. APRIL]

Ein Obstgarten nahe der Stadt: der saure Geruch von altem Holz, von morschen Zweigen, die man absägen müsste. Das ist plötzlich wieder ganz selbstverständlich: die Rindenfasern, die an den verschwitzten Armen kleben, überhaupt die Handarbeit: das Holz mit den eigenen Händen fühlen, die Flechten am Stamm. Also auch Obstgärten liegen in der Erinnerung. Nicht die Plantagen, wie man sie heute zwischen den Dörfern sieht, nicht die halbwüchsigen Bäume, die in greifbarer Nähe schwer ihr Obst aushängen, rationell und praktisch. Das nicht. Aber ein Garten am Hang, ein halb zerfallener Zaun und Bäume, die ihre Äpfel leicht tragen, so ohnehin. Und auch das Gras hat niemand gemäht.

[11. APRIL]

Mit Ehlert und Helbig habe ich inzwischen gesprochen. Sie wären zwar bereit, bei euch ein paar Bilder auszustellen, aber ich fürchte, ich habe dir das Projekt schon wieder halb vermasselt. Ich habe die beiden nämlich gewarnt: Bad Ifflingen ist vor allem ein Kurort, das muss man doch dazusagen. Die hätten sonst womöglich gedacht, es interessiere sich jemand wirklich für ihre Bilder. Aber nein, Bad Ifflingen ist nur an Kurgästen interessiert; und Kurgäste verlangt es eben ein bisschen nach

Kultur. Selbst wenn sie den Rest des Jahres nichts als Schweine schlachten oder Bettvorleger verkaufen, haben sie auf einmal so ihre Ansprüche. Dagegen wäre ja nichts einzuwenden, nur muss man vorsichtshalber dazusagen, dass diese Leute ein »kulturelles Angebot« zwar erwarten, aber nicht nutzen. Du glaubst doch selbst nicht, dass die sich von eurer Ausstellung auch nur im geringsten beeindrucken lassen (auch noch DDR-Malerei, und das im Urlaub!). Nein, die wollen sich einfach nur an einem Ort aufhalten, von dem sogar das Fernsehen sagt, dort werde ein anspruchsvolles Kulturprogramm geboten. Man ist also wenigstens einmal in dem renommierten Bad Ifflingen gewesen, auch wenn man nur das tägliche Kurkonzert besucht hat.

Ich weiß, du kannst es auch nicht ändern; offensichtlich neigen wir ja beide zu solchen verlorenen Projekten. (Du machst das wenigstens im Rahmen einer Planstelle – was übrigens auch zu den Dingen gehört, die man Ehlert und Helbig erst einmal erklären müsste: dass bei uns ausgerechnet die Hotel- und Konditoreibesitzer eine Aufstockung des Kulturetats verlangen. Das soll einer begreifen: Kulturpolitik als Form von Werbung. Nur die Alteingesessenen wettern natürlich wieder über diese Geldverschwendung.

Die beiden haben mir recht ratlos zugehört, denn unter all diesen Erklärungen und Entschuldigungen bin ich allmählich selbst in Schwierigkeiten geraten. Unausgesprochen stand ja die Frage im Raum, warum ich ausgerechnet dort wohne (was mir im Übrigen von hier aus betrachtet selbst ganz unerklärlich erscheint). Von hier aus betrachtet fällt es mir schwer, mich in einer Sonderrolle zu sehen, ich bin kein Anderer unter diesen Leuten, ich bin einer von denen. Das ist wieder eine Erfahrung aus der Ferne: Was ich zu Hause mühelos ignoriere, ist von hier aus unübersehbar.

Apropos Ferne: In den Zeitungen tauchen die ersten Reiseberichte über Frankreich, Italien und so weiter auf; Länder- und Städtenamen, die den Berichterstattern offenbar jedes Mal auf der Zunge zergehen. Da ist zum Beispiel von

Paris die Rede, »der Stadt der Liebe und der schönen Künste, der Revolution und Literatur, der Wissenschaft und Eleganz, Stadt der Sänger, Theater, Varietés, der Haute Couture...« Letzteres wird dann auch gleich noch mit »führender Mode« übersetzt.

So umfangreich wie diese Liste war offenbar auch das Besuchsprogramm: die Metro, die UNESCO, der Louvre, der Eiffelturm, Sacré-Cœur, Notre-Dame, die Katakomben, der Triumphbogen und so weiter – und nachts, augenzwinkernd, noch das Moulin Rouge. Das Ganze in einem durchgehend begeisterten Ton erzählt. Schon gleich zu Anfang war man in den bequemen Bus der Reisegesellschaft XY gestiegen und von den beiden Fahrern Ingolf und Arnulf per »du« und mit Cola begrüßt worden. Dann war man, wie zu lesen ist, von diesen fröhlich pfeifenden Männern erst durch die DDR, dann durch die BRD geschaukelt worden. Kilometer um Kilometer mit wachsender Freude. (Das glaubst du nicht? Na bitte, ich schicke dir den Reisebericht gleich mit.)

Was ich mir aus dem Kontext zusammenreime, sieht ungefähr so aus: Abfahrt Freitagabend, Ankunft in Paris Samstagvormittag 10 Uhr, dann Rundfahrt bis 14 Uhr, anschließend Mittagessen (vermutlich einige im Bus verzehrte Vesperbrote; man wird doch die teuer erstandene D-Mark nicht wegen einem Imbiss in Francs umgetauscht haben?!), dann Rundfahrt bis 20 Uhr, danach Abendessen und wieder eine Rundfahrt bis 1 Uhr nachts, schließlich die Rückfahrt. Ankunft: Sonntagabend 19 Uhr.

Also: im Bus hat man geschlafen, gegessen und die Fremde erlebt. Nirgendwo wirklich Boden unter den Füßen gehabt. Im Grunde hat man doch nur gesehen, was man sich auf absehbare Zeit nicht wird ansehen können. Das war die Filmvorschau, den Film selbst kann sich noch keiner leisten. Dennoch ist am Montag früh um 6 Uhr offenbar jeder wohlgelaunt wieder an seinen Arbeitsplatz gegangen. Und in gewisser Weise ist auch das ein Déjà-vu aus unserer Wirtschaftswunder-Zeit.

Wenn man darüber nur nicht so begeistert reden würde! Selten habe ich so sehr das Gefühl gehabt, unter mir unbegreiflichen Menschen zu leben. Natürlich: Man war vierzig Jahre lang eingesperrt. Aber macht allein die »neue Freiheit« aus einer Tortur schon ein Vergnügen? Ich hätte diese Reise nicht einmal bis Frankfurt durchgehalten. In Frankreich selbst wäre ich bestenfalls noch ein depressives, kopfschmerzgebeugtes Transportgut gewesen. Zu keiner Beobachtung und keiner Bewegung fähig. Eine solche Apathie offenbar befürchtend, hat das (westliche) Reiseunternehmen seine Kunden vorsichtshalber 48 Stunden lang nicht unter die Leute gelassen.

[12. APRIL]

Die Demokratiebewegung scheint in der Depression zu stecken. Keine großen Projekte mehr, jedenfalls keine politischen. Stattdessen die kommerziellen Projekte: Szene-Kneipen zum Beispiel. Die gibt es plötzlich an verschiedenen Ecken. Manchmal hat man einfach nur eine Altbauwohnung im Parterre umgebaut. Ohne Lizenz und ohne großen Aufwand. Ein paar zusammengewürfelte Tische und Stühle, die Wände mit Ölfarbe überstrichen (ein undefinierbarer Ton zwischen grün und gelb), demonstrative Hässlichkeit. Die Zeit der Eigeninitiative hat also auch hier begonnen. Warum soll man noch über Zukunftsentwürfe debattieren? Die Zukunft ist einem ja bereits ins Haus geliefert worden. Da steht sie jetzt laut und grell und will gepflegt sein.

Pit arbeitet aushilfsweise im »Café Zentralkomitee«. Weil sie damit rechnet, bald arbeitslos zu sein, sieht sie sich schon einmal nach anderen Arbeitsmöglichkeiten um. Den riesigen Verwaltungsapparat im Kulturbereich hält sie ohnehin für überflüssig. Dort wird es doch garantiert die ersten Entlassungen geben. Pit scheint das eher als Befreiung zu empfinden: endlich raus aus dem Trott. Während sie vor mir am Tresen steht und sich gelegentlich vor Ärger wieder die Nase reibt, höre ich hinter mir ein beständiges helles Geplauder. Ganz automatisch entsteht der Eindruck von Jugendlichen, die in bunter, sommerlicher Kleidung dort an den Tischen sitzen. Aber jedes Mal, wenn ich mich umsehe, muss ich mich korrigieren: Dort sitzen überwiegend dunkel gekleidete Leute. Ihr depressives, abweisendes Image scheint ihnen nur noch nicht unter die Haut gegangen zu sein. Noch vor ein paar Wochen hatten sich möglicherweise die meisten von ihnen an irgendeinem Runden Tisch beteiligt. Das ist seit dem 18. März vorbei. Ob das Wahlergebnis tatsächlich eine Welle der Enttäuschung ausgelöst hat, kann ich nicht beurteilen. Pit jedenfalls hat mit keinem anderen Ergebnis gerechnet. Was soll man sich aufregen? Die Ostdeutschen haben sich doch konsequent verhalten: Sie haben genau die Partei gewählt, die immer mitgemacht hat und jetzt dafür steht, dass im Grunde niemand etwas mit diesem Staat zu tun hatte (abgesehen von den Kommunisten natürlich).

Das Café befindet sich übrigens in einem besetzten Haus. Es steht seit drei Jahren leer und ist ziemlich verfallen. Da die städtischen Kompetenzen ungeklärt sind, lässt man die Besetzer erst einmal gewähren. Die Stadt hat ihnen sogar angeboten, das Gebäude zu kaufen. Aber das war noch einer von den alten Bürokraten, vermutet Pit. Der ist froh, wenn er die Verantwortung für ein verfallenes Haus losgeworden ist. Offenbar hat er noch nicht begriffen, dass andere schon längst auf das Grundstück spekulieren. Die reißen das Haus ab und bauen ein Bürogebäude, es liegt ja mitten in der Stadt. Da braucht man sich nichts vormachen. Pit so sprechen zu hören, ist für mich doch etwas überraschend. Woher hat sie so schnell die westliche Sprache? Fast hätte ich mir gewünscht, sie noch für eine Weile in ihrer alten Welt anzutreffen. Aber so ist es ein Gespräch unter Gleichgesinnten geworden.

Pit umfasst ihren Bierkrug zwischen Glas und Henkel – als »männlich« würde man eine solche Geste wohl bezeichnen. Und damit stimmt überein, dass nicht der geringste Flirt zwischen uns entsteht. Nicht der mindeste Versuch zu gefallen. Es gibt immer nur das, worüber wir gerade reden. Gesten haben den Zweck, die Worte zu begleiten, nicht aber, einen zweiten, erotischen Text zu erzählen. Mit Pit führe ich ein Männergespräch – stimmt nicht ganz: es ist kein Männergespräch, denn die ganze Zeit über bleibt das Unbehagen wach, dass etwas nicht stimmt. Seltsam, wie einen das beschäftigen kann, wenn das erwartete Geschlechtsverhalten ausbleibt. Zum Beispiel diese gewisse Art sich anzusehen. Pit spricht kurz und knapp, man spürt ihre Lust, Aussagen zuzuspitzen. Ich höre ihr zu, ohne das Bedürfnis nachzuhaken. Aber wie merkwürdig mir vorzustellen: nachher geht sie nach Hause, legt sich ins Bett und ist eine Frau.

[14. APRIL]

Bücher fehlen hier. Ich meine: hier im Zimmer. Noch immer habe ich mich nur provisorisch eingerichtet. Offensichtlich begreife ich mich selbst nicht. Hier will ich doch angeblich ein Jahr lang leben. Und jetzt? Was gibt es in der Wohnung zu tun, wenn ich nicht schreibe? Nichts. Also kehre ich notgedrungen wieder an den Computer zurück.

Ostermelancholie. Wenigstens über die Feiertage hätte ich doch nach Hause kommen können. Stattdessen vervollständige ich meine Notizen und habe wieder das Gefühl, mich in eine dumme, absurde Lage verrannt zu haben. Dieses Beobachten ohne Auftrag, ohne Ziel, ohne Zweck. Ein Krankenhaus, eine Kneipe, ein Obstgarten. Ich komme mir vor, als hätte ich mir in den Kopf gesetzt, am Nordpol das Wetter zu beobachten, ein Forscher auf vorgeschobenem Posten. Noch eine Weile muss er ausharren. Aber nein, das klingt viel zu logisch. Das Lächerliche an meiner Position ist ja, dass gar nichts davon abhängt, ob ich sie heute oder in ein paar Wochen räume. Eher gleiche ich einem Spinner, der sein Zelt nimmt und in den hohen Norden geht, weil er sich für einen Forscher hält. Dabei überträgt man die Daten ja ohnehin per Satellit. Wenn ich wenigstens genau wüsste, was mich interessiert. Aber nicht einmal das ist klar. Ich weiß nur, dass ich hier noch bleiben möchte. Immer nur zusehen! Aber warum? Ich renne durch die Stadt und finde alles irgendwie bezeichnend – aber was ist das bezeichnete Thema? Natürlich, die großen historischen Themen. Aber die wollen sich einfach nicht präzisieren. Sie verbinden sich nicht mit den Details – oder auch umgekehrt. Auf dem langen Weg vom großen Thema zum kleinen Detail sprechen so viele Stimmen dazwischen. Überall ein Gerede, ein

Raunen und Flüstern, lauter Vorschläge und Ratschläge. Etwas so Unbestimmtes habe ich mein Leben lang noch nicht gemacht.

Dabei habe ich nicht das Gefühl, das Falsche zu tun, die falschen Fragen zu stellen, die falschen Leute zu besuchen, meine Zeit zu vertun. Das nicht. Aber ich habe keine Verantwortung dafür, denn das alles hat nur etwas mit mir zu tun. So als wäre es eine Beschäftigung für die Freizeit, den Feierabend. Das ist es! Ich fingiere eine Verantwortung und stelle meine Fragen. Während jeder Busfahrer und jeder Postbote seine Verantwortung trägt, rede ich sie mir täglich selbst ein. Und wofür bin ich verantwortlich? Doch nicht nur für eine Busfahrt oder ein paar Briefe, ich müsste ja fast schon erklären, ich sei verantwortlich für die Menschheit. Das kann man ja keinem sagen! Da simuliere ich lieber den Journalisten und stehle mir daraus ein wenig Stabilität. Falls aus diesen ganzen Beobachtungen tatsächlich einmal ein Buch geworden ist, wird das alles natürlich ganz selbstverständlich aussehen. So ein gedrucktes Buch legitimiert sich ja schon fast von selbst.

Natürlich: Warum soll überhaupt ein Buch daraus entstehen? Das ist die Frage. Aber kann man sich vorstellen, dass jemand hierherkommt, monatelang dem ganzen Treiben zusieht und nichts tut? Dass also noch nicht einmal ein Buch dabei entsteht – ein kleines, winziges Buch. Schon vor sich selbst muss man doch den Eindruck vermeiden, dass man etwas Sinnloses tut, die ganze Zeit.

[15. APRIL]

Abends bei Stefan Griesau (dem Redakteur): Er hat mich nicht gerade aufgeheitert. Stattdessen hat er wieder von den neuesten Konflikten in der *Rundschau* berichtet (die Redakteure der RENZ sind seit einer Woche im Haus und machen die Stimmung nur noch schlechter). Im Prinzip wäre es für mich ja vielleicht ganz spannend, den Prozess der Einheit am Beispiel einer Tageszeitung nachzuzeichnen. Aber ich kann dieses Gerede über die RENZ und die Intrigen von Frau Ziegler einfach nicht mehr hören. Was Stefan mir da umständlich zu beschreiben versucht, macht mich nur noch depressiver. Augenblicklich habe ich nicht die Nerven, mich mit der nervlichen Zerrüttung anderer Leute zu beschäftigen.

Auch ein anderes Thema kann mich heute Abend zu keiner neuen Reportage animieren: Stefans Freundin ist nämlich schwanger. Heute würde sie sich »das« anders überlegen. Eine Mutter hat es schwer, wenn erst einmal die neuen Spielregeln gelten. Bisher war ja alles gesichert: Arbeitsplatz, Kinderkrippe und so weiter. Sich um einen besseren Job zu bemühen, hat sich bisher nicht gelohnt. Jetzt aber, das heißt: in Zukunft, wird es bessere Arbeitsplätze geben, aber eben auch haufenweise Konkurrenz. Und was soll eine Frau dann mit einem Kind?

Nebenbei erwähnt Stefan, dass er seine Zweiraumwohnung werde vorrichten müssen: zwei ungewöhnliche Worte in einem Satz. Die »Zweiraumwohnung« und das »Vorrichten«, wie hier das Renovieren genannt wird. Wie soll man ein aufmerksames Gespräch führen, wenn man dauernd über solche Worte stolpert? Da spricht Stefan ganz nüchtern von einem »Gasheizungskörper«. Ich drehe mich um und sehe ihn an, aber den ironischen Gesichtsausdruck, den ich erwarte, finde ich nicht. Dieses grässliche Wort geht ihm tatsächlich ganz selbstverständlich über die Lippen (vermutlich staunt er über einige meiner Vokabeln genauso). Überhaupt: die Technik. Vor ein paar Tagen nahm Elke meine Thermoskanne in die Hand, sah sie an und gab sie mir – das war Westtechnologie, da ließ sie lieber die Finger davon. Als ob die Thermoskannen hier anders funktionierten. Vielleicht tun sie das sogar, und es ist mir noch gar nicht aufgefallen. Es dürfte wohl in den nächsten Monaten noch einige Überraschungen dieser Art geben: ein wechselseitiges Scheitern an der Technologie aus Ost oder West. Wie klappt man zum Beispiel bei einem Kombi-Trabant die Rückbank um, so dass eine Ladefläche entsteht?

Mit unserem Projekt, einen Hauskauf zu fingieren, sind wir noch nicht weitergekommen. Bisher will sich kein Kontakt zu einem potentiellen Verkäufer herstellen lassen. So leicht scheint es gar nicht zu sein, was insgeheim angeblich tausendfach geschieht.

[16. APRIL]

Immer noch trostloses Ostern. Trübe Aussichten – abgesehen vom Wetter, das unverschämt gut gelaunt vor sich hin strahlt. Wie heimatlos man gleich ist, wenn die klimatischen Verhältnisse sich hartnäckig weigern, als Seelenmetaphern zu dienen. Kein Regen, kein Nebel, keine Kälte.

Ich bin ein wenig spazieren gegangen, zwischen den Weiden und Wäldern, wo das Licht heute stand. Aber noch ist kein Laub an den Bäumen. Nur ein blasses Grün, das leuchtet, und ich hätte hineingehen mögen in dieses Grün, mich dazusetzen, aber es ist ja noch gar nicht da, es schimmert nur immer vor mir her.

[17. APRIL]

Ich muss mich korrigieren: So anspruchslos sind diese reisehungrigen Leute nun doch wieder nicht. Heute stoße ich auf den Leserbrief eines Rentnerpaares, das sich über eine Alpenfahrt bitter beschwert: Zwei Nächte im Bus, dazwischen einen Vormittag lang durch die Berge, aber alle bekannten Gipfel waren völlig im Nebel verschwunden. »Hier befinden Sie sich nun, meine Damen und Herren, am Fuße des Watzmann«; es war nur nichts zu sehen außer: Straßen, Bauernhöfen, Weiden, alles gepflegt, aber feucht.

Am Nachmittag dann die Werbeveranstaltung einer Kosmetik-Firma, abends ein Abstecher zum ebenfalls völlig vernebelten Königssee, und schon ging's wieder durch die Nacht zurück nach Hause. Die Rentner schreiben, es sei zugegangen wie beim Viehtransport: immer ein paar Treiber in der Nähe. Und während der Werbeveranstaltung, da hatten sie sich auf die Ausgänge verteilt und zur Geduld gemahnt. Siehst du, die Rentner scheinen ihrer Wahrnehmung noch eher zu trauen als diese begeisterten Journalisten mit ihren Bildungsbrocken (»Paris: die Stadt der Liebe, der Literatur, der Haute Couture und so weiter«!).

Auch die kleinen Leute bereiten sich inzwischen darauf vor, Geschäfte zu machen. Als ich heute wieder über die Berliner Straße ging, waren es nicht nur die Händler aus dem Westen, die etwas anzubieten hatten. Auch Einheimische versuchten, an den Mann zu bringen, was sie irgendwie in Reserve haben. Inzwischen wird alles angeboten, denn alles kann ja jetzt zu Geld werden. Auf ein Mauerstück hatte zum Beispiel jemand einen Berg Wasserhähne gestapelt.

Man will also die eigene Geschäftstüchtigkeit erproben. Aber man sitzt dabei noch ziemlich verlegen in den Ecken. Vorläufig kann man von den Händlern aus dem Westen noch einiges lernen. Zum Beispiel von diesem Mann dort aus Nürnberg: Vor einem Schuhgeschäft stand ein Wagen mit entsprechendem Kennzeichen. Eine Kleiderstange, wie man sie vor die Geschäfte rollt, war neben dem Wagen aufgestellt und auch ein schmaler Spiegel. Der Mann verkaufte Lederjacken. Allerdings waren es lediglich Patchwork-Jacken, und der Mann verkaufte sie zu 200 West- oder 600 Ost-Mark. Er schien dabei durchaus zu wissen, dass er da ungefähr das Monatseinkommen eines Rentners verlangte. »Lederjacken kosten auch im Westen mindestens 200 Mark«, sagte der Mann, der schwer und rau atmete, weil er offensichtlich Mühe hatte, in seine nikotinverseuchte Lunge noch etwas Sauerstoff zu pressen.

Ein paar Leute probierten die neuen Jacken dennoch. Sie präsentierten sich damit der eigenen Familie, die unsicher und schweigsam zusah. Eine Frau schien tatsächlich den Kauf zu erwägen. Allerdings entdeckte sie in der Jacke, die ihr am besten stand, ein Loch. Als sie es dem Verkäufer zeigte, hob der nur erstaunt die Schultern. »Liebe Frau«, sagte er, ohne das geringste Zögern, »liebe Frau, das ist doch kein Loch! Das ist eine Unebenheit im Leder. Daran können Sie erkennen, dass es echtes Leder ist.« Und schon wandte er sich einem anderen Kunden zu. Nur die Frau stand noch eine Weile am Ort dieser Belehrung. Schließlich nahm sie noch einmal die Jacke und suchte die fragliche Stelle, presste von der anderen Seite den

Finger dagegen, und tatsächlich: man konnte ihn durchschimmern sehen. Also hatte die Jacke doch ein Loch! Die Frau sagte allerdings nichts, nicht einmal zu ihrem Mann und ihren Kindern, die aus scheuem Abstand das Geschehen beobachteten. Es wäre zu heikel gewesen, sich hier vor aller Ohren zu beratschlagen, denn offensichtlich lauerten ja überall die Fallen der Unkenntnis und des Betrugs.

Weiter hinten hatte man einen roten Ferrari aufgestellt, einen ungeheuer leuchtenden und kraftstrotzenden Wagen. Er war als Blickfang gedacht, denn man verteilte dort Eintrittskarten für eine »Verkaufsmesse«. Mit der Eintrittskarte war ein Nummern-Los verbunden, und auch mir wollte man diese Karte anbieten. Aber ich lehnte ab. »Ja wollen Sie denn nichts gewinnen?«, fragte der junge Mann. Nein, ich wollte nicht. Ich sagte: »Wir haben doch schon alles gewonnen – oder?« Der Mann stockte kurz. »Ja natürlich«, erwiderte er dann und ging den nächsten Passanten entgegen. So unwahrscheinlich es klingt, aber der Kartenverkäufer machte sich nach einer solchen Antwort tatsächlich wieder an die Arbeit.

Es mag sein, dass meine Beobachtungen in Metschows Klinik mehr mit mir als mit diesem Land zu tun haben. Na und? Ich will mich auch gar nicht damit herausreden, dass das Sterben hier anders sei. Aber ein »wehmütiger Abschied von der DDR« ist das nun wirklich nicht. Ich weiß gar nicht, wie du auf einen so dummen Begriff gekommen bist. Ich verabschiede mich nicht wehmütig von der DDR. Was mich zunehmend interessiert, hat wenig mit diesem System zu tun. Eher ist es so, dass sich Reste eines bestimmten Lebens unter diesem System erhalten haben – davon schreibe ich doch die ganze Zeit. Allen progressiven Parolen zum Trotz hat dieser Staat traditionelle Lebensweisen nicht so restlos umgepflügt wie der vermeintlich konservative Westen. Man könnte fast behaupten, unter der realsozialistischen Kruste hätten sich ältere Verhaltensweisen konserviert. Jetzt ist die Kruste zerbrochen und erlaubt einen Blick in eine Vergangenheit, die man kennt und aus unterschiedlichen Gründen doch lieber verleugnet. Es ist, als begegneten sich für einen Augenblick die erste und die zweite Jahrhunderthälfte. Das ist kein Anlass zu Nostalgie, sondern ein einmaliges Experiment: Da werden verschiedene Epochen zusammengeschaltet, und der Betrachter hat nichts weiter zu tun, als die flüchtigen Farben und Formen zu fixieren. Was sich da abspielt, gleicht einem archäologischen Ereignis: Man öffnet die Katakomben, und für einen Augenblick liegen die Gestalten verschiedener Epochen fast lebensecht vor einem. Für Sekunden, während der einströmende Sauerstoff bereits an ihnen nagt, ist es möglich, ihnen ins Gesicht zu sehen. Schau sie dir an, wie sie sich unter diesem Zustrom verändern!

[20. APRIL]

Ich habe ein Haus gesehen, ein wunderschönes Haus! Zumindest wunderschön gelegen. Und du wirst es nicht glauben: es schleicht sich allmählich die Vorstellung ein, ob wir es nicht vielleicht wirklich kaufen sollten. Zwar: ich weiß nicht, was wir damit anfangen, aber – es ist ein Traum. Allerdings habe ich es bisher nur von außen gesehen. Demnächst weiß ich mehr. Vorgestern haben wir den Mann kennengelernt, der den Hof verkaufen will (Onkel Paul hat das eingefädelt – wer denn wohl sonst?).

Heute war ich mit Stefan dort, ein gutes Stück weit (fast zwei Stunden) sind wir umständlich über kleine Straßen gefahren. Es war Mittag, bis wir den Hof erreicht hatten. Weit und breit sonst kein anderes Haus. Überall Weiden und Wälder. Dreißigtausend soll der Hof kosten, aber seit ein paar Jahren ist er nicht mehr bewohnt. Wir warten auf Herrn Hubrich, den Verkäufer, der sich offenbar noch mehr verspätet als wir. Schwierigkeiten sind aber kaum zu erwarten, beim Vorgespräch fand er es völlig normal, dass Stefan mein Strohmann sein wird, »unnormal ist das, was wir hatten«. Auch Onkel Paul findet es ganz verständlich, dass ich einen Hof kaufen will (ich habe ihm ja nichts von unseren eigentlichen Absichten erzählt.) Da ist er wieder ganz in der Position dessen, der für die Familie die großen und kleinen Schiebereien organisiert.

Weil Hubrich immer noch auf sich warten lässt, sehen wir uns schon einmal um: Der Zaun vorne an der Straße, (ein Drahtzaun) ist völlig rostig, teilweise aufgerissen. Das Tor lässt sich nicht mehr bewegen, halb geöffnet ist es in sich zusammengesunken, die Scharniere haben nachgegeben, und jetzt steckt es im Dreck fest. Wir betreten den Vorgarten, denn das muss der Hof ja sein, die Beschreibung, die Skizze, alles stimmt.

Die Gebäude: ein Stall, eine brüchige Scheune und ein niedriges, flach gedecktes Bauernhaus, alles aus Ziegelstein, zum Glück nicht der graue Verputz, den man sonst überall sieht. Aber die Türen und Fensterläden sind verschlossen; nichts weiter zu erkennen. Als ich ums Haus herum gehe, liegt da ein Fluss, direkt hinter dem Haus, und niemand hat etwas davon gesagt. Tatsächlich: ein Fluss (es kann nur die Havel sein, oder ein breiter Seitenarm). Ich bleibe stehen und kann es nicht fassen: ein Hof, ein paar Pflaumenbäume, dann eine leichte Senkung hinunter zum Fluss, ein paar Weiden, dann das Schilf und das dunkle Wasser – auch ein alter Steg. In einiger Entfernung ein paar verstreute Baumgruppen, schon grün, aufgetürmt, bis in die höchsten Spitzen, sind es Buchen? Und alles vor dem Fenster, alles direkt am Haus. Eine Landschaft wie ein letztes noch gültiges Gemälde.

Wie willst du dich davon wieder abwenden? So etwas hast du doch nicht erwartet: keinen so weiten Horizont und keinen so hohen Himmel und keine Wolken in allen Schattierungen; weiter hinten sind sie dunkel, aber vorne, die hellen Wolken, die ziehen ein feines Netz von Licht hinter sich her und streichen damit über die Weiden und das Wasser, bis es glänzt und ganz weiß ist; selbst die Baumstämme bestehen jetzt nur aus Licht, und man möchte nach Windmühlen Ausschau halten oder nach den steilen holländischen Segeln, und schon denkt man, dass ja kaum ein Wind geht, weshalb auch kein Boot kommen wird, heute, und in den Mühlen wird kein Weizen gemahlen, auch das Wasser ist ja so ruhig, nicht einmal das Schilf bewegt sich, kein Zittern. Nur das Licht auf dem Wasser, das fährt unruhig hin und her und macht den Fluss schwarz und weiß. Und so etwas ist zu kaufen?

Du siehst, ich darf gar nicht daran denken... Die Landschaft ist übrigens eine Gratisbeigabe, denn niemand hat sie erwähnt; niemand hat sie als verkaufsförderndes, preistreibendes Argument eingesetzt. So als gäbe es sie gar nicht.

Hubrich ist dann doch nicht gekommen. Wir werden wohl in ein paar Tagen noch einmal hinfahren. Inzwischen sitze ich hier und komme nicht von der Vorstellung los, diese Gelegenheit unbedingt nutzen zu müssen. Am liebsten würde ich dir ein Telegramm schicken: komm sofort, sieh es dir an! Und das Geld müsste sich doch beschaffen lassen, vielleicht mit deinem Bruder zusammen. Wir nutzen den Hof dann als Ferienhaus, und als Refugium fürs Schreiben (ja, darum geht es wohl vor allem).

Ein Problem gäbe es allerdings: der Strohmann. Mit Stefan wollte ich den Hauskauf ja nur fingieren. Das ist jetzt ziemlich dumm. Er kennt ja die ganze Angelegenheit und will auch noch darüber schreiben.

Dieser Brief: Ich werde ihn keineswegs in irgendeinen Briefkasten werfen, da scheint er mir ja gleich in ewigen Abgründen zu verschwinden. Ich trage ihn zur Post. Man kennt mich dort bereits, wird also lächeln und fragen: »Einen Eilbrief wieder?« Das alles macht doch einen recht vertrauenerweckenden Eindruck.

[23. APRIL]

Inzwischen wird die Versorgung der Bevölkerung zunehmend durch fliegende Händler abgedeckt. Dabei gibt es nicht länger nur den Ramsch, nein, auch beste Qualität (Markengeräte). Und man nennt seinen Namen: hier ein Stand des Elektrohändlers Soundso aus Kassel, und nur wenig entfernt der gelbe Werbe-Wohnwagen des ADAC.

Mitten im Menschengewühl: der Lastwagen einer Supermarkt-Kette, die sich »1×1« nennt. Groß prangt das Signet auf dem Sattelschlepper, um den herum Kisten mit Gemüse und Obst aufgebaut sind. »Mensch, beeil dich«, höre ich eine Frau sagen, die ihren Mann hinter sich herzieht, »beeil dich mal, die verkaufen hier 1:1!«

Zwei Vietnamesen, die in der Nähe einen Opel entladen und offenbar einen Stand aufbauen wollen. Man tuschelt um sie herum; wo die nur das Geld herhaben und den Wagen, da kannst du's mal wieder sehen, die haben schon immer unter einer Decke gesteckt mit den Roten…

Ich habe noch einmal über den Hof bei Tressow nachgedacht. Das heißt, eigentlich denke ich die ganzen Tage an kaum etwas anderes. Sogar Stefan gegenüber habe ich zu schwärmen begonnen, natürlich, ich konnte nicht still sein. »Wenn man dort leben könnte«, habe ich gesagt, und Stefan hat sofort zugestimmt. »Ja«, hat er gesagt, »ja, das könnte man sich fast vorstellen.« Er konnte es sich also nicht vorstellen. »Landschaften sind schon was Tolles«, sagte er schließlich, »aber Großstädte auch.« Für Paris schwärmt er seit neuestem, dort war er jetzt zum ersten Mal. Und auch von Rom schwärmt er. Dort war er allerdings noch nicht. Diese Städte haben etwas Kosmopolitisches, findet er; Berlin bringt so etwas nicht auf die Beine – die Deutschen sind eben Spießer geblieben.

In solchen Gesprächen kann man »ja« oder »nein« sagen, und es bleibt sich gleich. Man musste nachfragen, weiterdrängen, aber was dabei herauskäme, wäre doch wieder nur eine dieser Redeschleifen, denn Spießer, das sind Leute, wie man sie vom Fußball kennt oder aus den Laubenkolonien, und sie wählen CDU. Das weiß man ja. Aber wenn Stefan nun eine Reportage über Paris schreiben will, worüber will er dann schreiben? Nun – über das Weltläufige, das Vielschichtige, das ist klar. Auf alle Fälle müsste auch etwas von intellektueller Toleranz spürbar werden, sagt er, und schon wieder ertappe ich mich dabei, zustimmend zu brummen. Ganz in meinen Ärger versinkend denke ich wieder einmal: Das System ist schuld. Typisch, Stefan spricht so ausweichend, so windelweich, das hat natürlich mit dem SED-Staat zu tun und mit den ständigen Gesinnungsprüfungen. Wer verhört wird, versucht, Fronten zu verwischen. So werden selbst die schroffsten Urteile über die Deutschen schwammig.

»Wir sind jetzt auch dabei, eine GmbH zu werden«, sagte Elke, als ich heute bei ihr war. Mit »wir« meinte sie die Möbelfabrik, in der sie seit fast zwanzig Jahren arbeitet. Elke saß in ihrem Garten, in dem Hunderte weißer Insekten über Blüten und Büschen umherschwirrten, und ich fragte sie, was sich für sie wohl ändern werde, nach der Gründung einer GmbH. Elke hob erstaunt das Gesicht und beschrieb mit dem Arm eine steile Geste, als könne sie nicht glauben, dass man ausgerechnet mir so etwas erklären müsse. »Eine GmbH, das bedeutet, dass die VEBs aufgelöst und die Betriebe selbständig werden«, sagte sie, »so funktioniert das doch auch bei euch. Das Wichtigste ist jedenfalls, dass endlich der ganze bürokratische Wasserkopf verschwindet.« Ich saß also in Elkes Garten und überlegte, was denn nun genau eine GmbH sei.

Es handelte sich übrigens um den Garten einer Kleinsiedlung. In mustergültig gerader Linie hatte man eine Reihe schlanker Häuschen erbaut und alle mit einem Stück Garten ausgestattet; das muss vor den großen Zeiten der Fertigbauteile gewesen sein. Im Garten zwei Parzellen weiter war eine Frau damit beschäftigt, Wäsche aufzuhängen, und demonstrierte dabei noch einmal einen Unterschied der Kulturen: Es waren tropfnasse Schürzen und Strümpfe, die sie zunächst einer Plastikwanne entnahm, dann mit langen Armen möglichst weit von sich streckte und erst einmal ausschüttelte, bis sich ein leichter Dunst um sie gelegt hatte. Da sie klein war, begann sie die Arbeit des Aufhängens, indem sie zunächst drei oder vier Wäscheklammern aus der Schürzentasche holte, zwei davon in den Mund steckte und sich dann nach oben reckte, um von dort die Wäscheleine etwas zu sich herunterzuziehen. Es geschah jedes Mal langsam und wie nach reiflicher Überlegung: das Bücken, das Schütteln, das Greifen, und am Ende hängte sie auch Unterwäsche, riesengroße, blütenweiße Stücke, an die Leine. Als Kind, oder eher schon als Jugendlicher, habe ich mich immer gefragt, wie man so etwas ohne jeden Nebengedanken fertigbrachte. Aber das verschwand ja auch bald bei uns im Westen. Stattdessen gab es dann jene Trockenvorrichtungen aus Leichtmetall, die, im Garten aufgespannt, die Unterwäsche hinter großflächigen Bettlaken zu verbergen halfen. Hier, in diesen Reihenhäuschen, lebt man also noch in einer Zeit, in der es zu beweisen gilt, dass man bis auf die Unterhose sauber ist. Noch scheint man den Gedanken an schmutzige Unterwäsche nicht verdrängen zu wollen. Von jener Intimität, die das Geld gerade zu umgeben beginnt, ist die Unterwäsche noch nicht betroffen. Man zeigt sie her, während man seit Neuestem den eigenen Kontostand verschweigt.

Elke und ich dagegen sprachen vom Geld: von Eigentümern und Angestellten, von Kapitaleinlagen, Krediten und vom Bankrott. Aber im Grunde waren wir beide ratlos. Ich, weil ich nur meine Ahnungen mitteilen konnte, Elke, weil sie zum ersten Mal begriff, dass es juristisch gesehen einen Eigentümer ihrer Möbelfabrik geben musste, einen Besitzer also. Wie wenig sie das bisher bedacht hatte! Dabei war genau dies doch der Grundstein jeder Partei-Schulung. Streng genommen hätte doch auch sie selbst zu den Eigentümern dieses Volkseigentums gezählt. Aber erst jetzt, wo alles vorbei war, begriff sie: Natürlich, irgendwem musste das gehören: die Gebäude, die Maschinen, die Fahrzeuge, der Organisationsapparat. Demnach müsste inzwischen irgend jemand das alles gekauft haben. Aber wer? Womöglich der bisherige Direktor? Aber dann müsste er doch etwas bezahlt haben! Elke begann sich zu empören. »Das wäre ja eine ziemliche Sauerei.« Da hatte der alte Direktor doch garantiert mit seinen Genossen einen Sonderpreis ausgehandelt und für ein paar tausend Mark die ganze Fabrik gekauft, und keiner weiß was davon.

»Langsam, langsam«, sagte ich, wusste aber in der Eile nichts Rechtes zu erwidern. Unterdessen bückte sich die Nachbarin im ganzen Garten herum und sprach vor sich hin. Zuerst dachte ich, sie sei auf der Suche nach einem Haustier, aber als sie ein Büschel Löwenzahn ausriss, begriff ich: Diese Frau jätet Unkraut. Neben ihr, am Rande der Wäscheleine, hingen die Schürzen. In ihrer Nässe sahen sie merkwürdig starr und verkrustet aus; sie hatten sich in Falten gelegt, in denen noch immer die Tropfen zusammenliefen, bis sie ins Gras fielen.

Die Frage nach den Eigentumsverhältnissen wollte indes bedacht sein. Ich erinnerte mich daran, dass ein Direktor in den seltensten Fällen auch der Eigentümer ist. »Eigentümer sind die, die das Geld in einen Betrieb stecken, die Gesellschafter«, sagte ich. Ein neues Wort war also gefallen: »der Gesellschafter«; aber auch damit waren wir nicht klüger geworden. Unser Verhalten glich dem der Sonntagsfahrer, die sich nach einer Autopanne über den Motorblock beugen und mit untauglichen Begriffen und Werkzeugen hantieren.

Erst allmählich begriff ich, dass sich etwas verschoben hatte: Ich war derjenige geworden, der zu antworten versuchte. Die seit Januar übliche Rollenverteilung von Frage und Antwort hatte sich umgekehrt. Fragen, die einer aus dem Westen stellen kann, betreffen die Vergangenheit – »wie habt ihr das nur ertragen können?« Was allerdings die Zukunft, ja schon die Gegenwart betrifft, sind wir es, die die Antworten geben.

Wie war es zum Beispiel möglich, dass Elke nicht erfahren hat, in wessen Möbelfabrik sie nun eigentlich arbeitet? Konnte es sein, dass man den Eigentümer nicht kennt? Bei der Suche nach einer Antwort geriet ich in eine falsche Kategorie und erklärte, auch im Westen kenne man von den meisten Betrieben den Eigentümer nicht. Ja, es gebe im Grunde gar keinen Eigentümer, sondern wieder nur eine Instanz. Eine Bank zum Beispiel, die einen 40-prozentigen Anteil an einem Betrieb hält, oder einen Konzern mit 30-prozentiger Beteiligung. Und dann gebe es wieder Instanzen, die an dieser Bank oder diesem Konzern Anteile haben. Bis man da auf eine Person trifft, auf einen Eigentümer, kann man lange suchen.

Elke war konsterniert. Wollte ich denn behaupten, dass möglicherweise bald ein Konzern Eigentümer dieser Möbelfabrik wird, und dass es andere Konzerne oder Banken gibt, die wiederum zu den Eigentümern des ersten Konzerns gehörten; und wollte ich etwa behaupten, dass es dazwischen ein paar Leute geben wird, die viel Geld besitzen, aber nie gesehen werden, während es andere

Leute gibt, die zwar überall zu sehen sind, aber nichts besitzen – wollte ich all das behaupten? Ja, ungefähr das wollte ich behaupten. Und noch mehr, denn im schlimmsten Fall besitzen diese Banken und Konzerne verschiedene Möbelfabriken. Und die würden sich gegenseitig auszuschalten versuchen, sobald erst einmal die Konkurrenz regiert.

Über diese Eskalation meiner Überlegungen war ich allerdings selbst erstaunt. Zum Glück hatte Elke in ihrer Erschöpfung keine weiteren Fragen. Es stand ja zu befürchten, dass sie nun wissen wollte, was daran »privatwirtschaftlich« ist. Ja, was war denn nun überhaupt noch der Unterschied zum »Wasserkopf« einer anonymen Bürokratie?

Natürlich: die Treuhand! Hinterher ist es mir auch wieder eingefallen. Sie wird wohl auch Elkes Möbelfabrik unter ihre Fittiche genommen haben. Da habe ich also wieder einmal die bekannten politischen Begriffe nicht mit den empirischen Details in Verbindung gebracht. Ständig empört es einen, dass die Treuhand so kalt mit dem Bankrott ganzer Großbetriebe rechnet. Dass sie aber auch direkt vor der eigenen Haustür herumoperiert, ist einem noch gar nicht aufgefallen.

[27. APRIL]

Ein paar nachträgliche Gedanken zur fast vergessenen Stasi: So wie in anderen Ländern die Leute für den Eintritt in eine Partei oder einen Sportklub geworben werden, wurden hier Stasi-Spitzel angeworben. Das hatte nichts (oder kaum etwas) mit geheimdienstlichen Aktionen zu tun. Es war einfach Mitgliederwerbung auf breitester Basis. Wenn die Enthüllungen so weitergehen, dann steht fest: Die Riege der Stasi-Informanten war wohl die größte Massenorganisation in der ganzen Republik. In anderen Ländern sind dies eben die Sportvereine, die Kirchen oder der ADAC. Irgendwie staatstragend wirkt das ja alles. Bezeichnend für dieses Land ist allerdings, dass es ausgerechnet das Denunzieren als Massenaktivität eingesetzt hat.

Statt 1. Mai-Parolen erreicht uns diesmal aus Ostberlin ein händeringender Appell des definitiv letzten Ministerpräsidenten: Leute kauft Ost-Produkte! Offensichtlich bleiben sämtliche VEB und LPG auf ihren Waren sitzen. Dabei haben wir die Wirtschaftseinheit doch noch gar nicht. Die dicksten westdeutschen Lkw-Ladungen kommen ja erst noch auf den hiesigen Markt.

[1. MAI]

Aus dem Hauskauf wird wohl doch nichts werden – oder eben nur eine Reportage. Die Idylle ist geplatzt. Ich habe es zuerst gar nicht wahrhaben wollen. Aber es half nichts: Das Haus ist in einem erbärmlichen Zustand. Kalt ist es darin selbst jetzt, bei diesem Wetter, feucht und kalt. Ein paar alte Möbel habe ich erwartet, muffiges Zeug, das würde man eben rausschmeißen. Aber nichts steht in diesem Haus, gar nichts, und das macht, obwohl es eigentlich praktisch wäre, die Sache noch schlimmer. Lauter leere, kalte, feuchte Zimmer. Die Wände kahl, nackter unverputzter Ziegelstein. An manchen Stellen erkennt man den Versuch, er muss schon einige Jahre zurückliegen, noch einmal zu verputzen, in verschiedenen Farben, lauter Reste, lauter abgebrochene Versuche. Man könnte die Reihe endlos fortsetzen: die Fenster undicht, die Rahmen teilweise verfault, die Kacheln in der Küche willkürlich zerschlagen. Kein einziges Waschbecken und keine Öfen im ganzen Haus. Aus welchem Grunde auch immer: Man hat sie herausgerissen. Dicke Nägel stecken in der Wand, an der einmal ein Herd gestanden haben muss, dicke, rostige Nägel, als hätte man von hier aus eine Wäscheleine durchs Zimmer gespannt.

Aber natürlich, sagt Hubrich, das Haus hat ja auch jahrelang leer gestanden. Aber wie lange denn nun genau? Hubrich kann diese Frage nicht beantworten: Na ja, die Schwester hat, bevor sie gestorben ist, immer wieder im Krankenhaus gelegen, war auch zwischenzeitlich wieder daheim, aber immer weniger, immer seltener. Was soll man da sagen?

Später hat uns Hubrich mit nach Uhlendorf genommen. Dort sitzen wir dann in seiner Küche, wo mir die Kälte aber auch nicht aus dem Leib weicht, trotz des Kaffees (der viel zu stark ist, zu bitter, ich kann ihn nur in kleinen Schlucken trinken). Milch für den Kaffee gibt es nicht. Hier auf dem Land! Man kann ja nur ganz schlecht einkaufen.

Herr Hubrich will also über den Verkauf reden, seine Frau hat die Küche verlassen, hat sich ins Wohnzimmer gesetzt (warum eigentlich nicht umgekehrt?) und wird dort wohl versuchen, unserem Gespräch etwas abzulauschen. Aber was gibt es zu sagen? Herr Hubrich will verkaufen, ich will – offiziell jedenfalls – kaufen, für 30 000. Das ist alles, man ist sich einig, würde nur noch zum Notar gehen müssen, oder wer ist zuständig inzwischen? Hier könnte man die Reportage beenden, alles hat problemlos geklappt. Allerdings: überraschende Erkenntnisse habe ich nicht gewonnen. Man hätte zum Schein noch ein bisschen handeln können. Vielleicht wäre es auch interessant zu hören, was der Notar sagt oder ob auf den Behörden sich jemand genauer erkundigt (aber dazu müsste man ja ernsthaft kaufen wollen). Außerdem würde ich erfahren, was man ohnehin jeden Tag in der Presse liest: Die Grundbuchämter sind völlig überlastet, die Akten liegen teilweise vermodert im Keller, alles muss neu organisiert werden, niemand hat einen Überblick. Ich könnte mich in die Schlange der Strohmänner und »Alteigentümer« einreihen und mir stundenlang ihre Klagen und vielleicht ihre heimlichen Spekulationen anhören. Das wäre sicher ein Thema, aber augenblicklich keines für mich.

Stefan ist dabei, Hubrich noch ein bisschen auszuhorchen, aber ich werde nicht mehr warm heute. Ich habe mich in meiner Jacke zusammengezogen, der Abstand zwischen Haut und Stoff ist gewachsen; Wind scheint dazwischen zu stehen und rührt sich nicht; liegt kalt auf der Haut, denn in den Bauernhäusern heizt man nicht mehr, es ist ja eigentlich schon Mai. Die Kacheln in der Küche stammen aus Vorkriegszeiten, inzwischen hundertfach von feinen Rissen überzogen. Stühle aus Leichtmetall. Wenn man aus Versehen gegen sie stößt, machen sie einen schrillen Ton. Jetzt, nachdem man drüben den Hof der Schwester gesehen hat, weiß man auch, welche Trostlosigkeit hinter diesen Kacheln und Tapeten steckt. Dass hinter der Scheuerleiste schon der Verputz herausbricht und das Abflussrohr im Grunde seit Jahren verstopft ist. Man darf diesen Hof keine zwei Monate sich selbst überlassen, sonst sieht er aus wie der andere drüben. Keinen Augenblick darf man sich abwenden oder auch nur zur Ruhe kommen. Es ist ein Kampf, ein Widerstreit. So wohnen sie hier und bewachen das Haus, dass es ihnen nicht zerfällt.

Und dann die Rückfahrt. Obwohl die Dämmerung einsetzt, ist kein Licht in den Häusern. Manchmal steht unvermittelt, mitten in der Landschaft ein Wohnblock, der einzige weit und breit. Tatsächlich: ein Gebäude mit acht Etagen, wie aus einer Kreisstadt gestohlen und hier auf dem Lande abgestellt. Kein Licht in den Fenstern – es ist Feiertag (1. Mai!), vielleicht sehen sie alle fern.

Später, schon in der Dunkelheit, eine Dorfstraße, ein Zug niedriger Häuser und in einem Zimmer dann doch ein Licht. Zwei Menschen sitzen am Tisch: er über den Teller gebeugt, sie dunkel im Hintergrund. Im Vorbeifahren kann ich nicht viel erkennen, aber es entsteht eine Vorstellung: Die beiden sind schon älter. Vielleicht habe ich ein Kopftuch gesehen, oder es herrscht einfach nur die lange gewohnte Stille zwischen den beiden, wie eben bei alten Leuten. Was ich allerdings genau erkannt habe war eine Stehlampe mit weitem, runden Lampenschirm; an Faltenröcke erinnert er und gibt ein mildes Licht. Jetzt bin ich jedenfalls an ihnen vorüber, lasse sie zurück, auch hier ist es wohl zu spät für das neue Leben.

Aber andererseits: Auch für das alte Leben ist es zu spät. Wenn man erst einmal, zu Besuch nur, die Bäder und Schlafzimmer im Westen bewohnt hat, dann sieht man plötzlich, dass zu Hause die Türen klemmen und dass man neue Steckdosen braucht, denn die alten haben einen Defekt, sind angebrochen oder ganz herausgefallen, und auch die Treppe in den Keller hinunter ist jetzt zu dunkel und zu steil. Wie soll man also heimisch bleiben? Hier, wo der Wasserhahn tropft, dass es jedes Mal einen stumpfen Ton gibt, und wo man im ganzen Haus neu tapezieren müsste. Aber wenn man die neuen Tapeten hat, dann hält man es erst recht nicht mehr aus in diesem alten Kasten.

Dann sieht man erst, dass es an allem fehlt. Gleich ein neuer Ofen müsste her, denn der jetzige wärmt ja nicht, ist ein Nachtspeicherofen, ein paar Jahre erst alt, aber lässt sich schlecht regulieren und soll, wie man hört, Asbest ausstoßen und die Lungen verseuchen. Also: von Grund auf alles renovieren. Aber von welchem Geld?

Oder dem Neuen erst gar keinen Einlass gewähren, nichts zulassen, keine Verführung, man muss leben, als gebe es das alles nicht. Man muss sich hier ins Dorf zurückziehen, von der Welt abwenden, mehr noch als bisher. Und vor allem: Das muss man jetzt selbst tun, sich abwenden, sich verschließen. Das übernimmt ja keiner mehr für einen. Denn jetzt sind wir ein offenes Land.

3

TEIL 3

Der eilige Kapitulismus

[12. JUNI]

Jedes Mal, wenn ich wieder hier bin und durch die Brunnenstraße gehe, spät am Abend noch, in diesem matten, gelben Licht, kann ich gar nicht aufhören zu gehen und stehenzubleiben und weiterzugehen, an den winzigen Geschäften vorbei und an den Häusern, die den Blick von gedemütigten Menschen haben. Es sind mehrstöckige, aber dennoch niedrige Mietshäuser, und sie können nicht hoffen, dass man sie noch einmal anders bewohnen wird als mit Hohn und Abwehr. Niemand möchte noch etwas mit ihnen zu tun haben, und so lassen sie sich gehen, bis selbst nachts die Flecken und Risse zu erkennen sind.

Diesmal bin ich ein Stück weit über die Dörfer gefahren. Zu schnell wollte ich nicht ankommen. Noch überspringt der direkte Weg die Differenzen; noch wäre eine Fahrt von zwei Tagen die angemessene Entfernung. In ein paar Monaten wird sich die Distanz auf eine Kilometerangabe reduziert haben (630 in meinem Fall), und man wird darüber stöhnen. Wenn's doch nur schneller ginge! Aber so weit ist es noch nicht.

Ich bin über Mühlberg und Bronau gefahren, wo sich die Straßen so müde hinziehen und einfach nicht schneller werden. Alleen sind es, die man endlos entlangholpert, und ein Sandsteifen läuft nebenher, für die Kühe, wenn sie nach Hause getrieben werden. Am Straßenrand sah ich den Verkaufsstand eines Bauern. »Eier, hier superbillig« stand auf einem selbstgemalten Hinweisschild. Man ist also noch ziemlich schlecht vorbereitet. Man glaubt, mit »billigen« Produkten werben zu können; den Beiklang von etwas Minderwertigem haben die so gepriesenen Waren noch nicht. Aber vielleicht kommt es darauf jetzt auch nicht an. Es bleibt einem ja nichts anderes übrig, als auf der untersten Stufe zu beginnen, auf Aldi-Niveau.

Am Dorfrand kam mir ein Kind auf einem Fahrrad entgegen. Man hatte ihm ein Damenrad gegeben, das viel zu groß war. Wacklig stand das Kind in dem Gestänge und hielt sich mit gestreckten Armen am Lenker fest; bei jeder Drehung der Pedale stieg der schmächtige Körper ruckartig über den Sattel hinaus und sackte dann wieder ab. In einigem Abstand eilte eine Frau hinterher. So habe ich es auch gelernt.

Später, in Bronau, fielen mir die Überholmanöver auf, mit denen man durch die Straßen jagt. Die ersten Gebrauchtwagen aus dem Westen sind inzwischen eingetroffen, und man zeigt, wie es sich damit fahren lässt. Vor allem scheint es darauf anzukommen, die Plastikautos, um die man sich bisher jahrelang beworben hat, so schnell und endgültig wie möglich hinter sich zu lassen. Als ich ein paar Schritte über den Marktplatz ging, heulte ein solches Westauto plötzlich auf. Es scherte aus einer Kolonne langsamer Fahrzeuge aus, überholte, bremste dann abrupt und kam zwei Fahrzeuglängen weiter vorne gerade noch vor einer Ampel zum Stehen. Alles sah sich um.

Dort, auf dem Marktplatz, stand eine Gruppe von Männern in sommerlichen Anzügen und grellen Hemden. So präpariert sprachen sie Passanten an, und erstaunlicherweise blieb auch fast jeder stehen. Man ist eben noch an allem interessiert (oder vielleicht ist man auch bloß ehrfürchtig). Die Männer schienen Interviews zu machen, denn sie hielten eine Schreibunterlage in der Hand und notierten den Verlauf des Gesprächs. Allerdings waren es keine sehr langen Interviews, und am Ende drückte man den Passanten eine Karte in die Hand. Auch mich sprach einer der Männer an. Für einen Augenblick war ich mir sicher, dass er den Irrtum gleich bemerken werde, ich stamme doch nicht von hier, und repräsentative Antworten sind von mir erst recht nicht zu erwarten. Aber der Mann hat nichts davon bemerkt, vielmehr war er bereits atemlos dabei, die einleitenden Worte mit der ersten Frage zu verbinden, und schon wartete er darauf, dass ich antworten würde. Er hielt, das sah ich jetzt genau, eine Liste vorbereiteter Fragen in der Hand und brauchte in den entsprechenden Feldern nur noch das »Ja« oder das »Nein« anzukreuzen. Aber wie hatte die erste Frage denn gelautet? Der Mann wiederholte sie geduldig: »Wird sich nach Einführung der Währungsunion Ihr Sparverhalten verändern?« Mein »Ja« war schneller als mein Skrupel. Der Mann schien keine andere

Antwort erwartet zu haben, denn er hielt den Bleistift bereits über dem »Ja«-Feld. Das erste Kreuz war also schnell gemacht, und jetzt war es auf alle Fälle zu spät. Das Interview hatte begonnen, meine Rolle war festgelegt, und schon stand ich vor der Frage, wie wichtig es mir ist, mich nach den zukünftigen Möglichkeiten einer Geldanlage zu erkundigen. Es gab kein Entkommen, energisch und mit hessischem Dialekt arbeitete sich der Mann durch die Fragenliste, als müsse er möglichst in einem Zug bis an die untere Papierkante vorstoßen. Zuletzt hatte ich zu überlegen, ob ich mich in Geldangelegenheiten lieber von einer konzerngebundenen Firma oder von unabhängigen Fachleuten beraten lassen wollte. Ich antwortete und hatte offensichtlich das richtige Losungswort erraten, denn der Mann gratulierte mir und fuhr mit den Händen in hohem Bogen durch die Luft. Dabei strahlte er, als wollte er sagen, ich sei genau der umsichtige Typ Mensch, dem das Glück der kommenden Jahre zwangsläufig in den Schoß fallen werde. Schließlich lud er mich zur Informationsveranstaltung einer Agentur ein, die sich irgendwie »Finanz ...-Team« nannte, und drückte mir eine Eintrittskarte in die Hand. Auf ihr war eine Losnummer notiert, denn eine große Tombola stand auch auf dem Programm.

[13. JUNI]

Ein merkwürdiges Gespräch mit Onkel Paul: Du weißt, ich habe ihm meine alte Briefmarkensammlung mitgebracht. Ich kann mich jetzt gar nicht mehr genau erinnern, was ich gesagt habe. »Na wie gefällt dir das?« habe ich vielleicht gefragt (was natürlich nicht sehr eindeutig ist), aber Onkel Paul war überraschend reserviert. »Ich will dich ja nicht kränken«, sagte er, »aber ich weiß nicht, ob die etwas wert sind.« Er dachte tatsächlich, dass ich ihm die Briefmarken verkaufen wolle. Als das Missverständnis geklärt war, hat sich Onkel Paul natürlich bedankt, aber so ein Zwischenfall lässt einen nicht mehr in Ruhe, er verdirbt das Gespräch; wie soll man sich denn begegnen, wenn sich so ein herrenloses Geschenk dazwischenschiebt.

Den enttäuschten oder gereizten Ton sind wir den ganzen Abend nicht mehr losgeworden. Selbst die Diskussion über Onkel Pauls Lieblingsthemen, die Staatsfragen, verlief heute grämlich und vorwurfsvoll: Natürlich ist es gut, dass man diese Banditen endlich davongejagt hat (Honecker und so weiter), aber dass jetzt das Rauschgift ins Land kommt und die Neonazis und die ganzen Krawalle bei den Fußballspielen und dass inzwischen jeden zweiten Tag für irgendetwas demonstriert wird – alle brüllen sie jetzt herum, meistens Asoziale, und stellen Ansprüche, und jeder denkt nur noch an sich, und all das bringt Onkel Paul in Rage. Da sitzt er nun vor seinem polierten Wandschrank, in dem die Souvenirs so schön geordnet sind, und ich kann mir vorstellen, wie enttäuscht er sein muss, nach all den Dienstjahren. Aber es ist unmöglich, über ihn selbst zu reden. Aus jeder persönlichen Frage hört er einen Verdacht heraus: Nein, über mich gibt es nichts zu sagen, ich habe meine Arbeit getan, ich bin nicht enttäuscht, ich habe mir nichts vorzuwerfen, aber …, und schon ist er wieder bei den Neonazis und den Asozialen. Und am Ende rettet er sich in die Feststellung, dass ihm wenigstens seine Rente sicher ist.

Jetzt (also wieder einmal erst hinterher) fange ich an zu begreifen: Onkel Paul ist nicht nur über die politische Entwicklung enttäuscht, er ist es auch über mich, über die Januar-Reportage zum Beispiel. Dort geistert er nun als Onkel Paul durch eine fremde Zeitschrift (und dann auch noch als Major!). Dass ich nicht nur über einen Bahnhof oder eine Autowerkstatt schreibe, sondern fast mehr noch über ihn, der mir damals alles gezeigt hat, das erscheint ihm womöglich als ein Vertrauensbruch. Da habe ich ihn bloßgestellt und ausgenutzt – an der Nase herumgeführt. Öffentlich habe ich über sein Verhältnis zur Stasi spekuliert; und jetzt wollte ich mit ihm über seine persönliche Enttäuschung reden! Siehst du, das wäre wieder eine Situation gewesen, in der ich dich gebraucht hätte, du hättest wohl bemerkt, was los ist. Jeder hätte das bemerkt, verdammt!

Kein Wunder kommt er jetzt auf die Idee, ich wolle ihm für meine alten Briefmarken auch noch Geld aus der Tasche ziehen. Und die ganze Zeit über habe ich geglaubt, ich könnte mich irgendwie durchmogeln mit meinen Reportagen. Schön naiv! Aber man kommt nicht daran vorbei: Diese Reportagen sind parasitär. Sie saugen sich an Leuten fest, die gar nicht daran denken, dass sie augenblicklich im Begriff sind, literarisch verwertet zu werden. Und in dieser Hinsicht ist man hier ohnehin ein gebranntes Kind, man war schließlich lange genug Gegenstand gewisser Berichte. (Wenn ich mich erst einmal auf diesen Vergleich einlasse…) Mindestens das Belauern, die Leute still zu belauern, das ist uns doch gemeinsam – denen und mir.

Es hilft wenig, das alles aufzuschreiben, darüber müssten wir reden. In diesem Falle ist das Schreiben doch von vornherein parteilich. Ich schwanke hin und her: Einerseits das Schuldgefühl und der eilige Versuch, das alles auszubügeln. Andererseits bin ich mir sicher, dass ich nichts ändern werde. So sind die Reportagen, und so sollen sie auch sein. Freundschaft oder Reportage, wenn das die Alternative ist, dann lieber Reportage! (Und schon beginnt selbst das Schuldgefühl zum literarischen Gegenstand zu werden.)

[14. JUNI]

»80 000 Ost-Mark in einem ausgehöhlten Brot versteckt!« Die Schmuggelberichte häufen sich. In diesem Falle scheint jemand darauf spekuliert zu haben, die im Dezember 1:10 getauschte Ost-Mark am 2. Juli wieder 2:1 in DM wechseln zu können (immerhin 32 000 DM Gewinn, wenn's geklappt hätte).

Aber geschmuggelt ist ja im Grunde auch alles, was die fliegenden Händler anbieten. Natürlich, noch lebe ich hier im Ausland! Das Zollamt gab gestern eine Übersicht über beschlagnahmte Waren: 34 000 Pullover, 7 000 Tonkassetten, 4 500 »Stück Spielwaren« und so weiter, seitenlang. Die Gegenstände waren sogar in Sitzen und Seitenverkleidungen versteckt, auch in Rückenlehnen und Kopfstützen. Ich wäre gar nicht mehr auf die Idee gekommen, etwas zu verstecken, in diesen letzten zwei Wochen vor der Währungsunion.

[15. JUNI]

Heute war ich bei Bunge (dem Pressereferenten, du erinnerst dich?). Ich habe ihn gebeten, mir den Kontakt zu einem der Betriebe, die geschlossen werden, zu vermitteln. Vielleicht wird nun eine Reportage über einen Pharma-Betrieb mein nächstes Projekt.

Bunge hat jetzt sein eigenes Büro. Es liegt eine Etage tiefer, wo alles im Umbau begriffen ist. Da reißt man zum Beispiel eine Glaswand ein, weil sie mit ihren blauen und gelben Bausteinen eine Friedenstaube darstellt. Als erstes werden die Symbole ausgetauscht. Das muss sein. Außerdem liegen Berge von herausgerissenen Teppichfliesen im Flur, auch alte Neonlampen und diese grauen Telefone, bei deren Anblick man wohl für alle Zeiten an Abhöranlagen denkt. Natürlich hat man auch überall diese winzigen Waschbecken entfernt. Aber waschen sich denn die zukünftigen Beamten seltener die Hände? Verrichten sie ein weniger schmutziges Geschäft? Es sind ja fast Abgründe, die sich unter der Waschbecken-Frage auftun.

Bunges Büro war allerdings noch ganz im alten Stil (gelblich-braune Tapeten, gelblich-braune Aktenschränke und so weiter). Als ich eintrat, war Bunge offenbar in einer Verhandlung. Ich zögerte, aber er winkte, als sei er froh über die Unterbrechung. »Komm ruhig rein!«, rief er, »wir sind schon fertig.« Bunge stand auf, und der Mann, mit dem er im Gespräch gewesen war, tat dies notgedrungen auch. Er schlug eine Prospektmappe zu, klemmte sie unter den Arm und verabschiedete sich recht frostig. Aus dem Nebenzimmer drang der Geruch von frischer Farbe. Als Bunge die Tür wieder geschlossen hatte, sagte er: »Wenn es so weiter geht, ist die Stadt bald verkauft, jeden Tag diese Typen!« Während ich mich setzte, blieb er stehen und ging dann ein paar Mal hin und her. Er schien nach einem Aktenordner zu suchen, aber vermutlich brauchte er diese Suche nur, um sich etwas Bewegung zu verschaffen. Denn was er da behauptete, war doch zu viel um stillzusitzen. Alles was man abreißen und neu bebauen konnte, war bereits verkauft? Nein, so weit war es nun doch noch nicht, aber so unnachgiebig, wie er das letzte Mal eine Gardinenfabrik hatte verschwinden lassen, ließ

Bunge jetzt Hochhäuser, Bürogebäude und Banken vor mir entstehen, und er vergaß nicht einmal die schwedische Möbelfirma, die sich am Stadtrand in Autobahnnähe bereits das beste Grundstück gesichert haben soll.

Er schien, während er sich endlich setzte, nicht gerade glücklich darüber zu sein, aber als ich nachfragte, fuhr er mit eiliger Geste über den Tisch. »Was willst du denn?« rief er und schob die Tastatur eines Computers aus dem Weg, als wolle er sich ein freies Feld für seine Argumente schaffen. War denn offiziell überhaupt schon etwas geschehen? Bisher gab es doch nur Vorverträge. Aber wer kennt die Firmen, deren Vertreter hier auftauchen, Tag für Tag, wer kann denn sagen, wie seriös sie sind und was sie eigentlich wollen. Da kommt so ein Mann aus dem Allgäu und könnte die halbe Innenstadt kaufen. Bürohäuser will er hochziehen, Repräsentanzen für die Konzerne aus aller Welt, schon in zwei Jahren könnte alles fertig sein, samt Telefonanschluss und Telefax, und jetzt kommt er so einfach daher und tönt herum. Der hätte am liebsten den ganzen Prager Platz. Und aus Leipzig hat er angeblich schon ein festes Angebot, also warten kann er mit seiner Entscheidung jetzt nicht mehr lange. Ja, so sind diese Typen; und trotzdem kannst du nicht wählerisch sein, du musst schließlich 40 Jahre aufholen, da bleibt dir nun wirklich keine Zeit, dich auch noch mit Stadtplanung zu beschäftigen.

Während Bunge nun begann, die Gegenstände auf seinem Schreibtisch wieder vor mir zusammenzuschieben, zuerst ein Notizheft, dann Terminkalender und Thermoskanne, und während er schließlich mit einer leeren Tasse gegen mich vorrückte, verlor sich sein sonst so vergnügter Ton. »Was glaubst du, was passiert, wenn hier nicht bald ein paar todschicke Hochhäuser stehen?«, sagte er. Die Leute wollen endlich eine Stadt, die man herzeigen kann, und ein paar Banken und Versicherungen, und am besten auch noch irgendeine Hauptverwaltung, das sieht nach was aus und schafft Arbeitsplätze.

Nun hatte Bunge sein Angriffsmaterial zusammengestellt: das Notizheft, den Terminkalender, die Tasse, eine Thermoskanne und einen Duden, er hatte mich eingekreist und lehnte sich zurück, um Atem für seinen letzten, vernichtenden Zug zu schöpfen: Das ist nämlich das Wichtigste: die Arbeitsplätze. Wenn du ein paar Hundert davon versprichst, wird dir die Stadt zu Füßen gelegt, und zwar für 20 Mark der Quadratmeter. »Du hast ja keine Ahnung!« rief Bunge triumphierend«, aber so ähnlich hatte ich es mir ehrlich gesagt immer vorgestellt.

Später, während Bunge telefonierte, (dabei hält er immer so wippend einen Kugelschreiber zwischen den Fingern), während er also telefonierte, habe ich mich gefragt, wohin wohl der Beamte verschwunden ist, der früher hier in diesem Zimmer gearbeitet hat. Musste er eilig und überstürzt seinen Arbeitsplatz verlassen? Hat er sich davongeschlichen und zu vertuschen versucht? Vielleicht war er abberufen und woanders angestellt worden. Er hat nichts hinterlassen, nichts, was über ihn hätte Auskunft geben können: keine leeren Flaschen, keinen Kaffeefleck auf dem Tisch, keine irgendwie charakteristische Kritzelei auf dem Telefonbuch. Ja, doch: eine verdorrte Pflanze (eine Geranie oder Primel oder etwas Ähnliches). Aber das besagt wohl nur, dass er diese Pflanze nicht als persönlichen Gegenstand eingestuft und mitgenommen hatte. Sie war vom Staat gekauft und von einer staatlichen Bediensteten gegossen worden, folglich ließ er sie zurück, wie ja auch den Schreibtisch und das Telefon. Vermutlich gibt es auch in den Nebenzimmern niemanden, der etwas von diesem Mann weiß. Man kann sich an ihn, an seine Abteilung, an sein Zimmer nicht erinnern. Wie denn auch? Die einen sind neu hier, und die Anderen arbeiten jetzt für eine neue Partei. Selbst die Erinnerung ist neu hier und kennt sich noch nicht aus. Dies ist eine Zeit, die nach vorne blickt. Nur ich, weil ich ihr begegne, sehe zwangsläufig zurück.

Onkel Theo fragt mich, was ich von der Behauptung halte, das West-Kapital interessiere sich für die DDR nur als Absatzmarkt, nicht als Standort moderner Produktionsstätten. Er beantwortet sich die Frage dann allerdings selbst: »Das geht ja gar nicht«, sagt er, »die können doch nicht Millionen Leute arbeitslos machen«. (Immer noch das anonyme »Die-da-oben«.)

[17. JUNI]

In der Stadt bin ich schon ein paar Mal nach einem »Privatzimmer« gefragt worden. Alle Hotelzimmer sind ja ausgebucht – und das bei Preisen von 300 DM pro Nacht. Privatzimmer (diese alten, schäbigen Stuben) werden angeblich für 100 DM pro Nacht gehandelt. Seit sich eine Entscheidung in der Frage der künftigen Landeshauptstadt abzeichnet, lässt sich das vielgerühmte Prinzip von Angebot und Nachfrage in allen Einzelheiten studieren. Besonders die Nachfrage nimmt eine regelrecht persönliche Gestalt an und rennt in den Straßen herum, um nach Unterkunft zu fragen. Dabei gerät sie dann auch an mich. Diese Geschäftsleute scheinen tatsächlich jeden, der nicht in Jackett und Krawatte durch die Stadt eilt, für einen Ostdeutschen zu halten.

[18. JUNI]

Onkel Paul habe ich versprochen, ihn bei der Suche nach einem Kassettenrekorder zu unterstützen. Er traut den fliegenden Händlern nämlich nicht, die haben alle so ihre Tricks. Ich nutze den gemeinsamen Weg und spreche ihn auf meine Januar-Reportage an: Hat er sich geärgert, fühlt er sich bloßgestellt? Ach wo, sagt er, das ist doch deine Arbeit, das hast du gut gemacht, ich hab mir das ja ehrlich gesagt gedacht. Das sagt er trocken und knapp und strebt eisern geradeaus der Berliner Straße und ihren Verkaufsständen zu. Also hatte ich mit meinen Vermutungen doch recht. Aber wie reagiert man auf eine Situation, in der offensichtlich beide wissen, wieviel man sich vormacht? Oder genauer: Was wäre notwendig gewesen, um Onkel Pauls Verdacht zu zerstreuen, er werde auch dieses Gespräch in einer Zeitung wiederfinden? (Was ja womöglich doch geschieht.) Ich hätte den ganzen Knoten zerschlagen müssen; und das war mir schlicht und einfach zu viel. Ich war froh, dass wir die Stände bald erreicht hatten und zwangsläufig das Thema wechseln mussten.

[19. JUNI]

Bad Ifflingen wirbt in den überregionalen Zeitungen um die künftigen Bundesbürger. Das liest sich dann so: »Bad Ifflingen, inmitten mächtiger Tannenwälder und grüner Wiesenauen am Rande eines großen Hochmoores gelegen, ist ein Kur- und Urlaubsort mit Herz.« Ich staune: So altbacken haben wir uns doch bisher nicht verkauft. Sag dem Rentschler mal einen schönen Gruß: Mit einer solchen Werbung erreicht er selbst im Osten nur die senilsten Rentner. Und wenn er dann auch noch das »uralte Schwarzwälder Brauchtum« erwähnt und die »traditionelle Köhlerei und Flößerei«, dann fürchte ich ernsthaft, jemand könnte mich hier ansprechen. Da haben sich diese Leute nun lange genug von mir beobachten lassen, aber jetzt soll sich das Verhältnis auch mal umkehren. Das ist die Rache. Lange genug habe ich die Vergangenheit hinter diesen Leuten zu sehen versucht, das Nicht-Moderne. Zur Strafe wollen sie jetzt auch mal zu uns kommen und den Schwarzwälder erleben, wie er in dunkler Tracht mit langer Tabakspfeife durch den Wald streift und seine »tiefe Verwurzelung mit der Landschaft« zum Ausdruck bringt: ein Eingeborener, ein Alptraum.

[20. JUNI]

Vor inzwischen fast einer Woche bin ich mit Frau Kadritzke ins Gespräch gekommen. Sie kam in der überfüllten Rathaus-Kantine an unseren Tisch, wo ich mit Bunge beim Essen war, blieb mit schelmischem Gesicht stehen und sagte, an ihre Kollegin gewandt: »Wie wär's denn mit den zwei jungen Herren da?« Sie trug einen blauen Arbeitskittel, gehörte also zu den Frauen, die man »Reinigungskräfte« nennt. (Aber vermutlich fühlt sie sich als »Putzfrau« sicherer, man muss dann nicht immer so blöd grinsen, wenn man darüber spricht.) Und dann, bevor sie nach dem Brötchen greift, streicht sie sich erst einmal durchs Haar, durch ihr dunkles, krauses, Haar, es ist nicht frisiert, wozu auch. Nein, sagt sie, im Grunde hat sich nichts verändert. Tag für Tag kommt sie hierher, um zu putzen. Was soll sich da schon ändern? Ein sauberes Büro brauchen sie alle, der Bürgermeister, der Stadtkämmerer und die Anderen, ob sie nun Kommunisten sind oder nicht. Änderungen gibt es erst, und zwar hoffentlich schon nächstes Jahr, mit der Rente. Ja, mit der Rente wird sich alles ändern. Aber sonst…? Sie zuckt mit den Schultern und macht ein unschlüssiges Gesicht, also ehrlich gesagt, ich weiß gar nicht, was ich Ihnen da sagen soll.

Als ich frage, ob ich sie einen Tag lang begleiten könne, kichert sie (wie bei einem leicht unsittlichen Antrag) und wendet sich verschämt an ihre Kollegin: »Kannst du dir das vorstellen?« fragt sie, gewinnt aber schnell ihre Gewitztheit zurück und antwortet selbst: »Aber wenn schon, dann nur mit Arbeitskittel und mit Besen.«

Heute früh hat sie also auf mich gewartet, um halb fünf. Die Stadt ist noch leer um diese Zeit, und auch im Park vor dem Rathaus sieht man niemanden; nur die Vögel hört man bereits und die Sonne ist schon da, aber noch scheint sie für niemanden. Um diese Zeit steht Frau Kadritzke neben ihrem Putzwagen, sie trägt wieder den Arbeitskittel, der überall spannt, ein bisschen abnehmen, ach, wie oft man damit schon angefangen hat; jetzt ordnet sie noch einmal die Reinigungsmittel, die Flaschen und Lappen. Etwas belustigt sieht sie mir entgegen; sie hebt das Kinn, spitzbübisch und vielleicht auch etwas überrascht: Also ist er doch tatsächlich gekommen. Dann erzählt sie, wie früh sie immer aufbrechen muss in Langensteinbach, da fährt sie nämlich erst noch, bevor sie zur Bushaltestelle kommt, mit dem Fahrrad durch den Wald und am Bahndamm entlang, und vor ein paar Tagen stand plötzlich ein Wildschwein im Weg. Aber das ist mehr erschrocken als sie.

Alles sei gleich geblieben, hatte sie gesagt, aber jetzt, sobald man den ersten dieser alten, hohen Büroräume betritt, finden sich doch überall Veränderungen. Die Stühle stehen zum Beispiel einfach nur so im Zimmer herum, und es ist ärgerlich, dass man sie erst auf den Schreibtisch stellen muss, bevor man mit dem Staubsaugen beginnen kann. Früher, da standen sie immer schon auf den Tischen, tipptopp, aber jetzt ist es schon so weit gekommen, dass man erst einmal die Tische aufräumen muss, bei all dem

Papier und den Unterlagen, die da jetzt liegenbleiben, auf den Tischen, da könnte doch jeder reinsehen oder was mitnehmen, die muss man also erst einmal zusammenlegen und in eine Ecke schieben, bevor man dann die Stühle auf den Tisch stellen kann und endlich mit dem Staubsaugen beginnen und alles in derselben Zeit wie früher.

Ein Trupp von Elektrikern arbeitet auch in diesen Räumen, ebenfalls seit fünf Uhr morgens. Sie sind dabei, neue Leitungen und Steckdosen zu verlegen. Das braucht man jetzt überall: Steckdosen. In manchen Zimmern stehen schon die Kartons mit den neuen Kopierern, den Fax-Geräten und den Computern, vor allem die Computer! »Die brauchen«, sagt der Meister, »weil sie so störanfällig sind, nicht nur eigene Steckdosen, sondern gleich 'ne eigene Leitung.« Bisher, mit zwei Steckdosen pro Zimmer, das war genug. Aber das ist passé. Das wird jetzt ganz anders, sagt der Mann, dem Hamburg so gut gefällt, nach Hamburg will er schon immer mal, in den Hafen, die ganzen Schiffe, das muss man mal sehen. Er ist damit beschäftigt, ein paar Elektrokabel, die sich verheddert haben, zu entwirren. Das kommt davon, weil die Lehrlinge immer so hektisch arbeiten. Die hasten immer für ein paar Minuten, klotzen ran, schaffen dabei aber so viel Chaos, dass man die meiste Zeit dafür braucht, es wieder zu beseitigen. Oder sie versuchen, an einem Schreibtisch vorbei ein Loch in die Wand zu bohren, aber das ist mühselig, weil man sich so sehr verrenken muss, und weil der Bohrer immer abrutscht. Also wird der Schreibtisch schließlich doch beiseite geräumt, und die verpfuschten Löcher müssen auch erst wieder verspachtelt werden. Das ist dreifache Arbeit!

Vier Leute in einem Raum, das macht einen großen Lärm, aber man hört ihn nicht, wenn man das Kofferradio aufdreht. Es wird über ein Verlängerungskabel vom nächsten Raum aus mit Strom versorgt. Als einer der Lehrlinge zu heftig am Kabel zieht, gerät nebenan der Staubsauger gefährlich ins Schwanken. »Also Moment mal, Sie schmeißen mir ja den Staubsauger um!« ruft Frau Kadritzke. Später, ziemlich bald sogar, ist man schon per du: »He Dicker, schieb nicht so!« schimpft sie jetzt, als der Meister versucht, zwischen Tisch und Schrank an ihr vorbeizukommen.

An die Wand hat jemand eine Pressemeldung geheftet. Dass man Dimitroffs einbalsamierten Leichnam aus dem Mausoleum geholt und in einem Krematorium verbrannt habe, ist darin zu lesen. Möglichst unauffällig, im engsten Familienkreis habe man die Urne beerdigt. Die Meldung ist eingerahmt und das Wort »unauffällig« unterstrichen. Ich stelle mir vor, dies hat einer der alten Beamten getan; also findet sich doch noch eine letzte persönliche Spur. Aber vielleicht hat es auch einer der neuen Beamten getan, als Siegerpose sozusagen. – Nein, das kann nicht sein: diese sorgfältig ausgeschnittene Meldung, dieser pedantisch gerade Klebestreifen, diese mit dem Lineal gezogene Unterstreichung, das muss einer der letzten alten Beamten gewesen sein, einer, für den es noch Ideale oder wenigstens Prinzipien gab, auch wenn er sonst alles zu Asche verfallen sah.

»Und das da, sehen Sie mal, da hat man nun neue Staubsauger aus dem Westen«, aber es sind keine Bodengeräte, sondern nur Handsauger mit langem Griff. Für diese riesigen Flächen solche kleinen Staubsauger! Dafür hat man immerhin drei Stück gekauft; wenn die Verwaltung noch etwas Geld zugelegt hätte, hätte es für zwei Bodenstaubsauger gereicht. Aber so ist es halt. Und nun ist bei einem auch schon der Griff kaputt: gebrochen. »Auch die im Westen bauen Mist«, sagt Frau Kadritzke, die sich jetzt die ganze Zeit bücken muss, um den Staubsauger unterhalb des Griffs anzufassen. Es gibt auch noch zwei Staubsauger von früher. Bodengeräte sind es sogar, aber die Staubtüten fehlen, nicht einmal wir bekommen noch welche. Die produzieren keine mehr, wahrscheinlich auch schon pleite gegangen!

Mühelos fällt Frau Kadritzke wieder ein, was sich sonst noch alles verändert hat. Ja, wenn man es vor sich hat, da ist es auch was anderes. Aber es bleibt nicht haften, es verdichtet sich nicht zu einem Wissen. Immer braucht man die Dinge selbst, um sich zu erinnern. Als wir das Klo putzen, fällt Frau Kadritzke das Klo im Erdgeschoß ein, das jetzt wegen eines Aufzugs für den Oberbürgermeister wieder herausgerissen wird. Der braucht nämlich einen eigenen Aufzug, wenn er mal wichtige Gäste empfängt. Schade ist es um das Klo, denn das war erst letztes Jahr frisch gekachelt worden, eine glatte Verschwendung, wenn man wenigstens die Fliesen hätte bekommen können.

Für einen Augenblick erscheint mir Frau Kadritzkes Leben als rein gegenständliche Existenz. Aber das stimmt natürlich nicht. Sie hat ja auch ihre Allgemeinheiten parat – dass die Leute im Westen so großzügig seien zum Beispiel. Aber Erfahrung und Meinung führen jeweils eine separate Existenz. Keine Verbindung. Eine strikte Arbeitsteilung zwischen Erfahrung und Urteil. Die Urteile bezieht sie von woandersher.

Hier im Haus gibt es übrigens alles, sagt Frau Kadritzke: einen Friseur, eine Einkaufsstelle (damit man während der Arbeitszeit nicht immer so lange fehlt), einen Kinderhort, eine Zahnärztin und einen Arzt für Allgemeinmedizin. Man war hier eigentlich 'ne große Familie, der Bürgermeister hat einen mit Namen gekannt, und die Sophie Reuter, die kam noch zum Putzen, da war sie schon 76 geworden, die hat ja sonst niemand gehabt. Aber jetzt kennt man keinen mehr. Jetzt freut man sich direkt über jedes bekannte Gesicht. Und jeder gibt andere Aufträge: den Kleinen Saal reinigen, nein, den Kleinen Saal heute nicht reinigen und so weiter. Also es ist nicht mehr schön.

Kommen Sie mal, sagt sie und winkt mich in ein besser ausgestattetes Zimmer. Ein Teppich liegt dort, und darauf steht ein Schreibtisch aus echtem Holz. Und in der Wand gibt es einen Safe, der steht jetzt offen. Das war immer das Heiligste. Jetzt ist er leer. Fast jeder höhere Beamte hatte einen Tresor, sagt sie, selbst das Telefonverzeichnis musste eingeschlossen werden! Sogar die Namen und die Telefonnummern der Beamten waren ein Staatsgeheimnis. Heute werden nicht einmal mehr die Papierkörbe geleert, das müssen wir jetzt auch machen. Und was man da alles herausfischen könnte!

So, und jetzt das Frühstück, sagt Frau Kadritzke und dirigiert mich in ein winziges Kabuff: kein Fenster, aber eine Neonröhre, die von einer Wand zur anderen reicht und mächtig summt. Auf die Innenseite der Schranktür hat sie ein paar Bilder geklebt: der Thüringer Wald oder das Erzgebirge mit Blumenwiesen. Die Wände selbst durften nicht beklebt werden. An der Tür hängen Mitteilungen der Amtsleitung: Schlüsselpläne und Anweisungen für die Erste Hilfe. Es riecht so sehr nach Reinigungsmitteln, dass ich mir vornehme, nachher erst einmal alles gründlich zu waschen, sämtliche Kleidungsstücke und mich selbst. Frau Kadritzke trinkt den Kaffee schwarz und hat das belegte Brot in aufgeschnittenen Milchtüten von zu Hause mitgebracht. Noch immer diese Sparsamkeit. Dabei kostet in der Kantine ein Brötchen nur 25 Pfennige. Aber selbst das ist offenbar zu teuer.

Letzte Woche hatte sie der Arzt rufen lassen. Er hatte eine Kur für sie, drei Wochen Seeklima. Seit 35 Jahren die erste Kur, die man ihr anbietet. Das kommt aber nur daher, dass irgendwer seine Kur nicht antreten kann. Da ist überraschend ein Platz freigeworden – oder eigentlich sind es zwei, denn der Ehemann darf ja immer mit. Es hätte aber schon am Montag losgehen müssen. Sie rief also beim Bäcker in Langensteinbach an und bat, jemanden zu ihrem Mann, der bereits Rentner ist, zu schicken. Eine halbe Stunde später hat er auch tatsächlich zurückgerufen. Aber der hat sich nicht sonderlich gefreut. Wer soll denn die Tiere versorgen, so von heute auf morgen (zwei Hunde und vierzehn Hühner), und außerdem: Das dort, wo wir hätten hinsollen, ist so ein feuchtes Klima, und mein Mann hat doch jetzt schon immer seine Beschwerden mit der Luft. Sie hätte auch alleine gehen können, aber was soll sie dort allein? Die Leute da oben, die sind recht eigenartig. Sie spricht von »dort oben«, als sei es wer weiß wie weit entfernt, es sind aber höchstens drei Autostunden. Offenbar kann man sich in diesem Land auf eine Entfernung von 100 oder 300 Kilometer schon in der Fremde fühlen. Und vielleicht hat dieser Staat eine solche aus den Frühzeiten der Eisenbahn stammende Form von Fremdheit konserviert, damit sich die Leute nicht gleich wie im Käfig verhielten. Also jedenfalls: Der Mann ließ sich nicht überreden. Auch abends nicht, als sie nochmal darüber gesprochen haben. So ist Frau Kadritzke eben hiergeblieben; die drei Wochen, was hat man schon davon, und in knapp einem Jahr ist ja sowieso alles vorbei.

Als ich zum Abschied ein Foto machen möchte, besteht sie darauf, mit einer kleinen, blauen Gießkanne neben ein paar Pflanzen zu stehen. Sie sieht aber zu mir herüber, und jetzt ist sie völlig ernst.

[21. JUNI]

Immer, wenn ich wieder zum ersten Mal einen Brief von dir bekomme, erscheint er mir so distanziert, so entrückt, als hätten wir uns längst voneinander verabschiedet, als wären wir sanft auseinandergedriftet. Inzwischen weiß ich: Das liegt nicht an dir, an dem was du schreibst, es liegt an der Briefform selbst. Was ist heute schon ein Brief? Das eigentliche Gespräch hat sich doch längst daraus zurückgezogen. Heute spricht man miteinander (und wenn es nur am Telefon ist), oder man verliert sich aus den Augen. Uns aber bleiben zwischen Ost und West doch wieder nur die Briefe.

Wie gesagt: Es liegt ein so ungewohnter Abstand darin. Deine Briefe berichten von letzter Woche, aber was ist heute? Ich lese sie jedes Mal wie eine Geschichte, ich nehme sie zur Kenntnis. Aber die unmittelbare Dramatik einer Auseinandersetzung, einer Entscheidung, auch eines Bekenntnisses fehlt. Das ist alles immer schon ein bisschen Literatur, von Kronachs Absage einmal abgesehen. Und selbst die wird mir ja gar nicht recht präsent. Ja, wenn du mich überstürzt angerufen hättest und ich dann versucht hätte, Kronach zu erreichen und vielleicht noch einmal umzustimmen, das wäre etwas ganz anderes gewesen. Offenbar ist der Rhythmus, in dem heute Entscheidungen fallen, Ereignisse wichtig oder unwichtig werden, kürzer als der eines Briefwechsels. Ich kann dein Leben nicht per Brief begleiten. Da haben wir uns also an ein Ausmaß von Aktualität gewöhnt, das jedem Brief einen fast antiquarischen Charakter verleiht. Wenn es nicht so selbstverständlich wäre, würde ich sagen: Heute lebt man in der Gegenwart – oder genauer gesagt: einen Millimeter vor der Gegenwart, im Nachher oder im Sofort. (Eine Zukunft ist das aber noch nicht. Schon eher stimmt hier das

Bild des Esels, dem sein Kutscher mit Stange und Bindfaden eine Karotte ein paar Zentimeter vors Maul hält, um ihn in permanenter Bewegung zu halten. Auf Konstruktionen dieser Art sind wir ja inzwischen spezialisiert.) Unterdessen ist unser Lebensraum allerdings auf einen Punkt zusammengeschnurrt, auf diesen Millimeter vor der Gegenwart. Folglich müsste man uns wohl zu den bedrohten Gattungen zählen.

Ich glaube, ich verstehe jetzt auch besser, warum ich in diesen Briefen immer schon mein Buch vor Augen habe: Diese Briefe sind ja ohnehin nur noch literarisch. So ein Buch wäre eine doch wenigstens nachträgliche Aussöhnung mit diesem permanenten Defizit. Wir spielen also noch einmal 18. Jahrhundert. Auch die alten Briefe lesen sich ja, als hätten sie immer schon auf die Öffentlichkeit geschielt. Wie sonst kommen diese Leute dazu, immer auf so unverschämt kokette Art in aller Öffentlichkeit privat zu plaudern? Kein Stammeln, keine Plattheiten, selbst in den scheinbar privatesten Briefen nicht. Oder diese Leute waren einander niemals das, was wir heute »privat« nennen: distanzlos, aufeinander eingespielt, ein Team, das arbeitsteilig und neurotisch sein Leben bewältigt. Vielleicht haben die alten Briefschreiber keine Öffentlichkeit gebraucht, weil sie sich selbst in einem gewissen Sinne die Öffentlichkeit waren (Abstand und Verbindlichkeit: eine Arbeit an der Wahrnehmung des jeweils anderen). Davon ist kaum etwas geblieben. Da möchte man den Briefwechsel fast schon wieder als die Utopie einer ganz anderen Beziehung feiern. So gesehen müsste ich dann allerdings mit unserer »Briefpartnerschaft« ganz zufrieden sein.

[22. JUNI]

In der Pharma-Firma, über deren Schließung ich mich informieren wollte, war vor ein paar Tagen schon das ZDF. Bevor ich die erste Zeile geschrieben habe, sind die Bilder bereits durch die Republik geflimmert. Außerdem ist die Werksleitung nicht gerade gesprächig. Was hat man mir zu sagen, wenn man alles schon dem Fernsehen berichtet hat? Der Mann, der mir zugewiesen wurde, ist ein ausgesprochen nuscheliger

Mensch. Ich halte erwartungsvoll den Kugelschreiber, aber keine Äußerung verdichtet sich zu einer Aussage. Immer liege ich auf der Lauer nach einem Stichwort oder einer noch unbekannten Information. Fast würde ich sagen: Das war mal wieder einer dieser typischen Ost-Gesprächspartner: ein Mann, der abdriftet, nicht zu fassen ist, und am Ende, schwupp, ist er mir mitsamt seinen Auskünften entwischt. Allmählich fürchte ich vor jedem Interview das Schlimmste.

[23. JUNI]

Noch einmal die fliegenden Händler: An einem der Stände bietet man *Der innere Weg* an. Auf dem ganzen Tisch liegen nur Exemplare dieses Buches, insgesamt vielleicht hundert Stück. Ein Plakat weist das Buch als ›Bestseller‹ aus, 12 Millionen Exemplare sollen bereits in aller Welt verkauft worden sein. Dennoch hört man hier keine Werbesprüche wie an den anderen Ständen. Die Männer hinter dem Tisch schweigen hartnäckig. Sie sind auffällig korrekt gekleidet: Anzug, Krawatte, weißes Hemd; und alle tragen kurze Haare. Sie sind schlank und trotzdem verschwitzt. Ein West-Besucher wüsste sofort Bescheid: hier stehen die Mitglieder einer religiösen Sekte. Soviel Selbstgewissheit und Ängstlichkeit zugleich, das gibt es nur bei Sekten. Aber woher soll man das im Osten wissen? Man nähert sich unschlüssig, bis einer der Männer damit beginnt, den Umstehenden das Buch in die Hand zu drücken. Rund um den Tisch starrt man jetzt auf den Bestseller, der einem so plötzlich in die Hand geraten ist. Ein wenig blättert man darin herum und weiß nicht recht, worauf man dabei achten soll. Ach, wenn man das Buch doch nur möglichst unauffällig wieder zurücklegen könnte!

Ein paar Tische weiter versucht ein junger Mann mit muskulösen Armen und gelocktem Kopf, seine Attraktivität in den Verkauf von Handtaschen zu investieren. »Da werden Sie staunen«, ruft er mit rheinischer Stimme den skeptischen Menschen entgegen, »da werden Sie staunen, was man da so alles draus machen kann.« Und immerhin: Diese winzig kleine Handtasche aus Kunstleder lässt sich auseinanderfalten; sie lässt sich vergrößern, bis sie zu einer Einkaufstasche angewachsen ist. Ausführlich demonstriert der Verkäufer diese Verwandlungen. Er lässt sich von seiner Begleiterin immer neue Gegenstände geben, die in der größer werdenden Tasche verschwinden: zunächst nur Kamm und Lippenstift, dann auch das eigene Portemonnaie. »Da muss ich jetzt aber darauf achten, dass ich Ihnen das nicht gleich mitverkaufe«, sagt der Mann aus dem Rheinland, und er sagt es wohl zum hundertsten Mal. Später verschwinden dann Kleidungsstücke und eine Kamera in der Tasche. Schließlich wird alles wieder herausgenommen. »Na fehlt noch was? Ist noch irgendwo was versteckt?«, ruft der Verkäufer, aber es antwortet ihm keiner. Natürlich: das Portemonnaie. Es ist noch nicht wieder zum Vorschein gekommen. Die Leute hätten es doch bemerken und darüber lachen müssen. Aber sie schweigen und sehen einander nicht in die Augen. Das Seltsame ist, dass sie jetzt noch stehen bleiben. Wenn sie wenigstens einem neuen Kundenkreis Platz machen würden! Aber nein, man bleibt unbewegt stehen und fasst die Taschen nicht einmal an. Was wollen die Leute denn jetzt noch? Da weiß der gelockte Mann erst einmal nicht weiter. Er überlässt seiner Begleiterin den Tisch und setzt sich beiseite, um zu rauchen. Seine Begleiterin allerdings wirkt reichlich missgelaunt. Stumm steht sie am Tisch und sieht durch die Leute hindurch. Aber ausgerechnet dieses griesgrämige Gesicht scheint den Passanten Vertrauen einzuflößen; immerhin erkundigen sie sich schon einmal nach den Preisen: 90 Ost-Mark für die einfache Ausführung, 120 für die mit dem »italienischen Design«. Es kann auch in D-Mark bezahlt werden, zum Kurs von 3:1.

[24. JUNI]

Schade, wenn ich diese Leute sehe, wie sich alles für sie ändert, denke ich: warum nur sie? Warum haben nicht auch wir die Chance, noch einmal alles zu ändern? Das Abenteuer, einmal zu erfahren, dass man alles auch ganz anders machen könnte. Aber wie es scheint, begegnet mir nur noch das Leben, das ich bereits kenne.

[25. JUNI]

Die allgemeinen Spekulationen haben begonnen: Welcher Betrieb wird wohl eingehen? Die »Nymphe« (Süßwaren) ist ja garantiert verloren. Aber ob es die ErFa noch einmal schafft? Elke spricht darüber in einem zugleich besorgten und sensationsgierigen Ton. Um die Möbelfabrik, in der sie arbeitet, sei es nicht schade, findet sie. Ihr persönlich droht lediglich die Frührente, und das wäre nicht einmal so schlecht (jetzt, wo man weiß, dass die Renten 1:1 umgestellt werden).

[26. JUNI]

Eine Buchhandlung. Mit ein paar Stühlen und ausgesprochen wenigen Regalen eingerichtet, wirkt sie sehr zurückhaltend. Es könnte ein öffentliches Lesezimmer sein, so viel ungenutzte Fläche gibt es dort. Mitten im Raum steht ein Tisch, auf dem Neuerscheinungen ausliegen. Man stellt die Bücher noch aus, präsentiert sie mit ihrem ganzen Gesicht. Auch in den Regalen hat man einige Bücher mit der Titelseite nach vorne gerichtet. Fast so, als ob ein Buch etwas Besonderes sei. Auf diese Weise ausgestellt, sind im ganzen Laden allerdings kaum mehr als 500 Bücher zu finden. Das ist wenig. Aber die Stühle und auch ein paar große Landschaftsbilder sprechen so beruhigend davon, dass 500 Bücher völlig genügen. Sie sind alles, was man kennen muss. Ich hätte es fast glauben mögen.

Als ich dort war, befand sich keine Kundschaft im Laden, nur eine Buchhändlerin stand an der Kasse. Ich schätzte sie auf 30 Jahre. Später hatte ich den Eindruck, sie sei deutlich jünger. Ihr Gesicht war von unbestimmtem Alter, nicht weil es jugendlich geschminkt gewesen wäre, nein, es schien eher sich selbst überlassen geblieben zu sein. Keines der Ereignisse, die an diesem Gesicht vorübergegangen waren, hatte sich darin abgedrückt. Die Ereignisse hatten einfach keine Bedeutung erlangt, deshalb konnte dieses Gesicht so unbestimmt bleiben. Es verkrampfte sich nicht in seiner Angst vor zu viel Bedeutung; es war ein unbetroffenes, unberührbares, aber keineswegs verschlossenes Gesicht. Diese Frau war nicht einmal »unbekümmert« zu nennen oder »unbesorgt«, denn einen unbekümmerten Menschen stellt man sich ja als einen Optimisten vor. Früher, vor Jahrhunderten, hätte man ein solches Gesicht wohl sanftmütig genannt.

Nein, dass so wenig Kunden im Laden waren, hing nicht mit der politischen Entwicklung zusammen, die Buchhändlerin schüttelte den Kopf. So war es nicht. Es war gerade Mittagszeit, das war alles. Zurzeit interessieren sich die Leute durchaus für Bücher, für Reiseführer vor allem. Im Übrigen war auch dieser Buchladen dabei, eine GmbH zu werden. Mit anderen Buchläden des Bezirks will man eine Gesellschaft gründen. Hatte man auch die Buchhändlerin gefragt, ob sie Gesellschafterin werden wolle? Nein, man hatte sie nicht gefragt, aber sie hatte ja auch kein Geld. Folglich war es wohl in Ordnung so. Wird man Leute entlassen? »Ja«, antwortete sie und fügte hinzu: »mich selbst«. Sie würde also entlassen werden. Nichts weiter. Ich vergewisserte mich noch einmal – nein, es war niemand im Laden, der uns hätte belauschen können, kein Kunde und kein Geschäftsführer. Wir waren allein. Und dennoch erklärte die Buchhändlerin so einfach und verständnisvoll, es sei besser, wenn die jungen Kolleginnen gingen. Die fanden ja noch eher eine andere Arbeit. Also war auch das in Ordnung. Immerhin erfuhr ich, dass sie gerne Buchhändlerin geblieben wäre. Und nun? Sie zuckte mit den Schultern. »Man müsste auswandern«, sagte sie so leise, dass ich Mühe hatte, die Überraschung zu begreifen. Diese Frau wollte auswandern? Aber vielleicht meinte sie einfach nur die Übersiedelung in den Westen.

Nun hatte sie jedoch erst kürzlich eine Wohnung erhalten, nach Jahren endlich eine Wohnung! »Dabei bin ich doch alleinstehend«, fügte sie hinzu. Diese Frau, die auswandern wollte, war also alleinstehend und hatte eine Wohnung. Ich gebe zu, dass ich keinen Zusammenhang erkannte. Bereits diese altmodische Sprache war ja schwer zu begreifen, wer sagt denn heute noch, er sei »alleinstehend«? Aber immerhin: Man trifft auch im Westen bisweilen solche Leute. Man spricht mit ihnen, und betroffen stellt man plötzlich fest, dass sie in einer anderen Zeit sprechen. Verlegen sucht man dann nach einem Ausweg aus dem Gespräch, denn man möchte einen solchen Menschen nicht mit den neuen Begriffen erschrecken.

Wir sprachen also über das »Alleinstehen« und über die Wohnung, die diese Frau sich endlich hatte einrichten können. Und allmählich begriff ich den Zusammenhang: Als alleinstehender Frau stand ihr lediglich ein Zimmer zu, aber keine Wohnung. Nun hatte sie aber doch eine Wohnung erhalten, und die wollte sie nicht wieder verlieren. Als ob in Zukunft nach den Kategorien von »verheiratet« oder »ledig« entschieden würde. Die Frage war doch, ob sie die neue Miete würde bezahlen können. Ich sagte nichts davon, denn die zukünftige Enttäuschung dieser Frau begann, auf mir zu lasten, und es drängte mich zu gehen. Sie setzte dem nichts entgegen: keine Frage oder Anmerkung, mit der sie mich auch nur einen winzigen Moment hätte aufhalten wollen. Nein, ich war frei, ich konnte gehen. Auch das war in Ordnung so.

Eine ganzseitige Anzeige des Bundesverbandes der Deutschen Banken: »Warum die DDR wohlhabend wird«. Wohlgemerkt: nicht die Ostdeutschen werden wohlhabend, sondern die DDR (und das offenbar kurz vor ihrem Ableben!). Nun also: warum wird die DDR wohlhabend? Weil sie einen »Aktivposten von höchstem Wert hat: einen großen Markt im Investitions- und Konsumgüterbereich. Um Auftragslage, Beschäftigung und Kaufkraft muss deshalb auf Dauer niemandem bange sein«. Langsam, langsam: wie geht das? Derjenige, dem man viel verkaufen kann, wird wohlhabend? Nun ja, zwangsläufig.

[29. JUNI]

Übermorgen wird es so weit sein: Die D-Mark wird die Ost-Mark ersetzen. Eine Glückseuphorie wie im vergangenen November entsteht diesmal allerdings nicht. Man rechnet nach, spekuliert über die Höhe der zukünftigen Miete und achtet auf jedes Gerücht. Die Preise für Grundnahrungsmittel würden sich schon im August verdoppeln, hatte es eines Tages geheißen. Danach konnte wieder niemand etwas Bestimmtes sagen.

Aber ein bisschen genauer will man doch wissen, was da auf einen zukommt. Die Geschäfte sind jedenfalls leer. Alles, was halbwegs nützlich oder von dauerhaftem Wert ist, hat man nach Hause geschleppt. Seit Tagen schon bekommst du nirgends mehr Spaghettis, Schuhcreme oder Toilettenpapier. Und weil sich vor den Tankstellen kilometerlange Schlangen gebildet hatten, mussten heute Nachmittag sogar einige Straßen gesperrt werden (für eine letzte Tankfüllung stellen sich diese Leute tatsächlich stundenlang an!!). Das ist nun wirklich der Umschwung, der Ausverkauf. Jetzt ist sie leer, die alte Republik. Und seit Wochen fragt man unter Freunden oder Verwandten, ob nicht noch jemand ein bisschen Platz auf seinem Konto hat. (Du weißt ja: die ersten 4000 Ost-Mark werden 1:1 getauscht, alles weitere nur noch 2:1.) Dennoch: Bei so viel Ungewissheit scheint mir dies noch ein vergleichsweise ruhiges Verhalten zu sein. Ich hätte es nicht für möglich gehalten, dass man in Zeiten so großer Umwälzungen vor allem mit einem beschäftigt ist: mit Abwarten. Immer wieder höre ich: »Erst mal sehen, was kommt!« Man tut, was man kann; und ansonsten wird es wohl nicht so schlimm werden. Auch Elke gibt sich begrenzt optimistisch: Wer sich nicht hängenlässt, kommt schon durch.

Wir waren bei Onkel Paul verabredet, und Elke hatte sich verspätet. Als sie schließlich ankam, atemlos und mit zwei Körbchen in der Hand, rief sie schon an der Gartentür: »Zwei Mark die Erdbeeren, stellt euch vor, nur zwei Mark der Korb«. Pech für den Gärtner: Seine Erdbeeren waren bereits so reif, dass sie nicht mehr auf die D-Mark warten konnten. Sie mussten noch schnell verschleudert werden (direkt vom Anhänger herunter). Das war nun aber auch wirklich das letzte Angebot. Als ich mir überlege, morgen (Samstag) in den Geschäften zu fotografieren, erklärt Elke, dass bereits heute der letzte Verkaufstag war. Morgen wird Inventur gemacht. Außerdem scheint jetzt ohnehin niemand mehr Ost-Geld zu haben, alles ist bereits ausgegeben. Oder vielmehr: Das Ost-Geld, das man noch hat, ist genau bemessen. Es gilt ja nur noch einen Tag. Wir haben monetäres Niemandsland betreten.

Onkel Paul ist übrigens still und schlecht gelaunt. Ab und zu fällt er Onkel Theo mit einem gereizten Kommentar ins Wort: Da seht ihr's ja: alles Mist! (So ist zum Beispiel der Kassettenrecorder, den wir letzte Woche gekauft haben, schon kaputt gegangen. Natürlich!) Zwischen uns existiert so etwas wie ein Schweigeabkommen. Ansonsten wirkt Onkel Paul absolut nicht mehr soldatisch, sondern nur noch schwerfällig. Ausrangiert. Früh drängt er darauf, dass wir uns ins Wohnzimmer setzen. Aber weil es noch so warm ist, wollen wir nicht hineingehen, schließlich geht Onkel Paul alleine, später finden wir ihn vor dem Fernseher.

Onkel Theo dagegen dramatisiert mal wieder. Er regt sich darüber auf, dass Rechnungen 1:1 in die Währungsunion übernommen werden. Das Fleisch, das er am Dienstag noch bestellt hat, muss er nächste Woche in DM bezahlen, dabei ist es doch bereits jetzt verkauft, zu Ost-Mark. Das ist doch Betrug! (Geschäftskonten werden 2:1 umgestellt). Onkel Theo hat deshalb schon seit Tagen kaum noch etwas bestellt. Und heute Vormittag hat er sich ein paar Stunden Zeit genommen, um alle Rechnungen noch schnell in Ost-Mark zu überweisen. Aber diese Banditen! In den Genossenschaften und im Großhandel weiß man natürlich auch, dass man solche Rechnungen am besten auf Ende Juni datiert, aber erst Anfang Juli zuschickt.

Am Montag beginnt dann für Onkel Theo die berufliche Existenz dann noch einmal ganz von vorn. Er wird in den Großmarkt fahren und die neuen Preise studieren. Dann wird er zum ersten Mal in seinem Leben kalkulieren müssen. (Bisher waren ja alle Preise vorgeschrieben). Wenn ich das halbe Schwein zum Preis von X kaufe und soundsoviel Schnitzel und soundsoviel Koteletts und soundsoviel Wurst daraus mache, dann kann ich das Kilo für Y verkaufen. Wenn ich aber mehr Wurst mache, dann kann ich, falls ich sie auch tatsächlich verkaufe, vielleicht sogar soundsoviel Gewinn machen. Allerdings wird er vor Mittwoch mit seinen Überlegungen nicht fertig sein. Das macht natürlich eine schlechte Stimmung, die Leute wollen ja auch am Montag schon was essen. Aber was soll man machen? Es sagt einem ja keiner, wie die neuen

Einkaufspreise ausfallen, und wie man die eigenen Preise kalkulieren soll. Jetzt plötzlich lassen sie dich hängen, und du stehst blöde da.

Aber eine Steuererklärung, die soll ich jetzt jeden Monat abgeben! Am besten schon nächste Woche. Nur sag mir doch mal einer, wie ich das alles ausrechnen soll: Umsatz, Mehrwertsteuer, brutto, netto und so weiter! Und sieh dir die Formulare doch mal an, da verstehst du kein Wort, ich sag dir: kein einziges Wort. Und ich wette, selbst im Finanzamt kennt sich keiner damit aus! Die haben doch erst recht keine Ahnung. Ja, das ist wieder so eine Lieblingsvorstellung von Onkel Theo: die Bürokraten! Da sitzen sie, lahm und müde, und brüten über den Steuererklärungen, die falsch ausgefüllt zu Tausenden ihre Schreibtische überschwemmen. Und dabei haben sie doch selbst keine Ahnung. »Das liegt daran, dass diese Bürokraten samt und sonders Kommunisten sind«, erklärt Onkel Theo. Und man sieht ihm an, wie sehr er bedauert, dass Onkel Paul nicht mehr am Tisch sitzt. Das wäre doch jetzt eine schöne Spitze gewesen.

[1. JULI]

So, die halbe Einheit ist erreicht. Einen halb verbrannten Schuh habe ich mir dabei geholt, aber davon später. Zuerst muss ich einmal ausführlich stöhnen: Was ist das doch für eine Hitze! Kein Lufthauch, aber eine Sonne, die mir wütend auf die Vorhänge brennt. Und dabei soll ich arbeiten? Wenn zwischen den Vorhängen nicht einen Spalt breit das Bahngelände zu sehen wäre, ich würde wohl noch lange nicht zu schreiben beginnen. Aber so eine Pause zwischen zwei Zügen ist ein halbwegs erträgliches Intervall: Ich weiß, dass ich nicht allzu lange schreiben muss, bevor mich der nächste Zug wieder ablenkt und damit fürs erste erlöst.

Also, womit beginnen? Am besten mit dem Bierzelt auf dem Prager Platz. Es ist das Zelt einer bayerischen Brauerei – die große Attraktion in der Stadt. Drinnen sitzt man eng gedrängt zwischen Hunderten von Stimmen und der Blasmusik. Man stützt die Ellbogen auf den Tisch und hält die neuen Ein-Liter-Krüge in der Hand. Ein paar

Männer sind aufgestanden, um miteinander anzustoßen; jetzt stellen sie sich sogar auf die Bänke, laut und triumphierend, und schwenken die Bierkrüge im Takt. Wer direkt neben ihnen sitzt, starrt vor sich hin, als bemerke er nicht, was neben ihm geschieht; nur die etwas weiter entfernt Stehenden, die sehen sich die Betrunkenen ganz genau an und lachen: So wie die da, so braucht man es doch nicht gleich zu übertreiben.

Die meisten schieben sich allerdings nur zwischen den Bänken hindurch und versuchen, sich einen Reim auf die neuen Dinge zu machen. Man hält die Lippen geschlossen und scheint auch hier vor allem abzuwarten. Mal sehen, was das neue Geld uns bringt, und was die Bayern tun, es uns schmackhaft zu machen. Auf die Bühne haben sie einen Conférencier geschickt, und der berichtet gerade, seine Frau habe ihn wegen der Fahrt hierher um fünfhundert Mark gebeten. Die Zuhörer sollen sich also fragen, wozu diese Frau fünfhundert Mark braucht. Nun: die Frau brauchte das Geld, um sich ein bisschen herzurichten. Das mag etwas viel sein, aber na schön. Allerdings erfährt man dann, dass der Conférencier seiner Frau sogar fünftausend Mark angeboten hat, aber nur falls sie bereit wäre, sich gleich auch noch ein bisschen hinzurichten. Offensichtlich soll jetzt gelacht werden. Aber so einfach geht das nicht, beim besten Willen nicht. Wahrscheinlich könnte man auch über einen besseren Witz nicht lachen, denn heute Abend ereignet sich hier so etwas wie die Einschulung in eine neue Währung. Also sitzt man stumm und aufmerksam an den Tischen und lässt sich etwas von dem Zauber vorführen, den man in den nächsten Lehrjahren allmählich begreifen wird.

Die Bierkrüge! Kaum zu glauben, wie viele Bierkrüge verschwinden. Man trinkt sie aus und trägt sie stolz nach Hause. Als ob die Krüge im Preis inbegriffen seien, deshalb ist er ja so hoch. Wie die heutigen Sonntagsausgaben berichten, sind siebentausend Bierkrüge gestohlen worden, »ein beschämender Vorgang!«

Als ich abends, kurz nach elf, noch einmal zum Prager Platz ging, kommen mir ein paar Betrunkene entgegen.

Die Veranstaltung im Bierzelt ist offensichtlich bereits zu Ende. Aber das kann doch nicht sein, das große Ereignis steht ja erst noch bevor. Trotzdem: Man geht auseinander, ruft »Deutschland, Deutschland« und schwenkt noch einmal die entsprechende Fahne. (Was mir gestern Abend nicht auffiel, waren die Bierdosen. Von denen lese ich erst heute: »Überall Jugendliche, die achtlos leere Bierdosen zur Seite werfen.« Daran erkennt die hiesige Presse die neue Zeit.) Während ich also über den Prager Platz gehe, fallen mir die Jugendlichen mit ihren Bierdosen nicht auf, ich stelle lediglich wieder einmal fest, dass sich selbst in der Innenstadt die Sterne gegen das Licht der Schaufenster und der Straßenlampen behaupten können. Eine so zurückhaltende Beleuchtung würde sich wohl keine westdeutsche Stadt zuschulden kommen lassen. Vor allem nicht in einer solchen Nacht. Und natürlich würde auch kein Veranstalter eine Silvester-Party, wenn sie schon einmal mitten im Jahr liegt, bereits um halb elf beenden! Aber es ist tatsächlich wahr: die Feier ist zu Ende. Das ist nun doch ein unerwartet zaghafter Beginn der gesamtdeutschen Währung.

Da scheinen die wenigen Menschen, die dennoch geblieben sind, geradezu standhaft zu sein. Wieviel Ausdauer gehört doch dazu, sitzen zu bleiben, während die Reinigungsfahrzeuge bereits über den Platz fahren. Auch Männer in gelber Arbeitskleidung sind schon damit beschäftigt, Bänke zusammenzuklappen und die Seitenbahnen des blau-weißen Zeltes zuzuknöpfen. Ein Mann mit bleichem Schädel und einem ebenso bleichen Arbeitskittel (einen Rentner hat man also eingestellt) schiebt und zerrt umständlich einen Kübel an eine öffentliche Mülltonne heran. Mit bloßen Händen nimmt er Pappbecher und Plastikgeschirr aus dem Kübel, verschmierte Schüsseln und Teller, von denen die Reste einer Erbsensuppe tropfen, alles nimmt er und stopft es in die Mülltonne. Er scheint sich sehr darauf konzentrieren zu müssen, denn keine Sekunde wendet er den Blick von der Arbeit, die ihm nur langsam von den Händen geht. Man ist also bei den Aufräumarbeiten angelangt, bei den letzten Handgriffen dieser Epoche.

Wie spät ist es jetzt? Kaum noch eine halbe Stunde bis zwölf. Noch 27 Minuten, die den Osten vom richtigen Geld trennen, noch 27 Minuten, bis sich die Spekulationen und die illegalen Geldgeschäfte auszahlen und man die Geschäfte mit gebrauchten Kühlschränken, frisierten Autos, fingierten Investitionsabsichten ganz legal in Millionen-Höhe treiben kann. Ein bisschen clever hat man allerdings sein müssen: Man hat eine Scheinfirma aufbauen und seine Beziehungen spielen lassen müssen. Ach, wie die Gerüchte jetzt lodern. Der Jensen hat sich für 12000 Ost-Mark vier Omnibusse der SED an Land gezogen, der macht jetzt ein Reiseunternehmen. Und der Hiebig hat sich mit ein paar Leuten auf den Autohandel verlegt: Morgens im Westen für viertausend gekauft, abends im Osten für achttausend wieder verkauft, das macht ungefähr hunderttausend Mark im Monat, hunderttausend, und kein Finanzamt kommt dahinter. Was hätte man nicht alles machen können, wenn man früh genug daran gedacht hätte. Oder wenn man ein bisschen jünger wäre und keine Familie hätte.

Als eines der Gerüchte dieser Stunden kursiert aber auch die Geschichte des Seeblick unter den letzten Gästen. Dieses Luxushotel zählt anscheinend zu den großen Verlierern der kommenden Nacht, denn es wird wohl bald pleite sein. Das mag am Nebentisch natürlich keiner glauben, das Hotel Seeblick? Niemals! Es fällt dem Mann, der mit gerecktem Hals und angeschwollenen Wangen an diesem Gerücht arbeitet, allerdings nicht schwer, seine Zuhörer zu überzeugen. Man braucht sich doch nur die Schulden anzusehen! Dieses Hotel ist von einer schwedischen Firma für dreihundert Millionen D-Mark gebaut und von der alten Regierung zum Kurs von 1:8 in Ost-Mark belastet worden. Es war demnach mit fast zweieinhalb Milliarden verschuldet (was unter den alten Verhältnissen kein Problem war, die Devisen konnte man ja auch 1:8 verrechnen). Heute Nacht allerdings stellt man die Schulden wieder in D-Mark um, aber diesmal im Verhältnis von 2:1. Die Leute am Nebentisch haben sofort begriffen: Da ist dieses Prunkstück nun über Nacht mit der astronomischen Summe von 1,2 Milliarden DM verschuldet, und wer soll das jemals bezahlen?

Der Mann scheint noch mehr über den abrupten Wechsel des Glücks zu wissen. Er weiß zum Beispiel, dass es schon lange ein Restaurant namens Seeblick gibt, und auch, dass dessen Besitzer sich über die Namensgleichheit des neuen Hotels immer beschwert hatte. Schließlich rennt er täglich zwanzigmal zum Telefon, nur weil irgendwer im anderen Seeblick ein Zimmer reservieren will. Früher, sogar vor einem Jahr noch, hat man den Gastwirt mit Drohungen nach Hause geschickt, aber mit dem neuen Geld wird auch das neue Recht kommen! Und dann wird man mit einstweiligen Verfügungen gegen das neue Seeblick vorgehen können. Und dann? Nun, die werden dem Gastwirt den Namen, unter dem sie bereits international bekannt sind, abkaufen müssen, und zwar für mindestens eine Million. Ja, dieser einfache Gastwirt wird in der kommenden Nacht zu einem reichen Mann. So sehen es jedenfalls die Leute am Nebentisch. Sie seufzen leise, während sie unter die Bank nach den Einkaufstaschen greifen, in denen sie ein paar Flaschen mitgebracht haben. Von zu Hause Bierflaschen mitzubringen, um damit die Bierkrüge nachzufüllen, daran haben sie alle gedacht. So hat man es schon immer gemacht, das ist doch die billigste Lösung. Ach, wenn man nur sonst etwas mehr Glück hätte!

Wie viele Leute jetzt, drei Minuten vor zwölf, wohl noch auf dem Platz sind? Vielleicht fünfhundert. Unter den Arkaden stehen auch einige Gruppen. Beim Countdown der letzten Sekunden fehlt allerdings eine ordnende Hand. Da lassen die einen bereits die Knallkörper explodieren, während man am Nachbartisch gerade erst die 20 überschritten hat: 19... 18... 17... Allmählich beginnt dann ein etwas unschlüssiger Freudentaumel. Die Leute, die noch an den Tischen sitzen, stehen auf, heben die Bierflaschen, einige stellen sich auf die Bänke. Auch explodieren inzwischen immer mehr Feuerwerkskörper. Dann beginnen Autos zu hupen und sich zu einem Konvoi zu formieren. Man kurbelt die Fenster herunter und streckt die Deutschlandfahnen heraus. Aber auch hier fehlt die Regie, nichts ist koordiniert, und so fährt man bald in unterschiedliche Richtungen auseinander.

In der Nähe des Festzeltes ist offensichtlich ein Kamerateam bei der Arbeit, man erkennt es an dem hellen Licht, in das Tische und Menschen getaucht werden. Das Team scheint an den Motiven »Freudentaumel« und »knallende Sektkorken« interessiert zu sein, denn ein Assistent verteilt einige Flaschen Mumm. Man hat sich also vorsichtshalber auf eine etwas flaue Stimmung eingestellt und den Sekt lieber gleich selbst mitgebracht. Da sind die Leute aber gerührt. Die Flaschen werden überall herumgereicht, aber zum Trinken fasst man sie keinesfalls mit beiden Händen an, auch wenn sie noch so voll sind, die Fahne legt man deshalb doch nicht beiseite. Nein, getrunken wird nur mit der linken Hand, allerdings muss man sich anstrengen, die Flasche gerade zu halten, reichlich besoffen ist man ja bereits, und da schäumt einem der Sekt auch schon zum Mund heraus, jetzt ist aber auch alles egal, da beugt man sich eben ein bisschen nach vorn und hustet. Die Anderen lachen, während sie einem auf den Rücken klopfen. Aber weil die Flasche eilig weitergereicht wird, ist sie auch schon leer, und das Fernsehteam hat noch gar nicht genügend Material gesammelt. Was nun? Der Assistent wiegt die leere Flasche unschlüssig hin und her, legt sie dann kurzentschlossen aufs Pflaster und lässt sie in Richtung Kamera kullern. Die Scheinwerfer versuchen, der Bewegung zu folgen.

Etwas entfernt stehen einige Frauen auf den Bänken, sie wollen feiern, wissen aber nicht recht, was sie sagen oder rufen sollen. Was wünscht man sich in einer solchen Situation? Man kann sich ja schließlich kein »Gutes Neues Jahr« wünschen. Und immer nur »Prost« zu rufen oder allenfalls noch »Deutschland, Deutschland«, ist doch zu wenig. Also was soll man tun, ohne Formel und ohne Ritual?

Dann die beiden Jugendlichen, die hinter mir stehen: Als ich mich umdrehe, sehe ich sie flüstern und grinsen und einen Knallkörper in Richtung zweier Frauen werfen. Er verfängt sich im Haar und explodiert. Die beiden erschrecken. Man sieht ihr Gesicht entgleisen, während sie sich zu setzen versuchen. Die beiden Jugendlichen haben sich sofort weggedreht und scheinen über ihren Treffer selbst erschrocken zu sein. Unterdessen reiben sich die Frauen das Ohr, sie klopfen mit der Hand dagegen, dann neigen sie den Kopf zur Seite und bohren mit dem Finger im Gehörgang, wie beim Abtrocknen nach dem Schwimmen, aber der Schmerz und die Taubheit sind keine Wassertropfen, die man einfach herausschütteln könnte. Und die Männer, die neben den Frauen am Tisch sitzen? Für sie scheint der Zwischenfall ein Versehen zu sein, jedenfalls lachen sie ein wenig und unterhalten sich weiter. Offensichtlich sind aber auch die Frauen bereit, das Ganze als ein Missgeschick zu verstehen, als einen Ausrutscher im Zuge der allgemeinen Euphorie und Verbrüderung. Sie versuchen, ihr entgleistes Gesicht neu zu ordnen, ihm ein solidarisches Lächeln aufzusetzen, denn man muss doch zusammenhalten, jetzt, wo die Einheit so nah ist.

Aber zuerst einmal wird richtig gebrüllt und geknallt, zack, zack, und die Raketen sind immer seltener in den Himmel gerichtet, man hält sie waagrecht und schießt sie, sobald freie Bahn ist, die Straße entlang, und am Ende, an einer Hauswand oder einem Papierkorb, versucht die Rakete dann ihren Zauber zu entfalten, ein paar grüne Lichter zappeln herum, aber ein Feuerwerk will nicht entstehen. Darauf kommt es auch gar nicht an, denn man will ja kein Feuerwerk, man will Flagge zeigen und mit Raketen schießen, man will die letzten sozialistischen Ruinen zerbomben, in dieser Nacht, auch wenn man dabei ein Auto trifft oder eine Gruppe von Passanten.

Vor der Staatsgalerie steht eine Projektionswand, auf der die Ereignisse rund ums Brandenburger Tor zu sehen sind. Die fünfzig oder hundert Leute, die in der Nähe der Staatsgalerie herumstehen, sind sich unschlüssig, ob sie selbst feiern oder der Feier der anderen zusehen wollen. Plötzlich wirft jemand einen Feuerwerkskörper gegen die Projektionswand, was mir im ersten Moment wie eine überraschende Pointe erscheint, denn dort sieht man ja auch nur Leute, die Feuerwerkskörper werfen, und zwar auf die Kamera zu, also auf uns. Ich erwarte, dass jetzt das Bild erlischt und die Übertragung abbricht, aber nichts geschieht. Alles bleibt beim Alten: die Leute, die Fahnen, auch die schwarz-weiße Reichskriegsflagge ist darunter.

Und dann, während ich mich noch umsehe, haben ein paar Jugendliche die vor der Staatsgalerie versammelten Leute unter Beschuss genommen. Zu spät bemerke ich, dass eine der dicht über dem Boden daherjagenden Raketen im letzten Augenblick irgendwo abprallt, von einem Stein, einer Mülltonne abgelenkt wird, blitzartig zu mir herüberzischt und mir in den Schuh fährt. Über den Köpfen explodieren Knallkörper, zwischen den Beinen hindurch jagen die Raketen, für einen Augenblick entsteht Panik. Geduckt läuft man auseinander, manchmal alleine, meist aneinandergedrängt, der Fuß tut mir weh, ich hinke, ich achte vor allem auf den Boden, was bewegt sich da, es ist nur eine leere Dose, jemand wird sie zur Seite gestoßen haben, neben mir schreit ein Mann, dann hat man sich zerstreut, man atmet schwer, ein Junge weint, ich setze mich auf eine Bank und sehe nach meinem Fuß. Es ist nicht schlimm, aber eine Brandspur überzieht jetzt den Schuh.

So, jetzt habe ich erst einmal eine Pause gemacht. Ich bin essen gegangen und habe zum ersten Mal in DM bezahlt, was ich noch gar nicht glauben kann. Noch immer gebe ich das Geld aus wie Spielmarken – »unser« Geld, die echte D-Mark!

In der Gaststätte erfahre ich einiges über die Vorteile westdeutscher Brauereien. Die haben nämlich in drei Wochen geschafft, was man hier in 40 Jahren nicht zustande gebracht hat: ein Vertriebssystem, das erlaubt, innerhalb einer Stunde jedes Bier in jeder Menge nachzuliefern, auch am Wochenende. Sogar eine Schankanlage (schick und technisch perfekt) haben sie installiert, ohne Konditionen, aber mit Gläsern jede Menge. Und außerdem liefern sie das Bier in 50 Liter-Fässern mit Ventilverschluss, das ist ein großer Vorteil, sagt der Wirt, denn wenn Sie unsere Fässer anstechen, die müssen Sie auch in den nächsten Stunden leer machen, am nächsten Tag können Sie nämlich das Bier glatt vergessen. Aber mit Ventilverschluss hält sich das noch wochenlang. Und außerdem: Wer trinkt denn noch DDR-Bier? Ich meine jetzt mal nur vom Geschmack her.

Auf dem Hin- und Rückweg sah ich vor allen Geschäften Leute stehen; morgen ist ja Weihnachten (die große Bescherung), und man möchte schon mal einen Blick auf die neuen Dinge werfen. Die Geschäfte haben sich also frisch herausgeputzt: mit Philipps-Geräten und Salamander-Schuhen, mit Nivea, Ritter-Sport (extra-zart) und der »Prinzenrolle« von De Beukelaer.

Soviel dazu. Jetzt müsste ich zum Bericht von heute Nacht zurückkehren. Du siehst, diese ganze Schreiberei zieht sich in die Länge. Es ist eine Art von Stillstand: das endlose Schreiben an diesem nüchternen, heißen, einsamen Sonntagnachmittag – »einsam« kannst du streichen, es war ein Ausrutscher, ich bin viel zu sehr beschäftigt, alles festzuhalten. Aber das nüchterne Zimmer und die dürftige Küchenausstattung, die existieren tatsächlich, auch diese miserable Möblierung und diese geschmacklosen Tapeten und so weiter! Ich übe mich darin, wenigstens zeitweilig meine Umgebung zu vergessen. (Eine Art Abstumpfung?) Was ich nicht zu vergessen brauche, sind die Züge dort unten, ihr Hinundhergleiten unter einem inzwischen deutlich kühlen, merkwürdig gelben und immer noch völlig wolkenlosen Himmel (es ist ja auch bald zehn), dazu die hellen, langgezogenen Signale, manchmal ein kurzer Pfiff. Ich glaube, ich mache mir erst noch einen Kaffee.

Also: Heute Nacht bin ich noch eine Weile durch die Stadt gegangen, ich wollte sehen, wie der Lärm und die Aufregung allmählich verebben. Dabei habe ich Bunge getroffen. Er trug eine schwarze Hose, ein schwarzes T-Shirt und darüber eine Jeans-Jacke und war für einen Augenblick verlegen, als hätte ich ihn in einer Verkleidung ertappt. Dann schlug er vor, in eine Kneipe zu gehen, die ein paar junge Leute erst vor einer Woche eröffnet hatten. (Wie so oft: eine leer geräumte, im Parterre gelegene Wohnung, ein paar Tische und Stühle und in der Küchentür ein Brett. Das war die Theke, hier gab es Bier oder auch belegte Brote. Noch bis drei Uhr morgens konnte in beiden Währungen bezahlt werden – ein nun wirklich ultimativ letztes Angebot.)

Im allgemeinen Gedränge neben mir an eine Wand gelehnt, hielt nun auch Bunge die große Rede auf das schnelle Geld. »Wenn ich heute fünfzigtausend einsetzen würde, hätte ich für mein Leben ausgesorgt«, erklärte er, schien mir das aber nicht ernsthaft empfehlen zu wollen. Es sprach eher eine Enttäuschung aus dem, was er sagte. Er berichtete von seinem Bruder, der in Hamburg mit Baumaschinen und Werkzeug handelt, und ich begriff allmählich, dass diese Enttäuschung (dieser Neid?, dieses Gefühl zu versagen?) seinem Bruder galt. Der hatte sich bereits im Januar bei Wittenberge ein Depot angelegt: Kleinwerkzeuge vor allem, tausende von Schraubenziehern, Zangen und Sägen, alles was noch zu haben war, direkt bei den entsprechenden Betrieben und 1:10 in Ost-Mark bezahlt, also zwanzig Pfennig für einen Schraubenzieher! Ab heute sind nun die Grenzen endgültig offen, und die ganze Beute muss nur noch nach Hamburg transportiert werden. »Lastwagenweise!«, sagte Bunge und stand dagegen nun tatsächlich wie ein Versager da. »Eine solche Gelegenheit gibt es nur einmal«, sagt er immer wieder.

Während ich auf den Innenhof hinaussah, in den jetzt etwas Licht fiel, weil im Hinterhaus offenbar jemand auf die Toilette gegangen war, verstieg sich Bunge ganz in jenen entrückten Ton, den ich zuvor schon an den Biertischen gehört hatte: einen Coup landen, einen Fang machen, mit einem Schlag reich werden. Mit einem Schlag ein anderer Mann sein. So, als könnte man heute Nacht das eigene Leben zurückgeben und ein neues erhalten. Plötzlich scheint einem das Leben, das man immer geführt hat, gar nicht zu gehören. Man hat sich lediglich eine Weile mit einem offensichtlich unpassenden Exemplar herumgeplagt. Aber das ist jetzt vorbei.

Da haben Ost und West nun seit 40 Jahren daran gearbeitet, den Zufall zu bändigen. Dass es nur an der eigenen Leistung liege, was aus einem wird, das haben sie beide behauptet. Eine Ordnung der Ausgeglichenheit: keine Rupturen, keine Exzesse, keine Überraschungen (von der Lotterie abgesehen, aber die beschert das Glück ja nur Einzelnen). Jetzt aber, beim Zusammenbruch dieses

Systems, ereignet sich eine unkontrollierte Kettenreaktion des Schicksals, und ein ganzes wiedervereintes Volk experimentiert mit dem Ausstieg aus jeder Art von Kausalität. Das gleicht einer massenhaften und verschwiegenen Subversion, und niemand kann mehr verstehen, dass er jemals gearbeitet hat, um sein Geld zu verdienen. Das klingt fast so, als seien wir ein Volk von Abenteurern. Aber nein: nur von Spekulanten.

Während ich mir jetzt einen Wein genehmige (geschrieben ist genug für heute), denke ich, das Leben zurückzugeben, könnte auch eine Kunst sein, eine Weisheit. Eine Metamorphose zu erleben, in einer anderen Rolle zu erwachen, mit den eigenen Selbstbildern zu spielen. Aber wie es scheint, gehört auch diese Wandlungsfähigkeit nicht zum eigenen Leben, sondern nur zum eigenen Portemonnaie. Und darum findet der plötzliche Aufbruch vor allem in München und Hamburg oder Paderborn statt; dort schmiedet man eilig Pläne, bringt Verbindungen ins Spiel, nutzt überraschende Chancen, und es sieht ganz danach aus, als habe die Revolution im Osten vor allem den Westen befreit.

Aber dann wäre unsere bisherige Freiheit ja ein Irrtum gewesen; dann hätten wir uns in unseren Möglichkeiten getäuscht. Merkwürdig ist jedenfalls, dass das Aufatmen vor allem im Westen stattfindet, dort schlägt das Bedürfnis nach neuen Chancen so plötzlich über die Stränge, dort hat sich ein enormer Bedarf an Goldrausch aufgestaut. Im Osten dagegen ist man schon froh, wenn der Salat ein bisschen billiger wird.

[2. JULI]

Was ich heute in der Stadt entdeckte, glich einem Irrtum im Bühnenbild: ein Schaufenster, in das man ausschließlich West-Waren gestellt hatte. Da waren ein kleines Geschäft und ein kleines Schaufenster, dann gab es da den Teppichrest, mit dem man das Schaufenster ausgelegt hatte, ein Teppich, der wohl schon in vielen Zimmern gelegen hatte, bevor er hier noch einmal Verwendung fand. Auch ein Regal stand dort, ein massives Regal aus abgewetzten Eisenstangen. Es hätte schwere Baumaschinen tragen können, aber jetzt hatten die glitzernden und schlanken elektrischen Geräte Einzug gehalten: Küchengeräte, hell und leicht, ein paar Kofferradios mit Lautsprechern links und rechts – und weiter oben Schweizer Uhren in dezentem Design. Eine Gardine trennte das Schaufenster vom Ladenbereich, und so hatte ich zwangsläufig den Verdacht, dass mich von drinnen jemand beobachte.

Elke kann es nicht fassen: 7000 Bierkrüge gestohlen?! Das sieht ja aus, als seien wir ein Räuberhaufen. Mit so etwas hat man in Bayern bestimmt nicht gerechnet. – Und wenn man doch genau damit gerechnet hätte? Wenn man haarscharf kalkuliert und diese Art von kollektivem Diebstahl als die preiswerteste Form von Werbung errechnet hätte? Nicht nur prangt jetzt in 7000 Haushalten der Name der bayerischen Brauerei, nein, auch die gesamte Lokalpresse hat über die gestohlenen Bierkrüge berichtet, ausführlich und auf der ersten Seite; und so viel Aufmerksamkeit bedeutet möglicherweise den entscheidenden Vorsprung vor der Konkurrenz. Aber dass Diebstahl kalkulierter Bestandteil einer Werbekampagne sein könnte, das mag Elke nun wirklich nicht glauben.

In ihrem ganzen Rechtsbewusstsein geht sie übrigens auch ganz selbstverständlich davon aus, dass Spekulanten und Betrüger bestraft werden. Wer sich an der Währungseinheit bereichert hat, kommt vor Gericht, das ist gar keine Frage. Und weil die Presse den Schaden auf Millionen oder gar Milliarden beziffert, sieht Elke mit einer gewissen Vorfreude der Verurteilung all dieser zwielichtigen Gestalten entgegen. Eine riesige Prozesslawine wird da auf uns zukommen, und Elke würde sich am liebsten zur Geschworenen bestellen lassen. Ich habe sie in ihren Träumen nicht gestört, vermutlich würde sie mir auch gar nicht glauben, dass man zwar für einen Diebstahl von 200 Mark bestraft werden kann, aber doch nicht für einen Diebstahl von 200 Millionen. Betrügereien in dieser Höhe sind ja nur eine unkontrollierte Form staatlicher Subvention.

[3. JULI]

Nein, es war nicht das »Altmodische«, was mich an diesem Gespräch mit der Buchhändlerin beschäftigt hat, es war nicht einmal das Gespräch selbst, sondern das Gesicht. Du weißt ja, in Gesichter bin ich vernarrt. In Gesichter und Landschaften. Bei manchem Gesicht wünsche ich, mich lange darin zu bewegen, zu wandern. Ich kann den Blick nicht abwenden. Man müsste viel mehr Zeit für ein solches Gesicht haben. Andere Gesichter möchte man nur von Ferne streifen, man fürchtet, wenn sie einen wahrnehmen, ist es vorbei. Sie versteinern oder bemühen sich zu gefallen. Also beschleicht man sie. Dann gibt es wieder Gesichter, die möchte man anfassen, möchte eingreifen, sich hineinwühlen. Man muss sie in Händen halten. Es ist, als ob sie sich nur in der körperlichen Berührung offenbarten, als ob sie bis zum letzten Exzess etwas zu verbergen hätten. Bei manchen Gesichtern ist es besser, wenn sie niemals reden, denn die Worte stimmen nicht mit ihnen überein. Andere Gesichter dagegen muss man sprechen sehen, unbedingt muss man sie hören, denn man wird bemerken, wie selbst das albernste Wort einen Glanz erhält. Diese Gesichter können tatsächlich jedes Wort ertragen. Und das Gesicht der Buchhändlerin? Ich weiß nicht, es war immerhin ein Gesicht, das mich darin bestärkt hat, die restlichen Monate hierzubleiben.

Aus den aktuellen Inseraten:

1) Zwei Steuerberater (BRD) eröffnen am 15.7. ihre Außenstelle.
2) Zahlungskräftiger BRD-Sammler kauft an: Alte Ansichtskarten, Plakate und Autoprospekte bis 1945.
3) Praxiserfahrenes BRD-Team (Bereich Kraftwagenspedition und LKW-Handel) sucht Partner. Eigene Geschäftsräume erwünscht.

[5. JULI]

Ich habe einige Parlamentarier bei der Arbeit gesehen. Sie stritten sich über Telefonanschlüsse und Lebensmittelpreise. Traf es beispielsweise zu, dass West-Produkte völlig überteuert waren? Traf es zweitens zu, dass einheimische Produkte gar nicht mehr in den Handel gelangten? Der Mann, an den diese Fragen gerichtet waren, schien schon häufig Antworten gegeben zu haben, obwohl er doch vermutlich noch nicht einmal zwei Monate im Amt ist. »Meine Damen und Herren«, begann er forsch, um dann zunächst einmal zu betonen, wie sehr ihm der wirtschaftliche Aufschwung der Stadt und ihrer Bürger am Herzen liege. Er bat auch darum, ihm einen Hinweis auf die zum Glück sehr kooperative Zusammenarbeit mit den entsprechenden Ministerien in Berlin, ja auch in Bonn, zu gestatten. Was nun die zur Debatte stehende Frage nach den Lebensmittelpreisen betraf, signalisierte er äußerste Wachsamkeit. Man werde jedem Hinweis auf Unkorrektheiten nachgehen, und man werde nicht zögern, sich einen Überblick zu verschaffen. Allerdings – so fügte er hinzu: Die Zeiten der Kommandowirtschaft sind vorbei. Man konnte den Betrieben doch nicht länger Preise und Geschäftspartner vorschreiben.

Und der Streit um die Telefone? Ach ja, da hatte ein Abgeordneter vorgeschlagen, ehemaligen Stasi-Mitarbeitern das Telefon zu entziehen, um es möglichst unbürokratisch Bedürftigen zukommen zu lassen, Gehbehinderten zum Beispiel. Man atmete auf, das war doch ein deutliches humanitäres Signal. Man war sich also beinahe einig. Allerdings gab jemand zu bedenken, dass rechtsgültig nachgewiesen werden musste, wer Stasi-Mitarbeiter gewesen war. Und das konnte eine heikle Angelegenheit werden. Wie leicht kam es da zu Ungerechtigkeiten und zu falschen Verdächtigungen. Immerhin: Die Parlamentarier arbeiteten angestrengt an einem gemeinsamen Beschluss. Natürlich deklamierte man die jeweilige Parteilinie, aber nur solange Protokoll geführt wurde. Danach schüttelte man sich parteiübergreifend die Hand und suchte nach Kompromissen. Man ließ sogar einen Sachverständigen rufen, vielleicht konnte der ein paar Hinweise geben. Und tatsächlich: Der Sachverständige gab eine unmissverständliche Auskunft. Die Probleme des Fernsprechverkehrs, so führte er aus, liegen ihm zufolge nämlich nicht an der geringen Zahl von Telefongeräten, sondern an der geringen Zahl von Schaltzentralen und freien Leitungen. »Wenn Sie aus einer Wohnung ein Telefon herausnehmen«, rief er, »dann kann man damit in der Nachbarwohnung doch noch lange nicht telefonieren!« Das war allerdings wahr.

Da saßen also die Leute, die zu bestimmen haben, und sie erkundigten sich nach der Wirklichkeit, um sie, falls es ging, ein bisschen zu beeinflussen. Aber die Macht, die haben von jetzt an immer die Anderen, das ist das moderne Prinzip. Und die Anderen, das sind vor allem die Verhältnisse: der Mangel an Telefonzentralen zum Beispiel oder die Gesetze des Marktes. Auch aus der Sicht der Filialleiter, die ja schließlich die Preise heraufgesetzt haben, liegt die Entscheidungsfreiheit ausschließlich bei den anderen, vor allem bei der Konkurrenz. Es ist also vorbei mit der Macht. Und als Parlamentarier kann man sich eigentlich nur fragen, ob es wohl zweckdienlich sei, eine Resolution gegen die überhöhten Preise zu verabschieden.

[7. JULI]

Ein Spaziergang mit Stefan. Ich bin überrascht, dass wir längere Zeit schweigend nebeneinander hergehen können. Die Wiesen sind verblüht, kein Blau, kein Rot, kein Gelb. Dafür aber stehen die Gräser und entfalten ein Geflimmer von Samen und Pollen, ein winziges Zittern, nur eine Luftspiegelung, ein flüchtig verstreutes Licht.

Als wir uns dann doch in ein Gespräch verstricken (wieder das Thema die *Rundschau*), überrascht mich Stefan ein zweites Mal: Er argumentiert heute ganz pragmatisch, ganz vernünftig. Die *Rundschau* scheint in eine ökonomische Krise zu schlittern, die Abonnenten laufen ihm davon. Inzwischen sind ja die West-Zeitungen auf dem Markt. Sie haben auch die früheren SED-Blätter übernommen und ruhen sich jetzt aus, auf dem alten Monopol. Die können sich auf Kreisredaktionen stützen und außerdem sind sie einfach schneller. Was die am Montag berichten, bringt die *Rundschau* erst am Dienstag. Das ist wohl das Hauptproblem: schneller werden! Erst allmählich machen sich die aus Hamburg geschickten Redakteure bemerkbar. Aber immerhin: Die haben einen Kommentar in einer Stunde geschrieben und eine Meldung in zehn Minuten redigiert. »Wir könnten noch mehr solche Leute brauchen«, sagt Stefan (der noch vor zwei Monaten den »Ausverkauf« der *Rundschau* kritisiert hat).

Obwohl ich geschäftlichen Überlegungen sonst nur widerwillig zuhöre, bin ich diesmal fast froh darüber, denn jetzt ist mir Stefan vertrauter geworden. Solange er bei seinen bürgerbewegten Argumenten blieb, konnte ich ihm mühelos zustimmen, aber er ist mir trotzdem unverständlich gewesen. Inzwischen ist er dabei, das Lager zu wechseln, aber ich verstehe ihn jetzt wenigstens. Unser Gespräch hat jetzt einen festen Boden. Dass man aus Hamburg einen Redaktions-Berater geschickt hat (einen Herrn Seiffert) und dass dieser Berater sich um den völlig desolaten Zustand der Redaktion kümmern soll, das alles leuchtet mir ein. Ich kann auch nachvollziehen, dass dieser Seiffert nächtelang am Kopiergerät stand, um Lehrmaterial zu kopieren: Was ist eine Meldung im Unterschied zu einem Bericht? Wie geht man mit vertraulichen Informationen um? Wie sollte die Rubrik »Gratulationen und Todesfälle« aussehen? Und so weiter. Das klingt vielleicht etwas aufgesetzt (sagt Stefan), andererseits hat Seiffert ja recht: einen richtigen Journalismus hat in der Redaktion niemand gelernt. – Aber behauptet das nicht auch Frau Ziegler? – »Ja schon«, sagt Stefan, »aber die macht daraus einen Vernichtungsfeldzug. Frau Ziegler hat selten ein gutes Haar an einem Artikel gelassen. Seiffert macht das besser, auf den Redaktionsbesprechungen lässt er jeden mal einen Artikel analysieren. Das ist Teamarbeit.«

Später die Rehe. Immer wieder sehe ich sie aus den Baumgruppen davoneilen, sobald wir uns nähern. Leicht und weit laufen sie davon, bis sie auf einmal stehenbleiben und herübersehen.

Als ich von den Spaziergängen zu Hause erzähle und Stefan mich erstaunt ansieht, begreifen wir beide im selben Augenblick, welche Täuschung uns bisher begleitet hatte: Unbewusst, also völlig selbstverständlich, schien uns die ganze Zeit, ich käme aus der Großstadt und er aus der Provinz. Der täglichen Erfahrung zum Trotz war am Rande unserer gegenseitigen Wahrnehmung ein hartnäckig seitenverkehrtes Stadt-Land-Schema am Werk.

[9. JULI]

Die Wut auf die hohen Preise steigert sich zu einer öffentlichen Debatte. Überraschenderweise geht es dabei aber nicht um die Einführung der West-Preise – das Brot kostet jetzt statt einer Mark immerhin vier oder fünf, aber darum geht es nicht, denn damit hat man ja gerechnet. Aber dass die Einführung der West-Preise nicht identisch ist mit der Einführung der Aldi-Preise, das nimmt man übel. Und wem nimmt man es übel? Der Stadtverwaltung, dem Bürgermeister natürlich! Die hätten nämlich schon längst dafür sorgen müssen, dass sich ein paar »Billiganbieter« in der Stadt niederlassen. Nach einer Flut von Leserbriefen ist der erschrockene Bürgermeister nun gleich persönlich in den Westen gefahren, um die Konzerne gnädigst zu bitten.

Rainer hat geschrieben. Er hält das ganze Buchprojekt für eine fatale Sackgasse. Nicht weil es ein uninteressantes Thema wäre, im Gegenteil: weil vermutlich hundert andere am selben Thema schreiben. Neben Rainer komme ich mir immer so verträumt vor mit meinen Plänen. Wahrscheinlich hat er recht: Auch ein Buchprojekt ist eine Frage der richtigen Kalkulation. Und in das deutsch-deutsche Thema zu investieren, birgt wohl ein zu großes Geschäftsrisiko.

[10. JULI]

Die Zeit der Hochstapelei ist vorbei: kein Opernrestaurant mehr. Jetzt wird original in D-Mark bezahlt. Ich bin wieder in meiner Realität angekommen, zum Beispiel in der Mensa. Was ich auf meinem Tablett finde, ist ein Klumpen Kartoffelbrei, ein Stück Fleisch (undefinierbar zerkocht) und etwas, was sich »Rohkost« nennt und ein halbes Jahr in Essig gelegen haben muss. Dann die Geschirrrückgabe: Am Tresen befindet sich lediglich ein schmaler Schlitz, man soll die Küchengehilfinnen offenbar nicht sehen. Kein Kontakt zwischen Intelligenz und Dreckarbeit. Ich schiebe mein Tablett also über den Tresen. Ein paar Schritte weitergegangen, höre ich einen merkwürdigen Ruf, den ich schließlich als »Tabläähäääät« identifiziere. Zunächst beziehe ich das nicht auf mich, dann aber wird mir klar, dass man an dieser Stelle nur Geschirr und Besteck, nicht aber das Tablett abgeben soll. Obwohl mich sofort ein Schuldgefühl befällt, verspüre ich keine Neigung, einem derart grässlichen Geschrei nachzugeben.

Ich war tanken, jetzt, um ein Uhr nachts. Um diese Zeit sind die Warteschlangen nicht ganz so lang. Kaum Einheimische, nur noch die offenbar zu jeder Tages- und Nachtzeit arbeitsbereiten »Geschäftsleute«. Eine Viertelstunde dauert es trotzdem, aber macht nichts, es gibt heute ja nichts mehr zu tun. Zögerndes Vorrücken zwischen den Fahrzeugreihen. Lichter und Benzingeruch in einer warmen Nacht. Und wieder die Vorstellung loszufahren, aufzubrechen, ganz neu und jetzt gleich, oder zu dir zu fahren – oder besser noch: mit dir wegzufahren. Das ist tatsächlich das Bild meines Lebens: fahren, fahren, notdürftig ausgestattet, und du bist dabei.

[13. JULI]

Endlich war ich einmal in Liepenau bei jenem Mann, den ich seit meiner Kindheit als »Onkel Wilhelm« kenne, obwohl niemand von uns wirklich mit ihm verwandt ist. Aber er geistert seit jeher durch die Familiengespräche und ist nun beinahe selbst ein Geist geworden. Lange habe ich diese Begegnung vor mir hergeschoben. Ich wusste, dass sie mich zwingen würde, mich mitten in der Stimmung des allgemeinen Aufbruchs mit dem Alter zu beschäftigen, vielleicht sogar mit dem Tod. Und doch: Was ich sah, war ein Leben, das leise die Tür hinter sich schloss.

Ich war in einem der Mietshäuser, in denen man nichts anfassen mag, das Treppengeländer nicht und auch nicht die Wände oder Türklinken, denn alles war dabei, kranken, kalten Schweiß auszusondern. Zuerst hatte ich lange vor der Tür gestanden. Wiederholt hatte ich geklingelt, aber nichts war geschehen. Es war also niemand zu Hause, nun gut. Als ich jedoch eine kurze Mitteilung durch den Briefschlitz schieben wollte, hörte ich deutlich, dass unmittelbar hinter der Tür jemand Atem holte. Ich habe noch einmal geklingelt, und weil nichts zu hören war außer einem Knacken in den Dielen, habe ich durch den Briefschlitz meinen Namen gerufen; Onkel Wilhelm musste sich doch an mich erinnern. Dann hörte ich Schritte. Allerdings entfernten sie sich von der Tür; schleppend bewegten sie sich den Gang entlang, ein Zimmer wurde geöffnet, und ich hörte eine Frauenstimme, die meinen Namen wiederholte. Man schien sich zu beraten.

Endlich kamen die Schritte wieder an die Tür zurück, die Frauenstimme wiederholte noch einmal meinen Namen – nur meinen Namen, aber es klang wie eine Frage – und ich bestätigte, ja, ich bin es, ich bin gekommen. Allerdings konnte ich mir nicht vorstellen, wer diese Frau sein mochte. Als sie die Tür öffnete, sah ich in ein erschöpftes Greisengesicht und in erloschene Augen. Womöglich würde ich die Frau »Tante« nennen müssen. Wie gebrechlich sie dastand, in diesem Strom verbrauchter, von Eintopfgeruch erfüllter Luft! Es blieb mir nur wenig Raum zum Atmen. Außerdem schien in der Wohnung noch immer geheizt zu werden.

Da stand ich unter der Tür und musste hindurch. Ich fürchte, ich habe meinen Widerwillen nicht verbergen können. Ich habe nichts gesagt; meinem ganzen verspannten Leib habe ich beim besten Willen nicht die kleinste Höflichkeit abringen können. Und auch die Frau sagte nichts. Schwer atmend ging sie hinter mir her durch den Flur, und weil sie schwieg, musste ich halb umgewandt gehen, um zu erkennen, in welches Zimmer sie mich führen wollte. Der Raum, in dem Onkel Wilhelm saß, war vollgestopft mit alten Möbeln. Überall schweres, tiefdunkles Holz und ein an vielen Stellen abgenutzter Lack. Das dort war also Onkel Wilhelm. Er sah nicht einmal besonders alt aus, aber er saß kraftlos und mit gestrecktem, offensichtlich kranken Bein auf einem Sofa.

Ich fragte, wie es ihm ginge. »Wie es mir geht? Na ja – du siehst es ja selbst. Von mir ist nicht viel übriggeblieben. Es kommt eben alles 20 Jahre zu spät – 20 Jahre mindestens.«

Wie es schien, hatte man auch seit 20 Jahren das Zimmer nicht mehr gelüftet. Die Luft war schwer einzuatmen, sie war zäh und voll von Möbelgeruch, von Kraut und abgestandenem Atem. Nein, der Sommer hatte noch nicht bis in diese Wohnung vordringen können. Die Möbel waren so gestellt, dass sich kein Fenster erreichen ließ. Ganz von draußen abgewandt, standen sie in bedrückender Enge: die Schränke, die Kommoden und eine Glasvitrine. Onkel Wilhelm hatte der fremden Frau vielleicht ein Zimmer überlassen und sich nun mit den letzten Möbeln hierher zurückgezogen. So richtet man sich also ein.

Hier, in diesem Zimmer, wäre alles langsam zu Ende gegangen, aber dann kam diese Wende im Land. Onkel Wilhelm schien sie eher als eine Störung zu empfinden. War er nicht seit langem schon krank? Hatte er nicht bereits mit allem abgeschlossen? Und dann dies. Es war, als ob man noch einmal einen Blick werfen sollte – einen einzigen Blick. Am Ende drehte sich das Leben noch einmal höhnisch nach einem um: Siehst du, so hätte es auch sein können. Was hielt man denn in Händen, wenn es hier mit einem zu Ende ging? Da hatte es den Hitler gegeben und seinen Krieg, dann hatte es Stalin gegeben und den Kalten Krieg und dann diese ungenutzt verstrichenen Jahre. Das war alles. Onkel Wilhelm schien sagen zu wollen, hier sterbe man anders: als Fossil, als Produkt einer Kette historischer Irrtümer. So einsam man starb, es sah nicht danach aus, als sterbe man wirklich den eigenen Tod.

Sooft Onkel Wilhelm husten musste, klirrten die Scheiben der Glasvitrinen. Es war kein auffälliger Ton. Vielmehr war er so verbraucht wie die Tapete über den Schränken – eine Tapete, die dabei war, sich abzulösen, sich zusammenzurollen und eine grünliche Wandfarbe freizugeben. »Andererseits kann es mit mir ja auch noch fünf Jahre so weitergehen«, sagte Onkel Wilhelm. Und es schien ihm wenig daran zu liegen. Wozu in die neue Zeit mitgezogen werden, ohne in sie hineinzuleben, tatsächlich hineinzuwachsen?

Er schwieg einen Augenblick und lehnte sich zurück. Dann richtete er sich wieder auf und griff nach einem Bildband, nach einem grauen Buch in unhandlichem Format. So hatte es ausgesehen, als schon einmal alles zu Ende gegangen war – vor 45 Jahren. Was Onkel Wilhelm mir zeigte, waren Fotos aus dem zerstörten Dresden, seiner Heimatstadt. Auf einem der Bilder sah man zwischen Rauchsäulen und Ruinen einige Männer stehen. Sie trugen dicke Wehrmachtsmäntel und einfache Mützen. Einige schienen auch Gummihandschuhe zu tragen, die bis an die Ellbogen reichten. »Natürlich kann man heute und damals nicht miteinander vergleichen«, sagte Onkel Wilhelm. Aber dass man nach dem einen Irrsinn gleich in den nächsten verfallen war, das wollte er sagen. »Euch hat man früher entlassen. Auf unseren Knochen hat man das alles ausgetragen.« Hier in diesem Land war die Geschichte zweimal von dem ihr offenbar vorbestimmten Weg abgekommen. Und zweimal hatte sie ihren Weg wiedergefunden – das erste Mal mit Bomben und verbrannten Städten – das zweite Mal war es für die meisten eine Erleichterung. Onkel Wilhelm allerdings gehörte lediglich zu denen, an deren Leben sich zwei Irrtümer der Geschichte korrigiert hatten.

Warum habe ich diese Bilder so lange angesehen, ich konnte sie doch zunächst so schlecht erkennen? Das Licht stand ungünstig, und ich rückte zuerst mit dem Bildband, dann mit dem Stuhl hin und her. Und solange ich mich bewegte, musste ich nicht reden; ich konnte eine Antwort verzögern. Die Männer, die ich auf den Fotos sah, Männer in Wehrmachtsmänteln, waren über Menschen gebeugt, über Tote, die man in Reih und Glied gelegt hatte. Man sah eigentlich nur Beine, die sich einem entgegenstreckten. Den meisten fehlten die Schuhe. Ich konnte nicht erkennen, warum die Männer sich über die Leichen beugten, aber ein Mann mit schwarzem Hut sah auf ein Blatt Papier oder ein Formular, in das er etwas eintrug. Ein anderes Foto zeigte ein Pferdefuhrwerk, von dem man Leichen zerrte. Man legte sie auf die Erde, die Arme jeweils vom Körper weggestreckt. Das Gesicht war nun nach oben gewandt. Keine Verletzung. Sie alle schienen erstickt zu sein: unter den brennenden Trümmern erstickt. Es waren Kinder. Ich sah das Kopftuch eines Mädchens, das man dick eingepackt hatte, bevor die Bomben gekommen waren. Nun lag es da. Der Mantel war nach außen aufgeschlagen und der Pullover verrutscht. Die Pferde senkten die Köpfe zu den Toten herab, aber sie schienen nichts zu begreifen; sie standen da, wie man es von den idyllischen Gemälden kennt: Feierabend auf dem Dorfe. Sonnenuntergang.

Auf einem anderen Foto sah ich einen Soldaten, der in unsicherer Stellung auf einem Haufen sorgfältig übereinander geschichteter, jetzt mit dem Gesicht nach unten gelegter Menschen stand, ein Haufen, aus dem Schicht für Schicht Beine ragten, alle ohne Schuhe, vielleicht hundert Menschen. Offenbar goss der Soldat Benzin über die Toten, und er tat es offenbar hastig. Sein Gesicht und sein Körper waren in völlig gegensätzliche Richtung gespannt, wie es nur bei eiligen und ängstlichen Bewegungen geschieht. Ein Kommentar am Bildrand besagte, dass manche Familie ihre Toten nicht preisgeben wollte. Auf diese Weise verbrannt sollten sie nicht werden. Die Familien kämpften um ihre Toten. Aber natürlich wurde keine Ausnahme gemacht, denn es bestand ja Seuchengefahr, auch das war am Bildrand zu lesen. Und wer hätte all die Toten transportieren und beerdigen sollen? Wie viele Kräfte wären von den dringenden Aufräumarbeiten abgezogen worden?

Neben den Toten, halb den Ruinen zugewandt, stand eine zerstörte Straßenlampe, sie schien sich mit letzter Kraft vor dem Sturz bewahrt zu haben. Selbst das Metall war glühend heiß geworden, Stahlpfeiler hatten sich vor Hitze verbogen, und der Asphalt hatte zu kochen begonnen. Und als sich das Feuer erschöpft hatte, fand man Schuhe, die in den Asphalt eingebrannt waren, und daneben, ganz unkenntlich, auch Menschen.

Ich hatte vermutet, dass Onkel Wilhelm mich beobachten würde, aber er sah nur vor sich hin. Dass ich etwas sagte, schien er nicht zu erwarten. Er ließ mich allein, und es war, als ginge ich nach einer langen Arbeit durch einen leeren Flur. Nur der Widerhall meiner Schritte war zu hören – und der Atem. Ich dachte daran, das Fenster zu öffnen. Aber das hätte den Lärm hereingetragen. Oft hatte ich mir vorgestellt, dass den Toten das letzte Bild, der letzte Augenblick ihres Lebens bis in alle Ewigkeit vor Augen stünde, aber offenbar kann ähnliches auch schon den Lebenden geschehen.

An jenem Tag hatte die Sonne geschienen, ein kleinerer Teil des Bildes war jedenfalls überbelichtet, während man die Soldaten im Schatten der Ruinen klar erkennen konnte. Ja, es muss ein sonniger Tag gewesen sein; erst jetzt fiel es mir auf. Deutlich unterschieden sich auf den Uniformjacken Licht und Schatten. Nur deshalb waren ja auch die Toten so klar zu erkennen. Es hatte lange gedauert, bis ich begriff, dass dieser Februartag weder trüb noch finster gewesen war, sondern vielleicht der erste strahlend schöne Tag. Der Winter konnte sich aus diesem Bild nicht lösen und war doch nicht vorhanden.

[14. JULI]

Himbeeren, mein Gott, reife, rote Himbeeren! Sie verbinden sich für mich immer mit alten Gartenzäunen, mit Sommerhitze und mit verdorrtem, fast weißem Laube, in langer Trockenheit zusammengerollt. Ein Geruch, der leicht verweht.

Du siehst: die Nostalgie. Was bleibt einem anderes übrig? Wenn du dir diese Entwicklung ansiehst, möchtest du erst einmal nur rufen: »Halt, alles zurück!« Und falls es wirklich keine Alternative gibt (was ja noch die Frage ist), dann müsste man diesen Prozess wenigstens noch einmal langsam, in all seinen Details rekonstruieren. Das muss man sich noch einmal genau ansehen! Dem Anblick soll sich keiner entziehen. Dieser, aufs Jahrhundert gesehen, kurze Augenblick der Vereinigung hat die Qualität einer Offenbarung. Das ist also aus uns geworden.

Aber ich tue ja so, als wüsste ich, wie es genau vor sich gegangen ist. Nein, die Vereinnahmung ist fast vollzogen, und ich, der sie konzentriert beobachten wollte, könnte nicht sagen, wie es nun eigentlich genau passiert ist. Und was jetzt? Was hat es für einen Sinn, weiterhin Krankenpfleger, Putzfrauen und Buchhändlerinnen zu beobachten? (Und für wen??) Vielleicht sollte ich doch viel mehr in der politischen und ökonomischen Sphäre arbeiten. Aber ich glaube, das wäre ein Gräuel. Und dass man dort auf ein Zentrum trifft, auf so etwas wie den innersten Mechanismus der Entwicklung, ist wohl auch eine Illusion. Mit dem Zentralkomitee ist uns ja schließlich das letzte Zentrum der Geschichte entschlafen. Andererseits … Ich drehe mich im Kreis.

Gerade war ich drüben im *International*; bevor ich weiterhin nur klage, wollte ich mit dir reden. Aber dort drüben auf eine Verbindung zu warten, hat alles noch verschlimmert. Solange die Einrichtung solcher Hotels altmodisch und scheußlich war, konnte man den Kopf schütteln. Das hat einen aufgemuntert. Aber jetzt, dieses moderne Foyer: Marmor, Chrom und Glas. Ich sitze steif da, während im Hintergrund eine Telefonistin versucht, die Verbindung herzustellen. Am Tresen prüft ein Angestellter die Rechnungen des Tages. Solche Hotels schüchtern mich ein. Unterschwellig scheint mir immer alles einige Nummern zu groß für mich zu sein. Gleich werde ich mich offenbaren müssen. Spätestens wenn man mich so vornehm fragt, auf welchen Namen man dieses Telefongespräch »notieren« dürfe. »Ich habe hier kein Zimmer«, werde ich dann antworten, möglichst mit aufrechtem Blick, und die Rechnung sofort und bar bezahlen.

Und worüber hätten wir auch reden sollen? Je länger ich dort bei dem in seine Rechnungen vertieften Mann saß, desto sicherer wusste ich, dass mir mit einem Gespräch von fünf Minuten nicht zu helfen wäre. Im Gegenteil. Du würdest womöglich überquellen vor guter Laune und Unternehmungslust (jetzt am Samstagabend). Natürlich, du würdest lachen und herumalbern und ein paar aufmunternde Worte finden, weil ich ja in ein oder zwei Wochen zurückkomme. Aber es bliebe diese Kluft, diese Entfernung. Und nach so einem Gesprächsversuch wieder aufzulegen, hinauszugehen, in mein Zimmer zurückzukehren… Ich glaube, das wäre das Schlimmste: die Rückkehr. Und das ganze Telefongespräch wäre nichts als ein unabweisbarer, bitterer Kommentar zu dieser Depression. Ich habe der Telefonistin erklärt, dass ich nicht länger warten könne.

Jetzt bin ich wieder hier und könnte mit den Notizen beginnen, aber der Gedanke an ein Gespräch war ja bereits da, und er wirkt so deprimierend wie das Gespräch selbst. Auch so befremdend. Irgendwie muss man ja beim Telefonieren mit der Entfernung, die man da überbrückt, fertig werden. Jedenfalls attackiert das Telefon mein Grundbedürfnis, eine räumliche Vorstellung von dem zu haben, was ich gerade mache. Unterschwellig beginne ich deshalb immer, mich auf diese Entfernung einzustellen, und auch jetzt, wo ich nur an dieses Telefongespräch gedacht habe, ist es plötzlich, als würde mich jemand zwingen, mich selbst aus der Entfernung zu betrachten. Ganz aus der Perspektive unserer Schwarzwälder Postkartenidylle sehe ich mich hier sitzen, in diesem Gästehaus mit seinen karierten Tapeten. Diese provisorische Tischplatte ist dann auf einmal ganz unerträglich und neben mir diese Kunststoff-Küchennische erst recht. Und die vergangenen Tage? Es ist, als würde die Erfahrung erst jetzt zu arbeiten beginnen. Die Narkose, die ja (zum Glück) immer entsteht, wenn man sich näher mit etwas befasst, ist im *International* aufgebrochen. Und dabei heißt es immer, jemand habe aus »sicherer Distanz« zugesehen. Ich habe eher den Eindruck, zumindest diese Art von telefonischer Distanz ist ziemlich unsicher.

[16. JULI]

Dass unsere Reportage über den fingierten Hauskauf nun ausgerechnet Frau Ziegler zu gefallen scheint! Heute habe ich sie kennengelernt. Ihr Büro ist so schmal, dass ihr Schreibtisch an der Längsseite steht, folglich sieht sie beim Arbeiten gegen die Wand (das wäre mir unmöglich). Sie spricht wenig, und was sie sagt, wirkt lauernd. Man beginnt unwillkürlich auf die eigenen Worte zu achten. Dabei war der Anlass ganz erfreulich: Ob ich nicht noch mehr schreiben wolle. Aber so sehr sie unsere Reportage lobt, sie tut es mit unbewegtem Gesicht. Das steife Lächeln bleibt, keine Erlösung der Mimik, keine Entspannung.

Stefan will von dem Kompliment, das ja auch ihm gilt, nichts wissen. Er argwöhnt, Frau Ziegler wolle mich ködern: Merkst du denn nicht, die versucht es doch mit allen Mitteln. Die baut sich eine neue Zeitung auf. Stefan spricht von Intrigen und Mauscheleien. Das ist für ihn gar keine Frage. Frau Ziegler interessiert sich nicht für unsere Reportage, die will mich in ihre Seilschaften einbauen, das ist alles. Ich fühle mich ertappt, naiv zwischen die Fronten geraten. So kann man mir das Gewissen beschweren.

[18. JULI]

Heute Vormittag war ich bei Bunge. (Ich müsste eigentlich »bei Thomas« schreiben, ich spreche ihn ja auch längst mit seinem Vornamen an. Aber hier in diesen Notizen passt dieser »Thomas« nicht, es klingt so ernst, so »nah«. Außerdem entspricht es unserem stichelnden Verhältnis eher, ihn weiterhin »Bunge« zu nennen.)

Er scheint im Chaos von Inkompetenz und Zusammenbruch ganz aufzublühen. Ja, er gehört zu den Menschen, die erst im allgemeinen Untergang Format entfalten. Da sitzt er in seinem Büro und versteht es mit größter Ruhe und schönstem Charme, an drei verschiedenen Telefonen gleichzeitig die Anrufer zu beruhigen.

Inzwischen ist auch alles neu eingerichtet, die Deckenverkleidung ist tiefer gezogen und die Wände sind weiß tapeziert worden, mitten im Zimmer steht ein großer und doch sehr leichter Schreibtisch aus schwarzem, hochglanzlackiertem Holz. Sonst befinden sich noch keine Möbel im Zimmer. Die Aktenordner stehen schön nebeneinander aufgereiht am Boden.

Bunge spielt den Krisenmanager (auch so eine Art von Abenteuer). Ganz oben mischt er mit, wahrscheinlich fehlt nicht viel, und er steigt in die künftige Landespolitik auf, ohne dass jemand etwas dabei findet. Hier lebt ja jeder mit dem Makel, eigentlich auf dem falschen Posten zu sein; hier ist man entweder vorbelastet (als Ex-Genosse) oder man hat (als Neuling) keine Ahnung. Und so entsteht, während das Land zusammenbricht, das Wunder einer unbürokratischen Bürokratie.

Bunge hat mich übrigens gefragt, ob ich mich nicht auch für Pressearbeit interessieren könnte. Für ihn allein ist das alles nämlich schon längst zu viel. Und wenn ich seine Arbeit so betrachte, muss ich sagen: Ich wäre nicht einmal abgeneigt. Das Bedürfnis nach etwas Handfestem zwickt mich in letzter Zeit ja oft genug. Und in diesem Falle würde alles passen; erstens, weil ich (wie die Anderen) eine Fehlbesetzung wäre, und außerdem: schon allein wegen des allgemeinen Zusammenbruchs. Ja natürlich, ich gehöre doch auch zu denen, die nur dann einen Boden unter den Füßen spüren, wenn er bereits bedenklich schwankt. Man kann dann nur noch die Zähne zusammenbeißen, um das Schlimmste zu verhindern. Aber weil ja hierzulande selbst so ein Untergang eine recht ordentliche Angelegenheit ist, würde ich wohl schon bald wieder bodenlos davonschweben.

Es ist außerdem weniger die Pressearbeit, womit sich Bunge täglich beschäftigt; er ist zugleich auch stiller Ratgeber und Souffleur. Angeblich kann sein Chef keinem Politiker oder Geschäftsmann die Hände schütteln, ohne dass man ihm vorher ein paar Stichworte notiert hat. Politiker sind also keineswegs so rechthaberisch, wie sie uns immer erscheinen. Sie sind ehrgeizig, ja, aber rechthaberisch sind sie nicht, denn mit aller Entschiedenheit vertreten sie, was man ihnen zugeflüstert hat; und sie freuen sich, wenn man ihnen hinterher sagt: »Das haben Sie aber prima gemacht!«

[19. JULI]

Draußen in Döberitz ist ein Festzelt aufgebaut. Allerdings soll man darin nicht feiern, sondern einkaufen. Es handelt sich nämlich um einen »Billigmarkt«. Tatsächlich ist auch alles um eine Mark billiger als in der Stadt, manchmal sind es auch nur zehn Pfennig.

Man hat den Acker, auf dem das Zelt steht, plattgewalzt und mit Paletten und Spanplatten ausgelegt. Es ist alles gigantisch! Eine fußballfeldgroße Fläche, drei Zelte nebeneinander und an der Stirnseite eine Batterie von zwanzig Kassen. Die Waren verkauft man direkt aus dem Karton. Keine Regale, keine Verkaufstische, nur Kartons, direkt von der Erde weg, stapelweise, hier eine 15 Meter lange Reihe unterschiedlicher Käsekartons, daneben eine ebenso lange Reihe mit Marmelade- und Honigkartons und so weiter. Staub liegt auf allem, genauer gesagt: eine dünne Schicht roter Erde überzieht alle Kartons. Staubgleich schwebt sie zwischen den Spanplatten herauf, während man zu Tausenden darauf herumtrampelt.

Auch Vögel hocken überall. Haufenweise Spatzen. Sie fliegen nervös durch das riesige Zelt. Wenn ein Karton herunterfällt und eine Packung Kartoffelchips zerplatzt, stürzen sie herbei, im Gegensatz zu den Leuten, die auseinanderströmen, weil keiner etwas mit diesem Missgeschick zu tun haben will. Bisweilen scheinen sie sich aber doch ihrer Natur zu entsinnen. Wild flattern sie dann umher und wissen nicht recht, wie sie ins Freie gelangen sollen. Die Leute allerdings kümmert das kaum, sie haben in diesem importierten Supermarkt offenbar nichts anderes erwartet als einen Haufen irre gewordener Spatzen.

Ideal zum Fotografieren: Gesichter: ratlos, skeptisch, konzentriert, aufgeregt, enttäuscht; es sind immer nur Kopf und Schultern, die über den Rand der Kartonmauer herausragen. Man deutet im Zelt umher, zeigt einander, wo es Schokolade oder Wein gibt; die Einkaufszettel hat man gleich wieder weggesteckt, denn was hilft einem das Stichwort »Wurst«, wenn man vor einer Kartonreihe steht mit 200 Sorten in Plastik verschweißter Leber-, Salami-, Blut- und Lyoner Wurst?

Ich mache ein Foto nach dem anderen, Fotos von Leuten, die sich aneinander vorbei quetschen oder mit ausgestrecktem Finger ihren Mann, ihre Tochter, ihren Vater zu dirigieren versuchen. Immer diese orientierungslosen Gesichter: Sie suchen nach den Wegweisern (»Gemüse«, »Fleisch«), sie suchen nach dem Preis, dem Alkoholgehalt, dem Verfallsdatum. Natürlich musste irgendwann die Frage kommen: Was fotografieren Sie da eigentlich? Sie stammte diesmal von einem krawattenbewehrten jungen

Mann. Im Hochgefühl des Gewinns so vieler Bilder brachte ich es mühelos fertig, ihm hochnäsig meine (längst abgelaufene) Akkreditierung zu reichen. Daraus wurde dann allerdings ein geradezu erquickliches Gespräch. Der junge Mann war nämlich Verkaufsleiter; er stammte aus Düsseldorf und erklärte mir, wie toll hier alles ist. Viel besser als im Westen. Es ist fast ein Experiment (sagte er). So etwas hat doch noch niemand gemacht, da gibt es keine Erfahrungen, auf einem Acker einen Supermarkt einzurichten, innerhalb einer Woche! Und das bei diesem Andrang. Zuerst einmal muss man lernen, die schnellsten Artikel direkt am Wareneingang zu stapeln, damit man sie nicht ständig durch die ganze Halle transportieren muss. Bier zum Beispiel, was glauben Sie, wie schnell das weggeht, aber seltsamerweise auch Waschmittel! Auch die Hauptgassen mussten breiter gemacht werden, da fahren wir direkt mit dem Lieferwagen durch, wir verkaufen das Zeug ja oft schon von der Ladefläche herunter. Da ist man doch gleich ganz anders gefordert.

Oder das Problem mit dem Fußboden. Sie sehen ja selbst, das ist unerträglich, dieser Staub. Zum Glück hat es noch nicht geregnet. Das wäre ja ein schöner Matsch. Da müssen wir nun also einen Betonboden einziehen, aber nur Stück für Stück, denn der Verkauf geht ja weiter! 20 bis 30 Sattelschlepper pro Tag. Allein schon der Abfall, Verpackungsmaterial, Kartons mit verschimmeltem Käse, gesprungene Gurkengläser und so weiter, das macht schon zwei Lastwagen jeden Tag. Und dabei haben wir nicht einmal eine Zufahrt. Die kommen einfach über den Acker dahergefahren. Aber wir sind auf Anhieb die größte Filiale in Deutschland geworden. Das ist doch eine echte Herausforderung. Alles muss pausenlos bestellt und nachgefüllt werden. Die Leute kaufen pro Stunde zwei Sattelschlepper leer. Und welche Möglichkeiten sich einem bieten! In Düsseldorf hat man ja nur einfache Aufgaben gehabt, aber jetzt, wenn alles klappt, ist man in ein paar Jahren ganz oben! Dass fast alle Waren aus dem Westen kommen, das gibt soziale Probleme, das ist klar. Nein, Arbeitslosigkeit nicht unbedingt. Sehen Sie, wir haben hier fast 200 Arbeitskräfte eingestellt, das ist doch was!

Und die arbeiten sogar ganz gut, keine Probleme, keine Beanstandungen, nicht einmal besonders viele Fehlbons.

Da stand der von Akne gezeichnete junge Mann am Rande dieses riesigen Warenumschlagplatzes. Trotz der Juli-Hitze trug er ein Jackett, zu dem er allerdings ein auskunftsfreudiges, zumindest aber stolzes Gesicht machte. Denn es ist ja weiß Gott nicht einfach, so einen Supermarkt aufzuziehen. Zum Beispiel gibt es in ganz Europa keine Großzelte mehr, nicht einmal in Portugal, nichts zu machen, alles steht bereits hier irgendwo in der DDR! Wenn Sie ein Zelt wollen (sagte er), müssen Sie schon mindestens bis in die USA.

Und wie war es seinem Konzern gelungen, innerhalb weniger Wochen dies alles zu regeln, die Verträge und Absprachen und so weiter? Ach, sagte der junge Mann, ehrlich gesagt ist da noch viel zu tun, die juristische Lage ist noch ziemlich ungeklärt. Wir haben die Zustimmung der LPG und auch grünes Licht aus dem Rathaus. Aber mit den einzelnen Anträgen und Genehmigungen, wer kennt sich denn damit aus, welche braucht man, und wo sind sie zu holen? Das ist doch alles ungeklärt. Und dann die Klagen der Anlieger, wegen der Verkehrsbelästigung zum Beispiel, es ist ja auch nicht schön, dass die ganzen Autos einfach irgendwo auf den Wiesen abgestellt werden, aber es fühlt sich hier doch keiner zuständig. In der ganzen Stadtverwaltung nicht.

Und wenn heute der Staatsanwalt käme und erklärte, man müsse den Supermarkt schließen, was würde dieser Verkaufsleiter wohl tun (ohne Rechtsanwalt, ohne Vertrag, ohne Telefonverbindung mit der eigenen Konzernleitung)? »Ach, es wird schon niemand kommen. Man muss ein bisschen was riskieren, und die Konkurrenz schläft ja auch nicht«. Nein, ihm ist nicht unwohl, die Verantwortung zu tragen. Es läuft eben alles irgendwie, das hat schon seine Richtigkeit.

Inzwischen haben die Randerscheinungen der Einheit selbst Klaus erreicht. Ihm ist, wie er schreibt, erst jetzt aufgegangen, dass er sich noch vor der Währungsunion ein Auto hätte kaufen sollen. Jetzt musste er bis nach Freiburg fahren, aber selbst dort haben ihn die Autohändler nur ausgelacht. Ein Westdeutscher, der jetzt einen neuen Gebrauchtwagen sucht! Sie haben auf ihre Stellflächen gezeigt und gegrinst: Alles leer. 270 Autos in drei Wochen verkauft! »Dort«, hat einer der Autohändler gesagt, »dort, unter der Brücke haben sie in ihren Schlafsäcken gelegen, ihre 15 000 Mark fest im Brustbeutel. Stell'n Sie sich das vor, 15 000 Mark im Brustbeutel, aber eine Pension leisten die sich trotzdem nicht«.

Man muss kein Prophet sein, um die Wiederbelebung der Ostfriesenwitze vorherzusagen. Dabei braucht man den Gattungsbegriff sogar einfach nur um die zweite und dritte Silbe zu kürzen. So entsteht nach dem gescheiterten sozialistischen Experiment nachträglich noch der Mythos eines Proletariats: Es ist geduldig, zäh, strapazierfähig, anspruchslos, tritt in grauen Massen auf und stammt aus dem Osten. Ein bisschen ungeschickt ist es übrigens auch. Und mit dem Widerspruchsgeist hapert's noch ein wenig. Aber dafür wäre auch eigentlich die Partei zuständig.

4

TEIL 4

Wer überbrückt die gesetzlosen Zeiten?

[3. SEPTEMBER]

Dass die Wege kürzer werden: schöne Illusion. Ich bin länger unterwegs denn je. Fast elf Stunden habe ich diesmal gebraucht! Überall Baustellen. Und dann auch noch die Lastwagen, einer hinter dem anderen, ganze Kolonnen. Sie transportieren die Arbeitslosigkeit in den Osten: Glühbirnen und Schlaftabletten, Gesichtscreme und Stahlträger. Selbst das Klopapier wird aus dem Westen herübergeschafft, alles auf langen Sattelschleppern.

Jetzt (abends um halb zehn) gehe ich wieder in »meinem« Zimmer umher. Es ist alles beim Alten geblieben: die fleckige Herdplatte, die Gardine, steif und grau, und sofort stellt sich wieder das Bemühen ein, sie möglichst nicht zu berühren. Auch das Fenster ist zwischenzeitlich nicht repariert worden. Noch immer herrscht in der Küchennische ein leichter Luftzug. Der Sturm der politischen Entwicklung ist allerdings nicht bis hierher vorgedrungen. Keine Spur vom wirtschaftlichen Zusammenbruch und der eiligen Vereinigung, nichts von all den sich überstürzenden Nachrichten, die uns den Sommer über in der Provence erreicht haben. Ja, wenn man morgens vor dem Frühstück eigens nach Sisteron fährt, um eine deutsche Zeitung zu ergattern, dann wirkt die Dramatik. Aber von hier oben, von meinem Fenster aus betrachtet, ist das alles gleich ganz anders, da bin ich froh, dass es das Bahngelände noch gibt und die abenteuerlichen Häuser der Brunnenstraße, und es ist vollkommen undenkbar, dass sich irgendwo dort unten die unverkäuflichen Schweinehälften stapeln oder die ebenso unverkäuflichen Schuhe oder Küchenstühle oder die Pralinen aus Erfurt, nichts ist zu spüren von der explosiven Stimmung auf den Arbeitsämtern, und dass die halbe DDR-Industrie dem Abgrund entgegentrudelt, bemerke ich auch nicht. Ich könnte noch nicht einmal sagen, ob die öffentliche Verwaltung denn nun wirklich vor lauter Inkompetenz zusammengebrochen ist. Nein, hier über der Stadt könnte ich noch in mönchischer Konzentration über den Stillstand der Zeit meditieren.

Und die Leute selbst? Ich hätte mehr Unruhe erwartet, mehr Diskussionen, die bei jeder Gelegenheit aufflackern (an den Haltestellen, in den Geschäften und so weiter), eine leicht entzündliche Streitlust? Stattdessen begegne ich der alten Zähflüssigkeit. Zumindest auf den ersten Blick scheinen die Leute nur mit dem Einkaufen beschäftigt zu sein. Und auch Gruber hat, als er mir die Schlüssel gab, lediglich mit den Schultern gezuckt und die Vereinigung zu einer doch eben ziemlich komplizierten Sache erklärt. Nach dem 3. Oktober soll es ja nun besser werden, aber das hat man uns ja schon vor der Währungsunion versprochen.

[4. SEPTEMBER]

Die Behauptung, die Leute seien hauptsächlich mit Einkaufen beschäftigt, entspringt meinem Ärger von gestern Abend. Auf der Herfahrt fiel mir nämlich erst kurz vor Geschäftsschluss wieder ein, dass ich noch ein paar Lebensmittel brauchte. Aber ich hatte nicht mit der ostdeutschen Einkaufswut gerechnet. Zumindest in der Gegend um Hof rekrutiert sich noch immer die Hälfte des Verkehrs aus diesen stinkenden DDR-Fahrzeugen.

Ich habe neben einem Wartburg geparkt, auf dessen Kühlerhaube ein Mann einen Karton abgestellt hatte. Als ich ausgestiegen war, sah ich, dass sich kaum etwas darin befand (ein Sechserpack, ein Brot, verschiedene Sorten Wurst). »Ist das alles?«, habe ich gefragt. »Nein«, sagte der Mann, »da kommen noch ein paar Freunde« (mal wieder knapp an meiner Frage vorbei geantwortet). Dann erklärte er, drüben in Plauen sei zwar inzwischen so gut wie jede West-Ware zu haben, aber deutlich teurer. Schon das Bier ist glatt eine Mark teurer! Und wenn einer richtig einkauft, holt er das Benzingeld lange wieder raus. Aber das können Sie mir glauben, das liegt nur an den Kommunisten, die sitzen noch überall drin und machen unverschämte Preise. Mir lag es fern, dies zu bestreiten, aber ich habe mich natürlich gefragt, wie lange man die neuen Kapitalisten wohl noch für Kommunisten hält.

Diese Menschen, unter denen ich nun schon seit Monaten lebe: jetzt, wo ich ihnen das erste Mal im Westen begegne, empfinde ich sie ganz anders. Es ist, als wollten sie plötzlich alle Vorurteile bestätigen. Im Supermarkt, aus dem ich nur möglichst schnell wieder raus will, erscheinen sie mir als unbeholfen und dick. Ab vierzig ist die Mehrheit dieser Leute so dick wie ein Einkaufswagen. Mehrmals fällt es mir leichter, an ihrem Wagen vorbeizumanövrieren als an ihnen selbst, an diesen fetten, unbeweglichen Hüften. (Keine Sorge: dieser Abschnitt wird gestrichen!).

Natürlich: Es gibt auch grässlich dicke Westdeutsche, aber die tragen ihren Bauch stramm voraus, die Ostdeutschen watscheln hinter ihm her. Woran ich sie sonst noch erkenne? Noch immer ist ihr Blick nicht selbstverständlich geworden. Sie gehen zwischen den Regalen herum, und was sie wollen ist: nicht auffallen, vor allem nichts falsch machen, kein Hinweis- oder Verbotsschild übersehen, keine offene Ware berühren, die elektronischen Waagen richtig bedienen und so weiter. Der Blick ist begehrlich, aber selten zupackend. Ein Westdeutscher im Supermarkt sieht durch jeden Anderen hindurch. Er sieht den Anderen nicht, oder er sieht ihn sich an. Der Ostdeutsche dagegen sieht die anderen Leute, aber er betrachtet sie nicht. Er sucht Orientierung. (Mir geht es im Ausland auch nicht anders.)

Vor allem scheint es diese Leute zu überraschen, nach welchen Regeln die Waren sortiert und präsentiert werden. Genaugenommen haben sie ja recht: Es gibt keinen Grund, zehn verschiedene Sorten Erdbeermarmelade nebeneinander zu stellen, aber von jeder nur drei Gläser. Und dass man die Bierkisten eher in der Nähe der Waschmittel findet als bei der Wurst, ist auch nicht evident. Aber dass alles so leicht und hell präsentiert wird, das ist doch ein Erlebnis. Und so habe ich den Verdacht, dass es gar nicht die Preise sind, deretwegen sie herüberkommen; es ist die Form der Darbietung, das ästhetische Ereignis. Nur eben uneingestanden. In dieser Hinsicht sind sie wie die Durchschnitts-Westler: Dass man kilometerweit fährt, um ein paar Mark zu sparen, gilt als vernünftig. Aber wegen der Ästhetik? Niemals!

Jetzt bin ich schon den zweiten Tag hier und habe noch niemand erreicht. Wie bisher fahre ich aufs Geratewohl zu den Leuten, aber keiner ist zu Hause. Diese Zeit ist also vorbei. Seit Neuestem rennt jeder in tausend Angelegenheiten durch die Stadt. Auch während der Arbeitszeit kann ich niemanden mehr besuchen. Man hat keine Zeit. Es ist, als sei erst jetzt, mit halbjähriger Verzögerung, die Maschine angelaufen. Erst jetzt hat die neue Losung gegriffen: »Du musst selbst was tun für dich!«

Die Mobilität hat sich erhöht, aber es fehlen die entsprechenden Voraussetzungen: kein Telefon und genaugenommen auch keine Post. Ein normaler Brief ist zehn Tage unterwegs; in den Kongo würde es kaum länger dauern. Jedes Mal muss ich mich erst daran gewöhnen, dass ich wieder von dir abgeschnitten bin. Noch immer gibt es nur ein paar schmale Schleusen, durch die man in die andere Zeit umsteigen kann. Ansonsten gelangt nur wenig herüber oder hinüber, von den Sonderangeboten einmal abgesehen. Und in ein paar Tagen soll all dies ein vereintes Land sein?

Diesmal laufe ich also ins Leere. In meiner Enttäuschung bin ich auf den Ohlberg hinausgefahren. Dort konnte ich wenigstens laufen. Die Buchen hatten bereits begonnen sich zu verfärben. Sie haben die ersten Blätter verloren. Aber es war noch warm, und die Sonne hing in den gelbbraunen Zweigen. Ich habe auf Weißental hinuntergesehen, auf Industrieanlagen, schwarz und gewaltig. Von oben sah das alles nach Arbeit aus, nach einer Arbeit, die Mühe und Schweiß bedeutet und das Gesicht verrußt. Émile Zola fiel mir ein; seine Fabriken waren hier noch immer in Betrieb, in diesem Schlund, in diesem Spalt der Hölle. Später habe ich dort unten einen Zug entdeckt, wie er ganz rechts auftauchte, sich mit ein paar Waggons an den Hauswänden einer Arbeitersiedlung vorbeischob, eine Brücke passierte, alles sehr langsam, sehr angestrengt, dann zwischen den schwarzen Hallen verschwand, für einen Augenblick nicht zu sehen war, und, wieder sichtbar geworden, endlich zum Stehen kam. Vermutlich stieg man jetzt aus oder ein. Ich sah allerdings niemanden.

[6. SEPTEMBER]

Zurzeit fahre ich nur noch mit der Straßenbahn. Mit dem Auto hat es keinen Sinn; die Innenstadt ist verstopft wie jede westdeutsche Großstadt auch, oder vermutlich noch schlimmer. Nichts ist auf einen so plötzlich expandierenden Verkehr vorbereitet: die Straßen nicht, die Parkplätze nicht und auch nicht die Ampelschaltungen. Da drängen und schlängeln sich die Autos auf den winzigen Kreuzungen und blockieren sich dabei doch nur gegenseitig. Also fahre ich mit der Straßenbahn, und auch das gehört zu den vergessenen Eindrücken: die Stöße, die von den Metallrädern unmittelbar an mich weitergegeben werden, das harte Rucken rechts und links, der scheinbar direkte Bodenkontakt.

Unter den bekannten Begrüßungsformeln ist übrigens eine neue Variante aufgetaucht: Als ein Mann in die Straßenbahn steigt und im Gedränge einen Freund entdeckt, ruft er ihm zu: »Na, wie geht's?«. »Danke, noch geht's!«, erhält er als Antwort und nickt verständnisvoll. Man scheint also Schlimmes zu erwarten; man erkundigt sich nach den Zeichen der anschwellenden Krise und beobachtet aufmerksam den eigenen Schmerzpegel. Wann würde die Grenze erreicht sein? Wann ist es nicht länger auszuhalten? Zumindest vorläufig kann man feststellen, dass es noch ein paar Reserven gibt.

Die Reportage über den Rat des Bezirks kommt bisher nicht in Gang. Wie aus den alten Bezirken ein neues Bundesland entsteht, habe ich noch nicht herausgefunden. Auch Bunge habe ich noch nicht erreicht, nur eine Sekretärin, jedes Mal eine andere. Und selbst das Gespräch mit diesen Sekretärinnen wird aus irgendwelchen Gründen immer unterbrochen, da stehe ich dann jedes Mal unten in der Zelle und rufe dem angefangenen Gespräch noch einmal mein wütendes »Hallo! Hallo!« hinterher. Ach, ich habe es schon jetzt wieder satt hier. Mir ist auch völlig schleierhaft, wie es unter diesen Umständen irgendwem gelingen soll, einen neuen Betrieb, eine neue Behörde, eine neue Zeitung aufzubauen; und im Moment würde ich jedem recht geben, der behauptet, das alte Regime habe nur einen Haufen Schrott hinterlassen.

[7. SEPTEMBER]

Ich habe mir den Magen verdorben. Ich liege im Bett mit Krämpfen, Fieber und so weiter. Heiß ist es ja ohnehin. Den ganzen Tag Sonne. Sie knallt auf den Vorhang, diesen braunen Lappen, der doch nur eine stickige, staubige Luft verbreitet. Im Halbschlaf sehe ich mich von schwankenden Kamelen auf einer Bahre durch Steinwüsten getragen. Ein Zelt auf roten Stangen spielt dabei auch eine Rolle. Mit den passenden Träumen ist alles halbwegs erträglich.

[8. SEPTEMBER]

Und wenn es nun doch etwas Ernstes ist? Es wird einfach nicht besser. Ab und zu ein Gehversuch, nein, es ist mir gleichbleibend schwindlig. Sobald ich aufstehe, sackt alles in sich zusammen. Wenn ich so zum Arzt müsste, du lieber Gott! Außerdem: Ärzte gibt es ja nicht, es gibt die Poliklinik mit ihrer ganzen unbekannten Prozedur. Und die Wege sind auch gleich viel weiter.

Alles unverändert: Schwindel, Fieber, Krämpfe, inzwischen auch Kopfschmerzen. Und keiner weiß was davon. Ich frage mich, ob irgend jemand auf die Idee kommt, einfach mal vorbeizusehen. Ziemlich unwahrscheinlich. Die Rollen sind ja anders verteilt: Die Anderen haben Sorgen oder Erwartungen oder Schmerzen, ich dagegen habe nur ein Projekt. Warum sollte ausgerechnet jetzt einer nach mir fragen; ich bin es doch, der die Fragen stellt. Und dann hängt es mir plötzlich zum Hals heraus, dieses ganze Arrangement.

Dir das zu schreiben und zu Hause sein zu wollen, ein bisschen Pflege, ein bisschen Fürsorge, vor allem ein Gespräch – ich müsste ja Sprechübungen machen, bevor ich mich zum ersten Mal wieder an jemanden wende. Aber wenn es morgen nicht besser ist, kümmere ich mich ernsthaft darum. (Wie unsinnig, dir das zu versprechen. Ich werde den Brief ohnehin erst dann zur Post bringen, wenn alles vorbei ist – wieder eine dieser Brief-Paradoxien.)

[10. SEPTEMBER]

Unvorbereitet und halb krank, war ich heute im Rat des Bezirks. Ich glaube, daraus könnte eine Reportage werden; beginnen könnte sie ungefähr so: Wer überbrückt die gesetzlosen Zeiten?

Wenn es stimmt, dass jede Lücke in der Abfolge der Regierungen die öffentliche Ordnung gefährdet, wenn es folglich keinen Augenblick geben darf, in dem die Macht den Atem anhält und das Gesetz stillsteht, dann muss jemand bereit sein, im Moment des Überganges die Geschicke in die Hand zu nehmen. Es muss einen Mann geben, der die Leere zwischen Abbruch und Neubeginn überbrückt, einen Mann, der, ohne Gegenwart zu besitzen, Vergangenheit und Zukunft zu verbinden weiß, kurz: eine Übergangsfigur.

Und wie zu hören ist, hat man auch diesmal eine Übergangsfigur eingesetzt, einen »Bundesbevollmächtigten« oder einen »Landesbeauftragten« oder den Vorsitzenden irgendeiner Kommission, einen Mann jedenfalls, der einstweilen hier in der Region die politischen Geschäfte führt. Aber wie sieht ein solcher Mann aus, wie kommt er seinem Auftrag nach, wie überbrückt er die gesetzlosen Zeiten? Dies ist nun wieder eine meiner romantischen Fragen. Weil aber die Augenblicke, in denen man vielleicht doch eine Antwort erhalten kann, so ausgesprochen selten sind, will ich diesmal die Gelegenheit nutzen und gehe heute endlich zum Rat des Bezirks.

Wenn man dieses Gebäude betreten will, muss man einige Stufen zum Portal hinaufsteigen. Einfach und geradewegs kommt man nicht hinein, denn es ist ein Prachtbau aus der Kaiserzeit. Man soll die Anstrengung und die innerliche Erhöhung spüren, die es bedeutet, von der Straße her hier eintreten zu dürfen. Und selbst ein bedeutender Mann, der mit großer Delegation erwartet wird, muss sich gefallen lassen, dass man ihn von oben herab empfängt.

Als ich die Treppe hinaufstieg, wehte mir der Geruch von Bauschutt und Maschinenöl entgegen. Unwillkürlich hatte ich das Bedürfnis, mir die Ärmel abzuklopfen, bevor ich mit dem Pförtner sprechen würde. Der Pförtner war allerdings ein müder Mann. Auf die Ellbogen gestützt saß er in seinem Raum und sah hinaus in den Treppenaufgang und den Lärm der Baumaschinen. Ich musste ihm erst durch ein Zeichen zu verstehen geben, dass ich eine Frage hatte. Dies war bisher das Gebäude des Rats des Bezirks? – Ja. – Dies würde also der Sitz der künftigen Landesregierung sein? – Ja. – Aber wer ist der Mann, der zwischenzeitlich die politischen Entscheidungen trifft, und wo ist er zu finden?

Der Pförtner nahm ein Verzeichnis zur Hand und wandte es hin und her, ohne hineinzusehen. Vielmehr sah er mich so von unten herauf an, als wollte er sagen, es sei ohnehin keine Auskunft darin zu finden. Schließlich richtete er sich auf und legte das Verzeichnis endgültig beiseite; er wurde dabei ganz groß und erhaben, denn der gesuchte Name war ihm wieder eingefallen, ein Name, den ich, vom Baulärm abgelenkt, allerdings nicht ganz verstand. Es hätte »Dr. Karl Bader« heißen können. Was ich aber mit Gewissheit verstand, war die Nummer eines Zimmers im ersten Stock. Das genügte.

Im Weitergehen sah ich, dass ein Teil des Foyers mit Brettern ausgelegt war. Einige Männer hatten begonnen, eine Zwischenwand einzureißen, und zerrten zunächst einmal wild und ungeduldig an der Dekorleiste herum, so war es ihnen recht, so konnten sie sich austoben und fluchen und ihre Respektlosigkeit hinter einem Mantel von Fleiß und Dienstbeflissenheit verbergen. In dem Zimmer, das mir der Pförtner genannt hatte, fand ich weder den gesuchten noch überhaupt einen Mann. Vielmehr war eine unübersichtliche Zahl von Sekretärinnen damit beschäftigt, Kartons auszupacken, Akten zu ordnen oder Telefonanrufe entgegenzunehmen. Aber es schien keiner von ihnen aufgefallen zu sein, dass ich das Zimmer betreten hatte. Der streng musternde Blick der Behörde, den man unwillkürlich beim Betreten eines Vorzimmers erwartet, blieb aus. Hier nahm mich niemand wahr. Ich hätte noch einmal hereinkommen müssen, diesmal aber lauter, größer, sichtbarer, vor allem ohne jeden Anflug von Krankheit oder Schwäche. So aber blieb ich fürs Erste stehen und sah den Frauen zu, wie sie Papierstapel sortierten und Schubladen öffneten, die sie häufig sofort wieder schlossen, weil sie sich offenbar geirrt hatten. So sehr waren sie in ihre Arbeit vertieft, dass ich fürchtete, bald für einen Bestandteil der Einrichtung gehalten zu werden.

Schließlich erregte nun aber gerade meine hartnäckige Art, den Sekretärinnen im Weg zu stehen, doch noch deren Aufmerksamkeit. Da war jemand, um den man sich kümmern musste. Was allerdings Dr. Bader betraf, dessen Namen ich möglichst undeutlich aussprach, um nicht sofort als Dummkopf dazustehen, – was also Dr. Karl Bader betraf, so konnten mir die Frauen nur wenig helfen. Ja natürlich, er war noch vor einer halben Stunde hier gewesen, aber er hatte gerade das Büro gewechselt. Dies war nun allerdings ein Satz, den ich nicht genau verstand: Hatte Bader ein neues Büro erhalten, oder war er kurzzeitig in ein anderes Zimmer gerufen worden? Inzwischen wühlte eine der Sekretärinnen in den Papierbergen, und was sie schließlich in der Hand hielt, war ein Verzeichnis, wie es bereits der Pförtner hatte. Sie hätte wohl auch begonnen, darin herumzublättern, wenn nicht ein paar Männer mit wehenden Jacketts ins Zimmer gestürzt wären. Einen Aktenordner schief unter den Arm geklemmt, stieß einer von ihnen (erstaunlicherweise der Jüngste) erregte Vorwürfe aus. Er sprach von einer Unverschämtheit, einer politischen Instinktlosigkeit, die Konsequenzen haben werde. So heftig war seine Wut, dass der Angesprochene, ein magerer, leicht zu übersehender Mann, tief Atem holte und die Arbeit der Frauen stockte. Der junge, forsche Mann wollte zu gestikulieren beginnen, aber sein Aktenordner behinderte ihn dabei so sehr, dass er sich nach einer Möglichkeit umsah, ihn loszuwerden. Seine Begleiter versuchten angestrengt, ihm dabei behilflich zu sein. Dies war also vermutlich Dr. Bader.

Und der andere Mann? Wer war derjenige, gegen den sich die Vorwürfe gerichtet hatten? Immerhin: Er konnte im Namen des Kanzlers sprechen, und der hatte beschlossen, eine Bundesbehörde hier in der Stadt anzusiedeln. Er hatte sogar unverzüglich diesen mageren Mann hierhergeschickt, um eines der großen, repräsentativen Gebäude einzufordern. Man könnte meinen, das Wort des Kanzlers hätte die anderen Männer beeindruckt. Aber der junge Mann erregte sich nur noch mehr. Vom Kanzler selbst stammte diese Anweisung! Das hätte man sich ja denken können! Da wurden nun also bereits Bundesbehörden in der Stadt angesiedelt, ohne dass die künftige Landesregierung gefragt worden wäre. Dabei hatte man hier doch genug damit zu tun, die eigenen Behörden unterzubringen. »Das ist ein Verstoß gegen das föderale Prinzip«, rief Dr. Bader verbittert, während eines der Telefone zu klingeln begann, ohne dass jemand hinübergegangen wäre, den Hörer abzunehmen. Jetzt durfte Dr. Bader nicht unterbrochen werden. Er kam gewiss aus dem Westen: Aussprache, Kleidung, vor allem die Routine im Gebrauch der Amtsbezeichnungen – alles deutete auf eine westliche Herkunft hin. Da ereiferte er sich nun in fremden Angelegenheiten, während das Telefon noch immer hartnäckig klingelte. Ich fragte mich, wie es möglich war, ein so lästiges Geräusch zu ignorieren und spielte mit dem Gedanken, selbst den Hörer abzunehmen, um den Anrufer auf bessere Zeiten zu vertrösten.

Bader war jedenfalls durch das Telefon nicht von seinem Ärger abzulenken, schließlich hatte er gerade erfahren müssen, dass man in Bonn seine Vorschläge nicht berücksichtigt hatte. Und was er vorgeschlagen hatte, war doch eigentlich recht einleuchtend: Um eine Konzentration von Beamten und Behörden zu vermeiden, »einen Wasserkopf«, sollten hier in der Stadt nur Landesbehörden angesiedelt werden, Bundesdienststellen konnten ja in andere Städte ausweichen. Schließlich wollte man in den ehemaligen Hauptstädten der Bezirke auch nicht zur Provinz degradiert werden. Aber in Bonn war offenbar anders entschieden worden. Und wie sollte man nun die argwöhnische Bevölkerung besänftigen? Wie sollte man den Verdacht zerstreuen, die eigentlichen Entscheidungen fielen im Westen? Der Beauftragte des Kanzlers wusste keine Antwort, er wusste nur, dass er hergeschickt worden war, um ein Gebäude zu beanspruchen. So stritten sie sich also; so standen sie sich gegenüber, beide aus dem Westen, beide aus derselben Partei.

Sie waren bereits halb ins Nebenzimmer getreten, als erneut das Telefon zu klingeln begann. Diesmal nahm eine der Sekretärinnen den Hörer ab. Es handelte sich wohl um ein Ferngespräch, denn sie hielt sich das freie Ohr zu und presste den Hörer eng an das andere. »Ja«, rief sie dann, »ja, er ist gerade hereingekommen.« Damit sah sie zu dem jungen, schneidigen Mann hinüber und hielt ihm den Hörer entgegen. Offenbar sprach aber auch am anderen Ende eine Sekretärin, die im Auftrag eines Vorgesetzten die Verbindung hatte herstellen sollen und nun ihrerseits das Gespräch weitergab. Der junge Mann, der den Hörer bereits in der Hand hielt, musste also warten. Er nutzte die Pause und fragte, ob Dr. Karlstaler schon von den Beschlüssen des Kanzlers erfahren habe – er sagte tatsächlich »Dr. Karlstaler«, und ich begann zu ahnen, dass Dr. Karl Bader in Wirklichkeit Dr. Karlstaler hieß und dass dieser schneidige Mann am Telefon keiner von beiden war. Diese überraschende Konstellation hätte in Ruhe bedacht werden müssen, aber der Mann, der die Frage nach Karlstaler gestellt hatte, unterband jedes Nachdenken, indem er kurz die Augenbrauen hob und sich mit einem zweimaligen knappen »ja« in das Telefongespräch einschaltete. Das Knie hatte er dabei auf einen Schreibtischstuhl gestützt, und während sein Gesprächspartner ihm nun offenbar ein Problem vorlegte, wies er mit einer energischen Geste die Sekretärinnen zurecht, die im Nebenzimmer bereits mit den Tassen klapperten. Auch seine Begleiter, die noch immer in der Tür zum Nebenzimmer standen, behielt er streng im Blick. Schließlich sah er auch zu mir herüber, und während ich erwartete, er werde sich nun nach mir erkundigen oder mich entrüstet aus dem Zimmer weisen, denn was hatte ich hier verloren, wo so vertrauliche Dinge besprochen wurden – während ich also glaubte, dass dieser Mann sich mit mir beschäftigte, wandte sich sein Blick wieder ab, aber so, als habe er nichts gesehen – oder nur die Tapete hinter mir.

Dann, nur Sekunden später, richtete er sich abrupt auf und begann zu sprechen. Er verwies seinen Gesprächspartner auf die kulturpolitischen Konzeptionen, die ja auch im Wahlprogramm einen hervorgehobenen Rang genossen. »Aber bevor Sie irgendwelche finanziellen Zusagen machen«, fuhr er fort, »denken Sie daran, dass demnächst alle über die gestiegenen Mieten klagen werden. Wenn wir nicht aufpassen, kommen diese Leute bald scharenweise daher und wollen Geld.« Er sagte dies alles mit der Geschwindigkeit dessen, der solche Sätze täglich spricht, aber das Erstaunlichste daran war, wie mühelos er aus dem Stil politischer Kommuniqués in den Ton parteilicher Anweisungen zu wechseln verstand. Keine Frage: Dieser Mann, so jung er auch sein mochte, war in solchen Dingen geschult. Er hatte gelernt, die Kosten zukünftiger Entwicklungen zu durchschauen und konnte seinem Gesprächspartner ohne Weiteres klarmachen, dass die Maler und Bildhauer für ihre Ateliers, die ja als Gewerberäume ausgewiesen waren, in Zukunft so viel Miete zu bezahlen hatten wie jeder Gemüseladen und jeder Videoverleih. Und dieser Mann begriff auch sofort, dass die Künstler ihre Ateliers verlieren würden. Das war bedauerlich, aber man konnte sie doch nicht schon wieder privilegieren. Das würde niemand verstehen. »Und im Übrigen«, fügte er listig hinzu, »im Übrigen fragen Sie sich doch einfach mal selbst, wer sich nicht alles ›Künstler‹ nennt, was haben diese Leute denn bisher die ganze Zeit gemacht? – na sehen Sie!«

Damit war für ihn der Fall geklärt. Er legte auf und wandte sich wieder seinen Begleitern zu, kopfschüttelnd zunächst und dann mit strenger Miene. »Ihre Leute scheinen nicht sonderlich sattelfest zu sein«, sagte er, an einen der Männer gewandt. Der hob resigniert die Schultern und drehte die Handflächen in unbestimmte Richtungen. Aber der junge Mann war noch nicht zufrieden. »So ist es doch immer«, behauptete er, »erst fordern sie politische Unabhängigkeit, und kaum haben sie ihre Freiheit, schon kommen sie zum Staat zurückgerannt und betteln.« Dies schien nun tatsächlich eine abschließende Bemerkung zu sein, denn wie auf ein verabredetes Zeichen verschwanden die Politiker jetzt endgültig im Nebenraum, gefolgt von der letzten Sekretärin, die hinter ihnen die Doppeltür schloss.

Ich war also allein. Plötzlich war Stille eingekehrt. Aber es war eine Stille, die noch sehr laut war. Der Lärm, obwohl er jetzt ein Ende hatte, war noch nicht ausgeklungen. Erst allmählich erlosch er an den Wänden. Was blieb, war ein Zimmer, das mir leer gegenüberstand, obwohl es doch mit Kartons und Papier überfüllt war. Im Grunde genommen hätte ich jetzt gehen können, ich hätte sogar gehen müssen, weil es wohl kaum gestattet war, sich in diesen Räumen aufzuhalten, in denen sich die geheimen Papiere stapelten. Andererseits schien es da einen geheimen Mechanismus zu geben, der verhinderte, dass ich und die Anderen zugleich hier präsent waren. Eben standen ja noch die Anderen im Zimmer, jetzt befand dagegen ich mich hier. Die Verhältnisse hatten sich also umgekehrt, und darin lag auch ein beruhigender Aspekt, denn sobald jemand aus dem Nebenzimmer käme, wäre ich ja automatisch nicht mehr da.

Ich konnte also in diesem Zimmer bleiben, in das jetzt, nachdem der erste Vortrupp weitergestürmt war, noch einmal die Vergangenheit zurückkehrte: die anspruchslosen Topfpflanzen, die grauen Gardinen und die fast ebenso grauen Telefonanlagen. Und wie hoch das Zimmer war! Es schien vor allem aus Wänden zu bestehen, aus Mauern, die, in der unteren Hälfte mit Ölfarbe gestrichen, jeden Laut im ganzen Zimmer hin und herwarfen. Selbst dem umsichtigsten Beamten musste es schwerfallen, unbemerkt auch nur eine Kaffeetasse abzustellen. Vor allem aber mussten solche hohen Räume jedes Selbstvertrauen erschüttern. Es war nicht zu übersehen, dass man, so sehr man sich auch emporarbeiten würde, doch niemals nach oben kam. Zu dem Beamten, der hier an trüben Tagen arbeitete, musste sogar das Licht an langen Stangen herabgesenkt werden. Und hier würde sich die zukünftige Landesregierung niederlassen?

Ihre Aktenordner und Broschüren hatte sie ja schon abgestellt und auch die neuen Computer. Und hier vorne, an der Tür, stapelten sich die alten Verwaltungsvorschriften, Rechnungsunterlagen und Fragebögen. Mit der Schuhspitze konnte ich zwischen einigen Formularen herumstochern, auf denen bislang Beihilfe genehmigt oder Ausreiseanträge abgelehnt worden waren. Das alles musste jetzt ausgewechselt werden. Die zukünftige Ordnung hatte vorerst nur Anarchie ausgelöst – die Anarchie der Akten und der Amtswege. Und jetzt, wo Zukunft und Vergangenheit einander umkreisten, konnte man im Zentrum ihres Wirbels für einen Augenblick bis auf den Grund sehen. In dieser Stille zwischen den Fronten konnte man in aller Klarheit die neue Politik sehen, wie sie Tritt zu fassen versuchte und wie nervös sie dies tat. Und man konnte verstehen, wie unwahrscheinlich es war, dass von hier Macht ausgehen würde.

Unterdessen trat ein älterer Mann ins Zimmer. Er trug ein Jackett, das ihm eng und steif den Bauch bedeckte, einen alten Konfirmationsanzug vielleicht. Der Mann vermutete in mir offensichtlich einen Parteifreund. »Sehen Sie«, sagte er, während er sich umsah, »sehen Sie, hier wird wenigstens gearbeitet.« Er betrachtete das Zimmer also unter betriebswirtschaftlichem Aspekt, und schon war er dabei, sich über die Beamten des alten Regimes zu beklagen, die noch im ganzen Haus saßen, um den Lauf der Dinge abzuwarten. Anscheinend arbeiteten diese Leute an einem stummen Boykott. Aber man würde sie alle entlassen, alle, die Schuld auf sich geladen hatten! »Und wenn ich sie eigenhändig hinauswerfe«, betonte der Mann, dessen Absichten mir unklar blieben. Warum war er hierher gekommen? Und warum unterhielt er sich mit mir so vertraulich in einem fremden Büro? Während er noch immer über die Inkompetenz und die Sabotage der alten Beamten sprach, fischte er in seinen Taschen nach Zigaretten und Streichholz, hielt mir dann einladend die Packung entgegen, steckte sich schließlich eine Zigarette zwischen die Lippen und stellte mich, während er nun mitten im Satz das Streichholz hob, vor die Alternative entweder höflich auf die zweite Satzhälfte zu warten oder ihm ins Wort zu fallen. Offenbar war er gewohnt, dass man ihn nicht unterbrach. Schließlich hatte er die Zigarette angesteckt und sog den ersten Rauch mit verzerrten Lippen ein. So muss ein Mann aussehen, der unter akuten Magenbeschwerden leidet.

Kaum hatte er seine Klage über die alten Beamten wieder aufgenommen, als erneut das Telefon klingelte, und auch diesmal klingelte es nachdrücklich und anhaltend. Es klingelte, bis eine Sekretärin aus dem Nebenraum eilte und den Hörer abnahm. »Nein!« rief sie, »Nein, er ist nicht da.« Immer wieder wehrte sie mit der freien Hand eine Frage oder Bitte ab: Nein, sie konnte keinen Fahrer schicken. Nein, auch Karlstaler konnte sie im Moment nicht erreichen. Sie konnte dem Anrufer nur vorschlagen, ein Taxi zu nehmen, was ohnehin einfacher und schneller war, als einen Fahrer zu schicken. Der Mann am anderen Ende der Leitung schien Auskünfte dieser Art nicht gewohnt zu sein, und so schleppte sich das Gespräch noch einige Sätze weiter, ohne ergiebiger zu werden. Es hakte und presste und nahm der Sekretärin den Atem. Dann, endlich, nachdem sie aufgelegt hatte, konnte sie wieder Luft holen; sie schien anzunehmen, dass wir die ganze Zeit über mit ihr gelitten hatten und uns wie sie über solche Anrufer empörten, denn was waren das auch für Leute, die man jetzt aus Bonn, München oder Stuttgart schickte, jeden Tag wurden es mehr, und sie alle wollten vom Flughafen abgeholt werden, und wenn sie erst einmal hier waren, verlangten sie ein eigenes Zimmer und eine Sekretärin oder zwei und natürlich auch ein Telefon. »Dabei haben wir hier noch nicht einmal einen Kopierer«, erklärte sie und schien immer noch nicht zu bemerken, dass sie es zwei Fremden erklärte. Aber eigentlich war es ja an niemanden gerichtet, weder an mich noch an den Mann neben mir, es musste nur überhaupt einmal gesagt sein. Die Sekretärin hatte sich bereits der Tür zugewandt, als sie noch einmal stehenblieb und mir wie in plötzlicher Erinnerung zurief: »Versuchen Sie es doch mal in Raum 156!«

Nun war es aber gar nicht einfach, mich aus den Gesprächsfäden des Mannes im Konfirmationsanzug herauszuwinden. Er hielt mir nämlich inzwischen eine Art Werbefoto entgegen und stellte sich mir als Kandidat des zukünftigen Landtages vor. Aus irgendeinem Grunde schien er an mir Gefallen gefunden zu haben, vielleicht hatte er einfach nur vor, sich rhetorisch für eine Wahlveranstaltung aufzuwärmen. Jedenfalls bot er mir einen Stuhl an und gab damit zu verstehen, wie selbstverständlich er diese Räume benutzte, obwohl er doch noch gar nicht gewählt war. Ich wollte mich allerdings nicht setzen, denn ich wusste ja nun, in welchem Zimmer ich weitersuchen konnte.

Draußen auf dem Flur bemerkte ich, dass die Arbeiter inzwischen damit beschäftigt waren, den Kunststoff-Fußboden abzulösen. Es handelte sich um den so weitverbreiteten Belag, der einen Parkettboden imitiert. Dabei ist ja auch der handelsübliche Parkettboden nur eine mit Furnieren beschichtete Imitation. Dieser doppelt imitierende Kunststoffboden sollte nun also entfernt werden. Ich blieb stehen und sah für einen Augenblick zu, was die Arbeiter allerdings missverstanden. Sie erklärten, der Fußboden, den ich für die Müllhalde bestimmt hielt, solle noch einmal in einem Kinderheim verwendet werden. Aber falls ich ein Auto dabei habe, könnten sie mir ein Bündel zusammenschnüren. Hier war ich also noch einmal in die alten Versorgungskanäle geraten, und offenbar warteten die Arbeiter jetzt darauf, dass ich ihnen einen Preis nannte.

Der Raum 156 lag im Kellergeschoss. An der Tür hing jedoch ein Zettel: »Wir sind ab 13 Uhr in Raum 315«. Die »315« war in anderer Farbe durchgestrichen und durch eine Zahl ersetzt worden, die ich nicht entziffern konnte. Im Nebenraum, wo ich nähere Auskunft erhoffte, saßen drei Männer, die offenbar zu jenen Beamten des alten Regimes gehörten, von denen der zukünftige Abgeordnete gesprochen hatte. Da saßen sie stumm an einem Schreibtisch und rauchten. Es waren altmodisch in braune Jacketts und karierte Hemden gekleidete Männer mit enttäuschten Gesichtern. Sie schienen nur noch auf ihre Entlassung zu warten, oder vielleicht rechneten sie auch damit, dass man sie in diesem abgelegenen Kellergeschoß vergessen werde. Langsam wandten sie mir die Köpfe zu und sahen mich an, mit leerem, interesselosem Blick, und auch die Antwort, die sie mir schließlich gaben, kam müde aus einer Ecke hervorgekrochen. Sie klang vorwurfsvoll, als ob sie schon eine Weile geschlafen hätte, und nun mühsam versuchen musste, noch einmal wach zu werden. Nur einer der Männer taxierte mich etwas genauer. So wie ich da in der Tür stand, schien er in mir einen der neuen Politiker zu vermuten, einen der Männer, die ihn verdrängten. Drei oder vier Aschenbecher standen auf dem Tisch und in eine Ecke hatte man ein paar Knäuel Brotpapier zusammengeschoben. Ein Radio spielte leise Volksmusik.

Zwei Zimmer weiter geriet ich in das Büro eines Blindenverbandes. Es war schlecht beleuchtet, und ich sah, als ich eintrat, zunächst nur zahllose Kartons und eine Frau, die auf einem Stuhl stehend Papierrollen aus einem Schrank hob und auf den Tisch legte. Erst Sekunden später bemerkte ich die anderen Frauen, die auf den Tischen umhertasteten. Sie untersuchten die Papierrollen, die vor ihnen lagen, und verteilten sie in unterschiedliche Kartons. Auf diese Weise entstand ein ununterbrochenes, scharrendes Geräusch wie das einer maschinellen Produktion. Die Frauen schienen die Bewegungen ihrer Nachbarinnen genau zu ahnen, denn nur selten geschah es, dass sie sich unbeabsichtigt berührten. Zwischen allem saß ein Mann, der mit seinen toten Augen beständig knapp an mir vorbei sah. Während die Betreuerin nun vom Stuhl herabstieg, erklärte sie, dieses Kellergeschoß, das teilweise unter den Räumen des zukünftigen Ministerpräsidenten lag, sei zur Sicherheitszone erklärt worden. Deshalb werde hier unten alles geräumt. »Aber in den anderen Stockwerken sieht es ja auch nicht besser aus«, fügte sie hinzu. Im Übrigen kannte sie keinen Dr. Karlstaler. Sie bot mir jedoch an, telefonisch beim Pförtner nachzufragen. Aber natürlich wollte ich nicht noch einmal von vorne beginnen. Ich wollte nach Hause. Beiläufig und schon im Hinausgehen fragte ich, in welches Zimmer der Blindenverband umziehen werde, und erfuhr, dass er nicht umziehen, sondern ausziehen werde. Bei der Stadtverwaltung würde man fürs Erste unterkommen, denn dies war in Zukunft unvereinbar: ein Blindenverband und eine Landesregierung.

[12. SEPTEMBER]

Gruber hat mir seinen alten Fernseher ins Zimmer gestellt. Er funktioniert einwandfrei. Ich habe ihn gleich ausprobiert. Du siehst, ich misstraue diesem Land in technischer Hinsicht zutiefst. Nebenbei erwähnte Gruber, das Gästehaus sei verkauft worden. Natürlich, die Privatisierung! Warum sollte sich eine finanzschwache Universität ein Gästehaus halten? Ab Dezember wird erst einmal die Miete erhöht, auf etwa 100 DM am Tag (ich werde also wohl auf Elkes Angebot zurückkommen und für die letzten Wochen bei ihr wohnen). Irgendwann, sobald die Pläne genehmigt sind, wird das Gästehaus dann gründlich umgebaut. Nein, kein Hotel, ein Schulungs- und Konferenzzentrum soll daraus entstehen – für angehende »Führungskräfte«, versteht sich.

Wie ich lese, ist man in Bonn der Meinung, die wirtschaftliche Talfahrt werde im kommenden Frühjahr gestoppt sein. Dann werde es wieder aufwärts gehen. In meine Versuche, mir die politische Lage zu erklären, schiebt sich übrigens zunehmend eine mir bislang wenig geläufige mathematische Größe: Bisher bin ich mit ein paar hundert Millionen immer noch zurechtgekommen; seit die deutsche Einheit zur Diskussion steht, habe ich mich allerdings daran gewöhnen müssen, in Milliarden zu denken. Es geht nicht mehr ohne sie, nicht der kleinste Gedanke.

Während ich an den Notizen arbeite, sehe ich eine Schar Vögel über dem Bahnhofsgelände merkwürdige Kreise ziehen. Auf einmal schwenken sie zu mir herüber, wobei sie höher und höher steigen, was sehr angestrengt aussieht, sehr zappelnd. (Also sind es Tauben?) Schließlich drehen sie wie auf ein Kommando gemeinsam ab.

Dabei fällt mir ein: Ich habe dir noch gar nicht gesagt, dass Bunge den Hof in Tressow kaufen wird. Als ich ihm davon erzählt habe, ist er hellhörig geworden und offenbar sofort hingefahren. Dass alles in einem verwahrlosten Zustand ist, stört ihn nicht: Noch einmal 50 000 reingesteckt, und man hat eine erstklassige Ferienwohnung, da ist sich Bunge sicher, und einen Kredit bekommt man allemal, schon allein weil so ein Grundstück am Wasser in ein paar Jahren 100 000 wert ist. Beinahe beginne ich zu staunen, nicht nur, weil Bunge von einer so entrückten Landschaft schwärmen kann, sondern auch, dass er dann wirklich zupackt (im Gegensatz zu mir).

[13. SEPTEMBER]

Zum Stand der aktuellen deutsch-deutschen Sympathie schickt mir Rainer einige Zeitungsausschnitte aus Lüchow. Natürlich ist auch dort das ganze »Zonenrandgebiet« von einkaufsberauschten Ostdeutschen überschwemmt (vor allem von ihren Autos). Nun hat offenbar irgendein Fernsehsender eine Umfrage gestartet: Woran erkennt man einen DDR-Bürger? Da ist dann einiges zusammengekommen: Kleidung, Gesichtsausdruck, Körpersprache und so weiter. Große Aufregung löste allerdings der im Fernsehen ausgestrahlte Satz einer Lüchowerin aus, sie erkenne die DDR-Bürger am Geruch. Das war nun gleich, als hätte sie gesagt: Alle DDR-Bürger stinken. Und so etwas konnte man nicht durchgehen lassen. In den Leserbriefen und Pressekommentaren verzeichneten Begriffe wie »kleinbürgerlicher Mief« und »westliche Arroganz« einen ungeahnten Kursgewinn; Toleranz und Menschlichkeit läuteten plötzlich auf allen Glocken, und, man wird es nicht glauben, selbst in solchen Lokalen, in die sich kein Türke oder Pole je gewagt hätte, erhob sich der versammelte Stammtisch, um Beethovens Hymne auf die Brüderlichkeit anzustimmen, lalali-lala.

Nur dass man wegen der Ostdeutschen in allen Geschäften warten muss, und dass die Straßen verstopft sind und die ganze Stadt dreckiger als vorher, das empfindet man als ein ernstes Problem. Und vielleicht (gab jemand zu bedenken) war in dem umstrittenen Satz gar nicht von »Körpergeruch« die Rede gewesen, sondern von diesen entsetzlichen ostdeutschen Waschmitteln, die ja tatsächlich nicht nur gewaltig stinken, sondern auch die Textilien verderben.

So ein Streit, der geht natürlich tagelang, und auch die »Interessengemeinschaft für Handel und Gewerbe« hat schließlich das Wort ergriffen, um sich energisch von solchen Äußerungen zu distanzieren. Ausdrücklich hat sie bekanntgegeben, dass sie den umstrittenen Satz als »allgemeinschädigend« einstufe, denn man kann sich doch nur freuen über den Besuch von Menschen, die erst jetzt dort einkaufen können, wo sie wollen. – Ja, mit 50 Prozent Gewinnzuwachs lässt sich leicht gegen Vorurteile kämpfen!

Mit Frau Ziegler habe ich über weitere Reportagen gesprochen. Als ich ihr Büro betrat, hat sie gerade telefoniert. Ich wollte die Tür noch einmal schließen, aber sie deutete auf einen Stuhl. Was zunächst wie ein freundlicher Akt aussah, erschien mir dann allerdings als demonstrative Geste, Frau Ziegler telefonierte nämlich mit einem »Herrn Minister« und wurde nicht müde, diese Anrede zu gebrauchen. Überhaupt war dies ein recht ausführliches Gespräch, bei dem allerdings fast nur der Minister zu Wort kam. Frau Ziegler schwieg oder sagte »ja« oder »ich weiß, Herr Minister«, alles in einem etwas strengen, also keinesfalls anbiedernden Ton, sie konnte »Herr Minister« sagen, wie einer von uns »Herr Maurer« oder »Herr Grünemann« sagen würde (also vielleicht doch ohne jede demonstrative Absicht). Nach dem Gespräch erkundigte sie sich so ausführlich nach meinem Befinden, dass meine Antwort zwangsläufig in eine Gegenfrage münden musste: Wie geht es der *Rundschau*? Ihre Antwort klang deutlich skeptisch: Es sei nicht so einfach, wie sie sich das vorgestellt hatte. Sie sagte das mit einem etwas sibyllinischen Lächeln.

Wie sich herausstellte, ist sie mit dem wachsenden Anteil von Fremdbeiträgen unzufrieden. Früher kamen fast alle Beiträge von ADN, das war unumstößlich; aber heute kann man es sich noch immer nicht leisten, wenigstens ein paar Artikel selbst zu schreiben. Schon der Eile wegen reicht es wieder nur zu Agenturmeldungen; und die wenigen Originalbeiträge, die in der *Rundschau* erscheinen, stammen meist von den Redakteuren der RENZ. »Die sind einfach schneller.« Für Frau Ziegler war es zum Beispiel ziemlich überraschend, dass man einen Artikel am Telefon schreiben kann. Man ruft die Leute an, überfällt sie fast, zwingt sie dadurch zu Aussagen, wenigstens zu Andeutungen. Man ist einfach frech. Und weil die erste Aussage, die einer am Telefon macht, meist nicht ganz stimmt, oder weil er diese oder jene Formulierung nicht veröffentlicht haben will, muss er zwangsläufig weiterreden. Solche Erfahrungen kennen wir nicht. Wir hatten bisher immer nur die offiziellen Angaben, und an denen haben wir mehr oder weniger mutig herumgedreht.

Schließlich kommt sie auf meine im August publizierten Reportagen zu sprechen (Onkel Wilhelm, Frau Kadritzke, die Nacht der Währungsunion und so weiter). Frau Ziegler lobt sie in den höchsten Tönen. Aber bei allem Lob bleibt auch diesmal eine deutlich spürbare Distanz, eine Spannung, etwas Lauerndes. Und das Honorar? »Ach ja, über ein Honorar hatten wir uns noch nicht verständigt«, sagt Frau Ziegler und fragt mich nach meinen Vorstellungen. Ich weiche aus, erkläre, dass ich natürlich weiß, wie gering hier die Löhne sind, dass ich aber andererseits … und so weiter. Kurz und knapp schlägt sie mir 1000 Mark vor, und ich willige ein. Erst als ich mit Stefan darüber spreche, wird mir bewusst, in welchen Konflikt ich mich manövriert habe: Zwar sind 1000 DM für eine Arbeit von fünf Wochen ein lächerlicher Betrag, außerdem kaum die Hälfte dessen, was ich im Westen bekäme, aber ein einheimischer Mitarbeiter hätte dafür keine 300 Mark erhalten. Dies gilt ja in allen Bereichen: Für gleiche Arbeit gibt es völlig unterschiedliche Löhne. Was mich in seiner Allgemeinheit sofort empört, ist mir in meinem Fall noch nicht einmal zum Problem geworden. Und jetzt stehe ich in Stefans Büro und stelle fest, wie sehr er sich bemüht, sein Erstaunen zu kaschieren: 1000 Mark?! Na ja, das musst du selbst wissen, wieviel du brauchst. Ich gerate in Bedrängnis, beginne, mich zu rechtfertigen, worauf Stefan erst recht versucht, mir auszuweichen. Und ich wollte Stefan nach den internen Konflikten befragen!

Was er mir schließlich über die *Rundschau* berichtet, geht dann auch völlig an mir vorbei. Es interessiert mich jetzt gar nicht mehr, dass es vor ein paar Tagen einen Streit um ein Foto gab, um ein Bild von Lech Wałęsa, auf dem er ein ziemlich zerknautschtes Gesicht macht, und das auch noch bei der Verleihung des Ehrendoktors. In Hamburg fand man das Foto toll, Stefan findet es dämlich. Aber deshalb hätte man es doch nicht aus der fertigen Seite herausnehmen dürfen. Die Unterhaltungsseite wird nämlich in Hamburg gemacht, und daran kann man doch nachträglich nicht einfach was ändern. Aber in dieser Frage sind Ziegler und Dahlmann stur geblieben. Statt des Fotos haben sie in der Eile eine Nachricht platziert, was nun wirklich unmöglich ist: Erstens setzt man keine Nachrichten auf die Unterhaltungsseite, zweitens verändert man nicht einfach das Verhältnis von Bild und Text. Eine Seite mit einem einzigen Bild, die sieht sich doch niemand an. Und drittens hat das enorm viel Geld gekostet; da wird so eine Seite extra von Hamburg nach Frankfurt und von dort hierher geflogen, und dann pfuscht irgendwer darin herum.

Dieser Art sind nun also die Konflikte. Aber dass es in der *Rundschau* seit Neuestem eine Unterhaltungsseite gibt und diese in Hamburg produziert wird (weil man den einheimischen Redakteuren keinen marktfähigen Humor zutraut?), all das scheint kein Diskussionsthema zu sein. Und was ist aus dem Konflikt mit Frau Ziegler geworden? Fühlen sich noch immer die meisten Redakteure von ihr gehasst, gemieden, ignoriert? »Im Prinzip schon«, sagt Stefan, »aber jetzt ist ja der Seiffert da.«

Ich sehe auf den Platz und den Brunnen hinunter: Tauben und Touristen. Die Innenstadt ist voll geworden. Überall Busse aus Augsburg, Solingen und so weiter.

[14. SEPTEMBER]

Bunge hat mir wieder eine Stelle vorgeschlagen. Diesmal hat er sogar zwei »Superangebote«: Literaturreferent beim zukünftigen Kultusminister oder Pressearbeit beim Landtagspräsidenten. Ja, jetzt ist die Zeit, »wo sich noch alles machen lässt!« Und weil beide Stellen eine gewisse parteipolitische Unabhängigkeit voraussetzen, glaubt Bunge, dass ich diesmal nicht nein sagen werde. Besonders vom Arbeitsstab des Landtagspräsidenten ist ja strikte Neutralität gefordert; aber neutral bin ich doch nun weiß Gott nicht.

Natürlich ist das nichts für mich. Andererseits muss ich zugeben, dass mich die Sache elektrisiert. Nicht nur, weil eine feste Stelle finanziell der Gipfel an Vernunft und das Ende aller Scherereien wäre. Sie wäre vor allem ein Umschwung im Lebensgefühl. Man muss sich das wirklich ausmalen. Ich hätte endlich Boden unter den Füßen, hätte irgendwo auf diesem verdammten Planeten einen Platz. Genaugenommen bin ich ja mein Leben lang nicht lebensfähig geworden. Immer hat einer den Rest bezahlt. Und jetzt dieses Angebot! So prominent braucht die Stelle übrigens gar nicht zu sein, im Gegenteil: Pressearbeit beim Landtagspräsidenten, das wäre schon von vornherein wieder so ein abgehobenes Arrangement (von wegen: Boden unter den Füßen!). Und außerdem: mit dem eigenen Schreiben wär's wohl in jedem Falle vorbei.

Aber Bunge scheint mein Buchprojekt ohnehin nur für einen Notbehelf zu halten, für die Tätigkeit eines erfolglosen Publizisten. Deshalb will er mir jetzt ein für alle Mal unter die Arme greifen. In seine Absicht, mich zu retten, ist er so heftig verliebt, dass er mich gleich nächste Woche mit Tetzlaw bekannt machen will; der ist als künftiger Landtagspräsident im Gespräch (die Posten werden natürlich schon vor der Wahl verteilt!). Das gehört also zu Bunges Selbstbild: eine hohe Stellung einnehmen und Gutes tun. In dieser Hinsicht ist er ganz auf Verführung programmiert: Für jeden hat er ein Angebot, einen Kontakt, eine Information. Er ist ein Don Juan auf maskulinem Terrain: Männer (und geschäftstüchtige Frauen) umschwirren ihn mit Fragen, Bitten, Wünschen und mit bewundernden Blicken. Wahrscheinlich ist es dieser sichtliche Lustgewinn, der mich immer glauben lässt, Bunge sei kein Politiker, er spiele ihn nur.

Bunge hat mich auch mit einem Herrn Bartsch bekannt gemacht. Ich werde ihn nächste Woche bei seiner Arbeit im Rat des Bezirks begleiten (das gleiche Gebäude, in dem ich Anfang letzter Woche krank und ahnungslos umhergeirrt bin). Bartsch ist etwa 50 und erinnert mich in Physiognomie und Gestik an den Mechaniker unten bei Burckhart: groß, ziemlich massig, Vollglatze. Er macht auf mich den Eindruck eines ewig gut gelaunten Menschen, allerdings ist er zu langsam für Bunge und diese Westdeutschen, immer sind sie ihm mit ihrer eleganten Rhetorik bereits um den mächtigen Leib herum entwischt.

Bartsch war jahrelang Ausbildungsleiter bei der Post. Jetzt ist er ein »Koordinator«, was auch immer das sein mag. Und auch er gehört zu diesen wunderbar deplatzierten Menschen, darüber gibt es vom ersten Augenblick an keinen Zweifel. Da er gerade Dienstschluss hat, schlägt er mir vor, gemeinsam zur Haltestelle zu gehen. Vorher muss er aber die Hose wechseln, das ist seine neue Hose, mit der kann er sich nicht in die Straßenbahn setzen. Wir gehen also in sein Büro hinauf, das er mit einer Sekretärin teilt. Bartsch wird sie bitten müssen, mal für einen Augenblick hinauszugehen. Zwar eigentlich: Vor Frau Hallgarten (der Sekretärin) braucht man sich nicht zu genieren, mit der versteht er sich prima. Aber wenn er sie nicht hinausschickt, sondern in ihrer Anwesenheit die Hose wechselt, und dann kommt plötzlich einer herein … also, das geht nicht. Ich erwarte automatisch dieses bei solchen Themen so beliebte Augenzwinkern, aber nein, es bleibt aus, Bartsch möchte keine Nebengedanken andeuten. Als wir ins Sekretariat eintreten, sitzen dort außer Frau Hallgarten allerdings noch zwei andere »Damen«. Bartsch nimmt unauffällig die Tüte mit seiner Freizeithose, verabschiedet sich und verschwindet aufs Klo.

Volker promoviert seit drei Jahren über »de Sade«. Die Schwierigkeiten, die ihm die alte Hochschulbürokratie in den Weg legte, hat er noch behutsam und zäh ausgeräumt, aber jetzt die Folgen der Vereinigung? Wir sitzen im Café und aus allem, was er berichtet, höre ich ein »Zu spät« heraus.

Er hatte geglaubt, mit seiner Arbeit Zeichen setzen zu können. Endlich sollte einmal gesprochen werden über das Verhältnis von Kultur und Libertinage, von Sexualität und Schreibwut. Jetzt, unter den neuen Verhältnissen, ist es zweifelhaft, ob man die Arbeit überhaupt als Dissertation akzeptieren wird. Einer der West-Professoren, die seit Neuestem die Arbeit der Fakultät begutachten (»evaluieren« nennt sich das), hat ihm wenig Hoffnung gemacht. Er bemängelt vor allem, dass Volker kein Romanist ist. Wie kann ein Philosophie-Student über einen literarischen Gegenstand promovieren, zumal, wenn er die Muttersprache des Autors nicht beherrscht?! Da geht dem westdeutschen Wissenschaftler zu vieles durcheinander. Und so ein West-Professor kann sich hier noch einmal in seinem ganzen ungetrübten Glanz präsentieren. Was bei uns jeder Abiturient weiß, will Volker einfach nicht glauben: Dass auch im Westen vor allem die Beziehungen zählen, dass man also selbst den einfallslosesten Kandidaten schließlich auf einen Lehrstuhl hievt, sofern er seinen Professoren nur lange genug die Bücher trägt. Nein, das glaubt Volker nicht. Folglich neigt er dazu, sich das Urteil des Professors als eigenes Versagen anzukreiden. Schon mir gegenüber ist er ausgesprochen kleinlaut; er sieht, während er spricht, meist zum Fenster hinaus und wendet mir erst nach einigen Sätzen wieder den Blick zu, aber offenbar nur, weil er befürchtet, dass ich ihm nicht mehr zuhöre.

Was Volker so entmutigt, ist allerdings noch etwas anderes: Jetzt, wo außer Schokolade und Schaumgummi auch Bücher aus dem Westen kommen, tauchen Dutzende sogenannter einschlägiger Publikationen auf, und alle müssen unbedingt noch berücksichtigt werden (das ist schließlich der West-Standard für Promotionen). Und weil Foucault so schwierig zu lesen ist, beginnt Volker mit Roland Barthes, aber der ist auch nicht einfacher, und so besorgt er sich erst einmal haufenweise Kommentare und Einführungen in die neueren französischen Theorien. Unterdessen rückt nicht nur de Sade in hoffnungslose Ferne, sondern auch die eigene Dissertation.

[17. SEPTEMBER]

Der Abriss der Arkaden ist nun also doch beschlossen?! Und nur 240 Unterschriften habt ihr dagegen sammeln können? Jetzt kann der Springmann also bauen, und demnächst sieht es auch bei uns so geschlossen, glatt, gläsern und fugenlos modern aus wie überall, wo ein paar Millionen zur Disposition stehen.

Dass dem Springmann die »Übersiedler« davonlaufen und dass er überall erklärt, die Ostdeutschen hätten nicht zu arbeiten gelernt, das kann ich mir denken. Und natürlich glaubt ihm das auch jeder Schwabe. Du hast recht: die Lüchow-Affäre ist eine Ausnahme. Wenn es um den eigenen Betrieb geht, dann gelten die Ostdeutschen sofort wieder als ungeschickt und langsam. Aber die Aufregung in Lüchow zeigt immerhin, in welch wunderbare Turbulenzen sich Geschäft, Vorurteil und Nationalgefühl derzeit verwickeln. Plötzlich müssen ausgerechnet die im Verhöhnen kultureller Differenzen so erprobten Reaktionäre jede tiefere deutsch-deutsche Verschiedenheit leugnen. Der Geschäftsmann dagegen rückt natürlich ganz nüchtern von seinem deutschen Selbstbild ab und beginnt, die »Ostler« zu taxieren (aber auch nur im Personalbüro, im Gemeinderat ist er nämlich noch immer entschieden der Meinung, dass wir angesichts … und so weiter). Wie sehr diese Turbulenzen auch uns erwischen, zeigt sich schon daran, dass wir ja heute ziemlich zähneknirschend unsere bewährten Solidaritätsformeln Leuten widmen, die ganz offensichtlich vor allem an Autobahnen, Privatsendern und Quelle-Katalogen interessiert sind. Ja, man muss der Brüderlichkeit nur das Adjektiv »deutsch« verpassen, das bringt gleich alles durcheinander!

Jetzt glaubt Carola gar nichts mehr. Dass der Aufschwung unmittelbar bevorstehe, glaubt sie nicht, und dass es der Einheit wegen keine Steuererhöhung geben wird, am allerwenigsten. Das ist doch bloße Propaganda. Sie ist darüber allerdings keineswegs verärgert, empört oder wenigstens ein bisschen irritiert, nein, sie ist vor allem stolz auf sich selbst, denn sie hat ja in kürzester Zeit den Parlamentarismus begriffen. Der Kandidat mit dem berühmten Saumagen bleibt also unangefochten ihr Favorit. Auch für die bevorstehenden Landtagswahlen ist keine Überraschung in Sicht. Wie man hört, sind die Mehrheitsverhältnisse weiterhin stabil; für Polit-Meteorologen bleibt Deutschland ein zuverlässiges Vorhersage-Gebiet. Je mehr uns aus allen Regionen des Planeten die katastrophalsten Prognosen erreichen, desto starrsinniger wünscht sich der

Mehrheitsdeutsche die Politik als eine Form öffentlicher Schmeichelei. Wenigstens vor den Wahlen findet der Deutsche mal jemanden, der ihn ein bisschen auf den Spielplatz führt.

[20. SEPTEMBER]

Das ist also ein »Koordinator«: Bartsch spielt den Verbindungsmann zwischen den Beamten und Politikern aus verschiedenen Bundesländern. Ein Ostdeutscher, der sich auskennt: in der Stadt, in den Behörden, in der Ost-Technologie (Telefon, Telefax und so weiter). Ein sogenanntes kleines Licht, aber gerade deshalb für mich so interessant. Er sitzt stumm in verschiedenen Besprechungen und versucht, den Mann im Hintergrund zu spielen, was angesichts seiner massiven körperlichen Präsenz eigentlich unmöglich ist. Da ich neben ihm sitze, scheine ich dazuzugehören. Offenbar halten mich alle hier eingesetzten West-Beamten ganz selbstverständlich auch für so eine Art Verbindungsmann. Großartig!

In einem der ersten Räume, die ich mit Bartsch betrete, stoßen wir auf ein wutentbranntes Männchen in grauem Jackett, es hat schon gar kein Gesicht mehr vor lauter Zorn, nur noch Falten, Furchen, Linien. »Ich gehe nicht aus diesem Zimmer!« schreit es, »ich ziehe hier nicht aus, bevor ich drüben kein Telefon habe, und zwar eines, das funktioniert!« Aufgebracht läuft der Mann vor seinem Schreibtisch herum, Bartsch hört ihm seelenruhig zu. Er nimmt zur Kenntnis, dass man diesem Mann nicht jede Woche ein anderes Zimmer zuweisen könne und eine andere Telefonnummer noch dazu. Er muss doch schließlich erreichbar sein. Was hier geschieht, ist Sabotage der laufenden Arbeit. Was ist das denn für ein Saustall! Im Bedürfnis, seiner sich überschlagenden, in ungeahnte Höhen abdriftenden Stimme irgendwie Einhalt zu gebieten, nimmt der Mann einen Stapel Papiere, hebt ihn auf und schlägt ihn auf den Tisch. Damit ist nun aber seine Energie verbraucht. Außerdem hat Bartsch ihn durch konsequentes Schweigen vor jeder neuen Aufregung abgeschirmt und kann nun mit aller menschenmöglichen Geduld erklären, solange man nicht wisse, wie viele Beamte noch aus dem Westen herübergeschickt würden, könne man die Räume nicht endgültig verteilen. Da werden manche Arbeitsstäbe plötzlich riesig groß und brauchen Zimmer, die nebeneinander liegen. Andere Arbeitsstäbe erweisen sich dagegen als überflüssig, und für sie hat man Räume und Telefone reserviert. Bartsch kann das alles erklären, und in seiner begütigenden Art erstickt er schließlich die letzten Flammen der Wut.

Ich schreibe dies übrigens jetzt, am Abend, im Sekretariat. Bartsch ist gegangen, und Frau Hallgarden (sie schreibt sich, wie ich inzwischen weiß, mit einem »d«) – Frau Hallgarden ist im Nebenzimmer beschäftigt. Ich werde bis sieben oder halb acht warten, weil sich dann vielleicht der Versuch lohnt, dich anzurufen.

Ansonsten habe ich den Eindruck, wenn wir ein Zimmer betreten (Bartsch und ich), wendet sich niemand nach uns um, man beugt sich über Projektmappen und bemerkt uns nicht. Mir kann das nur recht sein. Da sitzen die aus Ost und West zusammengewürfelten Beamten und Politiker und sollen mit der Aufbauarbeit beginnen. Man kennt sich nicht, aber das ist jetzt egal. Kein Zögern. Kein Erstaunen, dass man da plötzlich mit fremden Leuten unter fremden Umständen Behörden gründet, Fakultäten schließt, Kläranlagen baut, Steuern eintreibt und das alles auf Papier. Diese Männer wirken konzentriert. Die Zerstreutheit, die man braucht, um dieses Land, dieses Zimmer, diese neuen Kollegen wahrzunehmen, diese Zerstreutheit fehlt ihnen. Vor lauter Aufmerksamkeit sehen sie nichts.

Später ein kurzer Termin im Arbeitsstab »Justiz«. Im Vorzimmer zwei Sekretärinnen: steife, altmodische Damen. Dunkle Farben. Im Raum dahinter: eine hell erregte Debatte über die gestern ausgebrochene Häftlingsrevolte. Inzwischen sitzen die Gefangenen auf den Dächern, was tun? Die Koordination mit Bonn scheint nicht zu klappen; man steht um eine Couchgarnitur herum, niemand hat die Ruhe, sich zu setzen. Nervös schiebt man sich die Aschenbecher zu und bei jedem Telefonklingeln versiegen schlagartig alle Stimmen, es könnte ja der Anruf aus Bonn sein. Die Tür zum Vorzimmer steht offen, draußen tippen die Damen ungerührt und mit hochaufgerichtetem Rücken weiter. Nicht einmal eine Gefängnisrevolte kann sie aufhorchen lassen. Aber wahrscheinlich beben sie (wie alle anständigen Leute) innerlich.

Ein kurzes Gespräch mit Stave, einem Regierungsrat aus Mainz, dem mich Bartsch dummerweise als Journalist vorstellt: Stave ist zurückhaltend, korrekt, gibt sich keine Blöße und kann offensichtlich rund um die Uhr im Kommuniqué-Stil reden. Selbst lange Sätze formuliert er mühelos und unbewegt. Warum hat er sich entschieden, hierher zu kommen? Diese Frage, die ja eine persönliche sein könnte, beantwortet er politisch. »Die Bereitstellung von Leihbeamten ist aus zwei Gründen erforderlich: zum einen, weil es im Gebiet der heutigen DDR bislang keine Erfahrungen im Umgang mit Landeshoheiten im Bereich der Bildung, insbesondere des Hochschulwesens gibt; zweitens erlaubt die dünne Personaldecke der demokratischen Parteien keine anderen Maßnahmen.« Da sind wir aber platt, Bartsch und ich. So etwas könnten wir selbst in mehreren Anläufen nicht formulieren, geschweige denn aus dem Ärmel schütteln. Man wagt schon gar nicht, weitere Fragen zu stellen.

Inzwischen habe ich bestimmt schon dreißig Mal diese quietschende Wählscheibe gedreht. Einmal bin ich sogar durchgekommen, deutlich habe ich ein Klingelzeichen gehört. Aber du hast nicht abgenommen. Du bist also nicht zu Hause, und ich könnte jetzt gehen. Andererseits kommt es mir so unwahrscheinlich vor, dass es tatsächlich dein Telefon war, das da geklingelt hat, dass ich also jetzt gerade bis zu dir, bis in dein Zimmer vorgedrungen sein soll. Ich werde es später nochmal probieren, vorerst genieße ich es, in einem richtigen Büro an einem richtigen Schreibtisch zu sitzen. Ein Schreibtisch mit Telefon, das macht einen doch irgendwie vollständiger. Man möchte fast anfangen, sich ernst zu nehmen. Genau das ist das Thema. Bunge hat es mit seinen Stellenangeboten exakt getroffen: Gefordert sein; eingebettet sein in ein Netz von Verantwortung und Pflicht. Da hilft auch eine Beziehung (oder eine Ehe) nicht. Sie mag zwar das Selbstbild pflegen, eine soziale Verwurzelung aber schafft sie nicht. Das intime Gespräch ist zu modern, um an so allegorische Bedürfnisse heranzureichen. Und die Frage der Verwurzelung ist eine Frage der Allegorie; es geht um die eigene Platzierung zwischen diesen unpersönlichen und unzugänglichen Figuren: die Gemeinschaft, die Wahrheit, der Tod… Wenn ich Bunge mitten zwischen seinen Kollegen sehe oder wenn ich sein Büro betrete, etwas, was man ihm anvertraut hat, etwas wofür er Verantwortung hat, denke ich jetzt immer: So könnte auch mein Platz aussehen. Zwar: ich möchte mir solche Idyllen gleich aus dem Hirn schlagen, weil ich weiß, dass ich für ein solches Leben nicht mehr tauge. Aber ich spüre auch das Defizit. – Ich werde jetzt nach Hause gehen. Es hat keinen Sinn mehr, noch öfter deine Nummer zu wählen.

[21. SEPTEMBER]

Fortsetzung von gestern: Nachmittags das Gespräch mit einem stellvertretenden Minister. Das heißt, nur noch offiziell ist er stellvertretender Minister, nur noch ein paar Tage, solange diese DDR und ihre Ostberliner Regierung existieren. Offenbar versucht er, sich hier auf Landesebene in eine günstige Position zu bringen. Mit Hahn und Rückert plaudert er über die politische Situation, eine wirkliche Arbeitsbesprechung ist dies nicht. Hahn gibt seinen Unmut über eine Klausel im Einigungsvertrag zu erkennen. Er kritisiert, dass die Beamten verschiedener Ostberliner Ministerien in die neuen Länder zu übernehmen sind. »Aber das waren doch alles Kommunisten«, sagt Hahn, »da müssten wir ja blöde sein, wenn wir von denen auch nur einen einzigen übernehmen.« Nein, mit solchen Leuten will er nichts zu tun haben. Die rücken doch garantiert gleich mit ihrer ganzen Seilschaft an.

An der grünlichen Wand, an der ein inzwischen entferntes Porträt einen hellen Fleck hinterlassen hat, sitzt der stellvertretende Minister und lächelt süffisant. Oh, er kann Hahns Befürchtungen durchaus verstehen, natürlich, aber er gibt zu bedenken, dass man die Beamten nur überführen kann, solange jemand existiert, der die Überführung anordnet. Nicht wahr, man braucht einen Minister oder seinen Stellvertreter. Aber schon nächste Woche gibt es weder den einen noch den anderen mehr. Wir nehmen unseren Hut, wir werden aufgelöst und haben eben vergessen, diese ganze Überführung zu organisieren. Und wer soll dann die Leute in die einzelnen Länder schicken? Hahn und Rückert lachen, ach so ist das, natürlich, wo niemand mehr ist, kann auch niemand eine Überführung organisieren. Da wird einfach dicht gemacht. Hahn beginnt, sich zu beruhigen, er wirkt ohnehin nicht wie ein Haudegen, eher wie ein Lustmörder. Rückerts Lächeln könnte man auch als Zähnefletschen deuten, schon allein, weil er dabei immer so leise zischend die Luft einzieht. Und falls einer von den Leuten protestiert (sagt nun der stellvertretende Minister), legen wir ihm jede Menge Stellenausschreibungen vor, auf die kann er sich ja dann bewerben – wie jeder andere Bürger auch und wie die Beamten aus dem Westen. Wieder lachen Hahn und Rückert. »Aber natürlich, die sollen sich bewerben, die sollen sich nur bei mir vorstellen«, sagt Hahn, »ich rieche jeden SEDler zehn Meter gegen den Wind.« Jetzt ist es der stellvertretende Minister, der lacht, denn auch er erkennt die heimlichen Genossen in seinen Abteilungen. Die schreiben nämlich immer in solchen Formeln wie: »Klar ist, dass …«, »Ziel ist, dass …«. Daran erkennt man seine Leute. Außerdem sind sie einfach nicht auf der Höhe der Zeit. Die bringen es fertig und setzen in eine Pressemitteilung zum Umweltschutz ein paar Ausführungen zum Katastrophenschutz. »Aber guter Mann«, habe ich gesagt, »Katastrophenschutz ist Schutz vor der Katastrophe, Umweltschutz ist aber kein Schutz vor der Umwelt«. Erneut allgemeines Gelächter.

Allerdings hat der stellvertretende Minister seine letzte Pointe noch gar nicht ausgespielt, genüsslich und scheinbar ganz nebenbei erwähnt er, nach einer Woche habe man ihm die Pressemitteilung erneut vorgelegt, diesmal aber mit der Vorbemerkung: »Klar ist, dass Umweltschutz und Katastrophenschutz voneinander unterschieden werden müssen.« Tosendes Lachen und Schenkelklopfen. Dass Bartsch und ich eher missmutig daneben sitzen (zwei »Hilfskräfte« also) fällt nicht weiter auf. Hahn ist nämlich in Hochstimmung, er schreit: »Was gehen mich die Personalprobleme in Ostberlin an! Ich habe selbst genug Probleme! Man hat zu viel von diesem Gelumpe, das sitzt jetzt nur noch herum, trinkt Kaffee und wartet. Im ganzen Haus arbeiten vielleicht zwanzig Mann. Der Rest laviert herum. Aber die haben sich getäuscht, das sage ich Ihnen.«

Bei der Verabschiedung des stellvertretenden Ministers betonen Hahn und Rückert noch einmal, wie gut es sei, zusammenzuhalten. »Sie haben sich hohe Verdienste erworben – antistalinistische Verdienste«, sagt Hahn, indem er sich beim Händeschütteln ironisch und gut gelaunt verneigt und erklärt, man werde sich für die Unterstützung des stellvertretenden Ministers durchaus erkenntlich zeigen, denn kompetente Leute wie ihn könne man immer brauchen.

So geht es den ganzen Tag. Da sitzen sie, nervös oder gelassen, und hecken Pläne aus. Sie stecken die Köpfe zusammen, und wenn es dann zu regnen beginnt, bin ich froh, dass mein Blick abgelenkt wird. Hinauszusehen ist mir ohnehin den ganzen Tag ein Bedürfnis, der Regen kommt dem sehr entgegen: alles abwaschen! Ich möchte das Fenster öffnen und den Wind hereinlocken, unter die Stühle und zwischen die Akten, ein bisschen Aufruhr soll er schaffen, im Park lässt er ja schon die Pappeln zittern, und vor dem Fenster zappelt ein letztes loses Blatt. Und der Teich, der bisher eine schwarze Fläche war, erhält eine helle, raue Haut.

Kann man in diesen deprimierenden Räumen sitzen, ohne wenigstens ab und zu hinauszugehen? Aber selbstverständlich! Hier sitzt man pflichtgemäß und karrierebewusst, unempfindlich für den Lärm und das bleiche Licht, unempfindlich für die Jahreszeiten, die frühe Dunkelheit und für diese höhnische Form von Politik. Abends fällt man dann ins Bett. Keiner unternimmt einen Schritt zurück, keiner gewinnt den minimalsten Abstand. Kein bisschen Distanz. Das Einzige, was denen morgen noch in Erinnerung sein wird, ist das nackte Gerüst der

Beschlüsse und Namen. Weiter, weiter, weiter, eine hochspezialisierte Form von Stumpfsinn. Es scheint mir sogar unwahrscheinlich, dass je einer auf die Idee käme, seiner Sekretärin hinterherzusehen. Da kann man nur sagen: Wie gut, dass es kein Leben nach dem Tode gibt. Was sollten diese Seelen denn antworten, wenn man sie dereinst fragt, was sie erlebt haben, in all den Jahren?

[22. SEPTEMBER]

Die Daubenbergers haben sich also doch getrennt? Sie will zurück nach Halle? Schade, ich hätte gerne noch einmal mit den beiden geredet. Ich versuche, mir vorzustellen, wie es gewesen sein muss, gemeinsam ein neues Leben vorzubereiten, einen Ausreiseantrag zu stellen, die Entlassung hinzunehmen, auch den anderen Ärger jahrelang, aber dann kommt die Wende, und man hat es geschafft, man siedelt in den Westen über, alles kommt jetzt ins richtige Gleis, aber plötzlich, unter den neuen Verhältnissen, ist man sich gegenseitig gar nicht mehr der richtige Partner.

Das geschieht natürlich auch tausendfach hier im Osten, und es betrifft nicht nur Ehen, sondern auch Freundschaften, Arbeitskollegen, Skatrunden, Sportvereine und so weiter. Das habe ich mir bisher noch gar nicht klargemacht. Darüber spricht ja auch niemand, so etwas ereignet sich unbemerkt, erst am Ende stellt man fest, wen man unterwegs verloren hat. Und das alles nennt sich »deutsche Vereinigung«.

Die erste Lesung: ein Hinterhof, der ehemalige Lagerraum eines Kleinbetriebs, sparsam umgebaut; etwa vierzig, meist jugendliche Zuhörer. Ich lese aus meinen Sommerreportagen. Die Leute machen während der Lesung einen zurückhaltenden bis enttäuschten Eindruck, der sich anschließend konkretisiert. Warum ich die Namen von Personen und Institutionen verändere? Jetzt, wo die Zensur abgeschafft ist, kann man doch endlich authentisch schreiben. Ja, wenn das alles nur eine Frage der Zensur wäre! Hätte ich antworten sollen, dass es ohne Zensur erst recht keine Authentizität gibt? Aber ich sehe ein: Hier hat man jetzt endlich die Chance, Tat und Täter beim richtigen Namen zu nennen. Alles Andere erscheint augenblicklich als Verharmlosung.

Eine andere Frau (es meldeten sich überraschend viele Frauen) fand, ich hätte die wirklichen Kräfte der Wende nicht beschrieben, das Neue Forum zum Beispiel. Warum gilt mein Interesse ausgerechnet den Leuten, die eher am Alten haften? Und außerdem: die vielen Nebensächlichkeiten, die Personenbeschreibungen zum Beispiel oder diese zufälligen Straßenszenen. Aber na ja (sagt sie), es ist ja eigentlich auch eher ein literarischer Text, da mag es ja noch gehen.

Dummerweise habe ich erwähnt, dass aus diesen Reportagen eventuell ein Buch wird. Also das kann man sich nicht vorstellen. Das Manuskript hat ja kein klares Thema, es besteht nur aus Beobachtungen. Und wenn es sowieso nicht journalistisch sein will, dann wünscht man sich doch wenigstens eine Hauptfigur und eine Handlung. Einen richtigen Roman eben. Es ist eine seltsame Diskussion, die da aufbricht, ich lasse mich völlig überrollen. Zerknirscht ziehe ich mich auf die Position des Diskussionsleiters zurück, der über die Rednerliste wacht, während sich die Zuhörer den Kopf über eine tragfähige Romankonzeption zerbrechen. Natürlich bleibt man freundlich, es dauert immer ein paar Sekunden, bis ich die Härte einer Kritik wirklich begreife. Kein aufgeregter Ton, keine schroffe Stimme. Alles ist in so weichem, nachgiebigem Ton vorgetragen, dass ich mich fast entspannt zurücklehne. Dabei treiben mich die Aussagen, wenn ich sie richtig bedenke, jedes Mal wieder in eine aufrechte Haltung.

Dann ein älterer Mann: Bart, Brille und eine Zigarette, die er ständig anstarrt. Er spricht in seine Zigarette wie in ein Mikrofon, und er redet und redet, und ich verstehe nichts. Wenn ich mir noch einmal die Stichworte ansehe, die ich in der Hoffnung, das Rätsel zu durchschauen, notiert habe, dann lautete sein Beitrag etwa so: »Wir Deutschen. Das scheint mir in Ihrer Reportage zu sehr in Bezug zum Restriktiven gesetzt zu sein. Und dabei haben doch gerade wir eine so lange Erfahrung mit dem, was Mauer heißt. Dabei ist der Deutsche doch eher ein

Phänomen, also sagen wir: meistens jedenfalls, denn verallgemeinern will ich hier nicht, ich glaube vielmehr, dass man da noch ganz überraschende Entwicklungen wird erleben können. Wie in der Tschechoslowakei zum Beispiel, wo sich das Bild des Deutschen ja auch gewandelt hat, und gerade dadurch, dass man eben nicht mehr so sehr das (im Husten verschluckt:) Komplementäre? Defizitäre? Singuläre? in den Vordergrund rückt...«.

So fährt er noch eine Weile fort, und dann ist der Abend zu Ende. Ich habe einfach zu lange gezögert, nachzufragen oder zu unterbrechen. Zu lange habe ich befürchtet, nur ich verstünde ihn nicht, diesen Mann, der womöglich allen Anderen aus der Seele sprach. Aber auch die Anderen haben nichts mit ihm anzufangen gewusst und ihn einfach reden lassen. Es war, als habe man wie immer akzeptiert, dass irgendein Funktionär noch einmal die Ergebnisse der Sitzung in eine offizielle, fachkommunistische Terminologie ummünzt, bevor man endlich aufbrechen kann. Das tat man dann auch massenhaft.

[23. SEPTEMBER]

Die *Rundschau* habe sich zu sehr in eine soziale Nische zurückgezogen, behauptet Stefan. Er meint damit den traditionellen Leserkreis der *Rundschau*: ein konservativ-christliches Bildungsbürgertum. Ich vermute, man könnte das auch anders sehen: Das konservativ-christliche Bildungsbürgertum ist eine soziale Randgruppe geworden. Es zerfällt. Unter dem Druck der neuen Verhältnisse ist der Christ immer weniger konservativ und der Konservative längst kein Bildungsbürger mehr. Ganze Kommissionen von Soziologen ließen sich mit dieser Frage beschäftigen.

Im Ergebnis hat Stefan sicher recht: die *Rundschau* muss neue Leserschichten gewinnen. Zur Diskussion steht derzeit ein völlig neues Konzept. Es darf nicht so kulturlastig sein und nicht so intellektuell. Außerdem wird die Kirchenseite gestrichen. Und vor allem: Die *Rundschau* muss sich jeder politischen Betätigung enthalten. Die seitenlangen Interviews mit Reform-CDUlern (meist von Frau Ziegler geführt), das war doch reine Parteipolitik.

Aus journalistischer Sicht ist so etwas ein Skandal. Stefan gehen solche Äußerungen inzwischen mühelos über die Lippen. Aber er selbst wollte doch vor einem halben Jahr noch eine Zeitung mit Engagement? »Ja«, sagt er, »aber doch nicht für die CDU.«

[24. SEPTEMBER]

Statt »parteipolitischer Betätigung« finde ich in der heutigen *Rundschau* wieder einen Schwarzwald-Bericht. Wie ich erfahren muss, steckt unsere Kuckucksuhren-Industrie tief in der Krise. In den letzten Jahren ist die Produktion angeblich rasant zurückgegangen. Da kann ich nur hoffen, dass niemand auf die Idee kommt, mir sein Mitgefühl zu bekunden. Je weiter ich lese, desto schlimmer: Auch Kuckucksuhren-Vereine wollen die Schwarzwälder gründen, um die Öffentlichkeit aus »ihrem Dornröschenschlaf« zu wecken. So etwas wird hier tatsächlich geschrieben, du glaubst es nicht. Man möchte in die Redaktionsstuben stürmen und es herausbrüllen, dass wir ganz normale Leute sind. Aber das geht nicht: »normale Leute«. Schließlich leben auch hier die Schreiber vor allem davon, dass es anderswo eben anders ist – wenigstens ein bisschen.

Das Lächeln der Politiker, wenn man sie um ein Interview bittet: Es ist verständnisvoll und hilflos zugleich. Natürlich, die Presse will mit ihnen reden. Das betrifft auch den einfachen Sachbearbeiter aus Tübingen oder Darmstadt, den »Leihbeamten«. Plötzlich ist er eine Persönlichkeit geworden. Also lächelt er und sieht zu Boden. Dabei habe ich mich bisher nur vorgestellt, aber er scheint zu ahnen (oder zu hoffen), dass es auf ein Interview hinausläuft. Die einheimischen Politiker lächeln sowieso, als Neulinge oder als ehemalige Funktionäre: In beiden Fällen sind sie verlegen.

Aber es ist ja auch ein wenig Mitleid in diesen Gesichtern, ein Bedauern, das nun auch mich in Verlegenheit stürzt. Ich gehöre wohl zu diesen Journalisten, die überall auftauchen und alles so ungeheuer wichtig nehmen. Dabei ist die Arbeit der Beamten weder interessant noch spektakulär: »Ach wissen Sie, das ist doch nichts Besonderes, nichts als hektische Kleinarbeit, ich bin schon nicht mehr Herr meiner Zeit«. Fast möchte ich diesen bescheidenen Menschen mit der Frage erschrecken, wer denn dann Herr seiner Zeit ist.

Auf dem Rasen vor der Kaufhalle steht ein Möbelwagen, ein moderner Koloss. Er ist zu einer Verkaufsfläche für Pelzwaren umgebaut worden, schon seit Tagen war auf Handzetteln von einem »sensationellen Angebot« zu lesen. Jetzt ist der Wagen also da. Allerdings hat er sich zu weit in die feuchte Wiese hineingewagt und ist im Dreck steckengeblieben. Wie soll man ihn da nur wieder herausbekommen? Man hat einige Bretter unter die Reifen gestopft, aber sie sind viel zu dünn und zu leicht. Kaum versucht der Wagen anzufahren, schon zerfetzt er die Bretter, Holzsplitter sausen durch die Luft, auch reichlich Dreck, jemand ruft: Passen Sie auf, gehen Sie zur Seite! Schaulustige gibt es ja genug. Der Verkaufsleiter (oder jedenfalls ein besser gekleideter Mann) treibt seine Leute an, scheucht sie zur Baustelle hinüber, dort Steine zu holen, denn man kann sich längere Ausfallzeiten nicht leisten, so ein Möbelwagen kostet doch fast seine 1000 Mark am Tag. Aber es nützt nichts. Als ich wieder aus der Kaufhalle komme, hat man die Arbeit eingestellt. Inzwischen ist der Möbelwagen bis zum Bauch in der Erde versunken, er liegt wie ein gestrandeter Walfisch im Gras, verdreckt und erschöpft. Angeblich ist man in die umliegenden Dörfer gefahren, um Traktoren zu holen, die Bauern sind ja zum Glück jetzt arbeitslos.

Abends sehe ich von der Straßenbahn aus, dass der Möbelwagen noch immer feststeckt. Man hat einige Bohlen ausgelegt, um Kundschaft anzulocken. Aber der verdreckte Wagen hat dem ganzen Unternehmen wohl doch ein zu unseriöses Aussehen gegeben, jetzt ist er verschlossen und verlassen, und ein Fetzen Stoff klemmt in der Tür. Offensichtlich hat sich kein Geschäft machen lassen. Wenigstens einer dieser Versuche, an der schnellen Bereicherung teilzunehmen, ist gescheitert, und ich kann heute ausnahmsweise einmal versöhnt ins Gästehaus zurückkehren.

Schon eine ganze Weile brüte ich über folgenden Annoncen: »Anspruchsv. 50erin, 1,67, schl. FSA, NR, su. Ihn pass. Alters, m. Herz. u. Verst. f. liebev. Miteinand.«
»Sie 44. schl. FSA. NR. FE. su. f. harm. Partnersch. unternehmungsl. Partner.«

Falls man ein wirklich letztes Mal Ost- und Westdeutsche vergleichen will, sollte man ein paar Zeilen darunter dieses Angebot studieren:
»Oberstudienrat, Uelzen (BRD), 1,73, 63 J., dunkel, schlank, humorvoll, bietet jüngerer Dame niveauvollen Lebensabend in komfortablem Eigenheim.«

Der letzte Arbeitstag eines Stasi-Agenten: Als Bartsch und ich beim Mittagessen saßen, kam ein Mann in grünem, leicht verschmutztem Hemd an unseren Tisch – ein vielleicht 50-Jähriger, etwas benommen oder zumindest zerstreut wirkender Mann. Er sprach davon, dass er morgen seine Arbeit übergeben werde, morgen um 13 Uhr. Vorher soll er noch einige Siemens-Prospekte an verschiedene Abteilungen weiterleiten. Aber an wen? Wer interessiert sich für solche Prospekte? Bartsch wusste keine Antwort. »Also gut«, sagte der Mann, »ich übergebe das Material mit allem anderen morgen um 13 Uhr, so lauten ja meine Anweisungen.« Das klang korrekt und demonstrativ beleidigt. Kaum hatte er sich entfernt, als Bartsch ganz nüchtern (ohne Getuschel oder Überheblichkeit) erklärte, der Mann sei vor ein paar Tagen als »Offizier im besonderen Einsatz« enttarnt worden.

Nachmittags, als ich über den Gang gehe, spricht der Stasi-Offizier mich an: Sie sind Journalist? fragt er. Er muss irgendetwas aufgeschnappt haben und reagiert jetzt blitzschnell, er taxiert mich und schätzt: so ein Mann kann vielleicht mal nützlich sein. Ich erkläre ausweichend, dass ich Reportagen schreibe, und er antwortet, auch er sei einmal publizistisch tätig gewesen, ein Buch über Hochseefähren habe er geschrieben. Auch die dazu notwendigen Fotos hat er gemacht, denn eigentlich ist er Fotograf. Dann schlägt er mir vor, in sein Büro zu kommen; und erst während wir schweigend nebeneinander hergehen (er deutet mit der Hand mal nach links oder rechts), fällt mir auf, wie direkt und ohne jeden Vorwand er den Kontakt zu mir angebahnt hat. Ein Anfänger in diesem Metier hätte sich noch eine Weile höflich nach meiner Arbeit erkundigt oder wenigstens darauf verwiesen, wie schlecht man sich hier auf dem Gang, wo noch immer renoviert wird, unterhalten kann. Aber nichts. Keine Umschweife. Fast scheint er unter konspirativen Bedingungen zu agieren und möglichst schnell aus dem Blickfeld der Anderen verschwinden zu wollen.

Sein Arbeitszimmer: ein kleiner Raum, aber hoch wie alle anderen. Morgen ist also sein letzter Arbeitstag; er zuckt mit den Schultern, ja, so ist das, so ist das Leben, sagt er. Ich antworte: »So ist die Politik«, worauf er nur fahrig »ach Gott« sagt. Ich setze mich auf einen Stuhl (Baujahr etwa 1965), während er mir gegenüber hinter seinem Schreibtisch stehenbleibt und einige Papiere beiseite räumt. Am Halsansatz ist er schlecht rasiert, das zeigt sich jetzt, wo ihm in Fensternähe ein Streifen Licht exakt auf Schultern und Gesicht fällt.

Wieder einmal ist unklar, wer die Initiative ergreifen wird. Ich gehe davon aus, dass er ein Anliegen hat, aber er steht mir weiterhin unentschlossen gegenüber. Vielleicht sollte ich ihm die üblichen Fragen stellen: Wie er zur Stasi gekommen und was sein Spezialauftrag gewesen ist – und natürlich, wie er inzwischen darüber denkt. Vielleicht nimmt er auch an, jetzt, nach seiner Enttarnung, wenigstens ein wichtiger Interviewpartner geworden zu sein.

Im Gegensatz zu den anderen Zimmern ist es hier völlig still, kein Telefonklingeln, keine Geräusche im Gang oder im Nebenzimmer, niemand kommt, keine Sekretärin, wir befinden uns im toten Trakt der Behörde. Aber noch stehen vier Telefone auf dem Schreibtisch und bezeugen, dass hier einmal Geschäftigkeit geherrscht haben muss. Schließlich schenkt er mir unvermittelt ein Plakat, zu dem er selbst das Foto beigesteuert hat: Es zeigt das Gebäude des Rats des Bezirkes im späten Herbstlicht. Fotos von der Stadt hat er in den letzten Jahren viele gemacht, auch alte Fotos gesammelt, teilweise Jahrhundertwende.

Vielleicht könnte man sie zu einem Bildband zusammenstellen – mit einem Kommentar zur Stadtgeschichte. Ob man dafür wohl einen Verlag findet?

Bildbände allgemeiner Art gebe es vermutlich genug, antworte ich, man müsste eine bestimmte Fragestellung haben, eine ganz spezielle Perspektive, dann wäre so etwas denkbar. Ich schlage ihm vor, ausgewählte Fotos, eine Leseprobe und ein Exposé an entsprechende Verlage zu schicken. Er beugt sich über ein Blatt Papier und beginnt zu notieren, wobei er sorgsam mitspricht, was er da schreibt. Er notiert also: »spezielle Fragestellung«, »Fotos«, »Leseprobe«, »Exposé«. Ich habe den Eindruck, dass er alkoholisiert ist.

War dieser Bildband der Grund, mich hierher zu bitten? Ich glaube nicht. Der Mann ist in dieser Angelegenheit viel zu desinteressiert. Eher hat es den Anschein, das Buchprojekt diene ihm als Gesprächsbrücke, denn nun kann er davon berichten, wie vielen Journalisten er die Stadt schon gezeigt hat, vor allem Journalisten aus dem Ausland. In zehn Jahren hat er mindestens 3 000 Journalisten betreut, auch Regierungssprecher verschiedener Länder und sogar den Bundeskanzler. Nur wenige Schritte hat er von ihm entfernt gestanden. Er lächelt versonnen. Offenbar träumt auch ein Agent. Auf keinen Fall habe ich den Eindruck, man könne von ihm in absehbarer Zeit so etwas wie »Vergangenheitsbewältigung« erwarten. Nein, dieser Mann möchte auch nicht als Stasi-Offizier interviewt werden, er hat weder Reue noch Enthüllungen zu bieten. Es ist eher so, als hätten wir schon in den ersten Minuten stillschweigend ein Abkommen geschlossen: Wir werden gemeinsam ein wehmütiges Bild malen, zum Beispiel einen entrückten, gläsernen Pavillon. Das scheint nicht einfach zu sein, denn ich weiß, dass er weiß, wieviel ich von seiner Vergangenheit weiß, aber das Atemberaubende ist, dass dieser Pavillon tatsächlich zu glänzen beginnt.

Der wehmütige Ton bestimmt also unser Gespräch: »Ja«, sagt der Mann, »jetzt wo die Anderen zu bestimmen haben, da muss man eben gehen.« Den meisten wird wohl gekündigt werden. Aber eine Arbeit wird sich schon finden.

Von rettenden Strohhalmen spricht er dann (da schlägt die Dramatik doch für einen Augenblick zu), er greife nach jedem Strohhalm, sagt er. Einen Beratervertrag mit einer West-Firma könne er sich vorstellen. Lieber würde er allerdings mit einem Film-Produzenten zusammenarbeiten, dem könne er alle interessanten Kulissen und Perspektiven in der ganzen Umgebung zeigen: abgelegene Winkel und Straßenzüge aus einer ganz anderen Zeit. Ja, das kennt er, denn bevor es zu alledem hier kam, da gab es für ihn nur die Fotografie.

Auch die *Bild*-Zeitung hat schon mal nachgefragt wegen einer Zusammenarbeit. »Sehen Sie«, sagt er, »mich können sie nicht übergehen, ich habe das Wissen.« Ob das nicht für beide Seiten ein Pakt mit dem Teufel ist, frage ich. Wieder lächelt er, »irgendwie schon«, antwortet er dann und scheint sich plötzlich diebisch zu freuen. Es ist ja auch ziemlich enttäuschend, was jetzt geschieht. Man war ja immerhin zehn Jahre hier und hat sich für vieles eingesetzt, hat auch vieles für die Stadt erreicht, jetzt zu gehen, ist bitter – aber andererseits kein Grund, den Kopf hängen zu lassen, es gibt so viel, was man anpacken kann. Ich habe es ja schon gesagt: Film, Journalismus und die Fotos. Das kann doch ziemlich interessant werden. Er spricht ganz kontrolliert, nur für Sekunden fällt sein Blick zusammen, dann wirkt er wieder betrunken, zum Beispiel jetzt, wo er nach einem Journal sucht, das er einmal herausgegeben hat. Er kann es aber nicht finden. »Ach«, sagt er, »so ist es eben, alles ist schon aufgeräumt, mehr mache ich ja seit Tagen nicht mehr, alles Private ist schon zu Hause.«

Heute, während über die Aufteilung der Büroräume gestritten wird, kommt nach leisem und unbeantwortet gebliebenem Klopfen der enttarnte Offizier ins Zimmer. Man wendet sich ihm mit versteinerten Gesichtern zu und nimmt zur Kenntnis, dass seine Verabschiedung für 13 Uhr angesetzt war, dass aber niemand gekommen ist. Irgendjemand muss doch aber die laufenden Arbeiten übernehmen. Da ist man ratlos. Keiner wagt das erste Wort. Es ist, als wolle niemand dieses tote Insekt eigenhändig beseitigen. Nur ein Computer summt im Zimmer.

Schließlich sagt Bartsch: »Ich werde gleich kommen, gehen Sie schon mal rüber.« Als wir zehn Minuten später hinübergehen, steht der ehemalige Stasi-Offizier fast soldatisch neben dem Schreibtisch, auf dem verschiedene Aktenstapel liegen. Er beginnt, deren Inhalt zu erklären, der ist allerdings bereits auf den Deckblättern vermerkt. Dann fragt er, wie die Abrechnung der Honorararbeiten sortiert sein soll, aber Bartsch kann mit dieser Frage nichts anfangen. Er hat von solchen Dingen keine Ahnung. Umgekehrt scheint der Offizier nicht zu ahnen, welche Position Bartsch einnimmt. Die neue Hierarchie durchschaut er nicht. Offensichtlich hält er Bartsch für einen hohen Beamten. Vielleicht will er auch einfach nicht wahrhaben, dass von seinen Vorgesetzten kein einziger zu dieser »Verabschiedung« gekommen ist, dass man ihn grußlos entlässt. Ohne wenigstens geheuchelte Abschiedsrede.

Dann, als Bartsch dem ehemaligen Offizier die Hand gibt, hält er einen Augenblick inne, es wird ihm wohl bewusst, dass dieser Händedruck die Entlassung besiegelt, und der Bedarf an gutgemeinten Worten ist für Sekunden spürbar. Bartsch zögert, nimmt dann wie aus Versehen die Hand des Offiziers auch in seine zweite Hand, umschließt sie also mit beiden Händen, und in einem ungeheuer nachsichtigen Ton sagt er: »Und Ihnen wünsche ich alles Gute.« Der Mann bekommt doch noch so etwas wie einen unglücklichen Blick, er löst seine Hand und sagt: »Ach und den Kleinschmidt erinnern Sie bitte an die Akkreditierungsliste.« Im Hinausgehen schließt er vorsichtig die Tür.

[26. SEPTEMBER]

Ein Streifen Licht, der auf einem Waldweg lag, brachte mir die ersten Dia-Abende in Erinnerung. Plötzlich wurde mir bewusst, wie sehr sie mich (und auch meine Wahrnehmung) geprägt haben. Da waren das abgedunkelte Zimmer, die Eltern, und das Dia-Gerät, das so beruhigend, hypnotisierend, so meditativ gesummt hat. Und dann die Bilder. Immer ging ein Glanz von ihnen aus, selbst wenn sie nur eine verregnete Waldhütte zeigten. Diese graue Hütte war ja das einzige Licht im Zimmer. Und außerdem: das Drumherum fehlte. Bei Fotos ist das etwas völlig anderes, da sieht man immer die Hand, die sie hält, oder die Unterlage oder einfach nur den Rand. Aber in der Dia-Nacht war es, als sei diese Hütte streng allein. Dass in Wirklichkeit gleich daneben eine Straße vorbeiführte und dass eigentlich der Lärm der Autos herüberdringen müsste, das war ausgeblendet. Man hätte meinen können, es sei die einzige Hütte, die letzte Herberge, und ringsum nur Wildnis, Verlorenheit, Natur. Ja, so habe ich meine Bilder geliebt.

Und ich selbst war unsichtbar. Das war vielleicht das Entscheidende: das Heimliche, das Unbeobachtete. Es verbindet sich schon fast etwas Tröstliches damit: Dias an Winterabenden, und ich sitze da, in eine Wolldecke geschlungen. Heute ist mir klar, dass diese Heimlichkeit nichts mit den Beobachtungen eines Voyeurs zu tun hat. Es war ja nicht verboten zuzusehen. Im Gegenteil, ich sollte die Bilder doch ausführlich bewundern. Das war das Problem. Schon ein einziger Blick meines Vaters hätte mich daran erinnert, dass ich die Bilder vor allem seinetwegen zu betrachten hatte. Er war ja alles andere als ein strenger, gefestigter Mann und hat Anerkennung sehr gebraucht, und eine solche Erwartung ist schlimmer als jedes Gebot. Aber die Dunkelheit hat diese Erwartung von mir genommen. Weil mich niemand sah, konnte ich im Sehen ganz verschwinden; weil ich unsichtbar war, waren die Bilder sichtbar (für mich, nur für mich). Darin waren wir uns gleich: diese Bilder und ich. Uns gab es nur im Schutz dieser künstlichen Nacht.

Aber man konnte mich ja auch nicht hören. Der Dia-Projektor war eines jener alten Geräte, deren Summen sich zu einem Rattern steigern konnte. Sobald ich angefangen hätte zu reden, hätte ich dagegenhalten müssen, also laut werden, und das war ja auch nicht erwünscht. Das hätte gestört. Folglich blieb mir die Frage erspart, ob dieser Berg, dieser See, dieser Garten nicht wunderschön seien. Natürlich, sie waren »schön«, das hätte ich behaupten können, ohne zu lügen. Und doch wäre der Ton, in dem man darüber gesprochen hätte, verlogen gewesen: dieses kollektive Entzücken über einen entfernten Gegenstand. Ich glaube, das stumme Zusehen ist mir seitdem eine Utopie.

[27. SEPTEMBER]

Pit hat in aller Eile den Führerschein gemacht. Ab 3. Oktober droht nämlich das BRD-Recht und damit auch die Fahrprüfung beim TÜV. Noch eine Woche lang gilt die alte Regelung: Der Fahrlehrer selbst kann die Fahrbefähigung seines Schülers bestätigen, und mit dieser Bescheinigung erhält man bei der Polizei die »Fahrerlaubnis« (den Führerschein). Jetzt wird diese Regelung noch schnell ausgenutzt, auch von den Fahrlehrern, die plötzlich Hunderten von Leuten die Fahrbefähigung bescheinigen (gegen 1000 DM, versteht sich!). Vorsichtshalber werden auch drei oder vier Fahrstunden absolviert. Aber je näher die Einheit rückt und je mehr der Strom der Bewerber anschwillt, desto weniger Zeit bleibt für den Unterricht. Pit fand ihren Fahrlehrer übrigens noch ganz auf die altbewährte Weise: eine Kollegin hat eine Freundin, deren Freund und so weiter. Allerdings arbeitet der Fahrlehrer drüben in Bredau und zwar auf Lastwagen! Seit heute hat Pit nun also einen LKW-Führerschein! Immerhin schwört sie, niemals einen Lastwagen zu fahren.

Heute früh, kurz nach neun, war ich auf der Polizei, Abteilung Verkehrswesen. Pit stand, als ich ankam, bereits weit vorne in der Schlange und stritt sich mit einem Mann, der sich vorzudrängeln schien. Aber der Streit wurde ohne jeden Nachdruck geführt, es lohnte sich nicht, denn alles ging erstaunlich schnell. Die Behörde hatte sich offenbar auf großen Andrang eingestellt. Als Pit an die Reihe kam, legte sie zwei Passbilder auf den Tresen und begann zu erklären: »Also das hier ist ein bisschen verklebt, und das da ist …« »Welches Bild wollen Sie denn nun?«, unterbrach sie der Polizist, er konnte das doch nicht für sie entscheiden, und außerdem hatte er dafür zu sorgen, dass es hier flott ging. Pit schob das leicht verklebte Bild über den Tresen, und schon waren wir wieder draußen, um die Ausstellung der Fahrerlaubnis abzuwarten.

Der Wartesaal scheint früher eine Gefängniskapelle gewesen zu sein: kahl und rund und mit der entsprechend dröhnenden Akustik. Vor allem wirkt er (im Gegensatz zu den Amtsstuben) befreiend. Man kann aufatmen. Obwohl er völlig überfüllt ist, kommt keine gereizte Stimmung auf. Man betrachtet sich erwartungsfroh, während eine Sprechanlage in pausenloser Arbeit verzerrte Namen ausspuckt. Zu allen anderen Zeiten hätte es auf jedem deutschen Amt einen Tag gedauert, diese 200 oder 300 Leute abzufertigen. Heute dauert der Eintritt ins motorisierte Zeitalter lediglich zehn Minuten. Nur eine Unterschrift ist noch erforderlich. In der Aufregung lässt Pit den neuen Führerschein allerdings auf dem Tresen liegen. Sie stürzt hinaus, vielleicht erleichtert, weil der illegale Akt nun überstanden ist, und der Polizist ruft hinterher: »Junge Frau, Sie sind nicht etwa frisch verheiratet, nein? Na ich meine ja nur, weil sie so nervös sind.« Beim Hinausgehen staune ich wieder einmal: Wo kommt nur diese Lockerheit her, so plötzlich? Der ehemalige Scherge dieses gescheiterten Staates ist mir ja inzwischen fast der liebste Polizist der Welt. Jetzt ist ihm schon alles egal, und so setzt er dem siegreichen Klassenfeind ganz seelenruhig noch ein Mädchen als LKW-Fahrer ins Nest. Ja, diesmal sind die Freuden der Anarchie sogar bei der Polizei zu spüren – oder gerade dort.

[28. SEPTEMBER]

Es ist mir schon oft vorgekommen, als sei ich nur eine Figur im Traum eines Riesen. Für die Orientierungslosigkeit meiner Reisen, die Folgenlosigkeit meiner Arbeit, die Bodenlosigkeit meiner Existenz gibt es allmählich keine andere Erklärung mehr. Ich werde geträumt, das ist es! Und dann schmuggelt mich dieser Koloss bisweilen auch noch (ohne dass ich es recht merke) in einen anderen Traum. Dagegen wäre nichts einzuwenden, im Gegenteil: ich hätte gerne mehr davon. Vor allem sollte es deutlicher sein. Bisher ist es immer nur ein Detail, ein anderer Stuhl, ein anderes Licht, und ich begreife, dass ich mich schon wieder eine ganze Weile im falschen Traum aufhalte. Oft bemerke ich es auch erst hinterher, heute zum Beispiel ist es mir erst vor einem Schuhgeschäft aufgefallen. Da stand zwischen all den Westfabrikaten noch ein Paar, wie es auch Bartsch getragen hat. Und plötzlich denke ich: Das war doch der gestrige Traum! Im Hintergrund stehen, den Überblick behalten, die Konfusion oder die Verlegenheit von den Leuten abstreifen und auch das ganze aufgeblasene Getue. Fast möchte ich sagen, in Bartsch sei mir ein Wohltäter begegnet, und ich habe es nicht bemerkt. Ich habe ihn nicht ausgefragt, dabei hätte er über solche Dinge Bescheid gewusst; wieder einmal habe ich das richtige Losungswort nicht erraten.

Noch einmal bei Onkel Wilhelm in Liepenau. Ich klingle wiederholt, aber wie beim letzten Mal öffnet niemand, auch nach längerem Warten nicht. Die Nachbarin frage ich durch die verriegelte Wohnungstür hindurch nach Onkel Wilhelm. Nein, Herr Schneider müsste eigentlich zu Hause sein. Nein, nichts Besonderes. Nein, im Krankenhaus ist er nicht. Ich hänge eine Tüte mit Obst und so weiter an die Klinke und habe, als ich hinausgehe, das Gefühl, noch einmal glücklich davongekommen zu sein.

[29. SEPTEMBER]

Die allgemeine Gereiztheit ist gestiegen. Jetzt, wo die Straßen hoffnungslos verstopft sind, hupt man und droht und versucht, sich aneinander vorbeizuschieben. Die Geduld lässt nach, und auch in der Straßenbahn ist die gewohnte verbissene Schweigsamkeit löchrig geworden. Man beginnt, sich vor aller Ohren zu streiten. Im Vorüberfahren entdeckt die Frau, die vor mir sitzt, draußen auf dem Tisch eines Gartenlokals einen hellen Vogel. Sie stößt ihren Mann an und zeigt hinaus. »Sieh mal, ein Papagei!« ruft sie, aber sie muss sich korrigieren lassen. Das ist doch kein Papagei, das ist ein Kakadu. So sieht es jedenfalls ihr Mann, den der helle Vogel mitten in der Stadt nicht zu beeindrucken scheint. Man ist ja inzwischen allerhand gewöhnt. Die Frau allerdings will sich nicht zufriedengeben. Warum soll das ein Kakadu sein? Kakadus sind doch viel kleiner!

»Und Papageien sind viel bunter«, erklärt der Mann barsch. Von so viel Unmut erschrocken, versucht die Frau das Gespräch zu beruhigen. Sie will die Missstimmung wiedergutmachen, indem sie weich und mitleidig erklärt, der Vogel, den sie nun auch als Kakadu bezeichnet, sei vermutlich angekettet, sonst wäre er ja längst weggeflogen. Ihr Mann ist allerdings keineswegs versöhnt. »Der ist doch nicht angekettet«, sagt er, »der ist zahm, das ist alles!« Also hält es der Mann ohne weiteres für wahrscheinlich, dass ein Vogel freiwillig im Gestank dieser Kreuzung sitzt. Ja, wenn man gezähmt ist, ist offensichtlich alles möglich. Der Mann muss es ja wissen. Wie es scheint, halten auch ihn die neuen Verhältnisse erfolgreich bei der Stange, ohne ihm Ketten anzulegen. Und so sucht er den kleinen Streit, weil ihm jetzt, wo sich unter seinem Beifall die politischen Fronten verkehrt haben, für den großen Streit die Worte fehlen.

[30. SEPTEMBER]

Warum diese Depression? Warum dieses Bedürfnis nach Hause zu fahren? Oder wenigstens spazieren zu gehen, jetzt, bei Dunkelheit. Es ist warm draußen, ziemlich warm sogar, ich könnte ohne Jacke gehen. Aber es wird schon kurz nach 6 Uhr dunkel. Seit heute haben wir Winterzeit, was jedes Mal wie ein Schub von Trostlosigkeit wirkt. Aber die Zeitumstellung erklärt wenig; ich war bei Onkel Theo und bin fluchtartig davongelaufen: Diese gereizten, hilflosen, umständlichen Gespräche, ich kann sie nicht mehr hören. Wie man dies und jenes am besten organisiert, welche Krankenkasse man wählen sollte, auch welche Steuerklasse, wer übernimmt Steuerklasse II und wer die V? Was ist der Unterschied zwischen Prämiensparen und Zuwachssparen? Welche Autoversicherung ist am günstigsten? Lohnt sich eine Vollkasko-Versicherung? So geht es den ganzen Abend. Und dann, ich weiß nicht: Ich glaube, es ist zwischen uns nun endgültig der Graben aufgebrochen.

Die Verwandtschaft trifft sich also bei Onkel Theo. Man sitzt dicht beieinander auf der Eckbank und auf rustikalen Stühlen, sieben Erwachsene und ein paar Kinder:

Kaffee und Kuchen. Rüdiger hat Aussicht auf eine Arbeit, aber er muss noch einmal mit Herrn Rathfelder reden, der ihm die Stelle vermitteln kann. Man müsste Rathfelder zur Eile drängen, aber das ist vielleicht zu aufdringlich. Andererseits muss man die Gelegenheit nutzen, solche Angebote gibt es ja selten. Man steckt in der Zwickmühle: Soll man Rathfelder zur Eile drängen und damit möglicherweise einen schlechten Eindruck machen, oder soll man lieber warten?

Für eine Weile stochert man still im Kuchen und sitzt recht geduckt auf der Eckbank. Dann erklärt Norbert, er könne morgen mal bei Rathfelder vorbeigehen, er kennt ihn sowieso besser. Aber Inge protestiert. Norbert soll morgen endlich einmal zur Bank gehen, das Scheckheft abholen. »Wir haben keinen Pfennig mehr.« Das Scheckheft abholen? Ach, das macht Norbert vorher. Inge fasst sich an den Kopf: Offenbar hat Norbert keine Ahnung, wie lange man zurzeit auf der Sparkasse warten muss. »Da kannst du dich auf ein paar Stunden einrichten.« Dann soll Rüdiger doch das Scheckheft holen. Aber kann er das denn? Kann Rüdiger das Scheckheft seines Cousins abholen? Wie ist das denn jetzt geregelt? Man sieht mich fragend an. Aber was nützt das bloße Scheckheft? Man braucht doch Geld! Und selbst wenn Rüdiger Norberts Schecks abholen könnte: Einlösen kann er sie doch auf keinen Fall. Dafür müsste er zuerst Norberts Unterschrift holen. Und so weiter.

Es handelt sich keineswegs um ein konzentriertes Gespräch. Man scheint vielmehr bereits von den ersten Schwierigkeiten völlig erschöpft zu sein. Und weil die Kinder in ihrer Sonntagslangeweile an den Müttern und Vätern zerren, rumort das Scheckheft-Problem nur noch leise vor sich hin. Ab und zu flammt es noch einmal auf, wie ein bereits halb erloschenes Thema. Rüdiger, um dessen Arbeitsstelle es anfangs ging, hört jedenfalls schon nicht mehr zu.

So sehr sind alle damit beschäftigt, die nächsten Tage zu organisieren, dass ich nur in kurzen Intervallen mit ihnen ins Gespräch komme. Immer nur vorübergehend scheint ihnen bewusst zu werden, dass ich auch noch da bin. Man reicht mir dann die Kuchenplatte. Carola berichtet, dass sie in der Tschechoslowakei schwarz getauscht hat, eins zu achtzehn. Auf diese Weise hat sie eine Kristallvase, die normalerweise hundert Mark kostet, für zwölf Mark kaufen können. Norbert sagt: »Das ist doch bloß Gelumpe! Das hat ja nicht mal zwanzig Prozent Kristall.«

Die Sahne kommt jetzt auch hier fertig aus der Spraydose. Man sitzt über dem Kuchen, schüttelt die Dose, dreht sie dann um und zielt mit der Spitze auf den Pflaumenkuchen. Ein Gesprächsthema ist diese Errungenschaft allerdings nicht. Ich erkundige mich nach Doris, aber niemand fühlt sich angesprochen, denn im Fernsehen siegt eine deutsche Tennisspielerin, und ein Australier gewinnt einen Marathonlauf. Er bricht im Ziel zusammen. Alle sehen jetzt hinüber, für Sekunden erlischt selbst das bereits reduzierte Gespräch. Es scheint ohnehin nur die Programmlücken zu füllen. Aber vielleicht ist es auch umgekehrt, und die Sportschau stopft die Löcher im Gespräch. Richtig fernsehen will ja auch niemand.

Onkel Theo braucht morgen den Anhänger. Bei der ARKA löst man die Kantine auf, da gibt es ein paar Kühlschränke mit Eisfach. Norbert nickt, mehr ist dazu nicht zu sagen. Inge erwähnt, dass sich die Kinder seit Neuestem ständig prügeln, und jemand fragt, warum Helmut wohl noch immer nicht zu Hause ist. So sind sie alle mit sich selbst beschäftigt, mit Bildern und Gedanken, die keinen Ausdruck finden, die nicht ganz reif werden. Lauter ungeborene Gespräche, Frühgeburten, Totgeburten. Es kreist und arbeitet dort drinnen. Man sitzt eng beieinander hinterm Tisch, hört ein bisschen zu, sieht ein bisschen vor sich hin, ab und zu wacht einer auf, fragt etwas und sackt dann wieder in sich zusammen.

Dann fällt Norbert eine neue Variante ein. Inge muss doch morgen ohnehin zum Naumann-Platz. Da könnte sie ja mal kurz zur Sparkasse rüber. Inge will davon allerdings nichts wissen, denn auf dem Arbeitsamt wartet man ohnehin schon ewig. Ich habe es nicht sofort begriffen: Ja, auch Inge ist arbeitslos. Und jetzt, wo ich zum dritten Mal nachfrage, stellt sich heraus: Rüdiger, Doris, Norbert und

Inge sind arbeitslos, alle vier. Aber niemand redet darüber. Niemand beschwert sich. »Was soll schon sein«, sagt Inge, »die werden uns schon nicht hängenlassen; das können die sich nicht leisten.« Man sitzt da, etwas betreten und sucht nach Ausflüchten. Das wird eine Rosskur, soviel ist schon mal klar, war ja auch alles verrottet, völlig heruntergewirtschaftet, na ja, erstmal geht es eben abwärts, aber das wusste man ja vorher.

Ist denn keiner beunruhigt? Ach wo! Natürlich nicht. Onkel Theos Antwort klingt überraschend schroff. Was soll das denn nützen, diese ganzen Sorgen, das macht's doch auch nicht besser. Das ist jetzt der Tiefpunkt, na klar, aber was glaubst du, in ein paar Monaten… Und dann, während er die Kuchengabel steil aufrichtet, sagt Onkel Theo: »Du mit deiner Panikmache!« Erst jetzt beziehe ich die gereizte Stimmung am Tisch auch auf mich. Ich bin also gemeint. Ich bin von der ganzen Misere nicht betroffen, ich habe sie nur an die Wand gemalt. Und jetzt ist fast die halbe Verwandtschaft arbeitslos. Sie haben es nicht verbergen können, und ich beharre auch noch auf weiteren Fragen. Als hätte ich nur darauf gewartet, ihre sorgenvollen Gesichter zu sehen. Da komme ich seit einem halben Jahr herüber, um die Verwandtschaft zu studieren. Und weil ich ohnehin nur skeptische Prognosen stelle, gehöre auch ich irgendwie zu denen, die von dieser Entwicklung profitieren. Jetzt ist der Graben aufgebrochen, und ich stehe auf der anderen Seite, ich mache meine Notizen und bin in ein paar Wochen wieder »drüben«.

Onkel Theo ist offenbar so verletzt, so enttäuscht, dass er keine Fragen mehr hat, keine Skepsis, jetzt hat er eine Meinung. Er ist rechthaberisch geworden. Und schadenfroh. »Bei den Soundso haben sie ihr Maul nie weit genug aufgekriegt«, sagt er, »aber jetzt hängen sie dem Alten ein Verfahren an den Hals.« Onkel Theo ist kaum zu unterbrechen. Die rhetorischen Floskeln sind ganz auf einen Monolog ausgerichtet: »Und weißt du, was er getan hat? Ich sag dir, was er getan hat. Dies und das hat er getan. Ja und dann? Soll ich dir mal sagen, wer der Soundso wirklich ist? Ja, soll ich dir's sagen? Weißt du, mir macht man nichts mehr vor. Ach komm, hör mir doch auf. Und weißt du, wie sie mit dem Soundso umgegangen sind …« Ich habe längst keine Vorstellung mehr, wovon Onkel Theo mich überzeugen will. Nur dass Geld jetzt schön sein kann, das habe ich verstanden. Der Ebersbach ist nämlich nach Fulda gegangen und verdient dort ein schönes Geld. Und wenn alles schief geht, dann gehn wir auch noch rüber, ist mir doch egal.

Am Tisch schweigt man jetzt. Man starrt auf die leeren Teller und Tassen, und wenn sich jemand nach einem letzten Stück Kuchen reckt, schaut der ganze Tisch, ob man ihm irgendwie behilflich sein kann. So trostlos will es keiner haben. Auch ich spüre das dringende Bedürfnis, irgendwie auszusöhnen. Da sind wir nun also angekommen. Elke, offensichtlich bemüht, die Spannung am Tisch abzubauen, bietet an, Bier zu holen, es ist ja eigentlich schon Abend. Dann klingelt es an der Haustür, die Kinder eilen hinaus, Frank stürzt einen Stuhl um, und Onkel Theo schreit: »Pass doch auf, du Idiot!« Herr Metscher kommt, um die Reifen abzuholen. Man muss also in den Keller hinunter, und ich nutze die Gelegenheit, mich ohne viel Händeschütteln davonzustehlen. Es ist bereits dunkel, als ich zur Haltestelle gehe.

So fährt man durch die Nacht. Kein Verkehr mehr, kaum noch Fahrgäste in der Straßenbahn. Die acht Sitzreihen, die mich vom Fahrer trennen, sind leer. Ein merkwürdiges Bild: rechts und links eng an mich herangerückt die Häuser, vor mir dieser leere, gläserne Waggon, der sich durch die Nacht schiebt. Der ganze Wagen scheint schwebend durch die Luft zu rucken.

Direkt neben mir an der Außenseite ist ein Blinklicht angebracht. Es wirkt jedes Mal sehr zufällig, wenn es zu blinken beginnt, denn da ist ja niemand, dem man ein Zeichen geben könnte. Niemand ist unterwegs. Nur gegen die leeren Hausflächen richtet sich das gelbe Blinklicht. Auch an den Haltestellen steigt niemand ein. Dennoch ertönt vor der Weiterfahrt immer ein Klingeln, als ob irgendetwas geschehen müsste. Es geschieht aber nichts; wir fahren lediglich weiter. Während es klingelt, leuchten die Warnlampen über den Eingängen. Dort befindet sich auch das Hinweisschild: »Ab Abfahrtsignal nicht aussteigen.« So etwas schreibt man hier.

In der Straßenbahn sitzt schräg hinter mir eine jüngere Frau. So oft ich auch hinübersehe: Sie starrt unverändert vor sich hin, dort, auf einen Fleck am Boden. Standhaft ist sie bemüht, jeden Blickkontakt zu vermeiden. Dabei wirkt sie durchaus nicht verschüchtert. Kein ängstliches Mäuschen. Und trotzdem diese Maske. Es ist eines der Gesichter, wie man es in diesem ausgelaugten Land häufig findet: illusionslos und praktisch. Als hätte es sich der offiziellen Ideologie angepasst, hätte Atheismus und Handfestigkeit in Kinn, Stirn und Augen nachgebildet. Ein Gesicht, das an nichts mehr glaubt. »So ist das eben«, scheint es ständig zu sagen. Es ist ein Gesicht, das zweckmäßig eingerichtet ist. Nichts zu viel, kein Überfluss. Es ist hübsch genug, um einem Mann aufzufallen, der Rest würde sich finden. Man liebt sich und heiratet und versucht, sich über Wasser zu halten, so ist das eben. Und wenn sie erst einmal älter geworden sind, diese Gesichter, nennt man sie abschätzig »proletarisch«.

[1. OKTOBER]

Die Elster dort (falls es tatsächlich eine ist) fliegt in seltsamen Bögen: sie steigt auf, zieht dann die Flügel ein und lässt sich fallen, stürzt ab, so lange und so steil, dass ich schon versucht bin, ihr zu rufen. Dicht über den Dächern breitet sie doch noch die Flügel aus und schwingt sich mit wenigen Bewegungen wieder aufwärts, um erneut zu fallen.

Die Arbeitslosigkeit: Ich muss noch einmal darauf zurückkommen. Es ist ja nicht einfach nur das Geld, das fehlt. Das Absurde ist doch eher, dass derzeit Leute arbeitslos werden, die jahrzehntelang von der Marktwirtschaft geträumt haben. Die Marktwirtschaft war ihr bestes Argument, ihre Lebensutopie. Jetzt ist sie hier und kann einen nicht brauchen. Das Ideal, das du immer verehrt hast, herbeigesehnt hast, jetzt, wo es realisiert ist, verschmäht es dich. Das ist ja wie ein großes Missverständnis in der Liebe.

So ergeht es übrigens auch den Leuten, die ihre Arbeit behalten haben, sich aber nun von einem jungen Schnösel aus Ulm oder Kiel erklären lassen müssen, welche Formulare sie gefälligst zu benutzen haben. Überall die Botschaft, dass du für diesen Aufbau, den du lange ersehnt hast, nicht taugst. Das Paradies braucht keine Helfer, zumindest keine einheimischen. Du darfst das Maul aufsperren und dir die gebratene Sozialhilfe in den Rachen fliegen lassen, das geht. Aber ansonsten … Ja, du lieber Gott, die Marktwirtschaft hat da ganz andere Sorgen: die Konkurrenz, der Absatz, die Krisen weltweit. Das sollen die Leute ruhig mal kapieren. Ein Betrieb, der nicht mithält, nicht hart bleibt, einen Tick zu nachgiebig oder einen Pfennig zu teuer ist, ja den schluckt doch die Konkurrenz, die Amerikaner oder Japaner, das hat man hier offenbar noch gar nicht begriffen. Da gibt es keine Sonderregelung und keinen Freiraum, das ist ein weltweites Prinzip. Ein Unternehmer oder Politiker, der sich nicht danach richtet, gefährdet die Arbeitsplätze von uns allen. So ist das. Also bist du arbeitslos, damit die Arbeitsplätze erhalten bleiben.

Im Vorüberfahren sehe ich ein Werbeplakat, das zur Feier der deutschen Einheit ein »großes Schlachtfest« ankündigt. Abgebildet ist ein Schwein in Frauenkleidern, es hebt den Rock und präsentiert die Schenkel, »saustark« heißt es dazu und: »lecker, lecker, lecker!« In drei Tagen ist es soweit.

[2. OKTOBER]

Das ist also der Mann, von dem Bunge so schwärmt. Tetzlaw ist jünger als ich, sagen wir mal 36 Jahre, stammt aus Greifswald und hat bis letztes Jahr in einem Chemie-Kombinat gearbeitet. Ein politischer »Newcomer« also. In Jeans und Jackett sitzt er mir gegenüber und mit völlig zerzaustem Haar. Etwas reichlich Respektloses geht von ihm aus, was kümmert ihn der öffentliche Eindruck? Als Landtagspräsident wäre er allerdings eine Fehlbesetzung (vielleicht hat Bunge auch nur irgendein Gerücht aufgeschnappt). Wie dem auch sei: Ich darf ihn für einige Stunden begleiten, allerdings nur bei »unproblematischen« Terminen. Hier wird Vertraulichkeit gewahrt.

Tetzlaw zählt zu den CDU-Reformern und liegt mit den alten Funktionären seiner Partei im Dauerstreit. Mit ihnen redet er nicht mehr. Zu denen schickt er nur noch jemanden hin, zum Beispiel zu Englert, der für das Innenministerium im Gespräch ist. Englert lässt allerdings ausrichten, Tetzlaw solle selbst kommen, sich aber vorher einen Termin geben lassen. »So ein Idiot!«, schreit Tetzlaw und fährt sich durch die Haare. Nun sieht er erst recht völlig unrepräsentativ aus. Verständlich, dass Bunge so von ihm schwärmt.

Weil Karlstaler, den ich immer noch nicht gesehen habe, in Hamburg ist, muss Tetzlaw sich um alles kümmern (inoffiziell ist er so etwas wie dessen Stellvertreter). Da taucht zum Beispiel die Frage auf, wie der Briefkopf des künftigen Ministerpräsidenten aussehen soll. So etwas muss ja frühzeitig festgelegt werden. Nachher ist jemand Ministerpräsident geworden und hat keinen Briefkopf.

Ein anderes Beispiel: Tetzlaw wird aus dem Rathaus einer Kleinstadt angerufen. Dort hat man erkannt, dass man streng genommen ab morgen nicht mehr mit den DDR-Stempeln arbeiten kann, aber womit denn dann? Der Anrufer trägt die Frage mit einer Bestürztheit vor, als wäre er der erste, dem dieses Problem auffällt.

Später noch ein hilfloser Anrufer: Das Soundso-Orchester lässt nachfragen, welche Stücke es morgen bei der Einheitsfeier spielen soll. »Ja mein Gott«, schnauzt Tetzlaw in den Hörer, »ich bin doch kein Musiker!« Nach kurzem Schweigen fügt er hinzu: »Etwas Klassisches eben, nicht so schmalzig, und am Ende das Deutschlandlied, aber das werden die sich ja wohl schon gedacht haben.« Die Vorbereitung der großen Feier steht heute ohnehin an erster Stelle. Man spricht zum Beispiel über die Frage, ob die neue Polizeiführung in Uniform erscheinen solle. Tetzlaw sagt: »Also hören Sie mal, diese Uniform hat sich doch völlig unmöglich gemacht, davon will ich nichts mehr sehen.« Und man spricht über die zentrale Rede: »Ja, genau, was ist denn mit dem Kerkfeld, hat der sich inzwischen gemeldet?« Kerkfeld ist offenbar ein bekannter Kulturhistoriker. Er soll morgen die Hauptrede halten, denn bei solchen Gelegenheiten hat man's ja gern ein bisschen kulturell. Und außerdem: Weil die künftigen Größen der Landespolitik noch nicht gewählt sind, kann man sie bei offiziellen Anlässen auch noch nicht vorzeigen. (Eine merkwürdige Feier: Die alten Größen können sich nicht mehr, die künftigen Größen dagegen noch nicht sehen lassen: lauter Übergangsgesichter.) Nun soll also Kerkfeld die zentrale Rede halten, aber man hat schon seit Tagen nichts mehr von ihm gehört (immer das Problem mit dem Telefonieren). Tetzlaw erklärt einem der Umstehenden: »Wenn Sie mir den Kerkfeld bis in einer Stunde nicht aufgetrieben haben, können Sie sich schon mal auf eine Ersatzrede vorbereiten.« – Der andere: »Ich?! Ich soll reden, also nein, ich hab doch keine ...« und so weiter.

Eine längere Pause. Ich sitze im Flur und notiere. Ein paar Arbeiter kommen den Gang entlang, einer ist sehr aufgebracht. Er bleibt einen Augenblick stehen, hebt die Arme und imitiert einen Mann, der etwas wegreißt. Als die Männer näherkommen, höre ich, dass sie über Handwerker sprechen, die eine Holzverkleidung entfernen. Die neue Holzverkleidung, Mensch. Und früher hat man so Zeug überall zusammenorganisiert, bis nach Gera war'n wir und um 15 Ecken herum, und jetzt reißen se das schönste Holz raus, nee du (sagt er), das ist doch ne extrem neue Geschichte geworden.

Jetzt verstehe ich den Streit mit Englert: Er hatte der Presse erklärt, die Arbeitsverhältnisse der Beschäftigten des Bezirks seien für die nächsten Monate nicht gesichert. Eine solche Erklärung ist aber mit niemandem abgesprochen, und Tetzlaw gerät in Wut: Das hat die alte CDU-Riege ausgeheckt, das ist eine Intrige gegen ihn, da soll eine öffentliche Aufregung losgetreten werden, um dem Reformflügel zu schaden. Und Karlstaler ist seit Tagen in Hamburg. Vorher war er ewig in Bonn. Alles muss Tetzlaw allein entscheiden. Die alten CDU-Funktionäre trau'n sich nicht, aber die lauern auf jeden Fehler. Soll mir hinterher bloß keiner sagen, dies und das hätte er besser gemacht. Der Karlstaler ist ja ein rührender Mensch, aber kein

Politiker, der ist das Aushängeschild für einen Arbeitsstab; mein Gott, was ich in seinem Namen schon alles unterschrieben habe, eigentlich ist das ja Amtsanmaßung.

Ich fotografiere ihn, während er Akten studiert. Nein, das stört ihn nicht. Solange ich ihn auch im Objektiv behalte: er arbeitet weiter, verzieht das Gesicht zu keiner irgendwie gefälligen Miene. Es ist, als sei ein Instinkt außer Kraft gesetzt worden. (Versuch das mal an dir selbst, du veränderst garantiert dein Gesicht, wenn dich jemand mit der Kamera beobachtet). Aber Tetzlaw: den Blick gesenkt, liest er unbekümmert weiter. Ich könnte ihn so wie er ist, also mit völlig zerzaustem Haar, in die Zeitung bringen.

Beim Gestikulieren deutet er immer einen allgemeinen Zusammenbruch an, winkt mit beiden Händen ab. Alles ist ein Chaos, jeder ist überfordert. Es ist doch ziemlich dilettantisch, was wir da zusammenzimmern. Konsequent wäre, wenn es schief ginge (was ja nicht zu erwarten ist). Ich habe den Eindruck, dass Tetzlaw ein solcher Zusammenbruch gar nicht unrecht wäre, ein Scheitern würde wenigstens die eigene Wahrnehmung bestätigen: So etwas konnte ja nicht gut gehen. Das einzige, was für einen Erfolg spricht, ist die Unwahrscheinlichkeit, dass den Bonner Regierungsparteien irgendetwas misslingen könnte. Dabei zerfleischt sich, Tetzlaw zufolge, die CDU hier vor Ort; der Landesvorstand ist zerstritten, die Kreisvorstände sind passiv bis destruktiv. Eine Bombe reinlegen und alles in die Luft jagen, sagt er. Dann bückt er sich nach einem Bleistift, den er beim Gestikulieren verloren hat.

Später, als wir unten durchs Foyer gehen, sieht er nach oben, in die Kuppel, wo sich hinter der Holzverkleidung ein Raum befinden soll, ein Turmzimmer. Dort möchte er einmal hinaufsteigen. Vermutlich war schon seit 40 Jahren niemand mehr oben, aber der Kleinert muss noch einen Schlüssel haben. »Wenn der ganze Rummel mal vorbei ist«, sagt Tetzlaw, »steige ich dort hinauf.«

In der Kantine setzt er sich am liebsten in die Ecke. Nein, einen anderen Stuhl will er nicht, denn diese Ecke in der Kantine ist der einzige Ort, wo ihn keiner von der

Seite anspricht. Endlich sieht man die Leute, bevor sie blöde Fragen stellen. Tetzlaw ist völlig übermüdet, absolut erschöpft, aber dass seine Entscheidung, in die CDU zu gehen, richtig war, bezweifelt er nicht. Ideologische Unterschiede sind heutzutage doch nebensächlich. Wenn man das Schlimmste verhindern will, muss man in die stärkste Partei gehen. In jeder anderen Partei kann man doch nur debattieren. Man muss dort arbeiten, wo tatsächlich eine politische Praxis stattfindet. Allerdings hat er jetzt gar nicht das Gefühl, Politik zu machen, jedenfalls nicht das, was er früher darunter verstanden hat. Man hat keine Zeit, alles muss sofort geschehen, dabei unterlaufen einem viele Fehler. Immer heißt es: Wenn dies und das nicht sofort geschieht, dann gibt es noch ein paar tausend Arbeitslose mehr. Das ist die große Zwickmühle: Man macht Politik für imaginäre Firmen und Konzerne, die hergelockt werden sollen. Dazu müsste aber das Land existieren mit den entsprechenden Behörden: Grundbuchamt, Justiz, Wirtschaftsverwaltung und so weiter. Wenn das nicht schnell funktioniert, kommen die Konzerne nicht, folglich gehen die Leute zu Tausenden in den Westen. Man macht keine Politik, man bietet Dienstleistungen an und zwar für Konzerne, die sich bisher gar nicht einfallen lassen, vorstellig zu werden. Ja, so ist es. Der Druck geht von den Konzernen aus, und die wissen noch nicht einmal was davon. Wenn man Tetzlaw bis in den späten Abend gegenübersitzt, hat man den Eindruck: Politik ist eine Illusion. Wie kann man sich nur einbilden, die Dinge irgendwie in der Hand zu haben? Seit neuestem betrifft diese Illusion wenigstens nicht mehr nur das Politbüro. Jetzt, in der Demokratie, verteilt sie sich besser. Jetzt illusionieren alle ein bisschen vor sich hin.

[3. OKTOBER]

Die folgenden Notizen werde ich wie alle bisherigen in den nächsten Brief legen. Das ist vielleicht inkonsequent; ich kann ja an dich gerichtet nicht über meine Richtungslosigkeit sprechen. Auf dem festen Boden eingespielter Gespräche lässt sich das Schwanken der Welt weder beschreiben noch überhaupt erfahren. Und doch schält sich das immer mehr als mein Thema heraus: dieses Schwanken und die irgendwie damit verknüpfte Vorstellung eines anderen Lebens. (Das hört sich auf einmal ganz dramatisch an. Ich hätte am besten gar nicht erst beginnen sollen, diese Aufzeichnungen zu kommentieren, du siehst ja, jetzt bin ich schon dabei, den Kommentar zu kommentieren, das kann leicht ins Unendliche abdriften.)

Der Vorabend der Einheit: Wenn man Politiker wäre und vom Kanzler oder einem Ministerpräsidenten beauftragt, beim Aufbau der neuen Bundesländer mitzuhelfen, wie würde man die letzten Stunden vor der Einheit begehen? Man wird sich wohl mit den Abgesandten desselben Kanzlers oder eines anderen Ministerpräsidenten zusammensetzen, und man wird miteinander zu reden versuchen, denn man kennt sich ja noch gar nicht, keiner den anderen. Man wird also erst einmal unter sich feiern, der ganze zusammengewürfelte Haufen, bevor man am nächsten Tag in aller Feierlichkeit gemeinsam und vor den Kameras die deutsche Einheit begrüßt.

Heute Abend hat die bayerische Landesvertretung die Mitarbeiter der neuen Arbeitsstäbe zum Empfang geladen, Politiker aus West und Ost (und ihre Frauen). Aber man hat den Schlüssel für den Festsaal nicht finden können, man ist ja noch neu in diesem Gebäude und kennt sich nicht aus. Auch die alten Beamten und Hausmeister lassen einen im Stich, und so schwirrt man herum, um den Schlüssel zu suchen. Nun sind aber die ersten Gäste schon da, und man hat ihnen notdürftig zwei Arbeitsräume zuweisen müssen. Dort warten sie, als ich ankomme, noch immer.

Im größeren und helleren Büro haben sie sich um einen Konferenztisch gruppiert, sie sitzen da und haben schweigende, verärgerte Gesichter. Ganz so, als wären sie zur Arbeit gekommen und warteten nun bereits seit Stunden darauf, dass irgendein Vorgesetzter die Aussprache eröffnet. Zu gehen wagt keiner. Im anderen, kleineren, Zimmer brennt lediglich eine Schreibtischlampe, die ein gedämpftes Licht in den Raum wirft. Fünf oder sechs

Gäste sitzen eng und dunkel beieinander. Aber warum tun sie so geheimnisvoll? Dies hier ist doch keine Schulfeier, bei der man sich an den Mädchen erprobt, jeder so gut er kann. Immerhin, diese Leute scheinen aufeinander eingespielt zu sein; als ich hereinsehe, reagieren sie jedenfalls mit völlig gleichem Gesichtsausdruck. Offensichtlich empfinden sie mich als Störung, dabei sitzen sie doch nur da und schweigen, ich bleibe also besser draußen bei denen, die noch nicht wissen, wohin sie sich wenden sollen. Dort stehe ich am sichersten, denn dort bewegt man sich noch und spricht miteinander, wenigstens um zu fragen, wo man den Mantel ablegen kann.

Und wenn dann der Mann im feierlichen Anzug kommt und erklärt, der Schlüssel für den großen Saal sei jetzt gefunden, und wenn er hinzufügt: »Drüben im Festsaal sind wir endlich wieder alle beieinander«, dann lächelt er, weil es ihm ja gelungen ist, diese Einladung mit einer aktuellen deutsch-deutschen Anspielung zu untermalen. Es ist also so weit. Etwa fünfzig Gäste, immerhin die Keimzelle der künftigen Landespolitik, versammeln sich im großen Saal. Eingeladen hat, wie gesagt, das Bundesland mit den blau-weißen Farben, und blau-weiß sind auch Tischtuch und Pappbecher. Überragt werden die Landesfarben allein von schwarz-rot-goldenen Papierfähnchen, die man in Bier- und Weinflaschen gesteckt hat, um den Anlass dieser Feier zu unterstreichen. Inzwischen sind die meisten Gäste guter Dinge, das Gesprächsklima hat sich gelockert, und man ist dabei, sich näherzukommen. Nur dort drüben sitzt man noch pärchenweise stumm an den Tischen. Die Köpfe gleichgerichtet, scheinen die Partner sich gegenseitig nicht wahrzunehmen. Aber das brauchen sie auch nicht, sie kennen voneinander ja alles, was man kennen kann; und tiefer in den anderen einzudringen, ist im Eheprogramm nicht vorgesehen. Erst recht nicht vorgesehen ist, diese Ehe einer Bewegung oder Belastung auszusetzen, und sei es auch nur dadurch, dass die Frau mit einem fremden Mann leicht und lächelnd zu sprechen beginnt, dass sie dabei die Lippen spitzt oder sich wiederholt durchs Haar fährt. Keine Belastung also. Man sitzt ordnungsgemäß da und ist auf diese Weise immerhin dabei gewesen. Wenn ich den einen oder anderen aus der Ferne ansehe und wenn er diesen Blick bemerkt, lächelt er sanft, als wolle er sagen, es sei schon alles gut so.

Allerdings scheint doch nicht alles in Ordnung zu sein, denn ich warte vergeblich auf ein Programm, eine Begrüßungsrede, irgendetwas, was der Feier des Tages gerecht würde, und wenn es nur ein Gläschen Sekt wäre. Aber nein, das große Ereignis scheint sich zu zieren oder gar zu schämen, und ich fürchte, für die restlichen Stunden der deutschen Teilung mir selbst überlassen zu bleiben. Immerhin, ich kann mich wieder einmal ganz den Gesichtern widmen: Mir gegenüber sitzt zum Beispiel ein Mann mit distanzlosem Gesicht. So nah man auch herangeht, es erfolgt kein »Stopp«. Ich könnte ihm sogar zwischen die Augen fassen. Offenbar ist man ihm seit Jahrzehnten zu nahe getreten, und nun hat sich die Schutzschicht verbraucht, sie hat sich unter der permanenten Überschreitung verformt, zerwühlt und ein geducktes, gehetztes Gesicht zurückgelassen. Mein Nachbar hingegen (ein Jurist aus Karlsruhe) hat ein Gesicht, dem man sich höchstens auf einen halben Meter nähern kann. Selbst wenn er betrunken ist. Momentan liegt die Grenze noch etwa bei einem Meter, und man fragt sich, wie es ihm bloß gelingt, seine Schutzschicht so in Ordnung zu halten. Sie gibt einfach nicht nach; selbst wenn ringsum alles lacht, bleibt sie intakt. Natürlich verschiebt sie sich etwas, arretiert dann aber in der fürs Lachen vorgesehenen Position. Wie also schützt sich dieser Mann? Vielleicht gehört gar nicht mehr dazu, als die täglichen Briefe auf Band zu sprechen und sein Leben am Telefon zu organisieren, und der eigenen Frau gegenüber – eine Frau haben solche Männer nämlich auch, aber das macht nichts, solange man darauf insistiert, dass sie täglich frische Handtücher ins Bad hängt.

Und der Mann dort drüben? Wenn man ihn zum ersten Mal sieht, glaubt man, er sei erstaunt, bald stellt man allerdings fest, dass er die Augenbrauen dauerhaft hochgezogen hält. Er kann, zumindest in der Öffentlichkeit, die Spannung einfach nicht mehr abbauen. Im

Moment des Staunens erstarrt, läuft er Gefahr, dass man ihm nichts mehr glaubt, denn es kann ja niemand pausenlos erstaunt sein. Aber so unbewegt sein Gesicht auch ist, seine Finger haben die Arbeit des körperlichen Ausdrucks übernommen. Augenblicklich tasten sie sich in beständigem Vor und Zurück auf den Arm einer Frau zu, die neben ihm sitzt. Sie lauern darauf, dieser Frau während eines gelungenen Scherzes auf die Schulter zu klopfen oder ihr wenigstens an den Arm zu fassen; sie warten auf die spontane Regung, aber der Witz, der eine solche Berührung erlauben würde, will dem Mann nicht über die Lippen kommen. Vielleicht wartet auch die Frau auf eine solche Gelegenheit, denn im Gegensatz zu Kopf und Beinen hält sie ihren Arm völlig ruhig und signalisiert auf diese Weise den Zustand angespannter Empfangsbereitschaft.

Beim heftigen Gestikulieren wirft nun allerdings jemand einen Becher Bier um, und die zur Berührung bereite Frau rückt überstürzt vom Tisch zurück. Das Bier jedoch ist schon auf ihr Kleid geschwappt. Man ruft nach Servietten, aber die gibt es nicht, nicht einmal Servietten! Eilig wird ein Papiertaschentuch gesucht, alles kramt in den Handtaschen, und zwei Männer entschuldigen sich: Der eine, weil er den Becher umgeworfen hat, und der andere, weil er mit der Organisation dieser Feier betraut worden war und nicht einmal an Servietten gedacht hat. Aber die Frau achtet nicht auf die beiden. Sie lässt ihre Entschuldigung vom Tisch tropfen wie zuvor, als schon alles zu spät war, das Bier.

Ich berichte nichts von der Einheit? Nichts von den erwartungsfrohen Gesprächen? Ja wie denn! Ich habe doch auch nichts dergleichen gehört. Was ich gehört habe, war, dass man sich gegenseitig nach dem Beruf des Sohnes oder der Krankheit einer Tante erkundigte. Es wurde immer deutlicher: Die Worte, mit denen man diesen Abend, DIE EINHEIT, seit langem vorbereitet hatte, erwiesen sich als zu groß. Jetzt wo es soweit war, rutschte man darin herum wie in einem zu weiten Gewand, und so begann einer nach dem anderen, das lästige Kostüm abzulegen, um es sich ein bisschen bequemer zu machen. Dies waren also die in Zukunft einflussreichen Leute.

Allerdings gab es da noch Frau Hallgarden. Sie ist hier geboren und aufgewachsen; es existieren sogar noch ein paar Fotos: mit der Schulfreundin am Gartentor und der zwölfte Geburtstag (die Jungs waren jedes Mal kichernd davon ausgeschlossen worden). Noch vor dem Mauerbau ist sie mit den Eltern in den Westen gegangen und jetzt die Rückkehr. Es ist gar keine Frage, dass sie an die Einheit glaubt und an den Aufstieg ihrer alten Heimatstadt und dass sie dafür arbeiten will. Sie hat gekündigt, in Gießen, und es sieht nicht so aus, als hätte sie sich damit eine Karriere eröffnen wollen, denn drüben war sie ja schon Chefsekretärin. Wenn man ihr eine Weile zuhört, ein Sektglas in der Hand, denn Sekt gibt es inzwischen reichlich, wenn man ihr also zuhört, erfährt man: Sie tippt, formuliert, bucht, bestellt, telefoniert; sie arbeitet, bis draußen im Gang das Licht gelöscht wird, aber dann? Man muss dazu sagen, dass sie allein lebt. Sie ist eine selbständige, vielleicht sogar energische Frau. Peinlich korrekt ist sie gekleidet, etwas zu unauffällig vielleicht, wie auch Figur, Gesicht und Wortwahl. Immer dezent, immer im Hintergrund. Es wird selten jemand direkt auf sie zugegangen sein, man erwartet Komplikationen, Verklemmtheiten, kaum überwundene Erfahrungen. Natürlich sehen die Männer sie an, so ist es nicht, allerdings sehen sie dann doch nicht so genau hin. Aber jetzt ist Frau Hallgarden zurückgekommen und strahlt, und mit ganzem Herzen glaubt sie, dass die Einheit das Beste sei für die Menschen hier. Es gibt keine Rechthaberei, keine Parteiräson, nichts, was sich in diesen Optimismus mischt. Eine mädchenhafte Freude, und sie ist ganz darin versunken. Frau Hallgarden gehört zu den Menschen, die vor dem Fernseher Tränen der Rührung vergießen, weil da in Afrika ein Kind gerettet wird oder in Deutschland ein junger Hund.

Und wieviel Aufbruch muss geschehen sein, dass sie sich plötzlich bei mir einhakt und ganz leise und trivial sagt: »Ach ist das schön«. Aber ich mache mich lächerlich, wenn ich noch lange mit ihr herumstehe und mir solche Dinge anhöre. Eingehakt, wann habe ich das letzte Mal so dagestanden? Mit meiner Mutter wohl oder mit der Tante, sonst steht man sich gegenüber, lehnt sich aneinander oder nimmt sich in den Arm, das kommt ganz von selbst irgendwann, aber so eine eingehakte Frau, da gibt es keine Erfahrung, wie das jetzt weitergehen soll, und man möchte auch gar nicht näher hinsehen, nicht dass sich da überraschend eine – soll man sagen: Schönheit auftut? Nur für diesen Augenblick. Es wäre ein Geschenk, und man wüsste gar nicht, wie man sich korrekt dafür bedankt.

Immerhin, wenn man so steht, neben dieser Frau und noch eine Stunde vor der endgültigen Vereinigung, dann möchte man fast noch einmal von vorne beginnen, mit allem. Nein, nicht noch einmal vierzehn Jahre alt sein, aber ein neues Leben beginnen, einfach so. Da liegt es einem doch bereits zu Füßen: eine andere Stadt, eine andere Arbeit (warum nicht Pressematerial zusammenstellen?) dann auch ganz neue Essgewohnheiten und Urlaubsziele und dazu eine neue Frau. Sie allein wäre ja schon völlig anders. Kann man sich vorstellen, wie sie ist, wenn sie Erfolg hat oder krank ist oder wenn sie liebt? Man müsste ja fast alle intimen Zeichen neu verabreden. Neue Sorgen kämen dann auch, wie würde es zum Beispiel sein, wenn man sich über eine geplatzte Flugverbindung schwarzärgert oder über die dummen Anweisungen eines Vorgesetzten? Für ein solches Experiment würde ich sogar meine Weltanschauung ändern, das gehört dazu. Es stockt mir fast der Atem, wenn ich daran denke. Es ist, als fahre man mit einem mächtigen Schiff aufs Meer und wird nicht wiederkommen. Man wird in Übersee noch einmal beginnen. Aber die neuen Städte wird man nach den alten benennen und das Kind nach dem zurückgebliebenen Freund.

Ich weiß gar nicht, warum sich mir diese Vorstellung immer so hartnäckig aufdrängt: ein neues Leben. Nicht dass ich mit dem alten unzufrieden wäre, nein, nein, es ist wahrscheinlich besser als jedes andere (aber wie soll ich das wissen?); es ist nicht zu schmal und nicht zu eng und andererseits auch nicht zu laut. Aber es ist eben nur eines. Früher, bis vor einiger Zeit, war man froh, wenn man sein Leben behalten konnte, heute aber reicht das nicht mehr aus. Wenn sich alles vervielfältigt, braucht man auch mehrere Leben. Aber man hat nur eines. Was natürlich auch nicht ganz stimmt, denn es erneuert sich ja alles: Alle paar Jahre leben wir bekanntlich in einer völlig neuen Haut; auch die Knochen sind neu und die Leber; und natürlich haben sich auch Wahlverhalten und Wohnort verändert, Lust und Vorliebe sowieso, alles hat sich verändert, nur man selbst ist faul daneben gesessen und derselbe geblieben. Hier wäre nun also die Chance. Ich brauchte nicht viel zu unternehmen, brauchte mich nur gegen die offenbar bevorstehende Umarmung nicht zu sträuben.

Aber wo bin ich da hingeraten? Was bilde ich mir ein? Das liegt alles nur an dieser Vereinigung, an diesen betrunkenen Leuten, die einander jetzt ausnahmslos und ohne Weiteres berühren, an den Armen, an den Schultern. Man hält es auf den Stühlen nicht mehr aus, überall Berührung, Vermischung, leiblicher Kontakt, selbst die Intrigen schweigen jetzt.

Dann, in den letzten Minuten vor der endgültigen Vereinigung, tritt ein Mann in den Saal. Er geht etwas steif und scheint niemanden zu beachten, aber alles wendet sich nach ihm um (vielleicht Dr. Karlstaler?). Immer hat er den einen oder anderen Arm eng angelegt, als wolle er das Jackett unauffällig festhalten. Dann kneift er sogar beide Arme zusammen und presst sie an den Körper; unter der Last dieser großen Stunde macht er sich eng, denn er wird die Rede des Abends halten. Die Rede der Einheit. An der Stirnseite des Saales bleibt er stehen, auffällig alleine, und versucht, sich geradezurichten. Aber was ihm dabei gelingt, ist lediglich ein Über-die-anderen-Hinwegsehen. Man rückt von draußen herein oder stößt den Nachbarn an, weil der noch nichts bemerkt hat, dann hebt man den Kopf und nickt sich noch einmal zu, während das Gerede erstirbt und die Rede beginnt.

Der Mann, der da spricht, steht bald wieder etwas schief, den einen Arm, der noch immer das Jackett festklemmt, hält er gesenkt, den anderen dagegen etwas höher. Mit ihm hat er begonnen, vorsichtig zu gestikulieren, es sind flache Handbewegungen, die nach rechts und links wischen, als ob sie etwas einebnen wollten. Bisweilen streckt sich der gestikulierende Arm auch dem Zuhörer entgegen, die geöffnete Hand nach oben gerichtet, so dass man nicht recht weiß, ob hier ein Gedanke herübergereicht oder ein Geschenk empfangen werden soll. Der Mann spricht kurz und bescheiden, es sind ja nur noch wenige Sekunden bis zwölf, und da ist er auch schon zu Ende, man applaudiert, eher freundlich als heftig, steht auf und hebt, weil der Moment der Vereinigung jetzt gekommen ist, die Gläser.

[4. OKTOBER]

Das Gefühl, wieder frei zu sein. Das Aufatmen nach dieser Woche. Ich bin an den Arnsee gefahren, wo alles auf den Herbst hindeutet: die Farben im Wald, der trockene Geruch im Gras und die niedrige Sonne über dem Schilf. Am Ufer ein Reiher. Der See ist eine polierte Scheibe, ein bisschen Laub hat man darauf verschüttet, Birken- und Buchenblätter, wie Staub liegen sie auf dem schwarzen Glas, und der erste Hauch schiebt sie durcheinander, beweglich und leicht.

Der weite Blick. Damit zufrieden sein, den Mantel zu schließen und sich ans Ufer zu setzen. In den Fischteichen ein Platschen, das weit übers Wasser hallt, träg und schwer. Ich schlafe tatsächlich ein, aber nicht so tief, dass ich die Karpfen nicht bemerken würde. Manchmal sind sie so nahe am Ufer, dass ich am eigenen Leib zu spüren glaube, wie sie sich im Schlamm wenden und den schwarzen Rücken wälzen.

Später setzt sich ein älteres Ehepaar in die Nähe: eine Frau, die spricht, und ein Mann, der zuhört. Sie hält ihm den Monolog auf die Zukunft. Allerdings ist es eine schmale Zukunft: Sie besteht aus Brettern, die gesägt, und Türen, die vorgestrichen werden müssen, damit das alles nicht so teuer wird, wenn der Mikisch kommt. Und vielleicht reicht's ja auch noch für ein kleines Fenster, es wär halt doch heller dann. So ein kleines Fenster, das kann ja nicht teuer sein. Ab und zu blickt die Frau auf den See und sagt: »sieh mal« oder: »schön was?« Als die beiden aufgestanden sind, bücken sie sich noch einmal nach den Taschentüchern, auf denen sie gesessen haben, schütteln sie aus und stecken sie ein. Die Frau knüllt ihr Tüchlein eng zusammen und klemmt es hinters Ärmelbündchen.

In einem der Seen ist wenig Wasser, ich gehe auf dem Uferstreifen entlang gegen die Sonne. Ein fauliger Geruch steht im Schilf. Verkrusteter Boden. Er ist dunkel, und er platzt, wenn man darauf tritt. Den Blick gesenkt, weil die Sonne so blendet, gehe ich in eine Welt, die erst unmittelbar vor mir aus den Silhouetten heraustritt. Ich kenne diesen See, dieses Ufer, diesen Geruch, diese tiefstehende Sonne. Weit weg sein. Stundenlang gehen. Sogar diese enge, in einen Hügel geschnittene Bucht kenne ich, damals lagen Seerosen auf dem Wasser. Jetzt ist alles vertrocknet. Ich gehe trockenen Fußes durch meine Erinnerung. Dicht vor mir hebt ein Reiher ab, er hat einige Mühe, das Gleichgewicht zu finden, dann gleitet er in weiten Schwüngen auf den See hinaus. Kein Vogel sonst. Alles ist lautlos. Manchmal etwas Wind, der durchs Schilf streicht.

In der Nacht die Rückfahrt über die Autobahn. Ich möchte nur noch nachts fahren, durch die ganze Republik, nach Hamburg und Bremen, nach Freiburg und zurück, die ganze Nacht fahren. Man sieht die entstellte Landschaft nicht, auch nicht die Leute, der Kontakt ist abgedunkelt. Es ist niemand übriggeblieben – oder nur ein paar Lastwagenkolonnen. Eine verbrauchte Erde. Es wird immer Nacht bleiben, kein Licht mehr.

Meine Vorliebe für Baustellen (wenn es Nacht ist und niemand unterwegs): das Meer von gelben Warnleuchten, das Aufblitzen, das Gleiten der Lichter auf den Markierungslinien. Alles hat etwas authentisch Katastrophales. Aber dann plötzlich ein Mann, der mir fast ins Auto läuft, dicht vor mir ein Schatten, der torkelt, seltsam mit den Armen rudert. Es dauert Sekunden, bis der Schreck sich auflöst, und erst in der Auflösung spüre ich den Schmerz, die eisige Strömung, die den Körper verlässt. Erst allmählich registriere ich, wie sehr ich in einer anderen Welt war, wie wenig mit »draußen« verbunden. Das ist es vielleicht, was mir diese Fahrt so verlockend gemacht hat: die nächtliche Autobahn als ein geschlossenes System; es ist eine Fiktion: eine Straße, die einem breit und unaufhörlich entgegenfließt, ein paar Autos, hin und wieder ein Hinweisschild, mehr nicht, keine Leute an der Fahrbahn, keine Bäume im Weg, kein abruptes Ende, kein überraschender

Abgrund (ohne diese Fiktion könnte wohl auch niemand nachts auf der Autobahn fahren). Ich habe jedenfalls nicht im Geringsten gebremst. Bis der Mann mir zu Bewusstsein kam, bis die Nerven ansprachen und ein Bild entstand, war er längst verschwunden. Als sei er nur eine Täuschung gewesen. Eine Unebenheit am schwarzen Ufer.

[6. OKTOBER]

Ein älterer Mann, der an der Einfahrt zu einer Straße sitzt und heult und schluchzt. Ich gehe vorbei und stelle mir vor: Er ist nach 40 Jahren zurückgekommen, um die Straße seiner Kindheit zu sehen.

Was ist los? Schon über eine Woche keine Briefe mehr!

In einer Elektroabteilung: Man scheint sich mit den neuen Waren und ihren Bezeichnungen noch schwerzutun. Eine jüngere Frau sagt: »Ich brauche eine Sicherung, eine so na ja, das sieht aus wie sowas, was man aufsteckt…« Sie versucht mit den Händen, den gesuchten Gegenstand zu beschreiben (eine Kindersicherung). Der nächste Kunde braucht so einen Verteiler, den, wo man so aufschraubt und die Drähte reinsteckt wie beim Fahrrad. Er hat keine Chance, verstanden zu werden. Je mehr er stammelt, desto weniger. Auch der Ärger der Wartenden wächst.

[7. OKTOBER]

Was heißt hier Demokratie? Die internationale Politik wird in den Vorstandsetagen gemacht. Und wer hat diese Typen gewählt? Ja, da hat man für unsere gute alte Demokratie nun also ein paar nationale Reservate eingerichtet. So ist das!

[8. OKTOBER]

Seit Donnerstag war ich kaum draußen. Dass ich mich hier tagelang zurückziehe, ist neu. Dabei habe ich nicht einmal sonderlich viel geschrieben. Aber ich kann mich einfach nicht ununterbrochen von den Ereignissen bombardieren lassen.

Wenn ich mich richtig erinnere, konnte ich im Januar noch ziemlich pausenlos überall herumrennen und mich mit kurzen Notizen begnügen. Inzwischen ist es, als liefe ich langsam, schwerfällig und mit großem Gepäck. Schon nach wenigen Schritten muss ich innehalten. Ich sitze tagelang vor dem Computer, sehe auf das Bahngelände, auf das sich der Herbst gelegt hat. Und der Nebel. Schon den ganzen Tag kreisen Krähen um die Birken am Bahndamm. Sie lassen sich nieder, zappeln, finden keinen Halt, steigen noch einmal auf, einzeln, lassen sich wieder nieder, dann steigen sie in ganzen Scharen auf, ziehen schwarze Kreise, verschwinden für eine Weile und kehren zurück, mit großem Gekrächz (das stelle ich mir vor, hören kann ich auf diese Entfernung nichts).

Wie gesagt: Es herrscht kühles, nebliges Wetter. Die Züge, die dort unten vorbeiziehen, sind ohne Farbe, sie bleiben eine schwarze Bewegung in einem diffusen Licht. Am Bahndamm hat jemand ein Feuer angezündet. Es sieht aus, als solle das Gras auf der Böschung abgebrannt werden, was aber in diese Jahreszeit nicht recht passt. Ein heller Rauchfaden steigt auf und streift die Bäume. Er duckt sich, wenn ein Zug vorbeifährt, wechselt abrupt die Richtung, zieht dann eine ganze Weile den davoneilenden Waggons hinterher, zunächst flach über der Erde, dann langsam sich aufrichtend, bis er wieder die alte Richtung gewonnen hat. Dahinter die Altbauwohnungen. In manchen Zimmern brennt auch tagsüber Licht.

Mit Frau Wittkowski, der Leiterin des »Forums«, habe ich eine Lesung vereinbart, für den 8. Dezember (nach den Bundestagswahlen, »wenn das ganze Spektakel vorbei ist«). Augenblicklich, so erklärt Frau Wittkowski, bestehe kein Interesse an Kultur, jeder hat jetzt seine eigenen Sorgen, denn jetzt wird an der Zukunft gebaut. Ja, ich weiß: Das Nachdenken verkürzt sich in solchen Zeiten, die Wege dagegen verlängern sich, man springt eilig ins Auto und besorgt sich einen Anhänger. Nur weiter, weiter! Eisern hält man Kurs. Jeder seinen eigenen. Man hat so seine Pläne. Sorgen hat man auch, ach Gott, natürlich. Aber sie gehören einem jetzt wenigstens selbst. Es sind persönliche Sorgen. Also schließt man die Anderen aus, die Kollegen, die Freunde, und am besten auch sich selbst. Keine Teilhaber. Wie schlimm es auch kommen mag, man hat doch so etwas wie ein Einzelschicksal. Und falls man scheitert, ist man ganz persönlich gescheitert. Nicht (wie früher) an der allgemeinen Misere. Jetzt hat man es wenigstens mal probieren können.

»Sie wer'n entschuldigen«, sagte ein älterer Mann, der eigens aus seinem nagelneuen Mercedes ausstieg, um mich nach der Grotewohl-Straße zu fragen (ein Mercedesfahrer ist er also noch lange nicht). Ich habe ihm den Weg beschrieben, ohne irgendwelche Anzeichen des Erstaunens an ihm festzustellen. Ja, wer es am Ende seiner Tage doch noch zu einem 190 D bringt, wundert sich nicht einmal mehr, wenn ihm ein vermeintlich Einheimischer in leicht schwäbischem Akzent den Weg weist.

Echter Bohnenkaffee zu erträglichen Preisen ist ja durchaus eine Errungenschaft der deutschen Einheit. Aber versuch mal, ein bisschen Frischgemüse zu bekommen (überhaupt etwas für die sogenannte »gesunde Ernährung«). Du glaubst es nicht: Außer drei winzigen, schon angefaulten Salatköpfen ist nichts zu haben. Das liegt keineswegs an irgendwelchen Lieferproblemen, längst nicht mehr. Die Leute kaufen es nicht! Ausgerechnet in diesem Falle, wo West-Produkte ganz sinnvoll wären, ein paar holländische Gurken wenigstens. Nein, man kauft noch immer Blaukraut aus bulgarischen Dosen, einfach weil es billiger ist.

Am langsamsten verändern die Deutschen offenbar ihre Essgewohnheiten. Ein Jahr nach der Wende besteht in den Restaurants die »Salatbeilage« noch immer aus eingelegtem Sellerie, Karotten und so weiter. Dazu wässrige Kartoffeln, ein Stück Fleisch, das unter einer klebrigen Soße fast zerschwimmt, sich in Einzelfasern auflöst. Und dann der Geruch! Es wird Zeit, dass ich abreise. Noch eine Woche! Mit der Vorstellung, endlich zurückzukommen, verbindet sich ein fast mönchisches Gelüst, eine Art innerer Reinigung: mindestens eine Woche lang nur Salat und Obst, kein Fleisch, keine Kartoffeln, keine Soße!

[10. OKTOBER]

Der Straßenhandel ist weitgehend in die Hände von Vietnamesen übergegangen. Die westdeutschen Händler haben sich etabliert oder zurückgezogen. Es ist auch alles sehr leise geworden, denn die Vietnamesen stehen dezent und vorsichtig hinter ihren spärlichen Auslagen: Zigaretten, Kassetten und so weiter. Sie würden sich wohl am liebsten in die Ecken verkriechen, jedenfalls wagen sie nicht einmal mehr, die Kassettenrekorder spielen zu lassen. Pit kauft ganz demonstrativ bei ihnen. »Ich muss noch kurz beim Vietnamesen vorbei«, sagt sie und holt sich ein paar Zigaretten. Zollfreie Ware, also deutlich billiger. Aber in diesem Falle ist der neue Bundesbürger lieber reserviert als sparsam: Man kauft nichts beim Vietnamesen!

Abends warte ich auf die Straßenbahn, fast eine halbe Stunde lang (nach 19 Uhr dauert das ewig!). Ein unglaublich warmer Oktoberabend und trotzdem spürt man den Herbst. Nicht nur, weil es längst dunkel ist, sondern weil sich die Leute beeilen, nach Hause zu kommen. Nach der Kälte und Nässe der letzten Tage betreten sie die Straße nur noch notgedrungen.

Die Straßenbahn aus der Gegenrichtung kommt. Sie rumpelt heran, unter den harten Stößen vibriert der Boden. Die Häuser sind fast alle dunkel. Als ob niemand hier wohnen wollte. Nur in der Straßenbahn sitzt man in hellen Fenstern. Dann steigt eine Gruppe von Kindern aus, sie scheinen von der Schule zu kommen. Jetzt noch, schon fast in der Nacht? Auch sie gehen nach Hause. Die Kinder lachen, rufen und laufen auseinander, in kleineren Gruppen zuerst, dann einzeln, bis sie in Häusern oder Gassen verschwunden sind. (Nach Hause kommen!)

Dann ein Lastwagen, der die Straße heraufkommt. Er ist schmal und klein und hat eine Pritsche, die ist noch ganz aus Holz, und an der Motorhaube zittern die Scheinwerfer. Auch klappert er und schwankt und weiß nicht, ob er überhaupt noch ein Stück fahren will, heute. Er gleicht dem Lastwagen auf dem letzten Foto von Onkel Richard, auch der hatte eine solche Pritsche (die Soldaten schwenkten dort oben ihre Mützen). Und auf einmal werden aus den dunklen Häusern abgedunkelte Gebäude. Es ist unklar, was jetzt geschehen wird. Aber es ist den alten Häusern anzusehen, wie sie erschrecken und wie sie versuchen, sich von der Straße zurückzuziehen. Vielleicht, dass noch andere Armeelastwagen die Straße heraufkommen. Keine dieser neuen, glatten, unantastbaren Wagen, sondern solche, deren Verletzlichkeit man kennt. Man hat sie auf anderen Fotos brennen sehen: aufgerissen, in Brand geschossen, ein schwarzes Wrack. Und deshalb geht eigentlich doch nichts Bedrohliches von ihnen aus, eher eine Trauer: Hier durch die Straße sind sie in den Krieg gefahren. Und 1968 nach Prag.

[11. OKTOBER]

Für eines dieser Versandhäuser hat Elke eine neue Kundin geworben und auch gleich eine Lederjacke für sie bestellt. Wochenlang haben die beiden dann auf das Werbegeschenk gewartet: ein vierteiliges Besteck. Als das Paket mit der Lederjacke schließlich kam, fand sich darin eine Rechnung und ein kleiner Zettel: »Werbegeschenk zurzeit leider vergriffen«, nichts weiter. »Sieh dir das an!« sagt Elke, »so gehen die mit uns um! Unverschämter hätten das die Kommunisten auch nicht hingekriegt.«

Ansonsten ist Elke noch immer dabei, die Vorteile der Marktwirtschaft zu entdecken, zum Beispiel die Haltbarkeit von Lebensmitteln. Sie kauft H-Milch, ist doch wunderbar, hält acht Wochen. Und die Wurst hält angeblich auch länger, weil sie nicht mehr ganz so fett ist. Aber jetzt musst du das Einkaufen erst einmal lernen, früher gab es ja nichts, aber heute, da willst du zum Beispiel eine Wurst, aber dann siehst du: Mensch, diese vielen Sorten Käse und so billig. Und schon kaufst du auch noch Käse. Dabei gibt es jetzt ja immer so viel Käse. Daran hat man sich einfach noch nicht gewöhnt.

Diesmal hat es geklappt. Schon als beim dritten Anlauf das Klingelzeichen zu hören war, war ich mir sicher. Dann das leichte Klicken, weil am anderen Ende der Hörer abgenommen wurde, und als erstes dein Lachen. »Ja, also das wurde ja Zeit.« So, ab heute lebt es sich hier anders.

[13. OKTOBER]

Von Gruber erfahre ich, wie es zum Verkauf des Gästehauses gekommen ist (schade, dass ich keine Zeit mehr habe, dieser Sache nachzugehen): Da waren vor einem halben Jahr zwei schicke Herren beim Rektor erschienen, Unternehmensberater oder so etwas Ähnliches, aus Frankfurt kamen sie jedenfalls und schlugen vor, einen Förderkreis zu gründen, einen Förderkreis »Lessing-Universität«. Zur Mitarbeit wollten sie nicht nur Persönlichkeiten des öffentlichen Lebens gewinnen (ein paar prominente Zusagen hatten sie bereits vorzuweisen), sondern vor allem die westdeutsche Industrie, denn man ahnt ja gar nicht, wie sehr die daran interessiert ist, mit den ostdeutschen Universitäten in ein gutes Verhältnis zu kommen: Da geht es ja schließlich um die Beteiligung an Forschungsprojekten und um den Werbeeffekt. Und dafür gibt man gern ein paar großzügige Spenden.

Nun gut, der Rektor war einverstanden und ein Förderkreis wurde gegründet (mit eigenem Büro und eigener Sekretärin). Was die Herren des Förderkreises in den nächsten Monaten gemacht haben, war nicht genau festzustellen. Gelegentlich baten sie darum, Industrievertreter durch die Universität führen zu dürfen, auch durch die sonst eher verschlossenen Einrichtungen, durchs Rechenzentrum zum Beispiel. Außerdem schienen sie sich sehr für die Rechts- und Eigentumsverhältnisse zu interessieren.

Eines Morgens legten sie dem Rektor eine Glückwunschkarte vor: Der Oberbürgermeister hatte nämlich Geburtstag, und natürlich hatten die Herren vom Förderkreis daran gedacht, dass ihm im Namen der Universität gratuliert werden sollte. Sie waren auch gerne bereit, die unterschriebene Glückwunschkarte persönlich beim Oberbürgermeister vorbeizubringen. Dort angekommen, versäumten sie es nicht, den erstaunten, erfreuten, an diesem Tag ohnehin unternehmungslustigen Oberbürgermeister auf gewisse »Ballaststoffe« des kommunalen Haushalts hinzuweisen und auf die Möglichkeit, sie zu privatisieren. Erstens wird ja überall privatisiert, und zweitens fragt man sich doch, warum die Stadt für ihre Universität einen eigenen Kinderhort unterhält oder zum Beispiel dieses in der Innenstadt gelegene Gästehaus.

Du ahnst das Ergebnis: Das Gästehaus wurde verkauft, und in den Käufern darf man Freunde, Kunden, Strohmänner der Herren vom Förderkreis vermuten. Mit sechswöchiger Verspätung ist man sich nämlich bewusstgeworden, dass der Verkaufspreis um einige Millionen zu niedrig lag (vielleicht war auch der eine oder andere Beamte bestochen worden, das gehört inzwischen ja dazu). »So ist es doch mit den ganzen Beratern«, sagt Gruber, »die schaffen sich alle was auf die Seite.« Natürlich weiß er nichts Genaues, nur dass sich der Verdacht erhärtet hat und dass der Staatsanwalt ermittelt, das hat man ihm gesagt. Aber was will man denen nachweisen? Die haben sich doch garantiert nach allen Seiten abgesichert. Also eines ist jedenfalls klar: Gruber macht hier nächstes Jahr nicht mehr den Hauswart, da lässt er sich noch eher in irgend so 'ne Bibliothek versetzen.

Es ist wirklich nicht schwer, in Wut zu geraten. Wenn du dir ansiehst, was mit diesem Land geschieht, dann begreifst du die Lage in der sogenannten Dritten Welt. Es geht in beiden Fällen um die Verteilung der Beute, um nichts anderes. Und die ganze Entwicklungs- oder Aufbauhilfe ist ein schönes staatliches Rahmenprogramm; die Werbekosten für diese gigantische Räuberei trägt nämlich der Staat.

Dabei ist die Frage, wem am Ende was gehört, noch relativ uninteressant. Entscheidend ist ja wohl eher die Frage, was wird eigentlich aus unserem Planeten? Und das Beispiel »DDR« lässt ahnen, was in dieser Hinsicht noch alles auf uns zukommt. Da wird dieses Land nun also mit Westwaren überschwemmt. Aber wieviel Hunderte von Milliarden kostet es bereits jetzt, die Folgen dieser Flutkatastrophe zu beseitigen (den Zusammenbruch der Wirtschaft und deren Infrastruktur zum Beispiel)? Es ist doch längst abzusehen, dass uns die Kosten der Einheit noch Jahre plagen werden, dabei war die DDR ja noch ein recht kleines Land. Aber wer sollte eine entsprechende Katastrophenhilfe für drei Viertel der Weltbevölkerung bereitstellen? Wir sind ein Exportland, heißt es, juhu, aber wer bezahlt die Folgen?

Ich möchte wirklich anfangen, mich in die politischen Debatten einzumischen; die Polemik liegt mir seit Wochen auf der Zunge. Es ist einfach nicht mitanzusehen, wie zwangsläufig diese Degradierung, Entmündigung, Ausplünderung geschieht. Dazu braucht man jetzt keine stalinistische Willkür mehr, das läuft jetzt alles streng nach ökonomischen Gesetzen. Hier kannst du die schleichende Aggressivität der West-Waren sehr genau studieren. Konkret möchte sie jeder besitzen, aber nur sehr allgemein möchte man die eigene Wirtschaft erhalten. Die Entwicklung in der DDR lässt ahnen, wie aussichtslos die Lage in 80 Prozent der Weltregionen ist.

Die Entwicklung in der DDR lässt uns ahnen, was demnächst von Polen bis China und Vietnam geschehen wird: Nicht nur, dass man ausgerechnet jetzt, wo man das Land endlich aufbauen kann, die Hälfte der Leute in die Arbeitslosigkeit schicken wird, nein, auch dass man partout ein Wirtschaftsmodell zu installieren versucht, das bisher einen Teil der Welt bereichert, die anderen Regionen aber verarmt, verwahrlost, verdreckt, verseucht hat. Das ist keine neue Erkenntnis, ich weiß. Im Prinzip hört man die Frage nach einer globalen Politik schon lange.

Aber das ist es ja, was Politik auszeichnet: Sie hört sich mit größtem Desinteresse jahrzehntelang dieselben Fragen an. Mit der Zeit wird nämlich selbst der größte Skandal zum Klischee. Wer wagt denn heute noch, zum Beispiel an die Hungertoten der Dritten Welt zu erinnern? Das ist doch nun wirklich einfallslos. (Gleiches gilt für die Klimakatastrophe, die Verkehrspolitik, die Rüstung, die Chemie in den Lebensmitteln und so weiter.) Offensichtlich ist Politik die Fähigkeit, einen Skandal so lange achselzuckend fortzusetzen, bis niemand mehr darüber zu reden wagt. Je häufiger sich ein Protest wiederholt, desto glänzender die Zukunftschancen des Skandals.

Schließlich lässt sich kein Kritiker gerne vorwerfen, er wiederhole sich. Und die Scham, die man immer auf Seiten der Politik erwartet hat, erscheint nun im Lager des Protests; es wird nämlich schlicht und einfach peinlich, ihn noch länger fortzusetzen.

Offensichtlich erleben wir einen krassen Überschuss an Intelligenz. So viel Dummheit, dass es für diese Politik nicht mehr reicht, gibt es gar nicht. Es hat sich folglich eingebürgert, nicht die Politik zu ändern, sondern die Kritik. Das ist außerdem billiger.

[15. OKTOBER]

Gestern wurde der neue Landtag gewählt. Weil aber derzeit noch keine Institutionen des Landes existieren, hatte man das Grand Hotel für die verschiedenen Fernseh- und Rundfunkanstalten geräumt. Von hier aus sollten sie Bericht erstatten, von hier aus sollte der Souverän erfahren, wen er denn nun eigentlich gewählt hat.

Als ich dort ankam, am späten Nachmittag, war von den kommenden Ereignissen nichts zu spüren. Im Foyer sah ich niemand. Türen und Vitrinen glänzten, alles war leer, geputzt, empfangsbereit, nur die Menschen fehlten. Erst später kamen mir ein paar Männer entgegen. Sie gingen hastig nebeneinander her, während der eine sprach und die Anderen versuchten, ihn trotz der eiligen Schritte zu verstehen. Im Gehen beugten sie ihre Köpfe zueinander und beachteten mich nicht. Unbehelligt ging ich weiter.

In einem abgedunkelten, ebenfalls menschenleeren Saal hatte man eine Reihe von Fernsehern aufgestellt, mindestens zehn Geräte. Sie waren bereits eingeschaltet worden, aber noch fehlte der Ton. Stumm pflügte ein Segelschiff durch einen Ozean, und stumm sprach nebenan eine Frau mit ihrem Kind. Gleich auf mehreren Bildschirmen waren Mutter und Kind zu sehen, während das Segelschiff, von einem offensichtlich weniger beliebten Sender ausgestrahlt, nur einmal zu sehen war. Und doch ging in diesem schwach beleuchteten Raum von den Segeln und Wellen das stärkste Licht aus – und die stärkste

Verführung. Der Raum war mit kastanienbraunem Holz verkleidet und mit weiten, sandgelben Sesseln ausgestattet; auch für Vorhänge und Tischdecken hatte man diesen sandgelben Ton gewählt. Überall war Tuch, wallend und weich, selbst von den Fernsehtischen fiel es in sandgelben Falten zu Boden.

Im nächsten, schon dem Park zugewandten Raum hatte man Tische aufgestellt; wie Schulbänke standen sie da, und auch einige Computer waren bereits installiert worden. Sie summten leise und zeigten einen leeren, schwach leuchtenden Bildschirm. Im Weitergehen bemerkte ich, dass der Sonnenuntergang eingesetzt hatte, rötlicher Staub hing draußen in den Weiden; und hier drin verwandelten sich die Bildschirme in stumpfe Spiegel. In einer Ecke sah ich die Angestellten einer Wachgesellschaft. Sie schienen bereits müde zu sein, denn sie lehnten an der Wand und rauchten. Von Zeit zu Zeit sprach einer leise in ein Funkgerät, und man hätte fast glauben können, er sei darauf bedacht, mich nicht zu stören. Seit dem Morgen war ich unterwegs gewesen, und jetzt deutete alles darauf hin, dass dieser Tag zu Ende ging: die Stille, das gedämpfte Licht und die Schatten, die langsam an den Wänden hinaufstiegen. Auch die Wachmänner bereiteten sich offensichtlich auf eine ruhige Nachtschicht vor.

Und diese braunen Räume sollten sich heute Abend noch in helle Studios verwandeln? Es schien unmöglich, dass auch nur ein einziger Ton in der nächsten Stunde zu hören sein würde, ganz zu schweigen vom Geschrei Hunderter von Technikern. Und doch waren sie plötzlich da. Einer der beiden Türflügel war aufgestoßen worden und ein Mann in weißem Jackett hatte, die Klinke noch in der Hand, hereingesehen. Dann hatte er jemandem, der offenbar hinter ihm stand, gewunken. Das war das Zeichen. Damit hatte alles begonnen. Seitdem verlegte man Kabel, baute künstliche Wände auf und experimentierte mit den Lichtverhältnissen. Alles arbeitete durcheinander. An der kastanienbraunen Holzverkleidung flammte gleißend weißes Licht auf. Jetzt hingen sie nebeneinander: die Kronleuchter und die Scheinwerfer.

So schnell ging das. Schon waren die Kameras aufgestellt und davor das Pult mit dem Signet des Senders, schon blätterte der erste Reporter mit professionell besorgter Miene in den Unterlagen. Auch ein Kamera-Assistent war bereits damit beschäftigt, die Objektive scharfzustellen, und eine puppenhafte Frau öffnete mit spitzen Fingern einen Metallkoffer, in dem sich zugleich Telefon und Kleincomputer befanden. All dies eng nebeneinander (der Journalist, die Sekretärin, der Kamera-Assistent) und doch von verschiedenen Fernsehgesellschaften. Die Grenze zwischen den Studios war mit einfachen Klebestreifen markiert. Nur ein rot-weißes Band trennte die Bereiche. Man konnte also von einem Programm ins nächste hinübersehen, ja mehr noch: Man konnte drei oder vier Sendungen mit einem Blick verfolgen. Dabei hatte ich bisher angenommen, die Fernsehgesellschaften seien in jeweils anderen Räumen, wenn nicht gar Gebäuden untergebracht. Aber in Wirklichkeit lag ja nur ein Schritt dazwischen. Allerdings: warum bedankten sich die Reporter dann immer, wenn ein Politiker eigens in ihr Studio gekommen war? Es war ihm doch gar nichts anderes übriggeblieben! Einmal hier angekommen, wurde er automatisch von einem Sender zum nächsten geschoben. Er musste dabei nicht mehr Arbeit aufwenden als der Zuschauer beim Umschalten ins andere Programm; und trotzdem bildet sich der Zuschauer ein, die Wirklichkeit listig zu betrügen. Er glaubt, disparate Realitäten eigenhändig nebeneinander geschaltet zu haben, aber hier ist man ihm zuvorgekommen. Die Realität ist auf den Programmwechsel vorbereitet, sie hat sich längst darauf eingestellt, übertragen zu werden. Das hat sich nur noch nicht herumgesprochen.

Bis jetzt ist allerdings noch kein Politiker erschienen. Noch haben die Wahllokale für eine halbe Stunde geöffnet. Offensichtlich sind Techniker und Aufnahmeleiter der Meinung, diese Zeit genüge. Man baut weiter, zügig, routiniert, aber ohne sonderliche Eile. Während ich auf Stefan warte (ich werde ihn heute Abend begleiten, wird es eng in den Gängen. Inzwischen sind auch die Anderen vor allem damit beschäftigt, nach Bekannten Ausschau zu halten. Man sucht das Gespräch, schiebt sich durch die überfüllten Flure und winkt sich zu. Ein Mann löst sich vom Imbissstand und schlüpft kauend an mir vorüber, mühelos könnte ich ihm ins belegte Brötchen beißen, so nah trägt er es mir unter der Nase vorbei. Aber auch das Gespräch wildfremder Menschen streift mein Gesicht. Mit angehaltenem Atem erfahre ich, dass ein gesetzter, älterer Mann dies alles noch recht harmlos findet, jedenfalls im Vergleich zu den Wahlabenden im Westen. »Hier herrscht ja Totentanz!«, erklärt er, und sein Gesprächspartner, ein jüngerer, vermutlich einheimischer Mann, nickt. Er macht dabei allerdings ein recht unbestimmtes Gesicht. Der ältere Mann, in solchen Angelegenheiten offenbar erfahren, prophezeit, beim nächsten Mal werde auch hier alles anders sein, vor allem professioneller. Man braucht mehr Rechner zum Beispiel – und natürlich vor allem mehr Telefone. Außerdem ist dieses Hotel nun wirklich nicht der geeignete Ort. Sehen Sie: diese Vorhänge und dort der Teppich. Nein, der ältere Mann ist nicht zufrieden, wenn es nach ihm ginge, dann hätte ein Raum für zukünftige Übertragungen vor allem neutral zu sein, jede Kulisse müsste sich integrieren lassen. Was man für einen Wahlabend braucht, sind Wand, Boden und Decke in ihrer abstraktesten Existenz.

Stefan habe ich übrigens noch nicht getroffen (wir waren um halb sechs an der Rezeption verabredet). Inzwischen ist es kurz vor sechs, und die Wahllokale schließen in wenigen Minuten. Allmählich strömt alles in den Saal, in dem die Fernsehgeräte laufen. Jeweils zehn bis zwanzig Journalisten bauen sich im Halbkreis vor einem Gerät auf. Man hat die Kugelschreiber gezückt und steht nun da, nicht sonderlich erregt oder neugierig, nur die Lippen wirken angespannt. Mancher hält die Hände leger in den Taschen und versucht, kurz vor dem entscheidenden Augenblick einen gelangweilten Eindruck zu machen. Dann, fast gleichzeitig, bricht auf den verschiedenen Bildschirmen das Programm ab, ein Sprecher erscheint und Sekunden danach die ersten Tabellen und Zahlen: die Prognose. Ein Rufen und Raunen wallt durch den Raum. Die Ergebnisse sprechen sich schnell herum, und wer es auf dem Fernseher noch nicht gesehen hat, erfährt es auf diese Weise: Dem aussichtsreichsten Kandidaten werden 54 Prozent der Stimmen prognostiziert. Das macht Furore, die Gruppen geraten durcheinander, man bespricht sich, andere notieren noch, manche jubeln bereits. Zwei Männer heben das Glas.

Das wäre also geklärt. Im Grunde gilt es jetzt nur noch auf den Wahlsieger zu warten. Einstweilen nutzt man die Gelegenheit, um sich nach den Verdienstmöglichkeiten beim Westdeutschen Rundfunk zu erkundigen oder sich mit Anspielungen auf die Speisekarte zu profilieren (der Begriff der »Sättigungsbeilage« ist beispielsweise immer ein beliebtes Angriffsziel). Merkwürdigerweise ist das Wahlergebnis, obwohl es ja eigentlich erst in zwei Stunden feststehen wird, schon jetzt kein Gesprächsthema mehr. Allenfalls sieht man gelegentlich noch einmal in die vorbereiteten Fragen. Dort, wo zur Probe die Scheinwerfer aufflammen, drängt sich alles zusammen, vielleicht steht der erfolgreiche Kandidat schon vor der Tür. Als erfahrener Politiker weiß er jedoch, dass er sich frühestens nach der zweiten Hochrechnung interviewen lassen darf. Das ist eine Frage der Seriosität. Also wartet man ab; die einen mit den Fragen, die Anderen mit den Antworten in der Hand. Ja, auch die Antworten sind bereits formuliert, denn bekanntlich verfügen die großen Fernsehgesellschaften schon am Nachmittag über »gesicherte« Prognosen, und man ist durchaus bereit, sie dem einen oder anderen Politiker mitzuteilen, gegen das Recht auf das erste Interview, versteht sich. Und so ein Politiker ist nicht nur neugierig auf die Prognosen, er ist auch dankbar, wenn er ein paar Stunden Zeit hat, seine Stellungnahme zu formulieren (oder formulieren zu lassen). So ist man seit Stunden bereit. Nur die Wähler sind wieder einmal langsamer als das Wahlergebnis.

Ein Fremder könnte sich vielleicht fragen: Wozu überhaupt noch wählen? Wozu dieses millionenteure Spektakel, wenn ein paar Prognosen im Grunde genügen? Jede Unterhaltungssendung praktiziert doch inzwischen irgendeine Form direkter Demokratie. Zur Volksbefragung reicht ja bereits die Ermittlung der aktuellen Einschaltquote. Einer permanenten Volkssouveränität stünde folglich nichts im Wege. So betrachtet sieht die Stimmzettel-Demokratie doch ziemlich altmodisch aus. Sie gleicht den seltsam umständlichen Ritualen, wie man sie aus Reiseberichten kennt. (Mir fallen zum Beispiel die Eskimos ein, die bis heute ihre Schlittenhunde hegen und pflegen, ansonsten aber ständig mit dem Motorschlitten herumfahren.) Wir leisten uns nun eben mal eine Wahl – und vor allem eine Wahl-Berichterstattung. Immerhin rutscht man auf diese Weise in die beste Sendezeit. Denn wie alle traditionsreichen Ereignisse, die Weihnachtsbräuche eingeschlossen, lebt das Wählen doch vor allem deshalb weiter, weil es sich jedes Mal so schön verfilmen lässt. Es folgt noch ganz den klassischen Regeln der Dramaturgie, und ist, gerade an einer Stelle, an der es niemand für möglich gehalten hätte, ein Sieg des Schönen über das Politische.

Endlich erscheint der Wahlsieger. Natürlich ist nichts von ihm zu sehen. Aber man drängt sich zusammen und deutet auf eine Stelle in der Menge. Dort muss er sein. Dann schieben sich ein paar Leute mit hochgradig verzerrten Gesichtern an mir vorbei, Männer mit eulenartig großen Brillen, und für einen winzigen Augenblick sehe ich zwischen ihnen tatsächlich den zukünftigen Ministerpräsidenten. Wie es scheint, hält man ihn bei der Hand. Man wird ihn von einem Stand zum nächsten geleiten, denn er kann ja nicht wissen, wer ihn alles interviewen will.

Plötzlich gerät der Pulk in Unordnung: Da halten sich einige Reporter nicht an die Regeln, von verschiedenen Seiten wühlen sie sich an den Wahlsieger heran. Einer ganz besonders: dick, klein, völlig verschwitzt; einen Kopfhörer auf den Ohren, arbeitet er sich durch die Menge, mit Brust und Ellbogen, der Kopfhörer verrutscht ihm dabei, aber er spricht dennoch in sein Mikrofon: »Mein Herr, mein Herr, Sie sind der künftige Ministerpräsident, ich gratuliere!« Die anderen Reporter lassen sich unterdessen nicht den Mund verbieten, auch sie haben sich an den Wahlsieger herangearbeitet und sprechen in die Mikrofone, nicht sonderlich laut, eher diszipliniert und mit viel Routine. Dabei geraten ihre beherrschten Stimmen in einen seltsamen Widerspruch zu den verzerrten

Gesichtern. Es ist, als hätten sich Mund und Stimme von diesen Körpern befreit, um in aller Ruhe ein Interview fingieren zu können. Die abgetrennten Arme und Schultern überlässt man unterdessen dem Kampf der Körper; man lässt sie drängen und drohen, denn das Wort des Siegers ist ja in zwei Minuten nur noch die Hälfte wert, und in fünf Minuten erfährt man es bereits aus allen Fernschreibern. Ein rasender Preissturz.

Allerdings: Ob der künftige Ministerpräsident überhaupt antwortet, weiß ich nicht. Ich sehe nur, dass die ganze Menschentraube aus dem Gleichgewicht zu geraten droht, unfreiwillig stützt man sich bei einem solchen Auflauf ja gegenseitig, und wenn einem einzigen Reporter die Kraft versagt, wenn sein Widerstand erlahmt, kommt der ganze Trupp ins Schlingern, man stolpert, hält sich am Nachbarn fest, der aber auch aus dem Gleichgewicht kommt, und plötzlich rutscht die ganze Traube nach rechts, driftet mit gefährlicher Geschwindigkeit gegen eine Kamera, dann gegen einen Mann, der von seiner Trittleiter herab alles fotografieren wollte, er schreit kurz, dann fällt er, taucht in die Menge ein, wohin wird sie sich jetzt bewegen? – am besten, man hält sich in weitem Abstand, schon rast der Trupp über den Flur, Stühle stürzen, ein Bildschirm muss eilig in den Arm genommen werden. Gleich darauf fällt, fast am anderen Ende des Saales, eine Stelltafel, und offensichtlich gibt mittendrin der Wahlsieger tatsächlich seine Antwort. Dabei ist er ständig mit den Beinen in Bewegung, weicht nach rechts und nach links aus, dreht sich um sich selbst, wie im Tanz, weiß längst nicht mehr, wo er sich befindet, und wie er hier wieder herauskommen soll, er sieht nur die verschwitzten, mit Kopfhörern bestückten Gesichter, nah wie in den Alpträumen die Grimassen eines teuflischen Widersachers; er versucht, sich dem angestrengten Atem zu entziehen, der ihm entgegenschlägt und gibt trotz allem unverdrossen seine Antwort. Ich wüsste nicht einmal, welche Frage ich zu beantworten hätte, aber vielleicht gibt der Wahlsieger auch nur solche Antworten, die auf jede Frage passen, das ist ja jetzt egal, es liegt auch kein Erschrecken auf seinem Gesicht, nicht einmal ein Erstaunen, vielmehr spricht er konzentriert, als säße er unter seinen Ministern, er spricht und spricht und hält den ganzen vorbereiteten Monolog, zu jedem sagt er etwas, aber was er nicht sagt, ist: »Stopp!«

Im allgemeinen Chaos versteht ohnehin keiner, was der Wahlsieger eigentlich sagt. Die Reporter stellen ihre Fragen, ob ihr Mikrofon allerdings eine Antwort erhält, weiß allein der Hörer zu Hause am Radio. Nur er hört, was der Wahlsieger in diesem Augenblick sagt. Er, der so gerne einmal dabei gewesen wäre, befindet sich als Einziger ständig mittendrin. Er weiß nur nichts davon. (Es ist wirklich schade, dass Stefan nicht da ist. Ich würde doch gerne wissen, wie dies alles aus der Perspektive eines »Ost-Journalisten« aussieht. Wie wird er mit diesen neuen Arbeitsbedingungen fertig?)

Der erfolgreiche Kandidat erscheint jetzt auf einem Bildschirm, er muss also das erste Studio erreicht haben. Während das Nachbarprogramm kurze Einblendungen von Sportberichten bietet, drängt man sich um den Fernseher, auf dem das Interview zu sehen ist. Jetzt lächelt der künftige Ministerpräsident auch wieder. Er zieht nachdenklich an seiner Pfeife und wartet geduldig auf das Ende der Frage. Anfangs halte ich es für einen Zufall, aber allmählich beginnen hier, vor den Fernsehgeräten, immer mehr Journalisten dieses Interview emsig mitzuschreiben. Dies sind also die »Ost-Journalisten«? Noch immer bemüht um jedes Wort ihres Herrn? (Aber der Herr ist von jetzt an das TV). Die Einfallsreicheren haben sich allerdings gleich mit einem Aufnahmegerät versorgt und halten nun ihr Mikrofon gegen den Fernseher. So verfolgt man gespannt das Gespräch von nebenan. Aber warum sind die Reporter dann überhaupt hierhergekommen? Zu Hause oder in der Redaktion hätten sie doch ungestört die verschiedenen Fernsehsendungen mitschneiden können. Noch scheinen sie das Grand Hotel für den Ort des Geschehens zu halten. Denn ein Ereignis muss ja schließlich an einem bestimmten Ort stattfinden; und wo eine Übertragung ist, ist auch ein Ereignis, das ist doch wohl logisch.

Übrigens hat der Wahlsieger inzwischen alle Fragen beantwortet und wird zum nächsten Sender geschoben. Im Fernsehraum drängt man sich folglich um den nächsten

Bildschirm. Und tatsächlich: nach kurzer Pause erscheint nun auch auf diesem Sender der erfolgreiche Kandidat mit seiner Pfeife. Diesmal jedoch wird die erste Frage an seine Frau gerichtet. Auch was die Frau des Wahlsiegers lächelnd in die Kamera sagt, erlauern im Nebenraum die Journalisten. Sie werden es morgen ihren Lesern berichten können. Aber die haben es ja schon heute Abend in den Nachrichten gesehen, ist das nicht eine vergebliche Arbeit? Wohl kaum, denn wer weiß morgen noch, was er heute Abend gehört hat!

Als ich Stefan in der Menge entdecke, vermute ich, dass ihm dies alles reichlich absurd erscheint. Aber nichts davon. So habe er sich das vorgestellt, erklärt er und entschwirrt mir mit einsatzbereitem Aufnahmegerät. Nur ich stehe herum und staune. Dabei hätte ich doch wissen müssen, was da auf mich zukommt; über solche Phänomene gibt es ja inzwischen die intelligentesten Theorien. Also staune ich, weil ich das alles schon irgendwie kenne?

Später habe ich zum ersten Mal Gelegenheit, den Wahlsieger live zu sehen. Er wartet jetzt auf das fünfte oder sechste Interview, und das allgemeine Interesse hat sich gelegt. Ich habe ihn also tatsächlich vor mir, aber er sieht deshalb nicht anders aus als auf den Bildschirmen, vor allem nicht realer. Es gleicht eher einem Wunder, dass man ihn zweimal so identisch modellieren konnte. Im Hintergrund steht ein Tross von Beratern und Bewachern, still und aufmerksam. Auch drei Frauen, elegant und geschminkt, sind in seinem Gefolge. Sie scheinen inzwischen mehr Aufmerksamkeit zu erregen als der Wahlsieger selbst. Natürlich: So ein Stückchen Haut unter einer Bluse behält seinen bleibenden Reiz.

Auch einen Wahlverlierer sehe ich jetzt. Er sitzt demonstrativ gelassen in einem Studio und wartet. Vermutlich hat man in die Sendezentrale schon mehrfach gemeldet, dass er jetzt hier ist. Aber es besteht augenblicklich kein Bedarf. Nebenan steht ein kleines Fernsehgerät, dort könnte er sehen, welcher Gesprächspartner im Moment von Interesse ist. Aber dies scheint ihn nicht mehr zu berühren, es ist ja heute schon das zweite Mal, dass man einem anderen den Vorzug gibt.

Als ich Stefan das nächste Mal sehe, interviewt er eine junge Frau, vielleicht die Tochter des Wahlsiegers. Er tut dies unscheinbar, ganz am Rande, fast privat. Mit dem Rücken versucht er, die Frau vor neugierigen Zuhörern abzuschirmen. Hartnäckig verteidigt er seine bescheiden originelle Perspektive, und ich wage schon gar nicht, näher zu kommen. In diese Distanz von fünf oder zehn Metern verbannt, denke ich: Stefan hat es geschafft. Das ist nicht mehr das zaghafte journalistische Bedürfnis, informiert zu werden, jetzt interviewt Stefan nach allen Regeln der Kunst. Was mich am meisten stört (oder vielleicht nur überrascht) ist das perfekte Gleichgewicht von Aggressivität und Desinteresse: dieses körperliche Bedrängen, während er fragt, und diese gleichgültige Miene, während sie antwortet. Stefan scheint von diesen Antworten wenig zu halten. Offensichtlich gelingt es ihm, seine Interviewpartnerin zunehmend zu entmutigen; sie spricht immer kürzer, abgehackter, mit Hand und Hals, Lippen und Augenaufschlag versucht sie, ihn wenigstens zu einem einzigen leisen Zeichen des Einvernehmens zu verführen.

Bisher habe ich noch keine neuen Zahlen gehört. Es ist, als ob diese Hochrechnungen, die unaufhörlich über den Bildschirm laufen, nicht mehr dazugehörten. Dabei sind es doch allmählich harte Fakten, das eigentliche Ergebnis. Aber es ist eben keine Überraschung mehr. Inzwischen sieht es so aus, als befände man sich auf einem bereits etwas verblühten Empfang und hätte nichts weiter zu tun als ein wenig auszuspannen. Erst später, zu Hause, wird man vielleicht erstaunen, weil man das Wahlergebnis, das man den ganzen Abend so eilig und tiefsinnig kommentiert hat, erst jetzt begreift.

In verschiedenen Studios hat bereits das Abbauen begonnen. Man zieht die Stecker und rollt die Kabel ein. Auch das Licht ist wieder matt geworden. Vermutlich wird all dies ebenso plötzlich verschwinden, wie es vorher erschienen ist. Und wenn ich nicht achtgebe, ist das letzte Licht gelöscht, bevor ich diese Räume verlassen habe. Ich entschließe mich also zu gehen.

Draußen auf den Straßen herrscht Stille. Ein paar Autos fahren vorbei, aber vorsichtig und verhalten wie in einer Winternacht. In den Fenstern ist selten noch ein Licht zu sehen. Die Sensation dieser Wahl reicht nicht bis in die späten Abendstunden. Dann aber, etwas weiter, sind doch ein paar betrunkene Deutschlandrufe zu hören. Sie springen die Gasse herunter. Bald sehe ich das Festzelt der siegreichen Partei, schwarz-rot-gold die Fahnen, blau und gelb die Übertragungswagen. Im Zelt herrscht allerdings eine flaue Stimmung: kein Triumph, keine Rührseligkeit, noch nicht einmal eine Art von Gemeinschaft. Man sitzt erstaunlich einsam vor einem Bier oder einer Bratwurst und ist stumm begeistert. Schließlich begreife ich die Lethargie: Vorne, auf der Bühne, arbeitet man daran, die an Wahlabenden übliche Fernsehdiskussion auf Großleinwand zu übertragen. Den Kanzler hört man schon, aber noch ist nichts zu sehen. Bisweilen huschen einige Konturen über die Leinwand, aber es will nicht gelingen, sie zu fixieren. Allmählich wird die Parteibasis unruhig, sie möchte etwas sehen; und je lauter und entschlossener der Kanzler spricht, desto spürbarer ist der Mangel an Bildern. (Dabei besteht die Sendung im Grunde doch nur aus Worten.) Hier aber möchte man sich engagieren, man möchte mitgehen, wenn der Kanzler einen Gesprächsteilnehmer attackiert, und man möchte ihn anfeuern, aufjauchzen möchte man, wenn eine Pointe fällt oder ein rhetorischer Schlag sitzt, und dafür braucht man eben Bilder. Aber für diesmal ist es zu spät.

Später steigt ein Oberschüler auf die Bühne und ist begeistert. Zum ersten Mal kann er vor so einer Menge etwas sagen, selbst wenn er zunächst nur sagt, wie begeistert er ist. Er küsst seine Freundin und alles jubelt. Was man dann von seiner kurzen Rede versteht, ist vor allem das Wort »Zukunft«. Er sagt es auch auf Englisch. Als er seine Schlussworte sucht, irritiert ihn ein ungewöhnlich tosender Beifall am anderen Ende des Zeltes, dort stehen die Leute auf und steigen sogar auf die Bänke. Jetzt begreift auch der Oberschüler, was dort hinten im Gange ist. »Er kommt!« ruft er, und der Ruf pflanzt sich fort. Ja, der Wahlsieger kommt. Und schon wird es eng im Zelt, im Strahl der jetzt entflammten Scheinwerfer rücken Gesichter, Hände, Schultern grell aufeinander zu, ich kann weder

Arm noch Schulter bewegen, weil da immer ein anderer Arm und eine andere Schulter ist, nicht einmal mehr den Boden vor meinen Füßen kann ich sehen, aber ich soll den Blick ja auch nicht senken, denn Luftballons steigen jetzt auf, und Gläser werden gehoben, auch Kameras und Blumensträuße, und die Innenseite der Zeltplane glänzt schon ganz feucht, denn überall tropft der Schweiß zu Boden.

Wie eng sich Wut und Lächeln verbinden: Da rangeln die Begleiter des Wahlsiegers den Weg frei, stoßen wie aus Versehen einem Mann die Kamera ins Gesicht, aber dahinter kommt das sanfte Lächeln des Gewinners. Auf der Bühne umarmt man sich, als der Wahlsieger sie betritt. Allerdings muss seine Frau, um ihre Freude auch wirklich allen zeigen zu können, ein paar Leute zur Seite schieben. Für Sekunden verzerrt sich ihr Gesicht, weil sie auf den Stufen zur Bühne noch nicht Tritt gefasst hat und abzugleiten droht. Dann lächelt sie wieder.

Jetzt ist der Wahlsieger am Mikrofon. Er ruft: »Waren wir nicht Spitze?« Man jubelt, und ich komme mir ziemlich missgelaunt vor. Wie ein Spielverderber stehe ich da – oder wie ein Pechvogel. Es ist, als habe das Glücksrad der Geschichte wieder einmal eine Preisfrage gezogen. Und verwundert reibe ich mir die Augen, ich sehe auf die Tafel und kann es nicht fassen: nach »Vaterland« und »Wirtschaftskraft« wird da gefragt. Aber das hatten wir doch längst abgehakt. Vielleicht hat sich die Geschichte vertan, vielleicht hat sie daneben gegriffen, aus Versehen noch einmal die alten Stichworte ausgerufen. Aber es hilft nichts: Jetzt stehen sie da, die beiden Worte, und man hat nichts mehr parat. Man stottert und die Anderen triumphieren. Sie scheinen sich in diesen Dingen noch auszukennen. Schon haspeln sie ihr Wissen herunter, und ich beneide sie. Woher haben sie nur ein so gutes Gedächtnis? Wie konnten sie diesen alten Kram so gut behalten? Aus Trotz oder Enttäuschung fällt mir auch nicht das Geringste mehr ein. Keine Idee. »Wer zu spät kommt, den bestraft das Leben«, skandieren sie jetzt überall; aber wer noch später kommt, läuft offenbar schon wieder vorne weg. So ist das eben.

Als ich gehe, finde ich zum Glück sofort den Wagen. Die Gegend sieht jetzt völlig anders aus. Ich steige ein und könnte ewig fahren: das Fenster schließen, die Lichter einschalten, und immer weiter, immer durch die Nacht, raus, weit hinaus.

5

TEIL 5

Die Uhren sind gestellt

[5. DEZEMBER]

War das eine Nacht! Ich bin steckengeblieben. Im Schnee. Auf der Autobahn. Und tausend Andere auch. Denn wenn zwischen all diesen Baustellen der erste Schnee fällt, ausgerechnet im Berufsverkehr, wenn der Winter einbricht und der erste Wagen ins Rutschen kommt, ein wenig nur, oder sich querstellt, und wenn dann die ganze Kolonne ins Schlittern gerät und sich ineinander verkeilt, dann ist es vorbei. Stundenlang. Der Gegenverkehr steht übrigens auch. Man sitzt im Wagen, schaut sich an und wartet in verschiedene Richtungen. Aber dann nimmt das Schneetreiben zu und auch die Dunkelheit, bald ist es Nacht, und vor dem Morgen wird sich nichts ändern. Die Leute sind stumm und die Motoren schweigen. Schon sieht man nichts mehr, denn die Scheiben sind verschneit und beschlagen, unwiderruflich. Man ist in diese kalte Karosserie gezwängt, das lächerliche Lenkrad noch immer auf dem Schoß, und bald glaubt man, allein zu sein, in dieser kalten Nacht.

Irgendwann steige ich aus, um ein bisschen hin und her zu gehen, in Handschuhen und Kapuze, richtig stapfen muss ich schon und mir den Schnee von den Wimpern wischen. Die Autos, eins hinter dem anderen, ziehen sich hin in alle Ewigkeit, ein paar Unfälle sind dazwischen, kleinere nur. Das müsste alles erst umständlich auseinander gezogen und wieder flott gemacht werden, aber weder mit Polizei noch mit einem Abschleppdienst ist in den nächsten Stunden zu rechnen. Man streitet sich auch gar nicht und beschimpft sich nicht, man bleibt einfach im Wagen sitzen, obwohl er demoliert ist, es hat ja zum Glück keine Verletzten gegeben; und von draußen, wenn ich vorbeigehe, sehe ich nichts als Schnee, lauter Schneehügel, die einmal Autos waren.

Manchmal geht es aus irgendwelchen Gründen weiter. Hoffnungsvoll. Überall starten die Motoren. Man wischt die Scheiben, schiebt die liegengebliebenen Wagen zu Seite (jetzt plötzlich ganz kollektiv und gut gelaunt), vorsichtig fährt man weiter. Aber dann sind es doch immer nur ein paar Schritte gewesen. Alles steht wieder. Und das Radio spricht von einem Schneechaos: von den Räumarbeiten, die aller Anstrengung zum Trotz bis in die Morgenstunden dauern werden. Und nun verfliegt die gute Laune doch schnell, denn das Ganze ist ja inzwischen keine Sensation mehr, keine Neuheit, kein Abenteuer. Es ist nur noch kalt und endlos, man zieht sich einen zweiten Pullover über und ein weiteres Paar Socken, denn die Füße sind als Erste kalt geworden, und man wagt gar nicht, daran zu denken, dass auch ein drittes Paar Socken nicht helfen wird, denn die Nacht und die Kälte haben ja erst begonnen, und morgen früh, wenn für jeden Klempner und jede Verkäuferin eine Nacht vorüber ist, wird man selbst noch immer in diesem Auto sitzen, unverrückt, das kann man noch gar nicht glauben.

Man wird noch einmal aus dem Wagen steigen, wenn für eine Weile der Sturm nachlässt und es stiller wird, weil der Schnee nur noch leicht und langsam herabsinkt auf dieses nächtliche Feld. Man wird herausklettern aus den Schneehügeln und die Beine recken und ein Gespräch anbahnen. Beraten wird man sich und Vorschläge machen: Soll man versuchen, in den abgesperrten Baustellenbereich hineinzufahren, langsam sich voranzuschieben, dass da bloß unter dem Schnee keine Grube liegt, in die man hineinrutschen könnte. Der Versuch würde sich lohnen, denn nur ein paar hundert Meter weiter hat jemand unter dem Schnee einen Feldweg, eine Behelfsausfahrt, entdeckt, und man käme vielleicht auf eine Landstraße und in ein Dorf oder sogar eine Stadt. Das sollte man versuchen, denn es beginnt schon wieder zu schneien, und der Wind wird auch nicht auf sich warten lassen.

Es ist fast elf, als man in der ersten Ortschaft anhält und nach einer Übernachtungsmöglichkeit fragt. Nun ja, ein paar Leute können in der Kneipe untergebracht werden, so ist es ja nicht, aber die Anderen? Da kommen doch noch Hunderte hinterher. Ich beschließe weiterzufahren, mich noch eine Weile auf der Landstraße voranzutasten, im Schritttempo. Es sind ja nur noch 80 Kilometer, das kann ich schaffen in zwei oder drei Stunden. Bald hat sich die Fahrzeugkolonne zerstreut, und kein Licht ist mehr zu sehen. Aber auch keine Straßenbegrenzung, nur verschwommene Schneeflächen, sie sind nicht einmal weiß, eher dunkel, als ob ich mich unter Wasser befände, in einem langsamen, trüben, leicht bewegten Strom; nichts ist zu sehen außer den dicken Flocken, die im Scheinwerferlicht auftauchen und jetzt für den Rest der Nacht auf mich einstürzen werden, immer direkt auf mich. Wenn ich nicht aufpasse und den Blick nicht wieder von ihnen löse, werde ich verrückt, das weiß ich gewiss. Ich müsste durch das Schneetreiben hindurchsehen können, wie man durch ein Gitter sehen kann (oder durch eine verschmutzte Scheibe) und nur die Landschaft dahinter bemerkt. Allerdings gibt es jetzt keine Landschaft. Es gibt nicht einmal eine Straße, und man weiß nicht, ob man nicht schon übers Feld fährt, man müsste sich selbst vorausmarschieren und mit dem Stiefel die Straßenführung ertasten. Ich werde im nächsten Ort bleiben, das ist sicher.

Was dann vor mir auftaucht, ist sogar eine Stadt, eine Kleinstadt. Schon zwischen den ersten Häusern fällt der Schnee weicher, langsamer – sanfter fast. Vielleicht liegt das auch einfach nur daran, dass hinter dem Schnee ein paar Hauswände und Fenster zu sehen sind. Und eine Straßenlampe. Aber welche Stadt ist es denn? Ich habe gar kein Ortsschild gesehen. Ich fahre eine leicht geneigte Straße hinunter, langsam, denn unten führt die Straße eng unter einem Bahndamm hindurch, und der Schnee knirscht unter den Rädern. Auf halber Höhe steht ein vollbesetzter Polizeiwagen (aber draußen auf den Autobahnen war weit und breit kein einziger Polizist!). Immerhin, vielleicht können sie mir helfen. Der Polizist, der hinterm Steuer sitzt, macht allerdings ein bedenkliches Gesicht, nein, Übernachtungsmöglichkeiten gibt es nicht, völlig aussichtslos, da braucht er gar nicht erst nachzudenken. Schon in normalen Zeiten sind die Hotels belegt, Sie wissen ja, die Geschäftsleute aus dem Westen; aber es gibt das Institut, ja, das wäre eine Möglichkeit, dort sind meistens ein paar Betten frei. Es ist ein Institut für Lederverarbeitung, die nehmen bestimmt jemand auf, auch jetzt um diese Zeit noch. Der Weg dahin ist allerdings kompliziert, am besten, man fährt mir voraus. Also fahren sie vor mir her, die drei Polizisten in ihrem seit Neuestem grün-weiß lackierten Wagen, den Berg hinunter, über Kreuzungen ohne Verkehr und Licht, immer langsam. Drüben in langen Schleifen wieder hinauf. Die Häuser schweigen und haben tiefe Schatten.

Und das Institut? Es ist ein weites Gelände; ich erkenne ein paar Gebäude, eine Fabrik im Hintergrund und einen Schornstein. Zwei Polizisten sind ausgestiegen und raten mir, einfach ins Gebäude zu gehen; falls niemand mehr wach ist, wird sich ein freies Zimmer schon finden lassen. Aber ich kann doch unmöglich ein fremdes Haus betreten und mich in das erstbeste freie Bett legen. Vielleicht könnte mich einer der Polizisten begleiten, das wäre irgendwie offiziell. Aber sie winken ab, das ist ihnen zu viel, bei dieser Kälte. Das muss man doch verstehen. Sie setzen sich wieder in den Wagen, winken noch einmal, und schon bin ich allein.

Ich gehe zum Haus hinüber, ohne Gepäck (es soll ja nicht gleich so besitzergreifend aussehen). Der Schnee liegt inzwischen wohl 20 Zentimeter hoch, er stäubt vor meinen Füßen beim Gehen. Das Haus ist geschlossen. Ich klopfe und klingele, aber es rührt sich nichts. Nur der Wind drückt gegen die Scheiben und verwirbelt den Schnee im Hauseingang. Die Hand vor dem Gesicht sehe ich mich auf dem Gelände um: Die Fabrik scheint in Wirklichkeit ein Heizwerk zu sein. Ich erkenne jedenfalls einen Berg Kohlen, davor Gestänge und Loren und auch zwei Männer; vielleicht 50 Meter liegen zwischen uns. Aber sind es wirklich Menschen, die da so unbewegt zu mir herübersehen? Sie winken nicht, geben kein Zeichen, nichts.

Ich werde hinübergehen, dann wird sich herausstellen, wer dort vor dem Backsteingebäude steht, so spät in der Nacht, ob es tatsächlich Heizer sind. Sie haben, das wird beim Näherkommen deutlich, schwarze Gesichter (auch Kohlespuren sehe ich überall im Schnee). Die Bewegungen der Männer sind langsam, allerdings nicht müde, eher versonnen. Es ist schwierig, mit ihnen zu sprechen. Man darf zum Beispiel nicht fragen, ob dies das Institut für Lederverarbeitung ist und ob es einen Hausmeister gibt. Sie werden nur auf die erste Frage antworten. Ja, ja, sagen sie, dies ist das Institut für Lederverarbeitung, und dann berichten sie von den Studenten, die hier wohnen, seit einiger Zeit hat man gar keinen Überblick mehr, wie viele es noch sind, und selbst die, die hier wohnen, bleiben oft die halbe Nacht in der Stadt. So reden sie und haben die Frage nach dem Hausmeister ganz vergessen.

Wir stehen noch immer draußen im Schneetreiben. Kälte scheinen die beiden nicht zu spüren. Ich erkläre, die Polizei habe mir gesagt, ich könne hier übernachten, aber jetzt ist die Tür verschlossen. Ja, sagt einer der Heizer, es übernachten jetzt oft Fremde hier, da hat sich viel verändert. Er stellt seine Schaufel beiseite und geht ein paar Schritte in den Eingangsbereich des Heizwerkes hinein. Unterdessen kommt er allmählich doch noch darauf zu sprechen, dass auch ich hier übernachten könne, natürlich, das müsste sich machen lassen, denn, wie gesagt, es sind jetzt öfters Fremde hier. Ich bin dankbar, dem Schneetreiben entkommen zu sein, und erwarte nähere Auskunft. Aber der Mann, der mir nun zwischen rostigem Gestänge und ein paar Schläuchen gegenübersteht, schweigt. Er sieht mich an, als habe er nach bestem Wissen und Gewissen geantwortet und erwarte nun meine nächste Frage. Ich beschließe also, mich auf eine einzige Frage zu konzentrieren: Wie kann man den Hausmeister wecken? Ach, das weiß der Heizer auch nicht, der Hausmeister schläft wohl, der Lump, der trinkt immer und schläft dann vor dem Fernseher ein. – Aber vielleicht gibt es dort ein Telefon? Ja, ein Telefon gibt es, aber mit welcher Nummer? Der Mann sieht sich einen Augenblick um, als wäre die Nummer irgendwo an die Wand geschrieben, dann fällt ihm ein, dass oben in der Schublade ein Verzeichnis liegen müsste.

Wir gehen also durch die Halle, an Rohren vorbei, an rostigen Stahlgerippen und Treppen und schließlich an den Brennöfen. Obwohl die Tür offensteht und der Wind Schnee hereintreibt, wird es schlagartig warm und trocken. Zehn Brennkammern gibt es hier, erklärt der Heizer, aber im Moment sind nur acht in Betrieb. Sonderlich groß kommen sie mir nicht vor, keine gigantischen Öfen. Der Mann lässt mich in eine Brennkammer sehen, aber dort ist das Feuer fast erloschen, ach (sagt er), so soll es ja eigentlich nicht sein. Er geht ein paar Schritte zur nächsten, öffnet die Klappe und ruft: Aber hier; sehen Sie mal hier! Was ich sehe, zwingt mich die Augen zu bedecken, so viel Licht und so viel Hitze schlagen mir entgegen.

Und das ist für die Kohle, sagt er, während er eine Luke öffnet. Er zeigt auch hier hin und dort hin, und ich frage mich, wie dieser Mann hinter seinem verrußten Gesicht wohl in Wirklichkeit aussieht. Demnächst wird jedenfalls alles anders, sagt er, man wird die Anlage auf Öl umstellen, und dann wird man keine Heizer mehr brauchen. Was über 50 ist, schickt man in den Ruhestand, das können Sie wohl glauben, und dann hab ich meine 75 Prozent. Offensichtlich hat er vergessen, warum wir das Heizwerk betreten haben, und jetzt, nachdem er mir alles gezeigt hat, ist er selbst erstaunt, dass ich da neben ihm stehe. Er scheint in seinem Verstand herumzukramen, woher ich wohl komme und was er nun mit mir anfangen soll. Ich sage, dass wir das Telefonverzeichnis suchen wollten. – Ach ja, das Telefonverzeichnis.

Wir klettern eine Stahltreppe hinauf. Unterm Dach befindet sich eine Kammer, der Aufenthaltsraum sozusagen: ein grober Tisch mit Stühlen und einer Holzbank, ein Wachstuch mit braunen Karos, eine Zeitung, ein Kofferradio. Auch ein Elektroherd gehört zur Einrichtung, die Herdplatten sind von braunem Belag verkrustet, eine geöffnete Dose Erbsensuppe steht auf einer Herdplatte und dampft vor sich hin, das ist für nachher – das Mittagessen der Nachtwache. Eine junge, graue, unansehnliche Katze streicht um den Heizer herum, streift seine Beine. Er beugt sich zu ihr hinunter, gibt ihr eine Scheibe Wurst, die sie aber zurückweist. Ja, ja, die ist verwöhnt, aber von der Erbsensuppe wird sie vielleicht was fressen. Der Heizer nimmt einen Löffel aus der Dose, beugt wieder seinen schwarzen Rücken zu ihr hinunter, aber auch von der Erbsensuppe will die Katze nichts wissen, sie will spielen. Mit ihren Krallen hascht sie nach einem Faden, der ihm aus dem Ärmel hängt, und diesmal bin ich es, der beinahe vergisst, dass wir das Telefonverzeichnis suchen wollten.

Im Grunde genommen will ich überhaupt nicht mehr in dieses Institut hinüber. Ich werde hierbleiben und über den Tisch gebeugt ein paar Stunden schlafen. Bis es Tag wird. Oder ich werde diesen Männern zusehen. Ja, wenn ich es genau bedenke, dann will ich wachbleiben und die Augen offen halten, es ist eine letzte Möglichkeit: der Heizer, die Katze, die Erbsensuppe. In der Zeit der großen Erzählungen wäre ein solches Zusammentreffen vielleicht »wahrhaftig« genannt worden. Und man hätte daran wohl die Frage geknüpft: Was ist der Mensch? – Ach (hätte man geantwortet), ach, er ist nichts als ein Schatten, ein verwehter Tag, und was er tut, ist ein Haschen nach Wind. Inzwischen sind uns allerdings die Metaphern unserer Winzigkeit ausgegangen. Sie sind versiegt, erschöpft; nur deshalb kommen wir uns jetzt so groß und erwachsen vor, und sind doch nur aufgebläht in jeder Sprache. Wir strecken uns und betreiben Gymnastik mit den Worten, damit sie uns in unserer ganzen Größe zu zeigen vermögen, in unserer Erhabenheit.

Später stapft ein Mann zum Institut hinüber. Ein letzter Heimkehrer. Der kleinere Heizer hat ihn zuerst bemerkt und ihm zugerufen. Zu mir sagt er: »Schnell, schnell, der hat einen Schlüssel, der lässt Sie rein.« Ja, der Mann, der einen norddeutschen Akzent spricht, schläft hier, und er hat auch einen Schlüssel. Aber er kann mir nur sein eigenes Zimmer anbieten. Es ist ein Vierbett-Zimmer, da kann ich natürlich ein Bett haben. Beim Eintreten sehe ich rechts und links zunächst je einen Schrank, dahinter je zwei Betten, das Fußende des einen am Kopfende des anderen, dann die Fensterfront. In der Zimmermitte zwei kleine Tische, jeder mit zwei Stühlen; so leben die Studenten. Die Wände? Ich brauche gar nicht hinzusehen, ich weiß es instinktiv: graue Tapeten.

»Hier haben Sie Platz«, sagt der Mann und schiebt einige Hemden (sauber auf Kleiderbügel gehängt) in der linken Schrankhälfte zusammen. Aber ich will hier doch nicht einziehen. Dann gehen wir in die Küche, dort steht noch eine Flasche Wein. Allerdings gibt es keine Gläser, nur Tassen, und auch keinen Korkenzieher, wir brauchen gar nicht danach zu suchen, denn der Mann kennt sich hier aus. Er nimmt eines der Messer und drückt, den Griff nach unten gerichtet, den Korken in die Flasche. So machen wir das hier, sagt er, während ich zu erraten versuche, wer »wir« ist.

»Setzen wir uns auf die Betten, da ist es weicher als auf den Holzstühlen«, schlägt der Mann vor und bietet mir das »Du« an. Er heißt Manfred und kommt aus Bremen. Manfred, circa 45 Jahre, klein und schmächtig, leichter Silberblick (wieder einer der Leute, die mich ansprechen und doch millimetergenau danebensehen. Das ist auch so ein Fatum meines Lebens, diese Leute). Manfred hat auffällig blondes Haar, es ist schon etwas gelichtet, was er durch einen breiten Vollbart auszugleichen sucht. Er bemüht sich, mir alles recht zu machen, nicht nur den halben Schrank hat er geräumt, auch die Fenster hat er geöffnet (weil es so stickig ist), und vorher hat er die Tassen noch einmal gespült. Warum so viel Aufwand? Man könnte fast misstrauisch werden. Manfred handelt mit »Naturhaarprodukten« – Toupets und Perücken stelle ich mir vor, im weiteren Verlauf des Gesprächs wird mir aber klar, dass er von Bettdecken spricht.

Es ist wie beim Fernsehen: Man braucht nur anzuschalten, ein paar Sekunden zuzusehen, und schon weiß man, ob jemand live spricht oder eine Rolle spielt. Ich weiß nicht, woran man es zuerst bemerkt, aber man bemerkt es unbedingt. Manfred wechselt nun also aus einem Live-Gespräch in eine Rolle und spricht mit gehobener Stimme von Naturhaarprodukten. Dabei versucht er, sich von anderen Händlern abzugrenzen, die wollen doch nur verkaufen, möglichst viel und möglichst teuer. Manfred hingegen möchte die Leute beraten. Im Auftrag seiner Firma führt er Informationsveranstaltungen durch, denn mit Naturhaarprodukten wird viel Schindluder getrieben, da werden den Leuten zum Beispiel Baumwolldecken als Naturhaarprodukte verkauft. (Dies war übrigens die Stelle an der ich begriff, dass dieser Mann keine Toupets verkaufte. Aber was hatten Bettdecken mit Naturhaaren zu tun? Da musste ich erst einmal kombinieren: Decke – Wolldecke – Wolle – Naturhaar – natürlich!) Manfred möchte also nichts verkaufen? Nun, so würde er es auch wieder nicht formulieren. Wenn die Leute nach eingehender Beratung etwas kaufen möchten, dann ist ihnen das freigestellt. Manfred scheint übrigens zu glauben, was er sagt. Er sitzt jetzt auf der Bettkante, halb ins Bett versunken, gestikuliert sparsam und spricht mich inzwischen wieder mit »Sie« an. Ich habe es nicht sofort bemerkt und ihm in gleicher Weise geantwortet. Es wäre ja auch undenkbar, ein Gespräch über Naturhaarprodukte per »du« zu führen.

Früher war er Pharmaberater. Aber seine Frau hat ihn verlassen, die beiden Kinder sind bei ihm geblieben, weshalb er eine »attraktivere« Anstellung suchen musste. – Und das viele Reisen? Ach ja, es war eben ein günstiges Angebot. Außerdem sind die Kinder ja schon größer jetzt. Sie wohnen bei Freunden, und er fährt auch fast jedes Wochenende zu ihnen hinüber. Nachdrücklich betont er, wie gut seine Kinder bei den Freunden aufgehoben sind, dabei sieht er allerdings so aus, als möchte er mich bitten, um Gottes Willen nicht weiter nachzufragen – zum Beispiel wie alt denn die Kinder nun genau sind. Unterdessen ist er tiefer und tiefer von der Bettkante in die Matratze gerutscht. Jetzt könnte er auch ohne Weiteres wieder »du« sagen.

Morgen früh um halb neun hat er das erste Vorgespräch für eine Informationsveranstaltung. Wie viele Leute zu solch einer Veranstaltung kommen? Etwa acht bis zehn. Zu den Veranstaltungen der Konkurrenz kommen deutlich weniger, höchstens fünf. Die lassen ihr Werbematerial nämlich durch die Post austragen. Aber Briefträger sind auch nur Menschen. Die machen sich doch keine Arbeit, die schmeißen schon ab und zu mal einen ganzen Packen in den Müll. Wir aber stellen Verteiler ein, mit denen wir Vorgespräche führen, wir suchen sie sorgfältig aus und bieten eine Erfolgsprämie. – Wie man an Veranstaltungsräume kommt? Ganz einfach: Es gibt »Terminierer«, ja, so nennt sich das und ist praktisch ein eigener Beruf. Die fahren in der ganzen DDR herum und suchen nach Lokalen mit Veranstaltungsräumen, mieten gleich alles fürs ganze Jahr; und wir müssen die Räume dann von denen mieten. Das ist teuer, erspart aber viel Arbeit. Solche Leute gibt es. Die waren unglaublich schnell, schon vor einem Jahr haben die eine Firma gegründet, zu Hause sitzt die Frau, vergibt die Termine, der Mann reist durchs Land und stöbert Veranstaltungsräume auf, Hinterzimmer in Kneipen und so weiter, so geht das, ist doch klar, man muss sich bloß beeilen.

Wie viele Decken Manfred pro Veranstaltung verkauft? Das ist die falsche Frage, denn er organisiert diese Veranstaltungen ja nicht in erster Linie, um zu verkaufen. – Ach ja. – Manfred erkundigt sich auch danach, was ich »mache«. Nun, ich bin Autor und schreibe zum Beispiel Reportagen über die DDR, die »ehemalige« DDR. »Ach«, sagt Manfred auf diese Antwort, die ihm vielleicht zu unwägbar ist, »ach, über die DDR lässt sich viel schreiben; was ich schon alles erlebt habe!« Und schon beginnt er von verschiedenen Übernachtungen zu berichten. Immer in Häusern wie diesem hier, die Hotels sind ja überall ausgebucht, was bleibt, sind Studentenheime, Fortbildungsstätten, Gewerkschaftseinrichtungen. In einem Saal mit 32 Betten habe ich einmal geschlafen, drei Tage lang. Ganz allein in einem Zimmer mit 32 Betten! Manche Häuser sind ganz in Ordnung, aber manchmal, da ekelt man sich richtig vor dem Bad oder der Toilette. Einmal habe ich wo gewohnt, da war der Fußboden in der Dusche völlig verdreckt. Überall Käfer, Würmer und solches Zeug! Ganz klebrig war der Boden, da habe ich in Socken geduscht, so eklig war das.

[6. DEZEMBER]

Stell dir vor, alle aus der *Rundschau* sind rausgeflogen: Dahlmann, verschiedene Redakteure und Frau Ziegler. Die ganze Zeitung wird umgekrempelt. Bunge hat es mir erzählt. Etwas Genaueres wusste er allerdings nicht.

Es ist unmöglich, Frau Ziegler zu erreichen. Immer ist nur ihr Mann am Telefon, und er sagt immer dasselbe: »Meine Frau ist krank, sie ist nicht zu sprechen.«

Ich fahre in die Redaktion und stelle fest: Zumindest Stefan ist noch da. »Entlassungen?«, sagt er, »es hat keine

Entlassungen gegeben.« Was er mir berichtet, klingt ganz anders: Nach einer Zuspitzung der Konflikte haben verschiedene Redakteure gekündigt, unter anderem Frau Ziegler. Stefan findet das »tragisch. So hätte es nicht kommen brauchen. Aber Frau Ziegler ist krank. Sie ist einfach psychisch krank. Die Zusammenhänge, die sich allmählich abzeichnen, sehen etwa so aus: Redaktionelle Streitereien und ökonomisches Chaos haben die RENZ gezwungen, Dahlmann als Chefredakteur zu entpflichten. Er hätte weiterhin einfacher Redakteur bleiben können, aber die Gruppe um Frau Ziegler empfand diese Maßnahme offenbar als Machtübernahme durch die RENZ und hat geschlossen gekündigt.

[7. DEZEMBER]

Wenn Elke sich wenigstens die Lebensmittel bezahlen ließe. Aber nein, darüber ist nicht mit ihr zu reden. Ich könne ihr beim Großeinkauf behilflich sein, erklärt sie, verbaut mir diese Möglichkeit aber durch ihre täglichen kleinen Einkäufe. Folglich kann sie jeden Abend verkünden: »Ach nein, morgen lohnt sich ein richtiger Einkauf noch nicht.« Inzwischen bin ich auch dazu übergegangen, täglich ein paar Dinge einzukaufen. Fürsorglicher Kleinkrieg.

Aber es tut mir gut, diese Art von »Zusammenleben«: das Vernünftige im Alltag, die Strenge eines gemeinsamen Frühstückstermins, das Geschäftige im Haus. Und überhaupt: dass einfach ein normaler Mensch in der Nähe ist. Elke ist übrigens auf Kurzarbeit. Man hat ihr für ein paar Wochenstunden Aufräumarbeiten zugeteilt. »Also wenn ich jünger wäre«, sagt sie, »das würd ich mir nicht bieten lassen.« Aber es läuft ja der Antrag auf Frührente.

Mein Zimmer? Eine Kammer unterm Dach, die ehemalige Bastelstube von Elkes Mann. Für uns beide, wenn du an Weihnachten kommst, wird es ein bisschen eng werden. Aber für mich alleine… Wenn ich diese Kammer mit meinem Zimmer im Gästehaus vergleiche, wird mir erst klar, wie neutral das Appartement war: keine Spuren früherer Bewohner. Es hat sie alle akzeptiert und wieder vergessen: Mathematik-Studenten, Musik-Professoren, Verwaltungskader, Mitglieder vietnamesischer Delegationen. Alles spurenlos. Und dort habe ich versucht, ein Buch zu schreiben?! Diese Kammer dagegen hat etwas Beseeltes: einen Kleiderschrank, in dem noch Hosen und Pullover liegen (Acryl-Produkte), ein paar Bilder an der Wand (Motorräder), Werkzeuge in den Schubladen. Hier hat jemand gelebt. Hier ist Zeit vergangen. Inzwischen haben sich die Tapeten an manchen Stellen gelöst, Falten und Blasen gebildet. Die Blendleiste der Gardine schließt nicht mehr fugenlos ab. Alles verharrt in Erwartung einer großen, scheußlichen Modernisierung.

[8. DEZEMBER]

Meine zweite Lesung: Als ich im »Forum« ankomme (um halb acht), sitzt Frau Wittkowski mutterseelenallein im Vorraum. Ein Tischchen hat sie vor sich aufgestellt und wartet nun auf Publikum. Obwohl es kalt hereinzieht, ist die Tür zum Hausflur einen Spalt weit geöffnet. Automatisch schließe ich sie hinter mir, aber noch vor dem »Guten Tag« bittet mich Frau Wittkowski, die Tür offenzulassen. Ein möglicher Zuhörer soll nicht auf das geringste Hindernis treffen, es könnte ja leicht sein, dass er wieder umkehrt.

Vorerst kommt allerdings niemand. Früher habe es bereits nachmittags die ersten Vorbestellungen gegeben, erklärt Frau Wittkowski, versucht aber sofort, mich zu beschwichtigen: »Wie spät ist es denn? Ach, dann haben wir noch fast eine halbe Stunde, da kann ja noch viel passieren.« Ich setze mich an den Tisch, auf dem eine Kasse steht, daneben einige Gläser, zwei Weinflaschen (rot und weiß) und eine Flasche Apfelsaft. Frau Wittkowski fragt, ob ich eine gute Fahrt gehabt habe. Ich antworte, dass ich schon seit Mittwoch wieder hier bin. Eine Weile suchen wir schweigend nach einem etwas strapazierfähigeren Gesprächsfaden. Es herrscht eine tiefe Stille im Haus, als hätte es kurz vor der Dunkelheit noch einmal kräftig geschneit. Dabei hat doch gestern Tauwetter eingesetzt.

Dann fragt Frau Wittkowski, ob ich mir die Bestuhlung ansehen wolle, vielleicht sei ja noch etwas zu ändern. Als ich verneine, hat sie offenbar erst recht den Eindruck, mich aufmuntern zu müssen. Wiederholt bittet sie, das geringe öffentliche Interesse nicht persönlich zu nehmen. Kultur läuft im Moment nur, wenn sie unterhält. Also Rockkonzerte, Kabarett, das geht einigermaßen. Aber auch nicht so wie früher. Frau Wittkowski berichtet darüber mit entschuldigendem Lächeln und der begütigenden Tonlage, die man von älteren Ärztinnen oder Pastorinnen kennt. Vor allem das Wort »schlimm« gewinnt bei ihr diesen hellen, schmelzenden Klang; ja, es ist schlimm, gerade unter den Intellektuellen. Selbst in den härtesten Zeiten gab es früher keine solche Apathie. Oft waren zwei oder drei Einlasskräfte zusätzlich angestellt, um das Chaos in Grenzen zu halten. Bis auf die Straße standen die Leute. Frau Wittkowski ist die letzte Angestellte des »Forum«, und sie hängt an diesem Theater. Damit haben wir nun auch einen Gesprächsstoff gefunden, der uns für eine Weile zu beschäftigen verspricht. Immerhin ist Frau Wittkowski seit elf Jahren hier. Früher war dies allerdings die Spielstätte eines Arbeiter-Theaters. Man vergisst so leicht, dass zur Normerfüllung der Betriebe auch die Erfüllung eines kulturellen Plans gehörte. (»So Genossen, nun macht mal Kultur, seid mal allseitig entwickelte Persönlichkeiten«.) Das ließ man sich was kosten. Von Anfang an waren allerdings verschiedene Parteileute dafür, das Theater besser zu nutzen. Auch andere Gruppen sollten spielen dürfen. Aber bis man das erreicht hatte, das hat Jahre gedauert.

In späteren Jahren ging man dazu über, auch Diskussionszirkel zu veranstalten. Das war doch ein echtes Bedürfnis der Leute: miteinander zu reden, über Umweltfragen zum Beispiel oder über das Thema »Sterben«. Diese Veranstaltung war jedoch nur mit der Auflage genehmigt worden, dass über zwei Dinge auf keinen Fall geredet würde: über Selbstmord (die Selbstmordrate war Staatsgeheimnis) und über den Krieg (das klang nach Pazifismus). »Aber sonst…«, sagt Frau Wittkowski mit ihrem beschwichtigenden Lächeln. Ach, innerhalb eines bestimmten Rahmens konnte man alles sagen. Das hat mich immer gewundert, es ging immer gerade noch mal gut. Wir haben uns als Opposition begriffen, aber das »Forum« ist nie geschlossen worden. Warum weiß ich selbst nicht, offenbar gab es auch Partei-Kreise, die ein Interesse an uns hatten. Vielleicht brauchte man ein Ventil, vielleicht auch einen Ort, wo man die Stimmung im Volk studieren konnte. Häufig saß die Stasi im Raum. Manchmal haben die ganz offen mitgeschrieben. Ich weiß also nicht, warum man das »Forum« geduldet hat. Vielleicht hatte Mehnert (der damalige Leiter) ein paar einflussreiche Leute hinter sich.

Ich frage nach, was sie damit meine, aber Frau Wittkowski wiegelt ab, so etwas weiß man ja nie, was einer für einen Auftrag hat. Es ist auch sinnlos, jetzt noch darüber zu spekulieren. Ihr Lächeln wird dünner, bitterer; und ich begreife, dass sie auch nachträglich nicht mit dem Verdacht leben möchte, Mehnert habe seine Verbindungen und seinen Auftrag gehabt. Die ganzen Jahre über.

Erst als Frau Wittkowski auf die Uhr sieht und »zehn vor acht« sagt, weiß ich wieder, dass ich zu meiner Lesung gekommen bin. Andererseits stehen die Chancen gut, dass es bei einem Interview-Abend bleiben wird. Fast möchte ich vorschlagen, eine Weinflasche anzubrechen, und noch eine Weile über das »Forum« zu sprechen. Was wäre denn zum Beispiel passiert, falls ein »verbotenes« Thema aufgekommen wäre? Nun, es gab einen »Havarie-Plan«. Der hieß wirklich so! Mehnert hatte eine Telefonnummer. Im Falle von Schlägereien oder staatsfeindlichen Reden musste man dort anrufen, und dann wäre die Bereitschaftspolizei gekommen. Einmal, ich erinnere mich, in einer Diskussion über Generationsproblematik, stand eine Frau auf und sagte, der ganze Staat müsse umgekrempelt werden. Ich habe zu Mehnert hinübergesehen: War das jetzt eine »Havarie«? Die Frau war auch sehr aufgeregt, schwer zu beruhigen, aber Mehnert hat ganz elegant eingegriffen: »Sie sind da etwas ungenau,« hat er gesagt, »Ihre Frage zielt doch eher auf eine Reform der Familie, und dazu möchte ich sagen …«

Zwei Minuten vor acht. Noch ist niemand gekommen. Im Widerstreit zwischen allgemeiner Enttäuschung (dass mein aktueller Kurswert so gering ist) und konkreter Erleichterung (dass ich mich nicht präsentieren muss), liegt das Konkrete leicht in Führung: Ich bin beinahe gut gelaunt. Ich stehe auf und gehe ans Fenster (ein imposantes Rundbogenfenster) dahinter ein Innenhof, kein Licht; Frau Wittkowski wischt unterdessen noch einmal die Gläser.

Ob das »Forum« jetzt, seit der Einheit, in finanziellen Problemen steckt? Nein. Mit dem Geld kommt Frau Wittkowski noch klar. Natürlich ist vieles teurer geworden. Aber das ist nicht das Problem, sondern die völlig neuen Vorschriften, die neuen Formulare, die neue Bürokratie. Überall muss man warten. Außerdem sind die neuen Angestellten eingeschüchtert und kennen sich nicht aus. Sie machen viele Fehler, aber das können sie sich nicht leisten, weil sie ihre Stelle riskieren. »Also zum Beispiel«, sagt Frau Wittkowski und wird plötzlich ganz energisch, »vor ein paar Tagen war ich auf der Bank und wollte eine Rechnung für Papier aus dem Etat der Reinigungsmittel bezahlen lassen. Ja du liebe Zeit, das geht jetzt nicht mehr. Jetzt muss man erst aufs Rathaus, dort wagt aber niemand die Entscheidung zu tragen – diese läppische Entscheidung, ob ich statt Reinigungsmitteln Papier kaufen darf. Endlich hat man die Unterschrift, dann geht's wieder zur Bank – es gibt übrigens nur eine einzige Bank für alle kommunalen Institutionen, die Deutsche Bank. Da stehen dann Hunderte von Leuten, die zum Beispiel 20 Mark abheben wollen, weil sie für ihre Kinderkrippe Klopapier brauchen. Und die Verwaltung! Die Beamten wechseln sehr schnell. Überhaupt wird die gesamte Kulturverwaltung umstrukturiert. Mal sind wir der Stadt zugeordnet, mal dem Stadtbezirk, dann werden ganze Abteilungen aufgelöst. Man weiß nie, mit wem man was besprechen muss. Ständig sitzt man im falschen Büro. Und die Beamten haben keine Ahnung! Nicht vom Theater und von den neuen Verwaltungsvorschriften auch nicht. Also zum Beispiel: Wie kann ich ein bestimmtes Projekt finanzieren, welchen Antrag muss ich wie begründen? Man rät mir jeden Tag was anderes. Es gibt keinen Antrag, den ich nicht mindestens viermal schreibe. Und am Ende stellt sich heraus: Ich habe die ganze Zeit mit der falschen Abteilung verhandelt. Dann gibt es die Fragen nach der Steuer: Wieviel Prozent vom Honorar müssen wir ans Finanzamt abführen? Müssen wir Mehrwertsteuer bezahlen? Was ist Einkommenssteuer, was ist Umsatzsteuer? Da stehe ich stundenlang auf dem Rathaus und bekomme keine Antwort. Nächste Frage: Gehören wir in den Tarifbereich der ÖTV? Sind wir Angestellte des öffentlichen Dienstes? Oder die GEMA-Gebühren: Wir machen da ein Theaterstück mit Musik. Müssen wir Gebühren bezahlen oder nicht? Wenn ja, wieviel. Ich kann doch kein Theaterstück starten, wenn ich die Kosten nicht kalkulieren kann. Aber einen Haushaltsplan soll ich trotzdem vorlegen. Mit freundlichen Grüßen bitteschön. Die würden am liebsten alles dichtmachen, von der Oper und dem Theaterhaus mal abgesehen. Wahrscheinlich werden die uns auch noch alle schließen, aber im Moment machen sie das nicht, die müssen nämlich erst noch lernen, wie man das juristisch einwandfrei hinkriegt. Nur deshalb läuft alles noch irgendwie weiter.«

Inzwischen, kurz nach acht, sind doch noch zwei Zuhörer gekommen. Überrascht, Frau Wittkowski so echauffiert reden zu hören und sonst weit und breit kein Publikum. Sie bleiben vorsichtshalber in ihren Mänteln und wagen nicht einmal, sich zu unterhalten. Stattdessen studieren sie ausgiebig den Veranstaltungskalender. Auch Frau Wittkowski weiß nicht, wie sie mit ihnen umgehen soll. Sie kann ja nicht behaupten, die Lesung werde gleich beginnen. Wegschicken mag sie die beiden aber auch nicht. Etwas später kommen noch einmal drei Leute. Alle fünf haben dann, als ich die Januar-Reportagen vorlas, merkwürdig gelacht – etwa so, wie man kopfschüttelnd zur Kenntnis nimmt, was man damals noch für Vorstellungen hatte.

[9. DEZEMBER]

Pit, die jetzt Filmkritiken für ein Stadt-Magazin schreibt, hat sich einen Computer gekauft und mich gebeten, ihr beim Einrichten des Gerätes behilflich zu sein. Als ich schließlich zu ihr komme, sitzt sie bereits seit Tagen vor dem Bildschirm und hat nun schon alles im Griff: Betriebssystem, Set-up, Druckeranpassung und so weiter. Sie scheint sich in ein paar Tagen mehr technisches Wissen angeeignet zu haben als ich in den vergangenen Jahren. (Ich hab's ja geahnt.) Da sitzen wir zu zweit in ihrem Zimmerchen und experimentieren noch ein bisschen an dem brandneuen Computer herum. Und bei alledem ist es unvorstellbar, dass diese Frau, mit der ich jetzt über Copy-Befehle spreche, noch vor kurzem in einem Land gelebt hat, in dem es eine Arbeiterklasse, eine Friedensfront und ein Plansoll gab.

Pit wird das Gerät wohl schwarz anstreichen, so wie es hier steht, findet sie es unerträglich. Aber praktisch ist es unbedingt. Auch eine Ratte wird Pit sich besorgen, eine zahme Ratte, denn so ein Tier ist sehr anhänglich und sitzt einem den ganzen Tag unterm Pullover. Aber am besten ist, wenn du in der Straßenbahn bist, oder sonstwo, und dir kriecht dann eine Ratte aus dem Ärmel, da musst du mal die Leute sehen! (So schnell verwandelt Pit das Thema »Anhänglichkeit« in eine Provokation.) Die Ratte soll übrigens grün gefärbt werden, richtig giftgrün!

[10. DEZEMBER]

Dass wir in kulturlosen Zeiten leben, ist nun wohl doch nicht richtig. Man sehe sich nur die permanente Hauptstadt-Diskussion an: Bonn oder Berlin. Das ist doch keine politische Frage. Falls man sich für Berlin entscheidet (was ja abzusehen ist), wird man die Milliarden genau in dem Augenblick ausgegeben haben, wo sich europaweit ohnehin jede Hauptstadt erübrigt hat. Berlin oder Bonn, das ist eine Frage des nationalen Selbstbildes, also der Kultur, wenn auch in ihrer traditionellsten Prägung. Folglich sollte man die Ausstattung Berlins zu einem Museum für deutsche Hauptstadt-Projekte aus dem Kulturetat bezahlen. Da hätte man dann wenigstens die Geizkrägen der Nation mobilisiert: 150 Milliarden für kulturelle Angelegenheiten!

Heute war ich bei Ingmann (einem ehemaligen *Rundschau*-Redakteur aus der Gruppe um Frau Ziegler). »Geh ruhig mal hin«, hatte Stefan gesagt, »der freut sich bestimmt über jeden Besuch.« Im Nachhinein klingt das merkwürdig zynisch. Du musst dir vorstellen: ein enger

Hinterhof, Gerümpel an den Seiten, Kopfsteinpflaster. Die Pfützen im Hof sind vereist. Natürlich ist es dunkel; um diese Jahreszeit ist es immer dunkel, du hast Glück, wenn du mal eine helle Stunde erwischst. Die Tür zum Seitenflügel steht einen Spalt weit offen. Als ich hineingehe, springt mir eine Katze aus dem Dunkel entgegen.

Als ich geklingelt habe, steht Ingmann überraschend schnell an der Tür, die nach außen aufgeht. Ich muss also erst einmal ausweichen. Ingmann: ein ziemlich schmaler, fast kahler Schädel, ein paar helle Haarsträhnen an den Seiten; er steht in der Tür und hält sich an der Klinke fest; mein erster Eindruck: Er ist betrunken. Er sieht mich kurz an, blickt dann aber starr auf den Boden, als müsse er überlegen, wo er mich schon einmal gesehen hat. Zuhören kann er in diesem Augenblick vermutlich nicht. Abrupt und ohne mich noch einmal anzusehen, dreht er sich um und weist mit dem freien Arm in die Wohnung – »kommen Sie«. Es ist mir unklar, ob er wirklich realisiert, dass da ein Fremder vor ihm steht. Weil ich zögere, lässt er die Tür offen und geht voraus. Ich trete ein und stehe bereits in der Küche, die unmittelbar hinter der Wohnungstür liegt. Kein Licht. Ich erkenne kaum etwas, ein paar dunkle Gegenstände könnten Schrank, Tisch, Spüle sein. Es ist unglaublich kalt in dieser Küche. Aus einem der beiden Zimmer strömt muffige, verqualmte, warme Luft, auch etwas Licht. Das Wohnzimmer selbst ist ziemlich klein, vielleicht zehn Quadratmeter. Auf einem Sessel liegen Bücher und Zeitschriften, auch ein paar Kleidungsstücke. Ich gehe zum Sofa hinüber, aber es ist gleichzeitig Ingmanns Bett, und darauf möchte er lieber selbst sitzen. »Setzen Sie sich einfach dorthin«, sagt Ingmann und deutet auf eine Liege. Dann starrt er vor sich hin, auf eine Zigarette, die halb im Aschenbecher liegt. Alles kommt mir unpassend vor: etwas zu sagen oder zu schweigen oder einfach wieder zu gehen. Schließlich sagt er, Renate habe versprochen, um drei Uhr zu kommen, und jetzt ist es schon fünf, ich mach mir Sorgen um sie, es geht ihr nicht gut. (Ich begreife, dass mit »Renate« Frau Ziegler gemeint ist, und dass er vorher so schnell an der Tür war, weil er ihren Besuch erwartet hat.) Sie ist also nicht gekommen. Es müsste jemand zu ihr hin, die nimmt noch Schlaftabletten, und keiner ist da. Wenn man sie wenigstens anrufen könnte. Ich biete ihm an, ihn zu Frau Ziegler zu fahren (auch wenn mir das wenig sinnvoll erscheint), aber er zuckt mit den Schultern, hebt kurz den Blick, senkt ihn wieder und drückt dann die Zigarette aus. Selbst als der Qualm längst erstickt ist, quetscht er noch immer den Stummel gegen den Aschenbecher.

Ich unternehme einen Versuch, mich zu verabschieden und erkläre (erst jetzt!), dass ich mit ihm über die *Rundschau* hätte reden wollen; heute sei es allerdings, wie ich sehe, nicht so günstig. Aber vielleicht in den nächsten Tagen? Er geht darauf nicht ein. Sitzt lediglich da, stößt bisweilen ein Geräusch aus, bei dem ich mir nicht sicher bin, was es ist: ein mit letzter Kraft unterdrücktes Weinen oder ein hartnäckiger Schnupfen, der ihm die Nase verstopft. Dass er betrunken ist, glaube ich nicht mehr, es ist weit und breit keine Flasche, kein Glas zu sehen. Auch hat er weder trübe Augen noch unkoordinierte Bewegungen. Wenn es nicht der Alkohol ist, müssen es Tabletten sein, denke ich.

Dann sagt er unvermittelt: »Gestern hat mir der Binder erklärt, dass es besser ist, dass sie ausgezogen ist. Und was hat sie gesagt? Sie sagt nichts dazu. Überhaupt so wenig in letzter Zeit. Und ich hab's nicht recht gemerkt, es war ja so viel los ...« – Pause – »Wenn der Fautsch ihr nur nicht immer so viel (zwei oder drei unverständliche Worte) gemacht hätte. So hätte es doch nicht kommen müssen.« Ich beginne zu ahnen, dass er vorhin, als er von Renate sprach, nicht Frau Ziegler meinte, sondern seine Frau oder Freundin. Und die hat ihn verlassen?

Manchmal ist er für Minuten so weggetreten, in eine so völlige Sprach- und Bewegungsstarre verfallen, dass ich mich allen Ernstes frage, ob ich einen Arzt rufen soll. (Wieder eine Situation, in der ich froh wäre, wenn du dabei wärst!) Ich sitze nur noch da, um zu warten, ob sich sein Zustand in irgendeine Richtung verändert, damit ich weiß, was zu tun ist. Immerhin scheint er doch begriffen zu haben, warum ich gekommen bin, denn plötzlich steht er auf und gibt mir ein Schreiben von Seiffert (dem Redaktionsberater): »…Wir würden uns freuen, Ihre geschätzte Person weiterhin in der Redaktion zu wissen, und möchten Sie bitten, Ihre vielleicht übereilte Entscheidung vom 4.11. d.J. noch einmal zu überdenken…«

Das klingt doch versöhnlich, sage ich. Aber Ingmann beharrt darauf, gekündigt zu sein. Ja, man hat ihm gekündigt, das ist die Wahrheit, da braucht man jetzt nicht herumzudeuten. Man muss diese Leute aus Hamburg kennen, wie die sich ausdrücken, so widerlich, so hinten herum. Es ist einfach unerträglich. Das weiß Ingmann inzwischen ganz genau. Für einen Augenblick bin ich mir unsicher, ob ich ihm widersprechen oder auch nur nachfragen soll, er ist doch viel zu labil. Und außerdem: Auch wenn ich nur erwähnen, nur leise andeuten würde, dass er doch selbst gekündigt hat, käme ich mir vor, als beginge ich Verrat. Ich würde die Sprachregelung der anderen benutzen. Deshalb bin ich es jetzt, der dem Gespräch über die *Rundschau* ausweicht.

[11. DEZEMBER]

Braune Schlieren auf den Gartenwegen: Asche. Die Stadt riecht nach Braunkohle.

Selbst die »Veteranenkommission« in Elkes Betrieb ist aufgelöst worden. Kein Geld mehr für die kleinen Geschenke und Gratulationen. In Zukunft werden die Veteranen ihren 70. oder 80. Geburtstag alleine feiern müssen.

So, Reichert hätte sich mehr »Lokalkolorit« gewünscht! Ja bin ich denn an einen Heimat-Verlag geraten? Ich weiß, es fehlen die unverwechselbaren lokalen oder wenigstens regionalen Besonderheiten: Dialekt, Sitten, Essgewohnheiten, Landschaft, Städtebau und so weiter. Aber warum soll ich das alles berücksichtigen? Wozu die authentische Stimmung? Wozu das sofortige Wiedererkennen? (Jetzt, beim nochmaligen Lesen dieser Zeilen, bleibe ich am Begriff des »Unverwechselbaren« haften. Vielleicht ist das überhaupt der Grundgedanke: wie unglaublich leicht man die Dinge verwechselt!)

Es ist jedes Mal dasselbe: Sobald ich mit dem Buchmarkt in Berührung komme, stellt sich die Berufsdepression wieder ein. Diese Institutionen und ich: das ist doch ein großes Versehen. Und vielleicht war der ganze einjährige Aufenthalt hier im Osten nichts als ein raffinierter Trick, mir diese Misere vom Leib zu halten. Mal ein Jahr lang kein Lektor, kein Redakteur, keine angestrengten Briefe, keine atemlosen Erklärungsversuche am Telefon. So ist es erträglich. Dabei fällt mir ein: Ich habe noch einmal mit den von der Jury abgelehnten Manuskripten gearbeitet, sie sehen so frisch aus, so unbeschmutzt und ungelesen. Eher zufällig fiel mir dann auf: Sie alle sind auf der Rückseite, dort wo die Heftklammer sitzt, nicht im Geringsten gefaltet. Versuch es mal, lies ein geheftetes Manuskript, oder blättere wenigstens darin herum, du wirst hinterher an der Klammer garantiert einen Knick finden. Aber die zurückgeschickten Manuskripte hatten keinen Knick, sie waren völlig glatt, da hat man das Stipendium also abgelehnt, ohne überhaupt zu lesen. Aber wenn nicht der Text entscheidet, was dann? Wieder das Thema »DDR«, das niemand mehr hören kann? Oder: Ein giftiges Wort drängt sich auf: Seilschaft! Aber natürlich: Diese Leute, die jahrelang in wechselnden Kommissionen dahinvegetieren (mit öffentlichen Geldern mehr oder weniger komfortabel über Wasser gehalten), die haben ja auch ihre Verpflichtungen jeder seine ganz speziellen.

Bunge wird ziemlich unzuverlässig. Es hat keinen Sinn, sich mit ihm zu verabreden: Meistens kommt er ohnehin nicht. Entweder hat Kolbe (der Minister) ihn noch gebraucht, oder ein Manager hat überraschend »um einen Termin gebeten«. Bunge scheint unaufhaltsam aufzusteigen. Offiziell immer noch als Pressereferent beschäftigt, bewährt er sich inzwischen auch als persönlicher Referent, als intellektuelles Stichwortverzeichnis und notfalls auch als Telefonist. Er ist clever, schnell und kombinationsreich, etwa so, wie man in den Werbefilmen das Innenleben eines Computers darstellt: Tausend fröhlich blinkende Verbindungen, in Sekundenschnelle hergestellt und wieder gelöst. Blitzkontakte. Bunge ist ein Chip geworden:

IBM-kompatibel, und für jede Software geeignet. Intelligenz-Leasing. Den Charme eines Versagers hat er sich allerdings erhalten. Kaum je war ein zerknirschtes Gesicht so verführerisch. Wie umwerfend deprimiert er schaut, wenn etwas nicht geklappt hat! Man muss ihm unter die Arme greifen, diesem Impuls kann man einfach nicht widerstehen. Er ist keiner dieser Erfolgstypen, die im Falle eines Scheiterns versteifen, verblassen und deshalb beiseitegeschoben werden. Nein, gerade in der Niederlage ist Bunge auf dem Höhepunkt seiner Attraktivität. So ist er also doppelt erfolgreich: im Gelingen und im Versagen. Dies ist wohl der Vorteil der spät Erfolgreichen.

Sein neuestes Missgeschick hängt übrigens mit diesem Hof in Tressow zusammen. Nicht nur, dass der Preis inzwischen auf 90 000 DM geklettert war, nein, jetzt, nach dem Kauf, gibt es einige Ungereimtheiten. Da wäre zum Beispiel die Sache mit dem Stromzähler: Er war erst 1987 eingebaut worden. »Und jetzt sehen Sie sich mal den Zählerstand an«, sagte der Elektriker, der einen Kostenvoranschlag machen sollte. Dafür, dass das Haus angeblich seit Jahren leer gestanden hat, ist doch ziemlich viel Strom gelaufen in der ganzen Zeit. Und dann die Kupferleitungen: Wer hatte in der DDR schon Kupferleitungen? Bunge wollte wissen, was der Elektriker damit meine, der antwortete aber lediglich, das könne sich doch jeder selbst denken. Auch sonst reagieren die Leute so merkwürdig. Es heißt dann immer: »Ach diesen Hof haben Sie jetzt gekauft, so, aha.« Die Leute halten den Hof offenbar für ein konspiratives Stasi-Objekt. Aber das ist doch völlig unmöglich, Bunge tippt sich an die Stirn: »Was soll die Stasi hier gemacht haben, vielleicht Hasen und Igel bespitzeln?«

[13. DEZEMBER]

Schon seit Oktober hat Elke Schmerzen im Knie. Im November hatte sie sich einen Termin in der Poliklinik besorgt, vor dem 4. Januar ist jedoch nichts zu machen. Weil sie sich seit Wochen mit Schmerztabletten behilft, hat sie nun auch Probleme mit dem Magen. Ich habe ihr vorgeschlagen, sie in die Notaufnahme zu fahren. Dort müsste sich doch jemand um sie kümmern. Aber nein, das will sie nicht. Bis Januar hält sie es schon noch aus. Jetzt höre ich sie allerdings schon seit Stunden im Haus herumschaffen. Selbst die Briketts hat sie mir heraufgetragen. Das ist ihr nicht auszureden, da lächelt sie immer ganz stolz und zäh und munter.

[14. DEZEMBER]

Noch immer wenig Antworten zum Thema *Rundschau*. Seiffert ist in Hamburg, Frau Ziegler nicht zu sprechen und Dahlmann ist gleich nach Ostberlin gefahren. Vielleicht sollte ich bis Anfang Januar hierbleiben. Das will ich doch genau wissen: Was ist da geschehen? Das ganze Jahr über hatte ich mit der *Rundschau* zu tun, viel zwar nie, aber jetzt scheint sich ausgerechnet vor meinen Augen und doch hinter meinem Rücken eine dramatische Entwicklung zu vollziehen. Ein Modellfall »Deutsche Einheit«? Natürlich würde ich gerne mit dir am 2. Januar zurückfahren, dieses Jahr also mit einer gemeinsamen Rückreise beenden, das hätte etwas Geschlossenes. Aber du siehst: die schönen Formen scheitern schnell. Kein runder Abschluss.

[16. DEZEMBER]

Wenigstens Pit weiß ein paar Details über die *Rundschau*: Zwei Millionen hat die RENZ für Verlag und Gebäude bezahlt, und man munkelt, es sei ein reines Spekulationsgeschäft. Allein das riesige Gebäude mitten in der Stadt ist angeblich vier- oder fünfmal so viel wert. Vermutlich weiß die RENZ genau, dass sich eine regionale Zeitung wie die *Rundschau* nicht halten lässt. Deshalb ist sie so unentschlossen an seine Erneuerung herangegangen. Die *Rundschau* zu sanieren, hätte Millionen verschlungen. Gewinn lässt sich nur herausschlagen, wenn er bankrott macht und verkauft wird. Es geht also nur um die Immobilien. Wieviel ich von dem Gerücht halten soll, weiß ich nicht. Es zeigt aber immerhin, dass Pit, was den Westen betrifft, inzwischen fast so verbittert ist wie gegenüber dem alten System. »Da steht wieder so ein Besatzerfahrzeug«, sagte sie heute Vormittag, als wir an einem Wagen mit Kölner Nummer vorbeikamen; ich war froh, dass ich keine von Bunges Stellen angenommen habe.

Inzwischen hat Pit ihre langersehnte Ratte, aber grün gefärbt ist sie nicht, denn so eine Farbe, die riecht doch ziemlich stark, und Ratten haben eine gute Nase, die würde glatt verrückt werden, könnte sich selbst nicht mehr riechen. Aber an mir darf die Ratte mal schnuppern, was sie jedoch nicht sonderlich zu interessieren scheint, sie verschwindet eilig wieder unter der Hose auf dem Bett.

Im Übrigen ist Pit zurzeit damit beschäftigt, mit ein paar Leuten ein Stadt-Magazin aufzubauen. Wenn das Projekt läuft, wird man davon leben können. Am liebsten würde sie ausschließlich Filmkritiken schreiben, vor allem über Horrorfilme. Pit hat keine Bedenken, die ältesten Filme, die irgendwo in einer Fabriketage gezeigt werden, ausgiebig zu besprechen. Es geht bei uns doch ohnehin zu wie in den Zombie-Filmen (findet sie): überall siehst du die letzten Leichen wieder lebendig werden.

[18. DEZEMBER]

Weit und breit kein Attentäter! So viel gewartet, herumgesessen, die Zeit vertrödelt, habe ich mein Leben lang noch nicht! Ich habe die beiden Personenschützer von Dr. Kolbe begleitet, den ganzen Tag.

Auf Umwegen hatte mich am Freitag die Mitteilung erreicht, ein gewisser Herr Schulz werde mich heute früh um 6 Uhr bei der Litfasssäule am Naumann-Platz erwarten. Erkennungszeichen: ein schwarzer BMW. Natürlich konnte ich nicht davon ausgehen, dass der Mann tatsächlich »Schulz« hieß. Er hatte mir ja auch ausrichten lassen, eine Kamera möchte ich bitte nicht mitbringen.

Heute morgen, kurz vor sechs, stand ich an der vereinbarten Litfasssäule und sah die Straße nach Barnstädt hinunter. Dabei hätte Schulz doch auch aus jeder anderen Richtung kommen können (aber man hält sich eben erst einmal an die Hauptstraße). Es war dunkel und regnerisch. Ein endloser Verkehr schob sich die Straße herauf, eine dichte Folge lärmender, ratternder, klappernder Fahrzeuge.

Unvermittelt und von der Seite kommend, sprach mich ein recht athletischer Mann an. Er schien genau über mich Bescheid zu wissen, denn er sagte nur: »Der Schulz wird gleich da sein. Der war noch nie zu spät.« Einen Augenblick lang sah er mich schweigend an, aber keineswegs aufmerksam oder gar missbilligend, sondern eher so, als sei ich an diesem dunklen, verregneten Morgen noch der bequemste Ruhepunkt für seine übermüdeten Augen. Da er sich nicht vorgestellt hatte, war es schwierig, ein Gespräch mit ihm zu beginnen. »Sie fahren also auch mit?«, fragte ich schließlich. Er nickte mit seinem kurzgeschorenen, breiten Schädel und fügte dann fast beiläufig hinzu: »Aber es ist Ihnen doch klar, dass so etwas verboten ist. Absolut. Das muss unter uns bleiben.« »Natürlich«, sagte ich. »Mit dem Schulz sind Sie ein bisschen vorsichtig«, fuhr der Mann fort, »der hat so was schon unter den alten Verhältnissen gemacht. Und darüber spricht er jetzt nicht gern.« Der Mann mit dem Tigerschädel dagegen hatte offenbar keine »Vergangenheit«. Er sprach so uninteressiert, so schnoddrig und gleichzeitig so bestimmt, dass er nur aus dem Westen kommen konnte.

Schulz sah ich dann zunächst nur von hinten. Selbst als ich ins Auto einstieg, hatte er den Blick eisern geradeaus gerichtet. Und dabei blieb es. Von all den ausweichenden Gesichtern in diesem Land war dieses bisher das hartnäckigste. Schulz war vorerst nur ein Hinterkopf. Aber immerhin, er behielt beim Fahren die Nerven, er fuhr nämlich nicht nur ungeheuer schnell, und das im ersten, ziemlich dichten Berufsverkehr; er scherte auch immer wieder plötzlich aus, zog sein Fahrzeug an der ganzen Wagenkolonne vorbei, ohne dass der Motor auch nur ein winziges Dezibel lauter geworden wäre, und drängte sich dann, während der Gegenverkehr schon auf uns zustürzte, wieder schroff in die Kolonne. Er verließ sich ganz auf das erschrockene Zurückzucken der anderen Fahrer. Man wich uns aus, im letzten Augenblick, und ich begriff zum ersten Mal, wie unbegründet meine Furcht vor einem Autounfall war. Wenn selbst Schulz keinen Unfall verursachte, dann war ich ja mein Leben lang viel zu ängstlich gefahren.

Um nicht immer auf der Rückbank hin und her gestoßen zu werden, hielt ich mich an den Vordersitzen fest. Draußen blieb es dunkel und nass. Die Scheibenwischer schmierten, auch hinter mir schnarrte das Wischerblatt ein paarmal. Nach einer Weile drehte sich der Mann mit dem Tigerschädel zu mir um und sagte, indem er mit der Kinnspitze auf Schulz deutete: »Das Fahren hat er doch schnell gelernt, was?« In einer Mischung aus väterlichem Stolz und Herablassung erklärte er, Schulz habe einen fünfwöchigen Lehrgang in Göppingen gemacht, vor allem in Fahren und Schießen. »Schießen, das kann ich von früher«, sagte Schulz jetzt, und es waren seine ersten Worte. Dann verstummte er abrupt, als hätte er besser geschwiegen. Ich nickte unbedacht; und schon hatte auch ich mich verraten. Ich hätte überrascht nachfragen müssen, aber so ein Nicken bestätigte doch, dass ich über seine Vergangenheit Bescheid wusste. Nun schwiegen wir also beide. So schnell geht das.

Es war der Mann mit dem Tigerschädel, der das Gespräch wieder aufnahm und erklärte, ein Personenschützer habe vor allem zu lernen, hinter dem zu begleitenden Wagen immer so dicht herzufahren, dass sich kein anderes Fahrzeug dazwischenschieben konnte. Man fuhr beinahe Stoßstange an Stoßstange. Und das bei solchen Geschwindigkeiten. »Sie werden es ja nachher erleben«, prophezeite er. Warum Schulz allerdings bereits jetzt so waghalsig fuhr, blieb mir unklar.

Das Haus des Ministers: kein Einfamilienhaus mit Garten, noch nicht einmal ein Reihenhaus, stattdessen ein Neubaublock. Kolbe gehörte zu den Politikern, deren Karriere erst vor ein paar Monaten begonnen hatte. Zuvor war er vielleicht Elektroingenieur gewesen oder ein ins Gartenbauamt abgeschobener, aufsässiger Lehrer. Jetzt war er jedenfalls Minister. Fast sogar der wichtigste Mann im Land. Schulz zeigte auf ein schmales Toilettenfenster. »Das dürfte er wohl sein.« Dort stand der Minister nun im Badezimmer und kämmte sich die Haare. Auch sein Fahrer wartete bereits. Er hatte seinen Wagen quer über den Bürgersteig geparkt und vertrat sich die Beine. Dann kam er herüber und grüßte die beiden Bewacher, die ihn um Längen überragten. Den Mann mit dem Tigerschädel nannte er »Matz«; und er schlug ihm, von unten her lächelnd, vor, im Laufe des Tages nach Rosenau zu fahren und ein Haus zu besichtigen. »Die Leute sind nämlich auf 50 000 heruntergegangen«, fügte er hinzu. Der Mann, den er als »Matz« angesprochen hatte, nickte nur beiläufig. Nichts schien ihn augenblicklich zu interessieren. Man hätte nicht einmal behaupten können, dass er, seiner Aufgabe entsprechend, die Straße scharf im Auge behielt.

Als im Treppenhaus das Licht anging, eilten Schulz und Matz zum Hauseingang hinüber. Dort standen sie dann, Schultern und Hände kampfbereit, und heraus trat Dr. Kolbe: ein schmächtiger, älterer Mann, offensichtlich noch immer etwas überrascht, dass man ihn jeden Tag auf diese Weise erwartete; jedenfalls sah ich ihn kurz den Kopf heben, oder eigentlich war es nur sein Hut, der sich bewegte. Ja, Kolbe gehört tatsächlich zu den Menschen, die noch einen Hut tragen. Er gab den beiden schweigend und mit gesenktem Blick die Hand, begrüßte dann auch mich (ebenfalls ohne jeden Blickkontakt), ging zum Wagen, dessen Tür ja bereits offenstand, und setzte sich auf die Rückbank.

Während wir durch die Stadt fuhren, dicht hintereinander und immer eilig, meldete Matz sich über Funk. Er nannte Codeworte und Zahlen und legte dann auf. Niemand schien ihm geantwortet zu haben. Er hätte auch lediglich auf ein Tonband sprechen können. Mittlerweile hatte ich mich an die Fahrweise ein wenig gewöhnt. Wenn man sich entschließen konnte, die Lichter nicht als Fahrzeuge zu deuten, glich das Ausscheren, Überholen und erneute Einordnen einem Flug durch Wolkenlücken. Man kurvte dort oben herum, beweglich, schnell, und falls man doch einmal in eine Wolke geriet, war es auch nicht schlimm, sie bestand ja nur aus Luft. So ging es ein Stück weit über Land, noch immer bei Dunkelheit. Schulz schwieg, und Matz verharrte in einer Art Halbschlaf. Auch in Kolbes Wagen vor uns bewegte sich nichts: Gleichbleibend fiel ein matter Lichtschein auf eine regungslose, weit aufgeschlagene Zeitung und einen fast noch regungsloseren Hut. Man hätte sich in Decken hüllen und verkriechen mögen, so tröstlich war dieses schmale, bleiche Bild zwischen Regen und Nacht.

Als wir schließlich wieder durch die Stadt fuhren, sagte Matz unvermittelt: »50 000. Glaubst du, dass 50 000 ein korrekter Preis ist?« Schulz hatte offenbar keine Schwierigkeiten, den Gegenstand dieser Frage zu erkennen, jedenfalls nickte und brummte er zustimmend. 50 000 war also ein korrekter Preis. »Schön und gut«, sagte Matz, »aber dort gibt es nicht einmal ein Telefon! Wie soll man unter solchen Bedingungen arbeiten?« Schulz schien dies nicht als Frage aufzufassen. Sein Blick hatte sich keine Sekunde vom vorausfahrenden Wagen gelöst, und er verstummte nun vollends in dieser Position. Vielleicht nahm er auch an, dieser kurze Wortwechsel zähle ohnehin nur zu jener Art von Gesprächen, mit denen ein aufmerksamer Beifahrer gelegentlich versucht, seinen Fahrer wachzuhalten. Hinten auf der Rückbank hatte ich schon längst nicht mehr den Eindruck, mit diesen Männern im selben Wagen zu sitzen.

Wieder das Gebäude der Landesregierung: Schwer stand es in der Dunkelheit. In vielen Fenstern sah man Licht; aber an diesem feuchten Morgen waren die Fenster zu klein und das Licht zu schwach, um dem Gebäude ein wenig Gewicht abzunehmen. Die beiden Wagen hielten. Kolbe öffnete die Tür, bevor Matz überhaupt nur ausgestiegen war, und genauso unkoordiniert eilten sie zum Eingang hinüber, einer hinter dem anderen. Im Vorraum eines Beratungssaals warteten bereits ein paar aus der Presse bekannte Politiker. Überall sah ich auch diese jungen Männer im Jackett, die unauffällig versuchten, niemandem im Weg zu stehen. Als der Ministerpräsident kam, gelang es ihm mühelos, im Gedränge der Personenschützer, Sekretäre und Politiker jeden einzelnen Minister zu erkennen und zu grüßen. Er schien sich bereits daran gewöhnt zu haben, drei Viertel der Anwesenden zu übersehen. Wie erleichtert musste man sich fühlen, wenn diese Gewöhnung erst einmal so weit vorangeschritten war, dass man selbst unter hundert Menschen nur noch den engsten Bekanntenkreis bemerkte. Die Anderen – die waren ein rauschendes Meer, an dem man, ins Gespräch vertieft, spazieren ging.

Draußen begann es hell zu werden. Die Politiker verschwanden im Beratungszimmer, nur die Bewacher standen noch herum. Sie waren sich schnell einig, dass nicht alle hier zu warten brauchten. Zwei genügten. Die Anderen konnten frühstücken gehen. Und ich? Fiel es den anderen denn nicht auf, wenn da ein Fremder mitkam? »Ach was!«, sagte Matz, »das geht niemand was an.« Wir fuhren also in die Polizeikaserne am Tucholskyplatz. Es war nicht weit: die Berliner Straße hoch, dann rechts durch die Möckwieserstraße, schon war man da. Ein Wachpolizist grüßte, eine Schranke öffnete sich, auf dem Hof standen ein paar Einsatzfahrzeuge. Wir stiegen aus, eilten über den verregneten Hof, an Pfützen vorbei und an Haufen von nassem Laub. Schulz öffnete uns die Tür, dann ging es die Treppen hinauf, ein kaltes, hallendes Treppenhaus. Oben war die Kantine. Am Tresen versuchte ich, der Letzte in der Schlange zu bleiben. Aber Matz, der vor mir stand, drehte sich um und sagte leise: »Mach dir nichts daraus, die meisten stammen sowieso von der Stasi.« – Als ob mich das erleichtert hätte!

Inzwischen war es Tag geworden. Dennoch blieben die Neonröhren angeschaltet; vielleicht brauchte man sie sogar, denn es war ein ungeheuer schwerer, grauer Tag. Am Tisch begannen die Bewacher, einer nach dem anderen, ihre Jacketts auszuziehen, und plötzlich fielen mir die Anstecknadeln auf, tatsächlich: überall dieselbe Anstecknadel, offenbar eine Art Erkennungszeichen. Über kurz oder lang musste ich also doch auffallen! Für einen Augenblick dachte ich daran, auch mein Jackett auszuziehen und unauffällig zur Seite zu legen, aber glücklicherweise fiel mir noch ein, dass darunter ja keine Pistole zum Vorschein käme. Matz war offensichtlich doch ein Großmaul, ein Schwätzer, der die Risiken, in die er sich begab, nicht beurteilen konnte. Nun saß ich zwischen diesen Männern, die schon von Berufs wegen jeden Fremden argwöhnisch im Auge behielten. Ich musste also stillhalten. Aber auch die Männer, die von der Stasi übernommen worden waren, verhielten sich still. Sie hatten sich über ihr Frühstück gebeugt, und am ganzen Tisch gab es nur zwei, die sich unterhielten: Matz und ein Mann, der offenbar auch aus dem Westen stammte. Sie sprachen dafür aber um so lauter. Wenn man nur eine vernünftige Wohnung hätte; das ist das eigentliche Problem: diese Unterkünfte: kein Telefon, kein Fernseher, noch nicht einmal eine Kaffeemaschine. Und die sanitären Einrichtungen! Ein einfacher Verschlag. Und für das Klopapier müsste man eine Schmerzenszulage erhalten. Ja, und dann zu Hause die eigene Frau. Wie lange hatte man sich schon nicht mehr gesehen. »Weißt du denn überhaupt noch, wie deine Frau aussieht, wenn sie nackt ist?«, fragte Matz seinen Leidensgenossen, und weil der nur unwillig brummte, fuhr Matz fort: »Ich meine ja nur … Falls du es nämlich nicht mehr weißt, könnte ich dir ein paar Nacktfotos von ihr zeigen.« Über einen solchen Witz mussten sogar die Stasi-Männer lachen. Dann versteiften sie sich wieder und griffen nach den Kaffeetassen.

Ab zehn Uhr hatten Matz und Schulz Wache. Wir saßen im Vorraum auf diesen Stühlen, die so leicht einen schrillen Ton erzeugen, wenn man sie auf den Bodenfliesen bewegt. Von den Beratungen drinnen war nichts zu hören, nicht einmal ein Gemurmel. Hinter einer doppelten Glastür mit gelblich getönten Scheiben sah ich einige aufs äußerste verzerrte Gestalten. Beim Reden oder Zuhören wogten sie hin und her, lauter schwarze Figuren. Dieser Mann da sprach wohl gerade, und der dort hob den Arm, als ob er rauche. Jetzt stand einer auf, war denn die Sitzung vielleicht schon beendet? Aber nein, noch lange nicht.

Matz saß breit auf einem Stuhl, Schulz stand am Fenster und rauchte. Die ganze Zeit über kam niemand. Endlich stand ich auf und ging ein paar Schritte, erst zur Tür, dann zur Garderobe, wo ich aus Langeweile die Festigkeit der Kleiderhaken prüfte. Schulz hatte sich aus Zeitungspapier einen Aschenbecher zurechtgefaltet, der nun auf dem Fenstersims stand. Ich fragte ihn, ob diese Arbeit früher auch so eintönig gewesen war. Es dauerte einige Augenblicke, bis er hier in den Raum zurückfand und erklärte, dass er früher nur einfache Aufgaben auszuführen hatte. »Nichts Politisches, oder was man sich so vorstellt.« Er sagte das so müde vor sich hin, dass ich hätte frisch ausgeschlafen sein müssen, um weiterzufragen. Folglich blieb es bei dem Gesprächsversuch. Für eine Weile studierte ich die Fußspuren auf den noch immer feuchten Bodenfliesen, ich versuchte, einzelne Spuren durch den ganzen Vorraum zu verfolgen. Das war immerhin eine Beschäftigung.

Schließlich unterbrach Schulz das Rauchen, um »kurz mal raus zu gehen«. Während sich noch die Schwingtüren hin und her bewegten, sagte Matz amüsiert: »Der war natürlich auch bei der Stasi. Der tut bloß so.« Dann richtete er sich auf, lange genug hatte er müde herumgesessen, jetzt musste er sich ein bisschen Luft verschaffen und ein wenig plaudern. Anfangs (so erklärte er) hatte er noch gedacht, im Osten, da muss es spannend sein. Und vor der Stasi hat er einen Mordsrespekt gehabt, Stasi, das ist doch ein Ding. Mit denen würde man zusammenarbeiten, bin mal gespannt, was die so drauf haben, die konnten ja Dinger drehen, von denen man sonst nur träumt – ich meine nicht, dass du das jetzt falsch verstehst, ich bin nicht für die Stasi, mit Sicherheit nicht, aber vor denen hatten die Leute doch Respekt. Also die Stasi, das hat mich interessiert. Aber ich sag dir, das war vielleicht ne Enttäuschung! Mein Gott, was haben die für eine kümmerliche Ausrüstung, das sieht ja alles aus wie selbstgebastelt. Das gefährlichste, was die haben, ist doch ihr verbissenes Gesicht.

Matz stand nun vollends auf, dehnte kurz den Rücken und kam zum Fenster herüber. Aber die Russen! Du hast keine Vorstellung, was die alles auf den Markt bringen. Für hundert Mark kriegst du eine Makarov – und für fünfhundert ein ganzes Maschinengewehr. Matz begann im Vorraum auf und ab zu gehen. Da hatten sich also inzwischen Tausende mit Waffen versorgt: Drogenhändler, radikale Gruppen und Zuhälter, und gegen die würde man eines Tages losgeschickt. Von den Politikern ahnte keiner, was sich da zusammenbraute. Aber irgendwann wird es noch ganz böse knallen. Als Schulz zurückkam, griff er wieder zur Zigarette und hörte kommentarlos diesen schwarzen Prognosen zu. Unauffällig gingen sie sich aus dem Weg: Schulz hatte sich wieder am Fenster aufgestellt, Matz lief auf und ab und erklärte, nur noch ein äußerst scharfes Vorgehen könne die Katastrophe verhindern. Man konnte doch nicht zulassen, dass die Drogenhändler mit Maschinengewehren herumliefen! Hatte er auch Angst vor einem Attentat? – Nein, denn ein Attentat war doch unwahrscheinlich. Und dass es ausgerechnet ihn treffen würde, das war noch unwahrscheinlicher. Diese Angst hatte er nie. Bei einem Attentat hast du sowieso keine Chance, entweder du bist tot oder stehst machtlos herum. Was soll ich denn machen, wenn es wirklich mal knallt? Also an ein Attentat glaubte Matz nicht. Dieser Mann, der alles in einem von Drogenhändlern und Zuhältern verursachten Blutbad untergehen sah, konnte sich beim besten Willen eine persönliche Bedrohung nicht vorstellen.

Später sollten wir Dr. Kolbe in den Landtag begleiten. Kaum losgefahren, ließ Kolbe seinen Wagen anhalten, stieg aus und wollte offenbar in die Landesregierung zurückgehen. Matz rief: Was macht der denn da?! Der kann doch jetzt nicht aussteigen! Er lief zu Kolbe hinüber, drängte ihn wieder in sein Fahrzeug, sprach noch einmal recht dringlich auf ihn ein und ließ dann beide Wagen die vielleicht dreißig Meter zum Haupteingang zurückkehren. Offenbar hatte Kolbe seine Tasche oder seinen Schal oder ein paar Papiere vergessen. Ein paar Minuten später, während wir uns schon wieder in waghalsiger Fahrt durch die Stadt bewegten, kurbelte Matz blitzschnell die Scheibe herunter und hielt eine rot leuchtende Polizeikelle heraus. Erschrocken bremste der Fahrer neben uns. Wir schoben uns nach rechts, dies tat dann auch vor uns Kolbes Wagen. Hinter uns hatte der erschrockene Fahrer angehalten und erwartete nun vermutlich eine Polizeikontrolle. Aber wir hatten nur rechts abbiegen wollen und rasten weiter, wohl schon jetzt konnte uns der erschrockene Fahrer nicht mehr sehen; irgendwann würde er sich entschließen müssen, dies alles als Irrtum oder als Hirngespinst zu begreifen und weiterzufahren. Hinter ihm hupte man ja schon. Aber von denen hatte auch niemand eine rote Kelle gesehen. Matz wirkte unterdessen bereits wieder gelangweilt, fast schläfrig.

Der abrupte Wechsel von Entspannung und Arbeit war ihm offenbar in Fleisch und Blut übergegangen; solche schnellen Aktionen hinterließen weder Nervosität noch Erinnerung.

Kolbe war erst um 16 Uhr wieder abzuholen. Er sagte das etwas verlegen. Vielleicht war es ihm peinlich, dass wir jetzt drei Stunden auf ihn warten mussten. Am liebsten hätte er wohl in die Tasche gegriffen und Schokolade oder ein paar Zigaretten verteilt. Zum Glück war es schon Mittagszeit, man konnte also in die »Bürger-Stube« fahren. Allerdings ist uns das Warten dort auch nicht leichter gefallen. Es roch nach altem Fett und zerkochtem Gemüse, und schon jetzt, nach einem halben Tag, war der Vorrat an Fragen und Antworten fast verbraucht. Wir schwiegen und warteten auf das Essen. Bereitwillig hätten wir sogar ziemlich lange gewartet, denn nach dem Essen ging das eigentliche Warten ja erst wieder los. Ich begriff allmählich, dass die Kunst eines solchen Berufs darin bestand, das Warten auf den Minister hinter einer Vielzahl kleiner Wartereien zu verbergen. So war es ganz erträglich. Vor den Fenstern hingen dichte Gardinen. Folglich sah ich, während die Zeit keinen Zentimeter weiterrückte, lieber auf die gegenüberliegende Wand. Ein Spielautomat hing dort, aber offenbar erst seit Neuestem. Matz und Schulz warteten übrigens nicht nur auf das Essen und auf Herrn Kolbe; sie warteten vor allem auf ein paar große Firmen. »Wenn die sich hier erst einmal niederlassen, eine Computerfirma zum Beispiel, die brauchen immer Schutzpersonal für ihre Manager, da haben wir gute Chancen, wir sind ein Team, wir sind geschult. Da steigt man gleich bei 7000 Brutto ein, jedenfalls bei Mercedes oder bei der IBM.«

Und Schulz, würde er auch lieber zur IBM gehen? »Im Prinzip schon«, erklärt er, ohne sein Gesicht mehr als notwendig zu bewegen, »im Prinzip würd ich mich schon nach was Besserem umsehen, jetzt, wo wir die Demokratie haben.« Was Schulz allerdings nicht zu sagen wagt: ohne Matz wird er keine Stelle bekommen, nur mit Matz ist er ein »seriöses« Team. Matz hat Energie, die nötige Schnauze und eine weiße Weste. So steht es jetzt um die

Mitarbeiter der einst verfeindeten Sicherheitsorgane. Matz ist noch immer mit den Vorteilen von Mercedes beschäftigt: »Ab 40 kannst du vom Schreibtisch aus die Sicherheit im ganzen Betrieb organisieren. Aber bei der Polizei machst du mit 40 nur noch Schreibarbeit. Dich befördert niemand, kein Mensch.« Und Matz erklärt auch, woran das liegt: »Es gibt keine eigene Abteilung für Personenschutz, wegen der Konspiration. Offiziell hat man uns ganz gewöhnlichen Abteilungen zugeordnet, Wirtschaftskriminalität zum Beispiel, aber dort kennt dich natürlich niemand. Kein Abteilungsleiter hat dich je gesehen. Und glaubst du, da käme einer auf die Idee und befördert dich? Nichts, absolut nichts.« – »Bring mir doch 'ne Schokolade mit«, ruft Matz, als Schulz zur Theke geht, »und auch 'ne Serviette, falls die hier so etwas haben«, fügt er maulig hinzu.

Ob wir jetzt mal nach Rosenau rausfahren? Man kann sich das Haus ja mal ansehen. Und 50 000, das ist eigentlich auch kein Geld. Aber Matz kann sich schon vorstellen, wie's dort aussieht: Zuerst einmal klemmt die Haustür, und wenn's irgendwo ein bisschen zieht, fällt gleich die Tapete von den Wänden. Zentralheizung gibt es natürlich auch nicht. Und dann soll man auch noch bewundern, was sich die Leute so alles zusammengebaut haben: diese furchtbaren Einbauküchen zum Beispiel. Nichts ist schlimmer, als Leute, die auf ihren Kram auch noch stolz sind. »Dabei ist doch alles vergammelt in diesem Land hier«, sagt Matz, und Schulz sieht nicht so aus, als ob ihn das Land von gestern noch interessieren würde. »Andererseits«, sagt Matz und greift nach den Zigaretten, »irgendwo musst du ja wohnen.« Aber vielleicht ist es jetzt, um halb drei, schon zu spät rauszufahren, der Berufsverkehr hat ja schon fast begonnen. Heute Abend wird es günstiger sein.

Was wäre eigentlich, wenn Kolbe überraschend irgendwohin gerufen würde, nach Hause zum Beispiel? Wer würde ihn dann begleiten? Matz sieht mich spöttisch an: »Niemand begleitet ihn. Kolbe kann den Landtag jetzt nicht verlassen. An die Absprachen muss er sich schon halten, er kann da nicht auf eigene Faust wegfahren.« So gesehen erscheint es mir plötzlich als ein recht schäbiges Leben, das Leben des Ministers. Als würde er freiwillig eine Behinderung auf sich nehmen, eine Lähmung zum Beispiel, und wenn niemand kommt, den Rollstuhl zu schieben, muss er ausharren, wo er gerade ist. Kolbe kann auch nicht verlangen, dass sein Wachpersonal immer in der Nähe ist, nein, das kann er nicht, er ist ja nicht der Bundeskanzler. »Wo kämen wir denn hin, wenn wir immer dabei bleiben müssten«, sagt Matz und beginnt, sich in gewerkschaftliche Gedanken zu verstricken: »Wir haben doch auch unsere Rechte! Man kann ja nicht alles von uns verlangen.« Plötzlich scheint Matz die Hauptperson zu sein, und diesen Umschlag von Herr und Knecht verfolgt Schulz mit wachsendem Interesse.

Um 16 Uhr sind wir im Landtag zurück. Aber Herr Kolbe läßt ausrichten: Es wird noch bis 18 Uhr dauern. Wieder warten wir vor einem Beratungssaal. Eine schlichte Holzbank steht neben dem Eingang, und da sitzen wir jetzt, alle drei mit übereinander geschlagenen Beinen. Im Foyer, wenige Meter entfernt, ist eine Ausstellung zu sehen. Die Grundschulen der Stadt haben sich nämlich mit dem »Hunger in der Welt« beschäftigt. Was dabei entstand, sind Bilder, die so aussehen, als sei es für die hiesigen Schüler selbstverständlich, fremden, braunhäutigen Wesen großzügig mit Schüsseln voller Reis auszuhelfen. Ab und zu geht tatsächlich jemand zwischen den Stelltafeln umher. Leise und ernst. Wie sehr man auf solche Erscheinungen hofft! Jedes Mal sind dann wieder ein paar Minuten gewonnen. Es beginnt damit, dass man ganz vom gegenüberliegenden Eingang her ein Paar Beine sich den Stelltafeln nähern sieht. Für eine Weile irren sie darunter hin und her. Dann der glückliche Augenblick, wenn man den Besucher in ganzer Größe vor sich sieht. Jetzt ist er da! Aber nie gleicht er den Vorstellungen, die man sich von ihm gemacht hat, als man nur die Beine sah.

So wie Matz und Schulz jetzt auf der Holzbank sitzen, kommen sie mir völlig harmlos vor, und dabei wirken sie so martialisch, wenn sie die Kelle herausstrecken, das Blaulicht aufstecken oder aus dem Wagen springen. Jetzt sind sie kleinlaut, müde, deprimiert. »Wie wär's denn mit einer Runde Kaffee?«, fragt Matz, und Schulz begreift es als Aufforderung. Man hat sich aneinander gewöhnt. Er geht in die Kantine; und Matz findet noch einmal die Energie für ein Gespräch: »Na, was hab ich dir gesagt? Das meiste ist Herumsitzen. Weiter passiert nichts. Und dass der Schulz ein unterhaltsamer Mensch wäre, das kann man ja auch nicht gerade behaupten.« Aber dass er von den Politikern nicht ernstgenommen wird, das ärgert Matz. Wenn sie aus dem Westen kommen, dann glauben sie, wir seien alle noch von der Stasi, und sehen ihn mit keinem Blick an. Wenn sie aber von hier stammen, dann haben sie so ihre Erinnerungen und wollen nichts von der Polizei wissen. Die können sich nicht vorstellen, dass sie ihre Begleiter vielleicht brauchen. Da erklären sie zum Beispiel, am nächsten Sonntag werden sie den ganzen Tag zu Hause bleiben. Also brauchen sie keinen mobilen Personenschutz, und man freut sich, dass man einen Ruhetag hat. Aber am Montag erfährst du dann: Die haben ihre Tante besucht. »Aber warum denn nicht?«, fragen sie dann ganz harmlos, »das war doch rein privat.« Als ob das einen Attentäter interessieren würde. Rein privat! Und wenn es herauskommt, bin ich dran. So ist das nämlich. Da kannst du nur hoffen, dass die IBM bald kommt – oder besser noch Mercedes.

Allmählich wird es dunkel. Schon seit einer halben Stunde ist niemand mehr gekommen – kein Besucher, keine Sekretärin. Vielleicht sind hinter den dicken Türen auch die Politiker längst gegangen. Man möchte das Licht löschen und sich ausgestreckt auf eine dieser Holzbänke legen. Und wenn jetzt ein Attentäter hereinstürzte, ein Mann mit wildem Blick und gezogener Pistole, bereit sein Leben zu verschleudern, ein zu allem entschlossener Mann, schnell und sicher, man müsste ihn wie eine Erlösung begrüßen, wie einen wohlverdienten, überwältigenden Sieg des Bösen.

Kurz vor sieben: Wir fahren zur Parteizentrale. In der Dunkelheit geht es durch die Außenbezirke. Immer noch leichter Regen. Jetzt, kurz nach Ladenschluss, sind die Straßen bereits leer. Ein paar Lichter in den Schaufenstern. Und ein paar hohe, gelbe Bogenlampen. Es ist, als hätte man das trübe Licht wie eine Folie über die Straße gespannt.

Weil die Parteizentrale schlechter abgeschirmt ist als das Rathaus oder der Landtag, übernehmen wir die Wache draußen auf dem Parkplatz. Da kann man wenigstens im Auto sitzen, drinnen gibt es nur ein paar unbequeme Stühle. Der Parkplatz ist mit Fahrzeugen völlig verstellt. Wir parken deshalb in der Einfahrt. Bald beschlagen die Scheiben. Draußen verschwimmen die Lichter, die Fenster in der Nähe. Dort ist man jetzt zu Hause und stellt das Abendessen auf den Tisch. Schulz scheint hinter dem Steuer eingeschlafen zu sein, er hat den Kopf aufs Steuerrad gelegt und atmet gleichmäßig und langsam. Matz sitzt im Dunkeln vor mir, ich sehe nur seine Silhouette und die Glut der Zigarette, so oft er an ihr zieht. Es ist kalt geworden. Später beginnt es, stärker zu regnen. Außen an der Scheibe rinnen die Tropfen hinunter. Und manchmal, wenn Wind aufkommt, treiben sie quer über das Glas.

Dann klopft jemand gegen die Scheibe, Schulz schreckt auf, öffnet das Fenster. Irgendwer will vom Parkplatz herunterfahren. Schulz startet den Motor, fährt ein Stück auf die Straße hinaus, lässt den anderen, der zum Zeichen des Dankes die Scheinwerfer aufblendet, vorbeifahren und stößt dann wieder in die Einfahrt zurück. Er hat den Motor bereits ausgeschaltet, als ein anderer Wagen auftaucht. »Das ist Böttcher«, sagt Schulz und startet noch einmal den Motor. Der Minister muss nämlich direkt vor den Eingang gefahren werden. Aber immerhin: Mit Böttcher sind auch zwei Personenschützer gekommen. Solange sie hier stehen, könnte man eigentlich nach Rosenau hinausfahren. Meinst du, um halb neun kann man sich das Haus noch ansehen? »Ach, halb neun ist noch keine Zeit!«, sagt Schulz, aber Matz scheint eine gegenteilige Auskunft erwartet (oder erhofft) zu haben. »Weißt du, wenn du ein Haus kaufst, dann musst du auch drin wohnen wollen«, sagt er. Aber hier muss man ja mit allem von vorne anfangen. Matz lehnt sich noch weiter zurück, zieht sich dann das Jackett enger um den Leib und sagt: »Wenigstens eine Standheizung müsste man haben. Aber da kümmert sich doch keiner drum, eine Zumutung ist das hier!«

[19. DEZEMBER]

Gerade, während ich über Weihnachtseinkäufe nachdenke, fällt mir eine alte Geschenkliste wieder in die Hand. Was noch vor einem Jahr als begehrtes Mitbringsel galt:

Waschlotion
Nylonstrümpfe (verstärkt, dunkle Farben)
Farbbänder für die Schreibmaschine von Norbert
Schokolade (Nougat), Südfrüchte (Ananas)
Verlagsprospekte (für Frau Richter)
Kaffee, Kaffee, Kaffee
und so weiter.

Nachdem nun wegen ausufernder Defizite Werften und Wasserversorgung und selbst die Müllabfuhr privatisiert werden sollen, fragt es sich, wann man auch das Kanzleramt meistbietend verschleudert. Defizite aller Art hat es ja lange genug eingefahren.

Im Ernst: Vielleicht wird man irgendwann mit demselben Entsetzen über unsere »demokratische« Epoche sprechen wie wir heute über die sozialistische. Dabei war ja die eine nicht sozialistisch und die andere nicht demokratisch. Sie waren beide eben bloß realsozialistisch bzw. realdemokratisch. Allerdings hatte die Realdemokratie die realistischeren Leute, zumindest die geschäftstüchtigeren.

(Ich war schon dabei, ein Briefbündel zusammenzustellen, aber in ein paar Tagen bist du ja da.)

Einen selbstlosen Egoismus, das gibt es! Sieh dir diese Typen doch an. Überall Egoismus, aber kein Ego, kein Ich. Stattdessen pure Funktion, Realismus ohne Rest.
Wieder ein Nachtspaziergang durch die Brunnenstraße. Die etwas altmodische Weihnachtsbeleuchtung in den kleinen Geschäften hat mich auf die richtige Spur gebracht:

Durch solche Straßen sind wir früher in Stuttgart gegangen. Im Dezember fuhren wir jedes Jahr zum Weihnachtseinkauf, und immer kamen wir an der Stelle vorbei, an der »damals« die zerbombte Straßenbahn gestanden hatte, und auch an der Stelle, wo das Haus der Frau Elsner ausgebrannt ist und wo man noch ein paar Brandspuren sah. Und man hat auf die Baulücken gezeigt in der ganzen Stadt und hat wieder von den Kriegsnächten erzählt, von diesem Bunker, in dem Hunderte ums Leben kamen, weil die Tür sich nur nach innen öffnen ließ, und als die Angst ausbrach, und alle nach draußen drängten, haben sie sich erdrückt, keiner hat überlebt. So ging ich durch Stuttgart damals. Stuttgart war ein Ausflug in den Krieg. Allerdings jedes Jahr weniger, bald schon gab es die neuen Fassaden und die neue Straßenbahn. Aber das Gefühl, dass der Krieg nicht fern sei, blieb dennoch. Der Krieg hat sich in der Seele festgefressen (er war ja noch immer zwischen den Leuten), nur fand er bald keine Bestätigung mehr in den Bildern; und ich wusste nicht, ob ich mich täuschte oder ob sich die Anderen gegen diese Wahrheit verschworen hatten und einfach nur für neue Bilder sorgten.

Der Krieg war also verschwunden, und Weihnachten stand bevor, freuet euch, denn euch ist heute … Aber für mich war nicht Weihnachten und für die Leute offenbar auch nicht. Es war nur Dezember, der Himmel war so leicht und so leer, als ob er längst davongeeilt sei und nur etwas Dunst zum Atmen zurückgelassen hätte. Und überall das matte Licht: auf den feuchten Straßen, in den Schaufenstern und auf den Plakaten. Aber die Menschen, die waren schwarz zwischen diesem Licht. Heute auf einmal, hier in der Brunnenstraße, ist der Krieg wieder nah, er ist gerade noch sichtbar. Nicht wegen der Leute, sondern wegen der vernachlässigten Häuser, wegen des Straßenbelags und wegen des Lichts. Das ist vor allem der Krieg: dieses matte Licht. Die Bomben sind es auch, aber die Bilder der Zerstörung empfand ich immer als Erlösung. Jetzt stimmten die Bilder wieder! Denn das Schlimmste ist, wenn die Bilder nicht stimmen, wenn man diese angestrengten Leute sieht, aber um sie herum gibt es Schaufenster und Engel und Weihnachtsmusik. Deshalb waren die Ruinen eine Erlösung. In den Ruinenbildern war der Irrtum beseitigt, die falschen Worte waren getilgt.

»Kind, was ein Krieg ist, das verstehst du nicht«, sagten die Leute und konnten dabei ganz rührselig werden und weich. Folglich konnte der Krieg ein Wunder bewirken und ist deshalb mein geheimer Verbündeter geworden. Wenn es um den Krieg ging, dann konnten die Erwachsenen an einer Straßenkreuzung stehen und sagen: hier habe ich Richard zum letzten Mal gesehen. Diese Kreuzung war also wichtig. Sie war bedeutsam. Mit einiger Mühe war es ihr sogar noch Jahre später anzusehen. Nur die Passanten ahnten nichts und rannten weiter. Aber ich wusste es ja jetzt: So ein paar Bomben machen die Leute demütig und zugänglich. Plötzlich sind sie Menschen und haben ein Gefühl, und so läuft man herum und wünscht sich den Krieg, der gerade aus der Stadt gewichen ist, wieder zurück.

[20. DEZEMBER]

Dass der Aufschwung in ein paar Monaten zu spüren sein wird, glaubt Carola nicht. Das ist doch Schönfärberei. Die wissen doch genau: der Aufschwung kommt frühestens Ende 91.

Das Mietshaus gegenüber: Zwischen einigen Haufen Schneematsch sitzt, sterbend und stumpf, eine Taube im Hof. Der Hausmeister versucht, sie aufzuscheuchen, er schubst sie mit dem Stiefel, sie macht ein paar erfolglose Bewegungen, sackt aber jedes Mal zusammen. Daraufhin holt er die Schaufel und schippt sie in die Mülltonne.

Ein Gespräch mit Onkel Paul: Wir reden über den Golf-Konflikt. Das ist was Aktuelles. Denn was passiert, wenn es wirklich zum Krieg kommt? Da gibt es doch noch die ganzen Stalinisten in der Roten Armee, die haben sich schon immer mit Hussein verstanden. Und wer weiß, ob die Generäle den Gorbatschow nicht abservieren. Der lässt ja einen ehemaligen Verbündeten im Stich. Also ich sag dir, wenn es wirklich zum Krieg kommt, die Sowjets, die halten nicht still. Da können sie endlich doch noch mal gegen die Amis vorgehen, wenn auch nur indirekt.

[2. JAN. 1991]

Jetzt, wo du wieder abgereist bist, kommen mir die restlichen Wochen wie ein Pflichtprogramm vor. Es ist, als hätte ich aus Versehen einen späteren Rückflug gebucht und müsste meine Zeit abwarten. Da sitze ich im Flughafen und habe den Kontakt bereits abgebrochen. Nur noch durch getöntes Sicherheitsglas ist etwas zu sehen von den Autos, den eiligen Leuten, den Neubausiedlungen und den Wiesen dahinter.

[3. JAN.]

Bisher noch keine Zeile geschrieben. Ich war noch nicht einmal draußen. Zu zweit hätten wir uns vielleicht eher dazu aufgerafft. Oder wir wären für einen Tag weggefahren. Ich würde gerne baden. Aber das Bad ist nur zur Reinigung gedacht: die Wanne kurz, das Badezimmer kaum zu heizen. Darauf verzichte ich dann lieber. Stattdessen lese ich den ganzen Tag in der kanadischen Reise von Samuel Hearne: Schnee, Eis, und endlos einsame Strecken.

[4. JAN.]

Die Übergabe des ersten Rettungswagens aus dem Westen: Als ich zur Klinik komme, steht der Wagen bereits weithin sichtbar in der Einfahrt. Im Pförtnerhäuschen warten ein paar Sanitäter, sie unterhalten sich über den plötzlich wieder so heftigen Wintereinbruch, die vielen Unfälle, die vielen Rettungsfahrten und so weiter. Als Metschow kommt (in dickem Mantel), drückt ihm ein bisher schweigsamer Mann einen Zettel in die Hand, es ist eine sauber getippte Rede. Metschow und sein Ghostwriter verziehen sich in eine Ecke, wo Metschow dem Mann die Rede vorliest, er muss sich ja erst noch einmal aller Worte und Sätze versichern. Das Gespräch der Sanitäter hat inzwischen ein anderes Thema gefunden, einer von ihnen ist gerade dabei, jemanden zu imitieren. Mit weiter Geste ruft er mehrfach: »Da kommt jetzt eine Zentralheizung rein, und diese Rohre da, die können Sie vergessen.« Seine Schauspielerei scheint die Anderen zu überzeugen. Sie hören ihm kopfschüttelnd und dennoch voller Zustimmung zu.

Dann die Männer in schlanken, dunklen Mänteln. Dezente Schals. Man begrüßt sich. Ein paar leichte Worte wechseln hin und her. Auch die Presse ist inzwischen gekommen: Männer in weißen oder roten Anoraks, ein oder zwei Kameras über die Schultern gehängt. Man gibt ihnen Informationsmaterial des Autokonzerns, von dem der Rettungswagen stammt. Auch mich fragt man, ob ich Journalist sei. Als ich verneine, zieht man die Broschüre, die man mir schon halb überreicht hatte, wieder zurück. Jetzt ist alles bereit. Ein Mann geht in die Kälte hinaus, öffnet den Wagen, die Schiebetür an der Seite, man kann jetzt die Innenausstattung erkennen: eine Liege mit sterilem Tuch, ein Atemgerät und an der Wand die Schläuche und Flaschen. Aber die Presse interessiert sich noch nicht für den Wagen. Es ist zu kalt. Erst als zwei Dienstwagen vorfahren, geht man hinaus, man schüttelt die Hände, weiße Dunstfahnen stehen über den geöffneten Mündern. Man tritt von einem Bein aufs andere und zieht die Schultern hoch. Dann sondern sich die Journalisten ab, rücken auf die andere Seite: die Trennung der Männer in Prominenz und Presse, in Tat und Medium. Einer der Kameraleute ruft: »Eine Gasse bilden! Bilden Sie bitte eine Gasse vor dem Wagen!«

Er scheint insgeheim das Kommando zu führen. Denn erst jetzt formiert sich alles zu einem offiziellen Akt. Ich gerate zwischen die Fronten, behindere also die Fotografen, gehe daraufhin ein paar Schritte zurück und stehe unversehens neben dem Gesundheitsminister. Alle Kameras arbeiten schon schnell und leise. Ich müsste jetzt nur auf die Idee kommen, dem Minister ausgiebig die Hand zu schütteln.

Dann die Reden. Zuerst der Mann mit der sonoren Stimme, er spricht freiweg (geradezu glattrasiert) im Namen seines Konzerns, er freut sich, bedankt sich ganz herzlich, ist glücklich, feststellen zu dürfen, aus diesem Anlass, wo doch schon lange diesunddas, möchte ganz besonders betonen, unter besonderer Anteilnahme von Soundso, wo doch nun die Zeit der gemeinsamen Blabla beginnt. Alle freuen sich über den neuen Rettungswagen, auch wenn sie ausdrücklich betonen, dass er natürlich möglichst selten zum Einsatz kommen möge. Als Nächster spricht Metschow. Er wirkt zwischen den Firmenvertretern etwas rustikal: klein, wie immer leicht vornüber gebeugt, keine Krawatte, aber eine braune Strickjacke unter dem Mantel. (Metschow und sein brauner Mantel: Man hat den Eindruck, dass das Klischee noch stimmt. Und das ist in diesem Falle eine Wohltat.) Er liest nun also die Rede ab, die man ihm zugesteckt hat. Dann erfolgt die Schlüsselübergabe: Die Kameraleute kommandieren die Politiker. Die haben sich nämlich vorübergehend aus dem Bild geschoben und sollen sich wieder vor den Rettungswagen stellen. So, und jetzt den Schlüssel bitte. Aber der Firmenvertreter drückt dem Mann vom Roten Kreuz den Schlüssel einfach in die Hand, das ist natürlich nichts für ein Foto. Man muss den Schlüssel doch sehen können! Bereits etwas indigniert versucht es der Konzernvertreter noch einmal, diesmal sieht man schon mehr (was man sieht, ist aber vor allem der Schlüsselanhänger). Kurz entschlossen geht der Kameramann nun hinüber und nimmt den Schlüssel selbst in die Hand, hält ihn demonstrativ und mit spitzen Fingern den Kameras entgegen, der Schlüssel zappelt ihm jetzt in der Hand wie ein frisch gefangener Goldfisch. »So!« sagt der Kameramann, »so müssen Sie das machen!«

Drinnen bei Sekt, Kaffee und Gebäck bemerkt die Gattin eines Firmenvertreters, dass sie dieses Krankenhaus erstaunlich perfekt finde. Dabei gibt es einige Leute im Westen, die die medizinische Versorgung hier schlechtmachen. Also wenn ich zum Beispiel nach einem Unfall hier aufwachen würde, ich glaube, ich hätte kein schlechtes Gefühl. Der Sprecher des Autokonzerns gibt zu erkennen, dass er in Eile ist. Während er sich verabschiedet, höre ich das Stichwort »Tegel« auftauchen. Man spricht es mit ungläubigem Staunen nach. Ja, der Vertreter des Autokonzerns muss nach Tegel, denn seine Maschine fliegt um 17 Uhr nach München. Man staunt: Da fährt dieser Mann nach Berlin, um nach München fliegen zu können, warum fährt er denn nicht gleich nach München? Fast schon im Hinausgehen, kehrt er noch einmal an den Tisch mit den einfacheren Leuten zurück, setzt sich für einen

Augenblick und erklärt einem etwas überraschten Mann (er isst noch immer Kuchen), falls sich das hiesige Rote Kreuz für weitere Rettungswagen des Konzerns entscheiden könne, würde man sich bei Wünschen nach einem privaten PKW gewiss kulant zeigen. So geht das also. Dem armen Mann kommt die kulante Vokabel wie geschmiert zu Bewusstsein. Das wird er sich merken. So geschliffen, so geschmeidig und doch so harmlos hat ihm das noch keiner gesagt.

Ich biete Metschow an, ihn in die Stadt mitzunehmen. Allerdings muss ich unterwegs kurz einkaufen. Metschow weiß: Gleich da vorne ist eine Kaufhalle. Er geht sogar mit mir hinein. Drinnen staunt er über die großen Veränderungen. Das letzte Mal war er vielleicht vor einem halben Jahr hier im Laden. Was es jetzt nicht alles gibt! Dabei reagieren die anderen Käufer schon völlig normal. Sie schauen höchstens kurz zu uns herüber. Das scheinen ja zwei besonders Langsame zu sein. Auch was die Anordnung der Waren betrifft, das Regal mit den Nudelpackungen zum Beispiel, kennt Metschow sich nicht mehr aus. Alles umgebaut hier. »Ich kann Ihnen leider nicht helfen«, sagt er, »wissen Sie, das Einkaufen, das macht alles meine Frau.« Beim Verabschieden erwähnt er, dass ich nächste Woche zur Nachtwache kommen könne. Da ist der Wetzel an der Reihe, ein sorgfältiger Mann. »Rufen Sie mich doch einfach an, sagen wir: am Dienstag oder Mittwoch.«

Nachtrag: Der juristische Streit um Metschows Position als amtierender Chefarzt ist noch keinen Millimeter vorangekommen. Wahrscheinlich wird man versuchen, den Konflikt zwischen Körner (Professor und Stalinist) und Metschow (partei- und habilitationslos) typisch einheitsdeutsch zu lösen: mit der Berufung eines Mannes aus Köln oder Nürnberg. Der wäre dann ideologisch und wissenschaftlich hinreichend sterilisiert.

Über diesen Zeilen fiel mir wieder ein, was Metschow im Sommer über seine Stasi-Patienten gesagt hat (»keine Ehrfurcht vor dem Tod«). Jetzt, nachdem ich ihn zwischen diesen Leuten erlebt habe, kommt er mir in seiner ganzen unzeitgemäßen Art fast als ein verirrter Prophet vor. Wenn ich damals genauer nachgefragt hätte, ich traue ihm zu, dass er mir eine apokalyptische Vision ausgemalt hätte. Womöglich hätte er die Menschheit selbst zu einer Geschwulst erklärt, zu einer Wucherung an der Natur. Und in seiner ganzen chirurgischen Resignation hätte er wohl erklärt, der wuchernde Mensch werde zwangsläufig an Krebs zugrunde gehen, ganz und gar, und ein solcher Untergang wäre sogar ein Sieg der Vernunft. Denn (so hätte Metschow vielleicht erklärt), wenn irgendein Lebewesen, Heuschrecken oder Mäuse zum Beispiel, sich über alle Landstriche ausdehnt, wenn es alles anfrisst und verdirbt; dann wird man vernünftigerweise seine Ausrottung betreiben. Und der Mensch? Er allein breitet sich aus, ungehemmt, er wächst und wächst und lässt nichts neben sich bestehen, vom Schlachtvieh und den Schoßhunden einmal abgesehen. Mit dem Menschen ist die Erde ins Stadium ihrer letzten Metastasen übergegangen. Sollte er noch nicht alles durchseucht haben? Sollte er irgendetwas noch verschont haben? Wie der Krebs ist der Mensch ein Zuviel. Längst kennt er keinen Mangel mehr (auch wenn er den Überfluss ungleich verteilt). Wir haben zu viel Müll, zu viel Verkehr, zu viel Geld, zu viel FCKW, zu viel Dioxin, zu viel Röhren, Kabel und Drähte, ein heilloses Gewirr, ach, und dann haben wir ja auch zu viel Asbest, zu viel Sex, zu viele Ferraris und zu viele Sparverträge, zu viele Modeschauen und zu viele Abgeordnete und bei alledem viel zu viele Zuschauer. Und Waffen? Haben wir auch zu viel Atomwaffen? Vielleicht. Eigentlich möchte man nur wünschen, dass es schnell geht und endgültig ist. Aber eines möchte ich noch erleben, ich möchte jene Wesen begleiten, die in vielleicht einer Million Jahren diesen Planeten aufsuchen und nach uns fragen. Mit ihnen möchte ich noch einmal zurücksehen. Ich glaube, in diesem Blick würde ich zur Ruhe kommen. Denn es stimmt alles daran: der Abstand, die Gewalt und das Leid. Es ist das Leid einer atemberaubenden Missgeburt, eines gigantischen Missverständnisses. Als ob die Natur nach all diesen Äonen der Selbstgenügsamkeit über sich habe hinauswachsen und eine Nicht-Natur zeugen wollen. Einen Partner. Aber dabei ist nur der Mensch entstanden, blind und gefräßig, ein letzter Saurier.

[5. JAN.]

Endlich war Elke beim Arzt. Weitere Untersuchungen sind eingeleitet worden. Worin sie bestehen? Elke weiß es nicht, aber den nächsten Termin, den hat sie sich gemerkt: der 6. Februar (in einem Monat!). Diese Verzögerung scheint sie allerdings weniger zu beschäftigen als die Tatsache, dass der Arzt während des Gesprächs ständig ihr Krankenblatt verdeckt hielt. Immer lag die eine oder andere Hand darauf, so als dürfe sie irgendetwas auf keinen Fall erkennen. Ob da wohl etwas nicht in Ordnung ist? Das mit dem Knie wäre ja nicht so schlimm, meint Elke, aber in die Alpen und ein bisschen Wandern, das will sie noch unbedingt erleben, bevor es womöglich schlimmer wird. Wenigstens einmal noch in die Alpen! Dabei nimmt sie jetzt immer häufiger Schmerztabletten.

Heute Mittag habe ich Ingmann getroffen. Er kam mir zwischen einigen Gruppen von Passanten entgegen, zwei Einkaufstaschen in der Hand. Eigentlich wollte ich nur grüßen und weitergehen. Ich wollte ihm nicht wie eine unangenehme Erinnerung im Wege stehen. Aber er begrüßte mich fast überschwänglich und kam nach ein paar Höflichkeiten überraschend auf die Altenpflege zu sprechen. Gegenwärtig seien die Krankenhäuser damit beschäftigt, alte Leute abzuschieben, erklärte er, während ich beruhigt und zugleich erstaunt zur Kenntnis nahm, wie gesund, gut gelaunt und redegewandt er selbst war. Angeblich bekommen die Krankenhäuser seit dem 1. Januar kein Pflegegeld mehr. Nur noch »Krankenbetreuung« lässt sich abrechnen, nicht aber die Altenpflege, wie das bisher war. Jetzt versucht man, die Alten ihren Angehörigen zuzuschieben, es funktioniert aber nicht. Wer hat schon eine entsprechende Wohnung? Also wohin mit den Alten? Für einen Augenblick habe ich überlegt, ob Ingmann wohl selbst einen Angehörigen unterzubringen hat. Ich fand die Frage dann aber zu intim und hatte folglich mehrere Gründe, auf das Thema *Rundschau* überzuleiten. Ja, die *Rundschau* wird eingehen, das ist für Ingmann keine Frage. Schon allein wegen der großen Konkurrenz. Außerdem ist die *Rundschau* ein langweiliges Blatt geworden. Wir verabreden uns für Dienstag im Theater-Café.

[6. JAN.]

Blumen, grell und in sämtlichen Farben irgendwie zusammengebunden, das nennt man hier einen »bunten Strauß«. Ich bin wieder einmal auf dem Weg zum Familiennachmittag. Diesmal komme ich offenbar als Erster an, denn Carola muss, bevor ich eintreten kann, die Kette von der Wohnungstür nehmen. »Das haben jetzt alle«, sagt sie, »diese Ketten und die Gucklöcher in den Türen, was glaubst du, was hier in der Gegend neuerdings eingebrochen wird, das ist die reinste Katastrophe.«

Onkel Theo dominiert wie immer das Gespräch, aber heute ist er ausgesprochen vergnügt. Da hat er sich bei der Steuererklärung zuerst solche Mühe gegeben. Und was hat ihm der Steuerberater dann gesagt? »Schreiben Sie rein, was Ihnen passt«, hat er gesagt, »vor 1994 ist hier keiner in der Lage, irgendwas nachzuprüfen. Die müssen alle erst ausgebildet werden.« Stell dir vor, so was sagt ein Steuerberater! Aber andererseits: Was da an Steuern auf uns zukommt, das ist doch ziemlich drastisch. Ich sag dir, die Leute bringen noch ihren Hund um, bloß weil sich die Hundesteuer verdreifacht hat. Eigentlich hat Onkel Theo keinen Grund zum Lachen: nur noch der halbe Umsatz. Die Leute kaufen in den Supermärkten. Wer kommt da noch in die Fleischerei? Außerdem isst man weniger Fleisch, es gibt ja jetzt mehr Alternativen: Fisch, Gemüse und so weiter. (Ich hatte also unrecht: so starr sind die Essgewohnheiten der Deutschen doch nicht; Onkel Theo zufolge sind sie geradezu anfällig für jede Mode. Und so ein Schlachtermeister weiß plötzlich gar nicht mehr, worauf er sich einzustellen hat.)

Eine halbe Stunde später hat Onkel Paul seinen großen Auftritt. Man spricht nämlich inzwischen über den Golf-Konflikt, und für strategische Fragen ist noch immer Onkel Paul zuständig. Er nutzt die Gelegenheit, um eine noch furchterregendere Vision zu präsentieren als vor zwei Wochen: Die Unterstützung des Irak durch die islamischen Teilrepubliken der UdSSR. Die Moslems halten doch zusammen. Ich wette, da ziehen allein aus der Sowjetunion Hunderttausend freiwillig in den Krieg. Die wollen sich sowieso von der Sowjetunion lösen. Wenn die Islam-Staaten zusammenhalten, dann geht das gegen die Amis und die Russen, die Moslems sind nämlich fanatisch, sag ich dir. Die erklären ihre Selbständigkeit, treten aus der Sowjetunion aus und machen mit Hussein ein Bündnis – und dann? Mensch, ich sag dir, wenn das einen Krieg gibt! Inzwischen scheint Onkel Paul mit allen Katastrophen zu rechnen. Alles ist unberechenbar geworden. Überraschend ist auch die neue Einheit von Onkel Theo und Onkel Paul. Beide schimpfen jetzt auf den Golfkrieg (für den man in Bonn locker ein paar Milliarden springen lässt) und überhaupt auf den Westen (der so arrogant ist) und den neuen Osten (in dem jeder nur noch ans Geld denkt) und die Ausländer (die überall ins Land drängen) und die Beamten (die einfach zu blöde sind). Und die alten Stalinisten! Die stellt doch niemand vor Gericht. Den Schalck-Golodkowski zum Beispiel oder den Markus Wolf. Und warum? Wenn die wollten, die könnten die ganze Bundesregierung hochgehen lassen, was die alles wissen. Auch in Bonn hat doch jeder Dreck am Stecken. Das bleibt jetzt alles unterm Teppich, und die roten Bonzen machen sich 'ne schöne Pension.

So ist nun also über der Dummheit, der Arroganz und der Habsucht der Anderen nach all diesen Jahren endlich der Familienfriede wiederhergestellt. Und weil Freude und Eintracht so groß sind, fahre ich abends mit einer gewaltigen Wurstplatte nach Hause.

[8. JAN.]

Was ich in den letzten Wochen über die Geschichte der *Rundschau* zusammentrage, nimmt allmählich die Form eines Lehrstücks an. Ingmann spielt darin die tragische Figur, die den Kapitalismus zunächst missversteht, ihn dann aber zu durchschauen lernt. Aus seiner Sicht ging es im Konflikt mit Seiffert immer nur um Detailfragen. Was hat man nicht über das Layout geredet! Immer und immer wieder kam Seiffert mit diesen dämlichen Fragen: Wie lang sind die Artikel? Wie ist das Verhältnis von Text und Bild, von Kommentar und Information? Wie eingängig sind die Titel? Und so weiter. Dabei wollte die Reform-Gruppe um Frau Ziegler doch eigentlich über konzeptionelle Fragen reden (wie lassen sich die demokratischen Errungenschaften der Wende fortführen?). Aber das war für Seiffert kein Thema, das hat ihn absolut nicht interessiert. Der hat »ja, ja« gesagt und wieder über den optischen Eindruck geredet. Ingmann hat das lange nicht verstanden. Aber inzwischen kann er, wie eine Brechtsche Figur, das »westliche« Prinzip in griffigen Formeln demaskieren: Das Format einer Zeitung ist lediglich ihre Form. Ihr Profil liegt im Layout.

Gestritten hat man sich, Ingmann zufolge, über so Nebensächliches wie ein Foto vom 3. Oktober: Man sieht darauf den Reichstag und davor Leute mit Deutschlandfahnen. Das war die ganze Aussage. Wir hatten uns vorgenommen, originelle Fotos zu bringen. Aber was dann aus Hamburg eingeflogen kam, das waren ganz normale, bekannte Fotos. An solche Bilder erinnert man sich doch schon fünf Minuten später nicht mehr. Wir haben diese Seite dann einfach nicht gebracht. Das war für uns keine prinzipielle Frage. Dass man in Hamburg daraus einen Konflikt macht, hätte ich nicht gedacht. Aber das war ein Skandal. Wie kann man eine Seite einfach unterschlagen? Die hat doch soundso viel gekostet! Also überall das Geld: Wahrscheinlich investiert die RENZ ohnehin nur, um zu spekulieren. Da hat sie dieses riesige Gebäude mitten in der Stadt für zwei Millionen gekauft. Aber es ist doch bestimmt das Zehnfache wert. Außerdem: die Abonnenten-Kartei. Im Westen werden für jeden Abonnenten, der von einer anderen Zeitung übernommen wird, bis zu 1000 DM bezahlt. Bei 50 000 Abonnenten wären das schon mindestens 50 Millionen!

Weiß Ingmann denn genau, dass die Verkaufssumme lediglich zwei Millionen betrug? Das weiß er nicht, über so etwas redet man nicht. Auch das war für ihn eine überraschende Erfahrung: dass man nichts Genaues erfährt.

Zum Beispiel: Was steht im Kaufvertrag? Wie kommt es, dass nicht einmal der Chefredakteur den Vertrag mit der RENZ kennt? Ja natürlich, hinterher haben wir das auch begriffen: Die Eigentümer schließen einen Vertrag miteinander ab und nicht die Redakteure, die Ost-CDU hat uns an die RENZ verkauft, das ist alles. Also in dieser Hinsicht waren wir völlig naiv. Es hieß, wir würden unsere Eigenständigkeit behalten. Aber dann haben wir begriffen, dass »Eigenständigkeit« ein exakt definierter betriebswirtschaftlicher Begriff ist. Wir sind ein Tochterunternehmen der RENZ und müssen eigenständig wirtschaften: eine eigene Bilanz führen und vor allem eigene Gewinne erwirtschaften. Aber wir sind rechenschaftspflichtig, wir müssen unsere Planung und unsere Personalentscheidungen genehmigen lassen. Unter »Eigenständigkeit« haben wir uns natürlich etwas anderes vorgestellt. Na ja, also da waren wir naiv.

Wir sitzen übrigens im Theater-Café. Es ist völlig leer. Früher sollen die Leute im Foyer Schlange gestanden haben. Jetzt ist das Café zum Davonlaufen, schon der Preise wegen: Ost-Qualität zu West-Preisen. Nach dem Chaos, das seine Wohnung neulich geboten hat, glaubte Ingmann wohl, ein Café für »gehobene Ansprüche« vorschlagen zu müssen. Er trägt jetzt ein glattes, sauberes Hemd, und genauso glatt und sauber ist er auch rasiert. Als seriöser Gesprächspartner sitzt er mir diesmal gegenüber (vor der Holztäfelung und den Reproduktionen alter Stiche und Gemälde). Wir sind, wie gesagt, allein. Ich hasse solche Lokale, in denen man immer fürchtet, schon aus Langeweile lauere das ganze Personal auf jedes Wort und jede Geste. Ich wäre vorhin auch gleich wieder gegangen, wenn nicht sofort ein Kellner angewieselt gekommen wäre und um die Mäntel gebeten hätte. Aufrecht und siegreich ist er dann mit unseren Mänteln davongeeilt und mit zwei Garderoben-Marken zurückgekommen. Du liebe Zeit!

Offenbar färbt der dezente Ton des Lokals auf Ingmann ab: seine Beurteilungen sind jetzt deutlich zurückhaltender. Er kann verstehen, dass die meisten Redakteure Dahlmanns Berufung zum Chefredakteur als undemokratisch empfanden. Aber die haben doch immer nur abgewartet. In den Monaten der Wende, als niemand wusste, was passieren würde, haben sie buchstäblich nichts getan. Da haben wir uns gesagt, jetzt reden wir nicht mehr lange, jetzt machen wir einfach. Das ist der eigentliche Konflikt, und nicht diese Sache mit Dahlmann. Außerdem: eine Wahl, das hätte wochenlange Debatten bedeutet. Wahlvorschläge, Satzungsvorschläge, Definitionen und Positionen (was ist ein Chefredakteur? und brauchen wir nicht vielleicht lieber zwei? und was ist dann ein Chef vom Dienst? Und so weiter). Das kann man nicht machen. In einer solchen Zeit jedenfalls nicht. Man kann nicht monatelang diskutieren, wenn die West-Konkurrenz auf den Markt drängt. Man muss sich sofort einig sein, oder man hat keine Chance. Und wir waren uns absolut nicht einig. Außerdem hat man uns sowieso verkauft, da hätten wir uns die ganzen Überlegungen sparen können.

Ich notiere mir nebenbei wieder einmal die Frage, ob der Westen vielleicht auch deshalb so erfolgreich intervenieren konnte, weil zuvor niemand die Gelegenheit hatte, Konflikte auszutragen, sich einen Standpunkt zu erarbeiten, ein Interesse zu formulieren. Nachdem der SED-Staat gekippt war, traf der Westen auf ein jungfräuliches Land.

Ingmann wartet jedes Mal, wenn ich mich in mein Notizheft vertiefe. Selbst wenn ich ein oder zwei Minuten nicht wieder aufsehe, verharrt er in geduldigem Schweigen. Er ist ganz für mich da. Wie er mit dem Scheitern der *Rundschau* zurechtkommt? Ach, das ist schon halb überstanden. So hat es ja kommen müssen, es ist tatsächlich zum Lachen. Sorgen mache ich mir nur um Frau Ziegler. Die *Rundschau*, das war ihr ganzes Leben. Sie war ja ein paar Jahre länger dabei als ich. Und sie ist auch anfälliger, empfindlicher. Im Grunde genommen ist jetzt ihr ganzes Leben zerstört. Und vor einem Jahr haben wir gedacht, die Wende, das ist endlich die Befreiung – na ja. Als wir uns verabschieden, bittet mich Ingmann, Frau Ziegler zu besuchen. Sie hat sich völlig zurückgezogen, und es wäre gut, wenn sie wieder unter Leute käme. Und vor allem: Sie muss wieder arbeiten, man müsste sie ermuntern, eine Aufgabe zu übernehmen. Das legt mir Ingmann besonders ans Herz.

[9. JAN.]

Wieder ein Fundstück für meine Sammlung! Eine Rede des Bürgermeisters. Gestern hat er die Parlamentarier und Beamten ausdrücklich in Schutz genommen. Die Qualität der Behördenbriefe und Beschlussvorlagen lasse zwar immer noch zu wünschen übrig, hat er erklärt, inzwischen setze sich aber doch wenigstens die Erkenntnis durch, Beschlussvorlagen könnten sowohl gesetzeswidrig als auch undurchführbar sein. Der Bürgermeister kann also aufatmen: »Sollte eine Fraktion oder ein Abgeordneter der verlockenden Versuchung unterliegen und eine gesetzeswidrige oder unrealistische Beschlussvorlage einreichen, so wird diese inzwischen auch als solche erkannt.« (Gottlob!)

[12. JAN.]

Die Nachtwache: Bin morgens nach Hause gekommen, habe eine Weile gelesen, dann geschlafen. Jetzt fängt es schon wieder an, dunkel zu werden. Ich hasse diese Tage, wo man, kaum erwacht, schon dem Abend entgegensieht. Schon steht die Stadt wieder stumm vor dem Fenster. Elke ist bei Walter. Unten im Wohnzimmer fand ich einen gedeckten Tisch und eine entsprechende Notiz.

Also: Was habe ich gemacht? Einen Arzt während der Nachtwache begleitet und im Dienstzimmer auf Anrufe gewartet, ein paar Stunden lang. Dringend sind diese Anrufe selten, obwohl: Man weiß nicht, gestorben wird ja meistens nachts. Das ist praktischer, denn die Nachtwache hat dann die Arbeit und nicht der ohnehin überlastete Tagesdienst. Wir sitzen in einem winzigen Stübchen unterm Dach, in einem ausgedienten Wohnzimmer: zwei verschlissene Sessel, ein Sofa, ein Schrank mit Glasvitrine, in der ein paar Lehrbücher stehen. Der Dielenboden senkt sich nach links hin.

Der Arzt (etwa 40 Jahre alt) trägt das Haar ordentlich gekämmt, als wäre er eigens für diese Nachtwache zum Friseur gegangen. Jetzt sitzt er unter einem schmalen Ölgemälde mit zwei Mohnblumen und berichtet über den seit Neuestem so ausufernden bürokratischen Aufwand. Was er sagt, spricht er leise und vorsichtig, bereit, sich durch die geringste Zwischenbemerkung unterbrechen zu lassen. Da hat man immer geglaubt, hier im Osten, das wäre der Gipfel an Bürokratie, aber was man jetzt bekommen hat, ist um Längen schlimmer. Zum Beispiel die Rezeptblöcke: Früher waren nur Name und Anschrift des Patienten einzutragen – und natürlich das Präparat. Er zeigt mir ein altes, graues Formular. Jetzt gibt es weiße Rezeptblöcke, aber man muss dort nicht nur Name und Adresse eintragen, sondern auch die Krankenkasse und ob jemand von der Rezeptgebühr befreit ist oder nicht; und dann muss man in die Felder da unten etwas eintragen, aber das hat er noch nicht verstanden. Außerdem darf man nicht über den Rand der Felder schreiben, weil sonst die elektronische Verarbeitung nicht klappt. In der ersten Woche kamen fast alle Rezepte unbearbeitet wieder zurück. Und seit zwei Wochen ist nun gleich wieder alles ganz anders, denn die Poliklinik unten ist nun als Krankenhaus eingestuft und darf an ihre ambulanten Patienten gar keine Rezepte mehr ausgeben. Das ist vielleicht ein Chaos!

Das Krankenzimmer, in das ich ihn später begleite, ist stickig und völlig überheizt (natürlich!). Außerdem wirkt es ungeheuer klein. An der einen Wand stehen hintereinander zwei Betten. Das Fußende des einen berührt das Kopfende des anderen. Es scheint, als habe man die Betten noch gekürzt, um sie zwischen Fenster und Tür quetschen zu können. Prokrustes-Betten. Zwei Männer liegen in ihnen. Neben den Betten ein schmaler Gang, und dann, schon an der anderen Wand, ein Waschbecken und zwei alte Wohnzimmerschränke, denen man kräftige Holzkeile unterlegt hat, um sie einigermaßen an der Wand zu halten. Kein Stuhl, kein Tisch. Ein Hocker steht neben jedem Bett. Er ersetzt das Nachtschränkchen. Wohin mit den Blumen? Wohin mit dem Buch, mit der Limonadenflasche? Alles steht oder liegt unterm Bett oder auf dem Hocker. Einer der beiden Männer schläft, der andere starrt unverrückt auf den gegenüberliegenden Schrank. So oft wir seine Blickrichtung kreuzen, müsste er uns eigentlich bemerken, aber man sieht ihm nichts davon an. Kein Aufflackern in den Augen, kein Erkennen. Es ist sehr hell im

Zimmer, volles Neonlicht an der Decke. Es brannte schon, als wir eintraten.

Im Nachbarzimmer: ein Mann mit nacktem Unterleib, er unternimmt nichts, seine Blöße zu bedecken. Mich akzeptiert er offenbar sofort als zweiten Arzt. Draußen knüpft der Arzt unvermittelt wieder an das Thema an, das ich für abgeschlossen hielt: die Bürokratie. Weil die Poliklinik jetzt, wie gesagt, als Krankenhaus gilt, brauchen die Patienten seit dem 1. Januar einen Überweisungsschein. Das sehen sie aber nicht ein: Seit Monaten oder sogar Jahren werden sie hier behandelt, und jetzt sollen sie zuerst zu einem Allgemeinmediziner gehen, bloß wegen einer Unterschrift. Und weil es noch wenig Allgemeinmediziner gibt, sind die Wartezeiten extrem lang. Ach, und vom Streik der westdeutschen Pharmaindustrie haben Sie ja wohl gehört? Das hat hier einen richtigen Aufruhr gegeben. Da haben wir unsere Patienten auf bestimmte West-Präparate eingestellt, die plötzlich nicht mehr auf dem Markt sind. Das würden die sich mit BRD-Bürgern nicht erlauben! Und die Pharma-Industrie im Osten, die ist ja pleite. Obwohl: Sie hat keine schlechten Medikamente gemacht.

Bevor wir wieder ins Dienstzimmer hinaufgehen, sieht der Arzt noch kurz in ein Einzelzimmer. Mitkommen kann ich diesmal nicht. Der Arzt ist ein wenig verlegen geworden und erklärt schließlich, dieses Zimmer sei so etwas wie ein Sterbezimmer. Mich dahin mitzunehmen, das wäre zu intim. Zu einer Frau, die im Sterben liegt, kann ich nicht mitkommen, zu der Toten dann nachher schon (das scheint ihm also weniger intim zu sein). Ich warte vor dem Zimmer, ans Fenster gelehnt. Unten sehe ich eine Bogenlampe, ein Pförtnerhäuschen, eine Schranke. Der Pförtner reckt sich und gähnt. Die ganze Zeit über starrt er in eine Ecke, in der ein mattes, graues Licht flackert (offenbar ein Fernseher). Dann fährt ein Wagen vom Gelände. Der Pförtner dreht sich um und winkt.

Als wir ins Dienstzimmer hinaufgehen, erklärt der Arzt, er habe der Sterbenden noch einmal ein Schmerzmittel gespritzt. Sie ist nicht mehr bei Bewusstsein, schon seit Tagen eigentlich nicht. Warum dann noch ein Schmerzmittel? Hat sie in diesem Stadium noch Schmerzen? Der Arzt sagt: »Also ein richtiges Koma ist das nicht.« Oben wieder die Wohnzimmer-Atmosphäre: Braune Tapeten, teilweise abgelöst, knarrender Dielenfußboden, Neonlicht und geblümte Gardinen. Ohne zu erwähnen, dass wir auf diesen Tod warten, sagt der Arzt, kürzlich sei zum Beispiel ein Mann gestorben, der bis zuletzt nicht wollte, dass seine Frau die ganze Diagnose erfährt. Aber die Frau wusste längst Bescheid und wollte ihrerseits dem Mann die schlimme Wahrheit verschweigen. So saßen sie im Krankenzimmer und haben sich Zukunftspläne vorgespielt. Und kein Arzt hat diesen Zustand durch das eine vielleicht erlösende Wort durchbrochen. Andererseits; wer weiß, ob es ein erlösendes Wort gewesen wäre. Welchen Sinn hat es, den Leuten die Hoffnung zu nehmen? Seit sieben Jahren ist der Arzt jetzt hier, das Wort »Krebs« hat er aber noch nie ausgesprochen. Man sagt, wenn man nachdrücklich gefragt wird, »Geschwulst« oder »ein ernster Befund«. Es ist gut, wenn die Patienten nicht ganz ohne Ahnung sind. Aber eine Hoffnung soll man ihnen lassen. Und sobald sie beginnen, etwas zu vermuten, hat man sofort ein ganz anderes Verhältnis zu ihnen. Sie werden anhänglicher, was einem manchmal schon fast unangenehm ist. So nah möchte man das nicht haben. Es wird dann ein ganz weiches Verhältnis. Der Arzt sagt tatsächlich: »ein weiches Verhältnis«.

Weil auf der Station ein paar Betten frei sind, bringt man am späten Abend noch eine Notaufnahme hier unter: ein Patient mit Verdacht auf Tripper und Nebenhodenentzündung. Die Nachtschwester ist damit überhaupt nicht einverstanden: Ein solcher Patient gehört nicht auf diese Station. Sie will, dass der Arzt sich der Aufnahme widersetzt, er soll sofort Dr. Reimann anrufen. Er aber nimmt das alles kommentarlos zur Kenntnis, widerspricht weder den Krankenpflegern, die den Patienten gebracht haben, noch der Nachtschwester; stumm duckt er sich unter dem Konflikt hindurch und geht ins Behandlungszimmer. So ist es am besten. Wenn man sich erst einmal auf diesen Streit einlässt, schafft man sich nur Schwierigkeiten: Man verhaspelt sich, kommt ins Stocken, der

Nachtschwester ist man rhetorisch unterlegen, und die Krankenpfleger können sich auf ihre Anweisungen herausreden. Und Dr. Reimann selbst anzurufen, nein, das kann man sich nicht leisten.

Im Behandlungszimmer sitzt der Patient, ein etwa 30-Jähriger, schmächtiger Mann, bereits auf der Liege. Er scheint von Schmerzen nicht sonderlich gequält zu sein, kein verzerrtes Gesicht, kein zurückgehaltener Atem. Aber andererseits auch keine Frage. Was der Arzt vermutet, wenn er eine geschwollene Stelle entdeckt, und was er feststellt, wenn er Blutdruck misst, alles keine Frage. Nicht einmal: Wie lange er denn jetzt im Krankenhaus bleiben muss. Der Mann weiß: Er ist krank und soll stationär behandelt werden, das reicht. Es gibt an diesem Körper keinen Intimbereich, alles zeigt er her, alles lässt er über sich ergehen: Kein Zögern bei der Bitte, die Hose »ein bisschen« herunterzuziehen. Alles ist so selbstverständlich wie die Tatsache, dass man lebt. Eine Viertelstunde später hat er sich unterschiedslos in die Männergemeinschaft, die in Bademänteln draußen vor dem Fernseher sitzt, eingefügt. Kein Kopfschütteln: Wo bin ich nur hingeraten? Und für die Männer, denen er von seiner Nebenhodenentzündung berichtet, ist er wieder ein Beispiel für die Harmlosigkeit der Krankheiten, die auf dieser Station auskuriert werden. »Wird schon werden, mein Junge.«

Dieses Leben auf dem Flur. Selbst jetzt um halb elf ist es noch nicht zur Ruhe gekommen. Auf der Nachbarstation, um die Ecke, höre ich eine Männerstimme, (der trockene, forsche Tonfall eines älteren Arztes): »Na, wie geht's?« Eine junge Frauenstimme antwortet ihm aufgeräumt, fast freudig. »Ach«, sagt sie, »in den letzten Tagen haben sich jetzt doch allmählich starke Schmerzen eingestellt ...« Das weitere Gespräch geht unter den Geräuschen der Station verloren. Aber noch für eine Weile höre ich den Klang der beiden Stimmen. Ich versuche, dem harmlosen Ton zum Trotz, die Worte ernst zu nehmen. Man hatte offenbar seit Längerem mit dem Einsetzen starker Schmerzen gerechnet. Sie waren ausgeblieben, und man hatte gehofft. Nun stellen sie sich aber doch ein.

Die schlimmen Prognosen bewahrheiten sich also. Die Geräte haben mehr erkannt als der Körper. Das Wunder ist ausgeblieben. Das alles vermute ich, während die Frau noch immer mit fast verführerischem Ton spricht, noch einmal Glanz in ihre Stimme bringt, wenigstens in ihre Stimme. Aber wenn man den Worten Glauben schenkt, steht dort eine von ihrer Krankheit gezeichnete Frau: ein Bademantel, ein graues Gesicht, offenes Haar und ein Krankengeruch (den sie mit übertrieben viel Parfüm bändigt). Vielleicht habe ich mich auch verhört, oder vielleicht kann ein solcher Satz doch noch etwas völlig anderes bedeuten.

Obwohl ich mehrmals betone, von Medizin keine Ahnung zu haben, neigt der Arzt dazu, mir jede Entscheidung zu begründen. Auch im Falle des Tripper-Patienten beginnt er, sämtliche Maßnahmen zu rechtfertigen. Sollte man vielleicht doch die Penizillin-Dosis erhöhen? Aber der Verdacht hat sich doch noch nicht bestätigt. Morgen kann man die Dosis ja immer noch erhöhen. Jetzt werden wir erst einmal den Abstrich untersuchen. Mit dem Glas, einer kleinen, blau verschmierten Scheibe fürs Mikroskop, gehen wir wieder nach oben, unters Dach, in ein anderes Stübchen. Auch hier ein alter Schrank, der aus dem Bestand meiner Großmutter stammen könnte. Die linke Tür lässt sich nicht mehr schließen. Daneben ein ebenso alter, stark ramponierter Schreibtisch, auf dem das Mikroskop steht. Der Arzt schiebt das Glas darunter, beginnt, mit der Einstellung zu spielen und sagt nach einer Weile: »Was ich suche, wären solche Diplokokken gewesen.« Ich entnehme dieser Formulierung, dass er nichts gefunden hat, aber wie sich herausstellt, hat die Suche noch gar nicht begonnen. »Da sehe ich auch schon etwas«, sagt er dann nach langen Minuten. Also ist der Befund doch positiv? Nun ja, vielleicht. Aber diese Diplokokken müssten eigentlich innerhalb der Zelle selbst zu sehen sein, dort befinden sie sich doch meist. Er bietet mir an, selbst hineinzusehen. Aber wonach soll ich denn suchen? Ja, also diese Diplokokken, die sehen dunkelblau aus und gleichen einer Semmel. Was ich sehe, ist zunächst nur ein ungeheures Huschen von Schwarz und Blau vor einem hellen Hintergrund. Meine Augenwimpern sehe ich auch immer wieder, ich kann mit dem Blick nichts fixieren, alles dreht sich, jagt mit rasender Geschwindigkeit irgendwohin, nach oben oder unten. Semmelartige Gebilde, das war der gesuchte Gegenstand. Bei Punkt 51 hatte der Arzt eine Diplokokke in der Zelle lokalisiert, aber ich kann den Punkt 51 gar nicht finden, ich kann nicht einmal unterscheiden, was eine Zelle ist, und was das Drumherum. Welche dieser Formen, die allmählich ruhiger werden, ist eine Zelle? Diese großen blauen Gebilde etwa? Ja, diese blauen Gebilde sind Zellen, genauer gesagt: Leukos, und wenn viele vorhanden sind, deutet das auf einen Entzündungsprozess hin. In den Leukos sieht man kleinere, tiefblaue Kerne, und neben den blauen Kernen vereinzelt granulatartige Splitter. Um die geht es also? Nun ja, sie müßten massenweise auftauchen und semmelförmig sein. – Aber was heißt »semmelförmig«? – Na bei uns nennt man das eine Semmel, diese Brötchen mit dem Schlitz in der Mitte. Aber diese Gebilde sehen nicht aus wie »Semmeln«. Also was tun? Nun, dann schreiben wir: »unklarer Befund: susp. Diplokokken« – also: verdächtige Erreger.

Der Arzt ist noch einmal zu der Sterbenden hinuntergegangen. Das müsste eigentlich nicht sein. Aber irgendwie fühlt man sich schuldig, wenn man so jemanden alleine lässt. Im Fernsehen läuft die Schlussszene eines Krimis: Ein Mann fährt auf regennasser Straße davon – nachts natürlich. Draußen fährt dagegen ein Unfallwagen, man erkennt es an dem Blau, das sich im entsprechenden Rhythmus an der Decke reflektiert. Ich gehe ans Fenster, ein schmales, zugiges Dachfenster. Über das Gelände treibt Schnee, allerdings in lockeren, leichten Wirbeln. Der Pförtner hat offenbar denselben Krimi gesehen und seinen Fernseher gerade abgeschaltet. Jetzt öffnet er die Tür seines Häuschens. Dann verschwindet er drinnen für einen Augenblick, kommt mit einem Fahrrad zurück und schiebt es in den Schnee hinaus. Er fährt recht unsicher davon. Die Schranke hat er offen gelassen.

Das Krankenhausgelände: Viel kann ich nicht erkennen, einige kleinere Gebäude, die unteren Stockwerke von Bogenlampen gelb angestrahlt. Das Eindrücklichste ist das gelbe Licht auf dem ganzen Gelände. Die Nacht, die Schneewirbel, das gelbe Licht. Fast alle Fenster sind dunkel, man schläft also. Ein paar Minuten später ist der Pförtner wieder zurück. Vielleicht hat er einen Kontrollgang gemacht. Statt sich wieder niederzulassen, zieht er nun die Vorhänge zu. Dann tritt er ins Freie, stellt sich in einigem Abstand vor dem Häuschen auf und sieht es an. Offensichtlich prüft er, ob die Vorhänge ordentlich geschlossen sind. Er hat also Feierabend. Ich suche einen anderen Film, möglichst noch einen Krimi, es darf auch ein Horrorfilm sein. Jetzt habe ich Bedarf an viel Entsetzen. Nur RTL sendet noch. Es ist ein Science-Fiction: ein schwarzes Universum und diese endlos entfernten Planeten.

Als der Arzt zurückkommt, sagt er: »Das hat ein bisschen lang gedauert, aber ich musste noch …« Ich versuche, die sich anbahnende Entschuldigung durch ein eiliges »nein nein« zu unterlaufen und durch die Frage, wie denn der Abtransport der Toten organisiert wird. Der Arzt nimmt meine Frage (oder auch meine Weigerung, seine Entschuldigung anzuhören) verhalten lächelnd zur Kenntnis und erklärt, früher seien »bei Bedarf« zwei Studenten angefordert worden, nicht vor 11 Uhr abends. Die haben den Toten auf einem Karren über den Hof geschoben, auf einem einfachen Karren, mit einem Tuch bedeckt. Mehr war das nicht. Ab 22 Uhr mussten die Patienten in den Zimmern bleiben, aber den Karren hat man natürlich überall gehört, dieses Holpern und Quietschen. Die Patienten haben immer ihre Anspielungen gemacht: Na, da wird wieder eine Leiche weggekarrt. Verheimlichen kann man so was nicht. Heute ist eine West-Firma damit beauftragt – »Sehnsucht« heißt sie. Sie kommt nachts mit ihrem Transporter und bringt die Toten in die Pathologie hinüber. Das ist unauffälliger. Inzwischen hat der Arzt seinen Redefluss gefunden; ich brauche keine Fragen mehr zu stellen. Immer noch lächelnd (es ist allerdings inzwischen das bittere Lächeln der Schwermütigen) berichtet er von seinem »schlimmsten Todesfall«. Damals war er gerade erst eingestellt worden und musste eine

Nacht am Bett eines Mädchens sitzen: Fünf Jahre alt, Gehirntumor. Die Mutter hatte es abgegeben, aber es hatte bereits eine neue Mutter gefunden, die hat ihm sogar schon ein Zimmer eingerichtet. Genau diese Worte benutzte der Arzt, ich weiß es, denn ich habe nicht gewagt nachzufragen: was heißt »die Mutter hat das Kind abgegeben«, und was heißt: Es hat eine neue Mutter »gefunden«? Ich habe nicht nachgefragt, weil das Gleichgewicht zwischen uns (und in jedem von uns) in diesem Augenblick zu labil war. Nur deshalb sprach er mit so tonloser, unsentimentaler Stimme. Als sei es ganz alltäglich, dass sich ein todkrankes Mädchen eine Mutter sucht wie eine neue Wohnung. Und dann lag das Mädchen im Krankenzimmer und hatte immer Krämpfe, Schüttelkrämpfe. Aber selbst ganz am Ende auch noch ab und zu ein klares Bewusstsein. Deswegen musste jemand bei ihm sitzen – und wegen der Krämpfe, es hätte sich ja verletzen können. Dazu hat man den jüngsten Arzt verpflichtet. Und der Jüngste, das war damals er, dieser bleiche Arzt, der jetzt unter dem Bild mit dem roten Mohn sitzt und einen Schlusssatz sucht, etwas wenigstens halbwegs Erlösendes, aber dann sagt er nur: »Alles was wir machen, ist doch nur noch Symptombehandlung.«

Über Zeitschleusen sind die Science-Fiction-Helden inzwischen ins 23. Jahrhundert gekommen (auch eine Form von Unsterblichkeit). Das wäre wohl das Schlimmste, was passieren kann: Dass der Mensch durch irgendeinen medizinischen Trick unsterblich wird. Dann wäre er wohl endgültig davon überzeugt, dass ihm alles gehört. Überall Besitz und immer Gegenwart. Draußen über dem Krankenhausgelände liegt weiterhin das gelbe Licht; der Schnee fällt jetzt sanft und schwarz. Wir schalten den Fernseher und die Deckenlampe aus, im Halbdunkel setzt sich der Arzt in seinen Sessel, rückt sich noch einen Stuhl heran, für die Beine; ich lege mich auf die Couch, drehe mich für eine Weile hin und her und schlafe schließlich doch ein. Jedes Mal wenn ich aufwache, sitzt der Arzt in fast unveränderter Haltung dort im Sessel. Vielleicht war er auch mal für eine halbe Stunde unten auf der Station, und ich habe es nicht bemerkt.

Dann kurz nach vier Uhr wird er gerufen, jetzt ist die Frau gestorben. Jetzt kann ich mitkommen. Unten fällt es mir zuerst schwer, in diesem Gesicht etwas Menschliches zu erkennen. Es hat etwas Falsches. Aber während der Arzt die Formulare ausfüllt, also nur Minuten später, ist das Gesicht lebendiger geworden. Ich kenne mich fast schon aus mit ihm: etwas Strenges, etwas Verbittertes, etwas Enttäuschtes. Etwas Entscheidendes, das nicht eingetroffen ist. Und das soll jetzt der letzte Ausdruck sein, die letzte Miene? Wenn man tagelang oder wochenlang gefahren ist, eine weite Strecke, und viele Umwege dazwischen, man kann am Ende nicht glauben, dass man jetzt angekommen sein soll, alles drängt in einem weiter.

Der Arzt hat seine Formalitäten erledigt, und ich frage ihn, ob wir ein paar Schritte hinausgehen können. Als wir unten die Tür öffnen, fällt Schnee herein, denn über Nacht hat der Wind eine richtige Schneewehe vor den Eingang gewirbelt. Es ist unglaublich kalt, man hält den Atem an, aber es ist eine wohltuende Kälte, das Einzige, was hilft: etwas erbarmungslos Kaltes. Man ahnt die Stadt um uns herum, die Gebäude, die letzten Autos. Es tut nach dieser Enge gut, dass jetzt, in der nächtlichen Kälte, alle Gebäude auseinanderrücken.

[14. JAN.]

Elke sagt: Früher hatten wir nur die falsche Regierung, heute haben wir die richtige Regierung, aber sonst lauter Fehler. (Sie lacht überrascht, weil ihr diese Pointe einfach so herausgerutscht ist. Also glaubt sie selbst nicht so recht daran.)

»Im Februar bebt die Erde!« Seit Tagen steht es auf Hunderten von Plakaten in der Stadt – nur dieser Satz und sonst nichts. Das hat wilde Spekulationen ausgelöst: Vielleicht steckt eine linke Gruppe dahinter oder eine religiöse Sekte (vor denen wird ohnehin so viel gewarnt). Auch im Rathaus ist man ratlos. Seit gestern ist das Rätsel nun gelöst: Ein zweites Plakat lädt nämlich zur Eröffnung einer Discothek ein. Auf die allgemeine Unruhe angesprochen, gab sich der Düsseldorfer Disco-Besitzer überrascht.

Eine große Verunsicherung sollen seine Plakate ausgelöst haben? Ach du liebe Zeit, Werbung ist nun eben mal so. Da denkt sich doch niemand was dabei.

Bunge, dieser Pechvogel! Die Treuhandanstalt hat ihm mit einem Betrugsverfahren gedroht. Sie beschuldigt ihn, den Hof in Tressow unrechtmäßig erworben zu haben. Als ehemals konspiratives Objekt des MfS ist der Hof nämlich im Besitz der Treuhand; das Grundbuch, das Hubrich als Eigentümer nennt, ist in dieser Frage nicht ausschlaggebend, denn das hat die Stasi selbst gefälscht. Sie konnte sich ja nicht in aller Öffentlichkeit als Eigentümerin des »konspirativen Objekts« zu erkennen geben. Der Verkauf war also illegal. Immerhin: Bunge kann noch lachen. Dass ausgerechnet er mit der Stasi paktiert haben soll, das sei doch nun wirklich eine Pointe für mein Buch, das müsse ich schreiben. Zum Glück liegt die Kaufsumme noch auf einem Sperrkonto. Aber wer ersetzt Bunge jetzt die bisherigen Renovierungskosten, einen Kredit von 30 000 DM?

Inzwischen ist man in Bonn also der Meinung, dass die Talsohle noch nicht erreicht sei, aber von den Regierungsbänken aus sieht man das Licht am Ende des Tunnels bereits mit aller Deutlichkeit. Na bitte!

[16. JAN.]

Das Gespräch mit Seiffert: Zunächst lässt er mich ziemlich lange warten. Ich sitze in seinem Büro, dem Zimmer des ehemaligen Chefredakteurs. Der Heizkörper befindet sich direkt hinter der Couchgarnitur für Gäste. Ständig streicht mir warme Luft den Nacken hinauf. Es wird nicht lange dauern, bis ich Kopfschmerzen habe. Dazu der hochdosierte Kaffee, den eine Sekretärin gebracht hat. Milch gibt es (wie immer) keine. Zunächst will ich den Kaffee ignorieren, aus Langeweile nippe ich dann aber doch hin und wieder daran. Als Seiffert schließlich kommt, sagt er lächelnd: »Alles redet über den Golf-Konflikt, und Sie interessieren sich ausgerechnet für den Konflikt in der *Rundschau*. Er gibt sich als lockerer, ironischer Typ (auch hinsichtlich seiner Kleidung ist er ganz die Verkörperung des smarten Managers: hell, leger, korrekt). Die RENZ hat niemanden entlassen, das will er vorweg klargestellt wissen. Nein, entlassen wurde niemand, obwohl die finanzielle Lage dies nahegelegt hätte. Auch Dahlmann wurde lediglich als Chefredakteur abgelöst. Wenn man das als Entlassung versteht, ist das eine Verleumdung. Bei uns wird niemand entlassen. Wir kommen nicht daher wie der typische Kapitalist, der sofort Gewinne machen will.

Dass die *Rundschau* zwei Millionen gekostet hat, kann Seiffert nicht bestätigen – dementieren auch nicht. So etwas wird nicht veröffentlicht. Aber die *Rundschau* ist kein Spekulationsobjekt, das bestreitet Seiffert entschieden. Die Sache ist doch ganz einfach: Sofort nach der Wende hat alle Welt angefangen, in den Osten zu expandieren. Wenn sich aber die Konkurrenz ausbreitet, kann man nicht tatenlos zusehen, sonst wird man zwischen den Großen zerrieben. Wir haben also ein unseren Möglichkeiten entsprechendes Objekt gesucht, und natürlich sind wir ernsthaft an ihm interessiert. Seiffert ist inzwischen aufgestanden. Ist er nun doch nervös oder verärgert? Aber nein, er geht lediglich ins Nebenzimmer, um noch etwas Kaffee zu holen, damit wir uns dann wieder in Ruhe unterhalten können. Also, die interne Krise: Anfangs waren die Konflikte völlig marginal, kleine Reibereien wegen dieses komischen Fotos von Wałęsa zum Beispiel. Der hat auf einem Foto ein ziemlich unmögliches Gesicht gemacht. Mein Gott, eine Zeitung muss doch auch Spaß verstehen, vor allem auf der Unterhaltungsseite. Aber die Redaktion hier war merkwürdig prüde. Nun ja, wir haben das geschluckt, so wichtig ist es ja nicht, und es hätte sich ja auch bessern können.

Man nimmt Seiffert diese Nachgiebigkeit ab, so wichtig sind ihm diese Dinge nicht. Er hat für alles Verständnis. Er scheint mit jedem Einwand zu rechnen. Kritik macht ihn keineswegs verlegen, verärgert, verschlossen, im Gegenteil, sie ist ihm recht, ja, natürlich, man kann alles auch anders sehen. Aber dass die Redaktion die Sonderseite mit den Fotos von den Feiern zur deutschen Einheit einfach gestrichen hat, das geht nun eben genau nicht. So eine Sonderseite, die kostet einen Haufen Geld, da stecken massenweise Überstunden drin, und hier wird sie einfach rausgeschmissen. Von mir aus (sagt Seiffert) hätte man ja andere Fotos bringen können, aber das muss man vorher klären.

Gab es Kontroversen in den sogenannten strategischen Fragen? In den Fragen eines publizistischen Profils? – Ach wo! Wir waren uns immer einig: Wir wollten eine liberale Zeitung, kritisch, informativ. Das stand nie in Frage. Das ist doch völlig klar. Aber hier hat man einfach nicht verstanden, wie man eine Zeitung macht. Sehen Sie, die Hauptfragen sind doch ganz andere: den Andrucktermin um ein paar Stunden zu verschieben, überhaupt aktueller werden, Generalanzeiger werden, Kreisredaktionen aufbauen und so weiter, auch eine funktionierende Anzeigenabteilung. Das sind die Probleme. Aber nicht diese kleinlichen Streitereien um ein Foto.

Außerdem sind wir hier einfach zu langsam. Wir verwalten noch zu sehr Meldungen. Die Redakteure müssen lernen, an die Leute ranzugehen, ins Rathaus oder in den Landtag. Ran an die Leute. Aber dazu muss man die Mitarbeiter ermutigen. Man kann sie nicht immer nur kritisieren. Und dann auch noch all diese ungeklärten Positionen und Ressorts: Mir ist egal, wer welche Funktion übernimmt, aber sie muss geklärt sein. Ich hätte Frau Ziegler gerne als Chefredakteurin gehabt und ihr einen zweiten, erfahrenen Chefredakteur zur Seite gestellt. Aber sie hat alle Vorschläge abgelehnt; sie hat sich offiziell in den Hintergrund gestellt, sich dann aber doch permanent überall eingemischt. So kann eine Zeitung aber nicht arbeiten, die Kompetenzen müssen klar sein. Was der eine anordnet, kann nicht mit Rücksicht auf einen anderen wieder verändert werden. So zerfleischt man sich und viel Zeit geht verloren. Ich halte Frau Ziegler übrigens für eine ganz außergewöhnliche Journalistin, und ich weiß, wie sehr sie sich für diese Zeitung engagiert hat, gerade auch während der Wende. Von mir aus hätte sie mehr Verantwortung übernehmen können. Aber in dieser Angelegenheit war sie irgendwie verkorkst und völlig unberechenbar. Sie können mir glauben: Es gab keine Streiterei wegen irgendwelcher Meinungen. Wir haben keine politische Linie vorgegeben. Aber wir mussten auf praktische Entscheidungen drängen – und natürlich auf Kompetenz und Ruhe in der Redaktion. Dabei haben wir lediglich den Chefredakteur, Herrn Dahlmann, abgelöst, weiter nichts! Es tut uns leid, dass er daraufhin gekündigt hat – und auch Frau Ziegler. Wir hätten gerne alle behalten. Also ehrlich gesagt, ich verstehe das nicht.

Ist die RENZ nun mit diesem Kauf glücklich? Seiffert zögert einen Augenblick. Offenbar ist man in Hamburg nicht glücklich. Man hatte mit dem Zusammenbruch des SED-Pressemonopols gerechnet. Aber der ist nicht eingetreten. Im Gegenteil: Mit West-Kapital hat sich das SED-Monopol prima wenden lassen. Die SED geht, das Monopol bleibt. Ganz einfach. Dabei ist es doch eigentlich unglaublich. Während Seiffert das sagt, kommt ein Redakteur ins Zimmer. Er schreibt gerade an einem Artikel über die verschärfte Kontrolle auf den Flughäfen (die Golfkrise!). Nur einen Aufhänger braucht er noch. Er schlägt vor, mit irgendetwas zu beginnen, was Seiffert auf dem Rückflug von Hamburg beobachtet hat. Der hat aber nichts Besonderes bemerkt, keine verschärften Kontrollen, tut ihm leid. Aber vielleicht könnte man den Miersch anrufen? Der Redakteur erklärt, dass er das schon getan habe, und Seiffert sagt anerkennend: »Na bitte! Und von mir aus können Sie als Aufhänger ruhig nehmen, dass der Seiffert von der *Rundschau* mal wieder nichts bemerkt hat.« Der Redakteur geht mit breitestem Grinsen hinaus.

Das war eine deutliche Demonstration: Zu Seiffert kommen die Angestellten tatsächlich mit vertraulichem Lächeln. Er ist kollegial, akzeptiert jede Frage, jede Unsicherheit, antwortet geduldig. Es gibt nichts, worüber man nicht reden könnte – das ist seine Devise. So ist er wahrscheinlich wirklich: keine Verkorkstheit, keine Narben, keine Vergangenheit. Im Vergleich zu Seiffert wirkt Ingmann nun doch fast als Sonderling. Da hatte er sich über ein demokratisch-liberales Profil den Kopf zerbrochen. Aber mit Seiffert hatte sich darüber nicht diskutieren lassen. Das ganze Jahr über nicht. Seiffert hat sich für die Anzeigenabteilung interessiert und für den

Andrucktermin. Wie hätte man sich da verstehen sollen? Das war kein Konflikt, wie man ihn sich vorstellt: Meinung – Gegenmeinung. Vielmehr hatte jeder den Anderen im Verdacht, den eigentlichen Konflikt nicht wahrzunehmen. So hat man die ganzen Monate aneinander vorbeigestritten. Und jeder hat über den Anderen den Kopf geschüttelt: Der Ingmann immer mit seinem demokratischen Bekenntnis; oder: Warum der Seiffert nur immer mit seinem Layout daherkommt! Das war bis zuletzt kein Konflikt, das war erstarrte Konfliktunfähigkeit. Nur der Markt und die Konkurrenz haben diese Starre schließlich auf ihre Weise aufgebrochen.

[17. JAN.]

Vor einiger Zeit hat Elkes Betrieb einen Teil seines Geländes an einen westdeutschen Getränke-Großhändler verkauft. Bestandteil des Vertrags war die Übernahme von 40 Belegschaftsmitgliedern. Allerdings hatte man vergessen, vertraglich festzulegen, dass diesen Arbeitern (meist Frauen) nicht gleich wieder gekündigt werden darf. Und genau das geschieht nun. Man ist schließlich in der freien Marktwirtschaft und kann seine Arbeiter entlassen, zumindest in der Probezeit. Elke ist empört: Da hat man dem Getränkehändler einen günstigen Preis gemacht, um einigen Frauen die Arbeitslosigkeit zu ersparen, und nun stehen sie schon nach ein paar Monaten auf der Straße! Angeblich wegen schlechter Auftragslage. Dabei inseriert der Mann jeden Tag; der sucht junge, aktive Mitarbeiterinnen. Ja, mit 50-jährigen Frauen kann man sich vor keiner Kundschaft sehen lassen.

[19. JAN.]

Tauwetter, Regen, Schneematsch. Die Verkaufsstände auf der Berliner Straße sind längst verschwunden. Auch die dürftigen Auslagen der letzten Vietnamesen. Aus dem Menschenstrom, der sich unter Regenschirmen die Fußgängerzone entlangschiebt, ragt jetzt ein magerer Mann. Er hat sich auf eine Bank gestellt. Dem Regen trotzend, spricht er laut und erhaben und mit einer Stimme, die sich eisern gegen das Desinteresse der Passanten stemmt.

Aber die Leute halten ihm weiterhin nur ihre Schirmspitzen entgegen. Kein Heringsschwarm könnte stummer an ihm vorüberziehen. In dieser Hinsicht ist aus dem Ostdeutschen nun wirklich ein »Westler« geworden: Er bleibt nicht mehr stehen, bloß weil da einer eine Rede hält. Man hat die Fassade dichtgemacht, jetzt weiß man, wo's langgeht.

Von Weitem hätte man wetten können, dass der nasse Mann den Leuten religiöse Visionen zuruft; Prophezeiungen in der Art von: »Siehe, ich will diese Stadt in die Hände des Königs zu Babel geben, und er soll sie mit Feuer verbrennen …« Aber nein, solche Drohungen stößt der religiöse Eiferer nicht aus. Seiner eisernen Stimme zum Trotz deklamiert er offenbar eine dieser salbungsvollen Bibelstellen, deren genaue Bedeutung einem bereits im Außenohr verschwimmt. Es bleibt mir jedenfalls nichts als der vage Eindruck, rundherum getröstet sein zu sollen. Ich warte auf ein Stichwort, das mir eine Zuordnung erlauben würde: Psalm, Bergpredigt, Auferstehung. Aber vielleicht lauere ich auch nur auf eine Botschaft, wie man sie am Ende eines langen Aufenthaltes (und eines langen Manuskripts) erwartet: ein Fazit. Etwas, was wenigstens metaphorisch als Schlusswort dienen könnte.

Abends bei Elke die Straße hinauf. Es ist wie eine Rückkehr: das dünne Licht, das sich um die Häuser gelegt hat, der Mann, der vorübergeht, ohne dass ich irgendwelche Gesichtszüge erkenne, die verblasste Schrift über den Läden: »Haushaltsstoffe«, »Uhren«, »Kleinstücke«. Dann taucht die Neubausiedlung auf, rechts, etwas tiefer gelegen: diese Hochhäuser und die unglaubliche Regelmäßigkeit, in der sämtliche Flächen mit den immer gleichen Fenstern bestückt sind. Immer das gleiche Rechteck und immer der gleiche Abstand. Und in den Fenstern immer das gleiche gedämpfte Licht, kaum heller als das Schimmern auf der Außenwand. Es sieht nicht aus, als seien die Zimmer tatsächlich beleuchtet. Eher scheint es, als ob ein nächtlicher Himmelskörper mit seinem fernen Licht diese Wände und Fenster beschiene. Es ist auch fraglich, ob die Hochhäuser mit der Erde, die sie trägt, überhaupt verbunden sind. Ganz zufällig stehen sie herum, in eine Wiese gesetzt, neben ein Feld. Dabei entsteht nicht einmal der Eindruck, hier werde die Natur vergewaltigt. Diese Gebäude wirken so provisorisch, als würden sie vom erstbesten Wind der politischen Ereignisse wieder davongeweht. Insofern ist ihre Hässlichkeit doch fast ein Trost.

[20. JAN.]

Heute war ich endlich bei Frau Ziegler. Ein kleines Häuschen: die Fassade intakt, aber völlig schmucklos. Es fehlt alles, wodurch sich Einfamilienhäuser im Westen auszeichnen: der Gartenzaun, die Gegensprechanlage, das beleuchtete Namensschild, die Überdachung des Hauseinganges. Noch sind die Dachfenster nicht vergrößert und die Fensterläden nicht durch Jalousien ersetzt.

Frau Ziegler öffnet mit dem angespannten Lächeln, das ich inzwischen kenne. Sie erklärt, gerade erst vom Friedensgebet nach Hause gekommen zu sein; unwillkürlich erwarte ich nach einer solchen Bemerkung irgendeine Entschuldigung (für die Wohnung, die noch unordentlich, oder den Kaffee, der noch nicht gekocht ist). Aber eine Entschuldigung bleibt aus. Frau Ziegler war beim Friedensgebet, mehr ist nicht zu sagen. Mit eng anliegenden Armen geht sie vor mir her, steif und aufrecht. Das Zimmer, in das sie mich führt, ist auf Besucher nicht vorbereitet. Wir tragen einen Wäscheständer ins Nebenzimmer und gruppieren zwei Sessel um einen Tisch. Im Niedersetzen erklärt sie, noch immer so erschöpft zu sein, dass sie erst einmal einen Schlussstrich brauche. Es geht nicht weiter, alles ist ihr zu viel, selbst die kleinste Aufgabe.

Ich warte ab, mein Notizheft bleibt in der Tasche. Dann sagt sie, sie habe eigentlich keinen Grund zu jammern. Vermutlich gehe es jetzt vielen so. Und die müssen auch damit fertigwerden. Es wird ja ein ganzes Volk abgewickelt. Der Westen hat die DDR gewollt, aber nicht ihre Menschen. So schnell kann sie sich über ihr »Jammern« hinweg in druckreife Pointen retten. Frau Ziegler trägt eine enge, schwarz-weiß gestreifte Hose und eine schwarze Bluse; es wirkt modisch, aber um 20 Jahre verspätet. Während sie ihr Haar noch einmal zu einem Knoten zusammenfasst, erklärt sie, inzwischen seien fast alle Initiatoren der Wende ausgeschaltet worden. Man kann sie nicht mehr brauchen. In den Personalbüros bestimmen jetzt die West-Manager, und die bevorzugen die alten Partei-Mitläufer. Die sind biegsam. Das gilt übrigens nicht nur für SED-Funktionäre, das gilt auch für die Funktionäre meiner eigenen Partei. Mir ist es ehrlich gesagt schleierhaft, warum ein ehemaliger CDU-Funktionär weniger Schuld auf sich geladen haben soll als ein SEDler. Da fordern alle die Auflösung der alten Seilschaften und wählen ausgerechnet die Partei, die zur Mehrheit aus Seilschaften besteht. Als CDU-Mitglied kann ich das sagen. Sie steht auf, geht ins Nebenzimmer (ohne irgendein vermittelndes Wort wie: »Ich bin gleich wieder da«), und kommt mit einem Aschenbecher zurück. Dann setzt sie sich, zündet eine Zigarette an und verfolgt den aufsteigenden Rauch. Obwohl ich dieses unbewegte Gesicht inzwischen kenne, wie verhalten es lächelt und wie beiläufig es spricht: Es bleibt in diesem Gespräch vorerst lauter als jedes Wort. Fast gleicht es dem Gesicht eines Kindes, das, obwohl Strafe bevorsteht, scheinbar unbeeindruckt darauf beharrt, im Recht zu sein. Es steht dem Erwachsenen gegenüber, antwortet mit abgewandtem Blick und harmloser Stimme und zeigt mit keiner Miene eine Betroffenheit, es lächelt nur in seinem Trotz.

Wir sitzen in einem nüchternen Raum, auf welligem, abgewetzten, an den Fugen auseinanderklaffenden Parkettfußboden. Von Sessel, Kommode und Tisch abgesehen: ein leeres Zimmer. Es gleicht einem Wintergarten; und weil die Scheiben von Staub, Ruß und Gegenlicht fast blind sind, habe ich den Eindruck, nicht im Haus zu sitzen, sondern zwischen zwei Häusern. Fenster und Wände wirken, als seien sie von der anderen Seite her bewohnt.

Während sie jetzt zum ersten Mal die Zigarette aus der Hand legt (auf den Aschenbecher), sagt Frau Ziegler: Unsere Funktionäre haben sich natürlich sofort auf die West-CDU gestürzt. Und die hat im Osten eine funktionsfähige Partei gebraucht, also hat sie den ganzen Apparat übernommen. Aber wenn sich die Reformer durchgesetzt hätten, was hätte daraus nicht werden können! Eine spontane Form von Politik. Unangepasstheit und Aufmüpfigkeit wären in den Westen geschwappt. Wir hätten auch etwas zu bieten gehabt. Die Reformer kennt sie alle persönlich, mit ihnen hat sie jahrelang zusammengearbeitet. Aber jetzt? Wir sind gegen die alten Funktionäre nicht durchgekommen, die *Rundschau* ist kaputt gegangen und eigentlich auch die Freundschaft mit den Reformern (mit Gröner, Tetzlaw und so weiter). Im November, als die Entlassung war, als ich krank war, keine Kraft mehr hatte, da kam noch der eine oder andere vorbei, hat mir dies und das vorgeschlagen, eine Stelle oder eine Aufgabe. Als ob ich eine neue Stelle gebraucht hätte! Dass ich krank war, arbeitsunfähig, und dass es gar keinen Sinn hat, etwas zu tun, das haben die sich nicht vorstellen können. Die haben weitergearbeitet, als sei nichts passiert. Ich meine jetzt nicht nur die *Rundschau*, sondern das ganze Scheitern einer Reform. Frau Ziegler spricht immer noch verhalten, aber sie zupft mit dem Finger am Sessel oder bohrt ihn sich in ihren Schenkel. Unterdessen erklärt sie, auch die Reformpolitiker müssten sich anpassen. Der Druck ist zu groß. Die sind heute schon fast so routiniert wie die Westler: hektisch, ohne Fähigkeit zum persönlichen Gespräch. Eine leblose Form von Politik. Ein real funktionierender Bürokratismus. Wir bleiben überall stecken. Überall gibt es Vorschriften, Regeln, Amtswege, Verwaltungsrichtlinien, und alles aus dem Westen. Wenn man sich darauf einlässt, kann man den ganzen Tag nur dasitzen und lernen.

Wie oft sie seitlich zu Boden sieht, dabei aber ihre Arme, die Schultern, den ganzen Körper ausbreitet, präsent hält, sich jetzt Raum nimmt. Die Bluse sieht absolut frisch gebügelt aus, also auch steif: steifer Kragen, steifer Ärmelbund (es ist fast unmöglich, diesem Stichwort zu entkommen.) Die Mundpartie immer leicht gespitzt.

Das Mobiliar gleicht dem eines pensionierten Lehrers, der sich von ein paar letzten Erinnerungsstücken nicht hat trennen wollen: von diesem kleinen, gedrechselten Beistelltisch, diesen Korbsesseln, dieser Kommode aus schwarzem Holz. Aber das ist schon alles. Wie gesagt, das Zimmer wirkt leer und weitläufig. Auf der Kommode stehen Tassen, deren Glasur mit feinen Rissen überzogen ist, und Risse registriere ich jetzt auch in den Kacheln am Ofen. An der Wand hängt ein japanisches Aquarell: Wasser, Nebel und ein flaches, farbloses Boot.

Außerdem ist es kalt. Immer möchte ich aufstehen und mich für eine Weile an den Kachelofen lehnen. Aber auch das Gespräch ist ja so kühl. Selbst Frau Zieglers pessimistische Prognose, die ich ja eigentlich teile, ergibt kein Gefühl der Übereinstimmung, nicht einmal ein Gesprächsklima. Dieser Pessimismus erstickt jedes »ja, ja«, oder »ja genau!« Man möchte schon fast Optimist werden, nur um dieses Gespräch zu erwärmen. Um diese Frau aus ihrer Resignation zu locken, müsste man selbst tief im Trost verwurzelt sein, man müsste weit und breit zu gestikulieren beginnen und über eine heilsame Ausstrahlung verfügen. Inzwischen ist einem unter der Last dieses Gesprächs aber längst die Haut erstarrt, verengt, verblasst. Ich beginne, auf einen Kaffee zu hoffen, es gäbe dann erst einmal etwas zu tun, und für den Rest des Gesprächs hätte ich eine Tasse, um daran herumzuspielen oder darin herumzurühren.

Zu den Konflikten in der *Rundschau* sagt sie: »Ach wissen Sie, wenn ich ehrlich bin, mag ich jetzt gar nicht darüber reden.« Das sagt sie ganz nebenbei, zündet sich dann eine neue Zigarette an, sieht für einen Augenblick starr auf den Boden oder den Tisch und fragt schließlich: »Was wollen Sie denn wissen? Wir hatten doch keine Alternative zur RENZ. Als selbständige Zeitung hätten wir nicht überlebt. Außerdem haben wir das ja lange genug versucht. Den ganzen Herbst und Winter. Aber in der Redaktion gab es keine Gemeinsamkeit, nur Hass und Intrige. Vielleicht war es ein Fehler, sich auf die RENZ einzulassen. Aber die war noch am ehesten vertrauenerweckend. Das ist doch was anderes als Springer. Trotzdem ist es schief gegangen. Natürlich, die müssen ihr Geld verdienen. Man macht sich das gar nicht so klar, wenn man jahrelang nur politische Konflikte gehabt hat. Da hat man einen scheinbar gleichgesinnten Partner gefunden. Aber das Geld! Es kommt nicht darauf an, dass man gleicher Meinung ist, es kommt darauf an, dass man Geld hat.«

Für eine Weile schweigen wir. Ich überlege, ob ich nicht endlich mein Notizheft herausholen soll, aber es ist ja eigentlich alles gesagt. Es scheint auch völlig abwegig zu sein, in diesem Zimmer ohne Fernseher und ohne Radio ein Gespräch über verlagsinterne Details zu führen. Hier verliert jede aktuelle Information ihren Glanz; widerspruchslos wird sie zu einer abgelegten Nachricht. In dieser Stille tickt eine Uhr, aber es geht keine Gegenwart von ihr aus, eher scheint es, als höre man die Zeit sich im Kreise drehen.

Frau Ziegler raucht viel, fast pausenlos. Lange habe ich nicht gewagt, Stefan zu erwähnen. Als ich seinen Namen dann doch über die Lippen bringe, wird sie sehr barsch. »Der ist noch fast der Schlimmste!«, sagt sie, und ich fühle mich, als hätte ich sie persönlich beleidigt. Schon Stefans Name ist eine Belastung des Gesprächs. Sie lächelt noch schiefer und hält, wenn sie mich ansieht, die Augen halb geschlossen, blickt also unter den Wimpern hindurch. Dabei sind die Wimpern sehr hell, bleich und auch sehr kurz. Sie wirkt so unzugänglich, dass ich weder nachfragen noch widersprechen mag. Offenbar fühlt sie sich so gründlich gescheitert, dass keine Selbstdistanz möglich ist. Alles ist zu ernst, um aus anderer Perspektive durchgespielt zu werden. Kein Spielraum für Ironie. Und plötzlich, als sei Stefan längst wieder vergessen, sagt sie: »Ich habe mich selbst überlebt, ich habe jetzt nichts mehr zu tun, nur meine Jahre abzuwarten. Ich habe immer geglaubt, eine Absprache mit Gott zu haben: Wenn ich nicht mehr nützlich sein kann, macht er ein Ende. Jetzt kann ich nichts mehr tun, ich habe alles aufgegeben, keine Energie mehr, nichts. Manchmal erschrecke ich vor mir selbst; es ist ja fast widerlich, wenn man sieht, dass ich mich wochenlang nur mit mir selbst beschäftige. Ich mag schon mit keinem mehr reden.«

Während wir uns so gegenübersitzen, habe ich das Interesse an der *Rundschau* verloren. Die Einzelheiten sind unwichtig, und was im Großen und Ganzen geschehen ist, liegt auf der Hand. Dem alten System zu widerstehen, hat es solcher Leute bedurft, auch einer solchen Rigidität. Der Glaube, die Askese und entsprechend nach außen gewandt: der Trotz, das waren die Reibungsflächen. Aber das sind jetzt lauter unzweckmäßige Eigenschaften. Ich beginne, nach einer Formel zu suchen, mit der ich das Gespräch beenden könnte, schweife aber noch einmal ab, als Frau Ziegler sich die Asche von der Bluse wischt (ohne hinzusehen, ganz automatisch), und denke: Solche Leute haben die Wende vorbereitet und ausgelöst, aber sie besitzen nicht die Geschmeidigkeit, den Teamgeist, die Selbstverleugnung, um eine Zeitung nach marktwirtschaftlichen Normen aufzubauen; und fast möchte ich jetzt auch sagen: So ist das eben. Draußen drängt sich für einen Augenblick die Sonne durch die Wolken und wirft ihr Licht auf das stumpfe, blinde Fenster; die Schatten von Zweigen oder Büschen fließen jetzt auf der Scheibe hin und her, so dass ich mich auch unter Wasser befinden könnte, in einem versenkten, verschollenen, in jedem Falle aber wasserdichten Raum, einem Käfig mitten in einem riesigen Aquarium. Ein paar Wassertiere werden gleich hereinschauen mit leerem Blick und breitem Maul. Sie sind es also, die von der anderen Seite her diese Wände und Fenster bewohnen.

»Was heute zählt, ist das weiße Hemd«, sagt Frau Ziegler und das erinnert sie an die Nylonhemden der sechziger Jahre. Die sind damals modern geworden, irgendwie aus dem Westen eingeschmuggelt. In der Schule galten diese Hemden als Abzeichen des Klassenfeindes. Wer in diesen Hemden zum Abitur erschien, war schon durchgefallen. Eigentlich wollte ich Philosophie studieren. Die Philosophie, da habe ich mir immer vorgestellt, man findet ein paar Antworten für sich. Und man kann mal gründlich lesen. Mein Gott, was man damals für Fragen gehabt hat! Na ja, jetzt hätte ich die Zeit, gründlich zu lesen. Studieren durfte ich damals sowieso nicht. Ich habe als Volontärin bei der *Rundschau* angefangen, und dort bin ich die ganzen Jahre geblieben. Die *Rundschau* ist meine Sache geworden. Das Erste, was ich gelernt habe, waren zwei Lehrsätze: Erstens sind wir doch alle keine Selbstmörder, und zweitens muss man halt ein bisschen nett schreiben. Ach, und in eine Partei musste man eintreten, es gab ja nur Parteizeitungen. Eine CDU-Zeitung, das war noch am ehesten eine Nische. Aber ich habe das noch gar nicht zu Ende erzählt: einen Studienplatz hat man mir also nicht zugewiesen. Das war ungefähr 1960. Damals hat eine Freundin bei der *Rundschau* ein Volontariat begonnen, und das fand ich dann immer noch die beste Idee. Ich weiß nicht: Was hab ich die ganzen Jahre gemacht, in der *Rundschau*? Die ersten Jahre kommen mir jetzt so harmlos vor, wir haben irgendwie mitgemacht, dabei immer ein bisschen gemogelt und gehofft, dass es besser wird. Alles nichts Besonderes. Später kam ein anderer Chefredakteur. Man hat mich damals gefragt, ob ich nicht die Chefredaktion machen will. Aber nein, sehen Sie, das habe ich mir fest vorgenommen, ich habe ein Gelöbnis abgelegt, wenn Sie so wollen, eine Absprache mit dem lieben Gott: Ich will keinen persönlichen Vorteil. Geld oder Macht will ich nicht, darauf werde ich verzichten. Aber vermeiden lässt sich das ja auch nicht. Jetzt zum Beispiel in den letzten Monaten. Ich habe meinen Vorsatz nicht durchgehalten. Im Chaos der Wende habe ich mir noch nicht einmal die Zeit genommen, mit den Leuten in der Redaktion wirklich zu arbeiten. Aber das wäre sowieso zu spät gewesen. Ich weiß auch nicht warum. Dieser Hass und diese Feindschaft, die haben sich jahrelang zusammengebraut. Aber ich habe jetzt ein paar Jahre übersprungen. Es kam also ein neuer Chefredakteur, und später gab es diese Entwicklung in der Sowjetunion: Gorbatschow. Das war eigentlich der Anfang. Man hat überall gemerkt, wie sehr die Partei, ich meine jetzt beide Parteien, die SED und die CDU, wie stark die beiden Parteien verstört waren. Die haben sich totgestellt. Früher gab es zum Beispiel wöchentlich eine Zensurkonferenz beim Presserat in Berlin. Falls ein Artikel der *Rundschau* Anstoß erregte, musste die CDU-Spitze unseren Chefredakteur zurechtweisen. Der stauchte dann den entsprechenden Redakteur zusammen. So ging das bis 1987. Und plötzlich war es für ein halbes Jahr anders. Keine Zurechtweisungen, keine Drohungen, nichts mehr zu hören. Niemand wurde nach Berlin bestellt. Absolutes Schweigen. Der Chefredakteur, den man ja bloß deshalb eingestellt hatte, weil er ein völlig unselbständiger Mensch war, bekam plötzlich keine Anweisungen mehr. Das ist ein existentielles Leid, davon wird man krank. Damals haben wir die Lücke genutzt und uns zusammengesetzt, ich meine jetzt die Reformgruppe in der *Rundschau*. Wir wollten die neue Zeit vorbereiten. Irgendwann würde die Perestroika kommen, und wir wären nicht vorbereitet. Auch in den Artikeln waren wir schon lauter und deutlicher geworden. Andererseits hat bald wieder die Zensur eingesetzt, und wir waren zu wenige. Die Anderen hatten Angst. Die haben uns gedrängt, vorsichtiger zu sein. Ich glaube, seitdem gibt es diesen Hass. Die haben in der Angst gelebt, dass sie wegen uns Schwierigkeiten bekommen: Verhöre, Repressionen, Entlassungen. Wenn man jahrelang in dieser Angst lebt, das macht alles kaputt. Direkt gegen uns wollten sie aber auch nicht sein. So wurden die Jahre vertan, in dieser eisigen Atmosphäre. Ich hatte keine Hoffnung mehr. Ein Konsens in der Redaktion war nicht zu erreichen. Stattdessen Sticheleien und Intrige. Im Mai '89 wurde es noch schlimmer: die Kommunalwahl. Na ja, das kennen Sie ja, den Wahlbetrug und so weiter. Ich hatte bloß mal vorsichtig gefragt, wie es kommt, dass zu einer angeblich öffentlichen Wahlversammlung nur Leute mit schriftlicher Einladung zugelassen wurden. Das war gegen die Gesetze, denn dort wurden ja immerhin die Kandidaten aufgestellt. Da musste man also Formulierungen finden, die ganz harmlos auf die Gesetze hinwiesen. Es ist eigentlich unglaublich, mit welchen Taktierereien man sein Leben vertan hat, und selbst für diese Formulierung wurde ich verwarnt, ich durfte keine Leitartikel mehr schreiben und jeder Artikel musste vorgelegt werden. Wagner wollte endlich keinen Ärger mehr mit Berlin. »Wir müssen raus aus der Schusslinie«, hat er immer gesagt. Im Sommer '89 gab es dann eine Synode in Eisenach. Da haben einige CDU-Mitglieder insgeheim einen Brief verfasst, einen Aufruf zur Perestroika, er nannte sich »Brief aus Eisenach«. Ich hatte ein Exemplar, und das habe ich abgetippt, immer auf Schreibmaschine mit fünf Durchschlägen. Wie sich das jetzt anhört, aber so war das, und den untersten Durchschlag konnte man kaum entziffern. Den Brief habe ich im September '89 auf einer Redaktionssitzung bekannt gemacht, ein paar Redakteure haben ihn unterschrieben. Daraufhin wurde ich zum Bezirkssekretariat bestellt. Das hätte einen Prozess geben können, subversive Tätigkeit und so weiter. Aber andererseits gab es ja diese Fluchtbewegung den ganzen Sommer über, man hat gespürt, dass man mutiger sein konnte, und dann kam der Oktober. Die Situation vom Herbst '89 lässt sich schlecht beschreiben. Wir wussten lange Zeit nicht, wie man den nächsten Tag überlebt. Man musste mit allem rechnen. Jetzt war es erst recht schlimm mit der Angst. Der Chef hatte Angst, meine Artikel zu verbieten, er hatte aber auch Angst, sie zu genehmigen. Es war klar, dass sich etwas ändern würde, aber wieviel und wann? Keiner wollte sich exponieren. Es war nicht abzusehen, wer gewinnen würde. Am 9. Oktober, bei den Demonstrationen und Krawallen, habe ich dann diesen Artikel geschrieben. Wagner hat ihn erst fünf Minuten vor dem Andruck genehmigt. Er wusste einfach nicht, was er machen sollte. Aus Berlin waren keine Anweisungen zu bekommen. Niemand wollte für irgendeine Äußerung zur Verfügung stehen. Der Chef musste wieder einmal selbst entscheiden. Es hätte also nicht viel gefehlt, und der Artikel wäre gar nicht erschienen. Wagner hat ihn aber genehmigt und ist dann gegangen, er hat sich krankgemeldet und ist nicht wiedergekommen. Im November wurde von Woche zu Woche alles chaotischer, niemand hat gearbeitet. Wir wollten unbedingt eine Zeitung der Wende machen… Aber das hab ich ja schon gesagt. Es hilft nichts, ich muss es jetzt einfach lassen, wie es ist. So ist es jetzt eben gekommen. Es gehört auch irgendwie gar nicht mehr dazu, ich meine: zu mir. Was heute ist, hat mit diesen 30 Jahren eigentlich nichts zu tun, der Westen hat uns jetzt alles eingerichtet, da ist man völlig überflüssig. Irgendwie sehe ich mir diese 30 Jahre an wie einen fremden Film, davon kann ich nichts mehr brauchen, es bedeutet mir auch alles nichts mehr. Eigentlich hat ja die ganze Vergangenheit ihren Sinn verloren. Schlimm ist daran nur, dass ich zu nichts mehr Lust habe. Zu gar nichts. Ich trödle nur herum. Es ekelt mich schon richtig vor mir selbst. Früher habe ich immer von Italien geträumt. Ja, so war das bei uns, wir haben davon geträumt.

Aber jetzt reizt mich nichts mehr, absolut nichts. Und dann immer die Leute, die mir sagen, dass in einem halben Jahr auch die letzten Stellen vergeben sind. Dann ist es zu spät. Ich weiß, dass den Leuten die Lust vergeht, mir was anzubieten, wenn ich immer ablehne. Man hat dann gleich gar keine Freunde mehr. Bald werde ich wohl was annehmen müssen. Pressearbeit oder Rundfunk oder irgendwas in der Kirche, nun ja, mal sehen, was daraus wird.

JAN WENZEL

Ein Jahr von langer Dauer

»Es gibt also von Zeit zu Zeit kollektive Wiederentdeckungen, aber auch persönliche Wiederentdeckungen, die jeder von uns macht, wenn er sich eines Abends hinsetzt und ein vergessenes Buch in die Hand nimmt.«

JEAN-CLAUDE CARRIÈRE

Das Buch als Medium eröffnet eine Form der Kommunikation, deren Radius weit über das digitale Jetzt hinausgreift. Bücher lesend wird zum Teil meiner Gegenwart, was jemand vor 30 Jahren beobachtet und gedacht hat und was, auch wenn die vergangenen Ereignisse als Unterströmung im eigenen Alltag nachwirken, andernfalls für mich unartikuliert – und damit unsichtbar – bliebe. Aber nicht nur das: Bücher ermöglichen es, etwas mitzuteilen, das für die Zeitgenossen zunächst nur wenig Belang haben mag, Jahre später aber eine wichtige Nachricht darstellt. Bücher sind Transportmittel und Speicher zugleich: Sie können warten, können Jahrzehnte unbeachtet überdauern, um dann, von einem Tag auf den anderen, wichtig zu werden.

Anzunehmen, dass jedes Buch, das man herausbringt, in der Gegenwart seine Leser findet, mag eine notwendige Illusion sein, ohne die kein Verlag arbeiten könnte, doch insgeheim ahnt jeder Verleger, dass einige seiner Neuerscheinungen eher nach dem Prinzip einer Flaschenpost funktionieren – abgeschickt an einen unbekannten Adressaten in der Zukunft.

Wer sollte sich 1992 schon für Aufzeichnungen aus dem Jahr 1990 interessieren? Für die einen war dieses Jahr mit all seinen Hoffnungen und Enttäuschungen noch zu nah, zu gegenwärtig. Auch fehlte ihnen die Zeit, sich für das Gewesene zu interessieren, da sie noch bis über beide Ohren mit jenem Neuen zu kämpfen hatten, das 1990 für sie begann – mit Treuhand und Kurzarbeit Null, Eigentumsrückübertragung und Bausparvertrag. Für die anderen war das Jahr 1990 eine Erfahrung, die sie persönlich nicht wirklich betraf, ein Jahr wie jedes andere, kein letztes Jahr – und auch kein erstes. Was damals zählte, was leichter erzählbar war, waren die Ereignisse aus dem Herbst 1989 – die Montagsdemonstrationen in Leipzig, die Nacht der Maueröffnung in Berlin, Kohls Rede vor der Dresdner Frauenkirche, die berauschende Silvesterparty am Brandenburger Tor – im Vergleich dazu blieb das Jahr 1990, dessen Ereignisse sich ungleich schwerer auf einen Nenner bringen ließen, im Rückblick lange ein blinder Fleck. *Allemagne année 90 neuf zéro.*

Ich erinnere mich, 2001 hatte ich erstmals den Wunsch, mich noch einmal eingehender mit den frühen 1990er Jahren zu beschäftigen; einer Zeit, die mir in der Rückschau damals gleichermaßen intensiv und undeutlich erschien; so wie etwas, dessen Bedeutung man für sich selbst noch nicht vollständig geklärt hat. 2002 kam Jana Hensels Buch *Zonenkinder* heraus und in dessen Folge eine ganze Reihe von Erinnerungsbüchern, die die DDR nostalgisch verklärten. Seltsam fand ich, dass die meisten dieser Veröffentlichungen um das Jahr 1990 einen Bogen machten, als hätte ein *Stalker* gewarnt, dass dieses Gebiet nicht ohne Gefahr zu betreten sei.

Auch ich brauchte mehrere Anläufe, um mich diesem Jahr zu nähern. Es begann in kleinen Schritten: 2005 führte ich für einen Scherenschnittfilm, der für die Ausstellung *Wildes Kapital* entstand, ein Interview mit meinem Vater. Er erzählte, wie schwierig es für ihn, der bis dahin als Energetiker in einem Plattenwerk gearbeitet hatte, 1990 war, als neu eingesetzter Geschäftsführer einer Heizungs- und Sanitärfirma, die eigenen Arbeiter auf Trab zu halten. Liefertermine mussten eingehalten werden, sonst zahlte man selber drauf. Mit der Marktwirtschaft, mit dem neuen Geld, verband sich auch ein neues Regime, eine Mikrophysik der Macht, wie es bei Foucault heißt, die nicht nur die Arbeitsabläufe neu organisierte, sondern auch das Innenleben jedes Einzelnen, seine Gefühle, seine Wünsche, den Umgang mit seiner Lebenszeit.

Fünf Jahre später war ich zu einer Ausstellung im Kunsthaus Dresden eingeladen, die sich mit den Anfängen der

Mobiltelefonie beschäftigte. Bei den Recherchen dafür begriff ich, dass sich im Jahr 1990 nicht nur weitreichende politische Veränderungen vollzogen hatten, sondern dass sich im Windschatten von Wiedervereinigung und dem Ende des Kalten Krieges auch ein ökonomischer und technologischer Umbruch vollzog – Neoliberalismus und Digitalisierung – der heute bis in die letzte Verästelung des Alltags seine Auswirkungen zeigt. Ich fragte mich damals, was man überhaupt von der Geschichte eines Jahres wahrnimmt? Sind es nur jene Ereignisse, von denen die Zeitungen berichten und die für jeden unmittelbar wahrnehmbar sind, oder auch jene diffusen, vielköpfigen Ereignisse – die Umkehr einer ökonomischen Tendenz; das Steigen und Fallen der Preise, das das ökonomische Verhalten der Menschen verändert, oder wie im Falle der Mobiltelefonie eine technologische Innovation, die zum Aufbau einer neuartigen Kommunikationsinfrastruktur führte?

Die sächsische Krise, die spätestens 2015 mit den Pegida-Demonstrationen in Dresden und den Wahlerfolgen der AfD unübersehbar war, erinnerte mich eindringlich an den lange gehegten, aber immer wieder aufgeschobenen Plan, mich noch einmal intensiv mit dem Jahr 1990 auseinanderzusetzen. So wie Kinder sich an nichts erinnern, was vor ihrem dritten Lebensjahr geschehen ist, scheint auch das Jahr 1990 für viele Ostdeutsche eine unzugängliche Zeit zu sein; und ähnlich wie die ersten Lebensjahre die emotionale Basis jedes Menschen bilden, haben sich auch die Erfahrungen des Jahres 1990 – all die Hoffnungen, Ängste, Glücksversprechen und Kränkungen – tief in den Gefühlen und Haltungen abgelagert.

2018 wurden Anne König und ich eingeladen, das Fotofestival f/stop in Leipzig zu kuratieren. Bei der Vorbereitung der Ausstellung, der wir den Titel *Zerrissene Gesellschaft* gaben, gingen wir davon aus, dass Fotografie ein Werkzeug zur Beobachtung und Reflexion von Gesellschaft ist. Bilder können uns helfen, auf andere Weise mit Geschichte umzugehen. In Fotografien wird die Zeit greifbar, man kann sie zerlegen, aufs Neue zusammensetzen, um so auch die Gegenwart auf andere Weise betrachten zu können. Bei dem Festival zeigten wir viele Arbeiten, die im Jahr 1990 entstanden waren, und lernten so auch viele Fotografinnen und Fotografen persönlich kennen. Auf diese Weise hatten wir Gelegenheit, nicht nur die ausgestellten Fotoserien zu sehen, sondern auch weitere Aufnahmen, teilweise sogar die kompletten Kontaktbögen.

Vielleicht half mir die Beschäftigung mit der Fotografie, die Unbestechlichkeit eines technischen Aufzeichnungsmediums, das das »Reale, wie es gewesen ist« fixiert, zu begreifen, dass man das Jahr 1990 im wahrsten Sinne des Wortes »freilegen« muss und dass ein gangbarer Weg, sich ihm zu nähern, darin bestehen könnte, die verschiedensten Überlieferungen dieses Jahres – Fotografien, Interviews, Tagebuchaufzeichnungen, Werbeanzeigen, Protokolle – zu sammeln, um so das Material für eine Remontage der Zeit zu gewinnen. *Lesen als eine besondere Form des Grabens.*

Bücher existieren nie einzeln, sondern immer als Zusammenhang. Hat man ein Buch aufgeschlagen, verweist es einen beim Lesen auf die nächsten – oft ist es eine kurze Bemerkung im Text oder eine Fußnote, manchmal der eingedruckte Hinweis auf andere Neuerscheinungen am Ende des Buches. Und da der Antiquariatsmarkt heute leichter zu überblicken ist als je zuvor, genügten meist eine Suchanfrage und ein Klick, um das entsprechende Buch, auch wenn es im Buchladen seit Jahren vergriffen ist, zu finden. So stieß ich auch auf *Das letzte Jahr. Begegnungen* von Martin Gross. Am 22. April 2019 habe ich das Buch für 2,00 Euro bei einem Online-Antiquariat gekauft. Als es wenige Tage später mit der Post eintraf und ich zu lesen begann, begriff ich, dass ich gerade – um es in der Terminologie der Archäologie auszudrücken – meinen Schatz des Priamos gefunden hatte. Es gibt keinen zweiten Autor, der das Jahr 1990 so detailreich und genau festgehalten hat.

Schon die Ausdauer des Chronisten Martin Gross ist einzigartig: Thomas Rosenlöcher beendet sein Wendetagebuch *Die verkauften Pflastersteine* mit dem 18. März 1990. Genauso hält es der letzte spanische Botschafter in der DDR Alonso Álvarez de Toledo in seinem Tagebuch *Nachrichten aus einem Land, das niemals existierte*. Der Westberliner Marxist Wolfgang Fritz Haug beschließt sein *Perestroika-Journal* am 20. Mai 1990. Cees Nooteboom seine *Berliner Notizen*, die während eines Stipendiums in Westberlin entstanden, mit dem Ende seines Aufenthalts im Juni 1990. Und der amerikanische Historiker und Revolutionsexperte Robert Darnton, auch er als Stipendiat zufällig in den historischen Augenblick hineingeraten, führt sein *Berliner Journal 1989–90* nur bis zum Frühsommer 1990. Horst Teltschik, enger Vertrauter von Helmut Kohl und bis Ende 1990 Leiter der Außen- und Sicherheitspolitik im Bonner Kanzleramt, führt seine Aufzeichnungen in *329 Tage. Innenansichten der Einigung* noch bis zum 2. Oktober 1990, dann ist auch seine Mission erfüllt. Ebenso hält es Rainald Goetz, dessen Fernseh-Mitschrift *1989* am 3. Oktober 1990 abbricht. Der Einzige, der sich entschieden hat, das Jahr 1990 von Anfang bis Ende zu verfolgen, und der seine Chronistenaufgabe dann sogar bis zum Januar 1991 fortführt, ist Martin Gross.

Der Grund für seine Beharrlichkeit liegt auf der Hand: Das Schreibprojekt von Martin Gross hat einen anderen Fokus als die übrigen Journale. Er verfasst keine Chronik der Wende, sondern arbeitet ganz bewusst an einer Mitschrift des Jahres 1990. Dass er später als die übrigen Chronisten einsetzt, ist sein Vorteil. Denn sein Blick ist nicht kalibriert von der Euphorie des ’89er Herbstes, nicht fixiert auf den historischen Augenblick, sondern offen für dessen Folgen.

Das Objektiv nicht direkt auf das Ereignis zu richten, sondern knapp daneben, ist ein Werkzeug der Repräsentationskritik. Wer wie Alexander Kluge in *Die Patriotin* die Geschichte einer Pfütze mit Szenen eines SPD-Parteitags verbindet oder wie Krzysztof Kieślowski in *Der Filmamateur* von einer Taube auf dem Fensterbrett zur

Ankunft einer Parteidelegation im Betrieb schwenkt, erhält ein anderes Bild der Wirklichkeit – eines, das die eingeübten Narrative und Routinen der Repräsentation unterläuft.

Martin Gross zieht im Januar 1990 nach Dresden. Er hält fest, was er bei seinen Spaziergängen durch die Stadt erlebt, notiert, wie seine Verwandten mit den politischen Veränderungen umgehen, wie das geschichtliche Ereignis seinen Widerhall in ihrem Alltag findet. Er betrachtet die Geschichte von unten: Nicht das Treffen von Kohl und Gorbatschow im Kaukasus, sondern der in Windeseile als Zelt auf der grünen Wiese errichtete Supermarkt wird hier beschrieben, nicht die Vereidigung der neuen Landesregierung, sondern der Umzug der Beamten, ihre Mühen, ein Büro mit einem funktionierenden Telefonanschluss einzurichten. Ähnlich wie Swetlana Alexijewitsch könnte man ihn als einen »Historiker des Spurlosen« verstehen, als jemanden, der in seinen Aufzeichnungen die Geschichte auf den einzelnen Menschen herunterbricht – und der sich dabei auch immer selbst als Teil der beschriebenen Situation festhält, seine Neugier ebenso wie seine Distanz, seine Verlorenheit in dieser anderen deutschen Geschichte ebenso wie den Wunsch, aus ihr etwas für sein eigenes Leben ableiten zu können. »Schade, wenn ich diese Leute sehe, wie sich alles für sie ändert, denke ich: Warum nur für sie? Warum haben nicht auch wir die Chance, noch einmal alles zu ändern? Das Abenteuer, einmal zu erfahren, dass man alles auch ganz anders machen könnte. Aber wie es scheint, begegnet mir nur noch das Leben, das ich bereits kenne«, hält er zum Beispiel am 24. Juni 1990 fest.

Als ich an meinem Buch *Das Jahr 1990 freilegen* arbeitete, wurde Martin Gross schnell zu meiner wichtigsten Quelle. Auf vielen Seiten tauchen Passagen aus *Das letzte Jahr* auf, ja man könnte sagen, dass diese Aufzeichnungen so etwas wie das Rückgrat meiner Montage bilden, den roten Faden, der die vielstimmige Erzählung zusammenhält. Natürlich wollte ich den Autor schnellstmöglich kennenlernen, aber bei BasisDruck, dem Verlag, bei dem das Buch 1992 erschienen war, hatte man keinen Kontakt mehr zu ihm. Und auch das Internet half mir nicht weiter, zwar bot es unter dem Suchbegriff »Martin Gross« eine ganze Anzahl von Personen an, aber keine, die vom Alter und ihrer Tätigkeit der Autor von *Das letzte Jahr* hätte sein können. Am Ende sah ich keine andere Möglichkeit, als auf die Flaschenpost von Martin Gross aus dem Jahr 1992 meinerseits mit einer Flaschenpost zu antworten und im Impressum von *Das Jahr 1990 freilegen* einen Brief an Martin Gross zu platzieren, der mit folgenden Zeilen endete: »Lieber Martin Gross, wenn Sie dieses Buch jemals in die Hand bekommen, würden wir uns aufrichtig freuen, wenn Sie Kontakt zu uns aufnehmen. Wir hätten uns sicher eine Menge zu erzählen, denn keiner hat eine solch genaue Mitschrift vom Jahr 1990 verfasst, mit all seiner Dramatik und Rasanz, wie Sie, der sich als literarischer Dokumentarist in eigener Mission auf unsicherem Terrain bewegte.«

Das Buch *Das Jahr 1990 freilegen* kam Ende November 2019 heraus. Und mit jeder Rezension, die erschien und in der die Rede von den »wiederentdeckten Aufzeichnungen von Martin Gross« (Jens Bisky in *Süddeutsche Zeitung*) war oder man lesen konnte »Vor allem aber kann man die Stimme von Martin Gross entdecken« (Steffen Siegel in der *taz*), hoffte ich mehr, dass diese »Suchanzeigen« doch irgendjemand lesen müsste, der Martin Gross kennt und ihn informiert. Es dauerte dann aber trotzdem sechs Monate und brauchte einige glückliche Zufälle, bis Tobias Lehmkuhl Martin Gross ausfindig gemacht hatte und in der *Süddeutschen Zeitung* über die glückliche Wiederentdeckung des Autors schrieb.

Im Juni 2020 besuchte ich Martin Gross. Wir unterhielten uns einen Abend lang angeregt über das Jahr 1990, Dresden, die russische Provinz, Jenissei und den Sommer in der Uckermark – und natürlich neben all diesen Themen, die uns beide gleichermaßen interessierten, über das Wichtigste: eine Neuauflage von *Das letzte Jahr*. Als wir uns verabschiedeten, schenkte mir Martin Gross

Heft 8 von *Lettre International* aus dem Frühjahr 1990. Unter dem Titel »Dresdner Tage. Vor der Zeitverschiebung« steht dort eine Reportage von Martin Gross, eine erste Auskopplung des späteren Buches, zwischen einem Text von Timothy Garton Ash und Christa Wolf. Die richtige Nachbarschaft, wie ich fand. Beim Lesen verstand ich, welchen Weg Martin Gross als Autor 1990 zurückgelegt hatte: von einer dichten, lebendig geschilderten Reportage zu einer essayistischen Form des Dazwischen, in der sich Elemente des Journals, des Briefromans und der Reportage an etwas Unbestimmtem brechen. Die Orte, die Personen sind gleichsam verwischt, so dass statt der Schärfe des historischen Fakts der Bewegungsfluss dieses Jahres, seine Atmosphäre, in den Blick geraten. Und auch der Autor hat sich während des Schreibens verdoppelt, aus dem teilnehmenden Beobachter ist eine literarische Figur geworden; aus der Recherche ein Selbstexperiment, Autofiktion. Das Displacement eines Westdeutschen ins Tal der Ahnungslosen – wie Dresden in der DDR gern genannt wurde – geschieht planvoll planlos, ohne klares Ziel. Vielleicht ist gerade diese »Auftragslosigkeit« das, was Martin Gross für die tiefgreifenden, weit über das Jahr hinausweisenden Veränderungen so empfänglich macht.

So erzählt sein Buch auch von der Geschichte einer Tageszeitung. In den verschiedenen Fassungen des Textes heißt sie *Der Fortschritt*, *Der Morgen* und nun *Die Rundschau*, ihr Vorbild aber ist die Dresdner Zeitung *Die Union*. Im Oktober 1989 war sie die erste Tageszeitung in der DDR, die wahrheitsgetreu von den Protesten berichtete und sich ausdrücklich von ihrer bisherigen Position distanzierte. Am 10. Oktober 1989 hieß es in einem Artikel, der den Titel trug *Es ist möglich, miteinander zu reden*: »Die Information über die Ereignisse der letzten Tage und Nächte in Dresdens Innenstadt, die auch unsere Zeitung gestern veröffentlicht hat, war einseitig und vermittelt ein falsches Bild.« Am 15. Januar 1990, wenige Tage nachdem Martin Gross in Dresden angekommen war, besuchte er die Zeitung, die im Laufe des Jahres vom Süddeutschen Verlag übernommen wurde, das erste Mal.

Dass er sein Buch fast auf den Tag genau ein Jahr später mit dem Besuch bei Frau Ziegler, einer ehemaligen Redakteurin der Zeitung enden lässt, zeigt seine Sensibilität für geschichtliche Prozesse. In ihrem langen Monolog beschreibt die Journalistin ihre Enttäuschung und ihre persönliche Perspektivlosigkeit. Gleichzeitig offenbart sich in dem, was sie erzählt, der Zerfall einer Infrastruktur, die Erosion einer Form städtischer Öffentlichkeit, deren Neukonstitution 1990 nicht gelungen ist: Die Tageszeitung *Die Union* wird im Dezember 1991 ihr Erscheinen einstellen. Wie auch andernorts verschwindet mit ihr ein Teil eigenständiger ostdeutscher Medienöffentlichkeit. Die skeptischen Worte Frau Zieglers, »nun ja, mal sehen, was daraus wird«, mit denen Martin Gross sein Buch beschließt, haben – wie vieles, was in *Das letzte Jahr* beschrieben wird – ein Echo, das noch 30 Jahre später deutlich vernehmbar ist.

Martin Gross
Das letzte Jahr.
Aufzeichnungen aus einem ungültigen Land

GESTALTUNG UND SATZ:
Hannes Drißner (Spector Books)

VOR- UND NACHSATZ:
Martin Gross, Dresden 1990

KORREKTORAT:
Christin Krause

SCHRIFTEN:
Academica (Storm Type)
Akzidenz-Grotesk BQ (Berthold Types)

DRUCK UND BINDUNG
Westermann Druck Zwickau GmbH

Der Text basiert auf der Publikation
Martin Gross, *Das letzte Jahr. Begegnungen*,
die 1992 im BASISDRUCK-Verlag Berlin erschienen ist.

Erschienen bei Spector Books, Leipzig
www.spectorbooks.com

VERTRIEB:
DE/AT: GVA, Gemeinsame Verlagsauslieferung
Göttingen GmbH & Co. KG, www.gva-verlage.de
CH: AVA Verlagsauslieferung AG, www.ava.ch

Dritte Auflage, 2026
Printed in Germany

ISBN
978-3-95905-423-2